Sozialverträgliche Arbeitszeitgestaltung

Prof. Dr. André Büssing und
Dr. Hartmut Seifert (Hrsg.)

Sozialverträgliche Arbeitszeitgestaltung

Rainer Hampp Verlag

Die Deutsche Bibliothek - CIP-Einheitsaufnahme

Sozialverträgliche Arbeitszeitgestaltung / André Büssing und Hartmut Seifert (Hg.). - München ; Mering : Hampp, 1995
ISBN 3-87988-133-2
NE: Büssing, André [Hrsg.]

Umschlaggestaltung: Lehrstuhl für Psychologie, Technische Universität München

Inhaltsverzeichnis

VORWORT

Die Normalarbeitszeit scheint sich weitgehend überlebt zu haben. Als das die Strukturen vor allem industrieller Arbeitszeitmuster grundlegend prägende Leitbild wird es zunehmend von flexiblen Arbeitszeitformen abgelöst. Immer weniger Beschäftigte arbeiten tagein tagaus nach dem gleichen Zeitrhythmus zu festgelegten Anfangs- und Endzeiten von Montag bis Freitag im Einschichtsystem. Die Arbeitszeitlandschaft ist in den letzten Jahren sehr viel bunter geworden. Immer mehr Unternehmen und Betriebe haben bereits neue Arbeitszeitmuster nach Maß entworfen, die paßgenau auf die betrieblichen Anforderungen zugeschnitten sind. Weitere Betriebe werden folgen und die Produktionszeiten der Maschinen je nach Kapitaleinsatz verlängern und die Arbeitszeitrhythmen an die Marktrhythmen anpassen.

Für die Unternehmen lassen sich die betriebswirtschaftlichen Auswirkungen dieser neuen Muster flexibler Arbeitszeiten relativ gut abschätzen. Sie gestatten zum einen, die Betriebsnutzungszeiten zu verlängern und dadurch Kosten zu sparen. Zum anderen werden variable Arbeitszeiten möglich, die eine möglichst enge Synchronisation von Arbeitseinsatz und schwankender Nachfrage nach Gütern und Dienstleistungen erlauben. Beide Ansätze helfen die Produktivität zu steigern, Kosten zu sparen und können damit deren Wettbewerbsfähigkeit und letztlich auch wirtschaftliches Wachstum fördern.

Ob die Beschäftigten dagegen im gleichen Maße von flexiblen Arbeitszeitformen profitieren können, läßt sich weniger eindeutig bestimmen. Für sie bedeuten flexible Arbeitszeiten riskante Freiheiten. Sie verlassen den Schutzbereich der Normalarbeitszeit, die wie ein „goldener Käfig" wirkte, sie zwar vor dem beliebigen Zugriff durch unternehmerische Zeitanforderungen schützte, ihnen aber auch individuelle Gestaltungsmöglichkeiten verwehrte. Demgegenüber können flexible Arbeitszeiten neuen Spielraum eröffnen, die Arbeitszeit nach den jeweiligen individuellen Anforderungen und Interessen zu gestalten sowie mehr Zeitsouveränität zu gewinnen. Gleichzeitig ist aber auch nicht auszuschließen, daß sich die Arbeitszeit in stärkerem Maße als bei der Normalarbeitszeit nach betrieblichen Vorgaben zu richten hat.

Ob die Beschäftigten bei flexiblen Arbeitszeitformen ihren Zeitwohlstand steigern können oder in größere Zeitzwänge geraten, hängt in hohem Maße von den jeweiligen Regelungsformen ab. Hier betreten Arbeitszeitpolitik und Arbeitszeitmanagement ein neues und äußerst kompliziertes Gestaltungsfeld. Welche Leitbilder sollen künftig richtungsweisend sein, wenn sich die Normalarbeitszeit überlebt hat? Welche Kriterien und Bewertungsmaßstäbe sind für die weitere Gestaltung der Arbeitszeit ausschlaggebend? Welche Regelungsverfahren sichern Zeitsouveränität?

Diese Fragen standen im Vordergrund eines im Dezember 1994 gemeinsam vom Wirtschafts- und Sozialwissenschaftlichen Institut [WSI] des DGB und vom Lehrstuhl für Psychologie der Technischen Universität München durchgeführten Workshops in Düsseldorf. Vertreter der Wissenschaft, der betrieblichen Praxis der Tarifvertrags-

Düsseldorf. Vertreter der Wissenschaft, der betrieblichen Praxis der Tarifvertragsparteien und der Politik waren auf der Suche nach einem neuen Leitbild für Arbeitszeitgestaltung. Als ein praktikables Kernelement bietet sich das Konzept der sozialverträglichen Arbeitszeitgestaltung an. Hierum kreisen die Beiträge dieser Tagung sowie die Podiumsdiskussion zwischen Vertretern der Arbeitgeber, der Gewerkschaften, der Politik und Wissenschaft, die in überarbeiteter Fassung in dem vorliegenden Sammelband wiedergegeben sind. Sie werden ergänzt durch einige thematisch verwandte Aufsätze, die den inhaltlichen Gesamtkomplex abrunden sollen.

Daß dieses Buch bereits acht Monate nach der Tagung „Sozialverträgliche Arbeitszeitgestaltung" auf den Markt gebracht werden kann, dafür haben wir in erster Linie den Autorinnen und Autoren zu danken, die trotz ihrer vielfachen Aufgaben und Engagements und der daraus resultierenden Zeitnöte bereit waren, die hier vorliegenden Beiträge in kurzer Zeit zu erstellen und zu revidieren.

Unser Dank geht in besonderer Weise an jene Mitarbeiterinnen und Mitarbeiter des Lehrstuhls für Psychologie der Technischen Universität München, die uns bei der druckfertigen Erstellung des Manuskripts engagiert und zuverlässig behilflich waren. In erster Linie an Frau Dipl.-Psych. Sandra Aumann, die mit viel Überblick, Engagement und fachlicher Kompetenz die Lektorats- und Redaktionsarbeiten durchgeführt hat, für die reibungslose Koordination vieler beteiligter Personen sorgte und insgesamt entscheidend zum zügigen Gelingen des Buches beigetragen hat. Zu danken haben wir auch Herrn Dipl.-Psych. Jürgen Glaser für die Aufbereitung der Podiumsdiskussion sowie für viele redaktionelle und technische Hilfestellungen sowie Herrn Dipl.-Psych. Thomas Bissels für die kompetente Unterstützung bei der Redigierung des Manuskripts.

Ohne die großzügige finanzielle Unterstützung sowohl des Bundesministeriums für Bildung, Wissenschaft, Forschung und Technologie (Projektträger: Arbeit, Umwelt und Gesundheit) als auch der Hans-Böckler-Stiftung wären weder die Veranstaltung noch der vorliegende Sammelband zustande gekommen. Hierfür danken wir beiden Institutionen sehr.

München und Düsseldorf im Juli 1995

André Büssing | Hartmut Seifert

Konzeptionelle Überlegungen

Hartmut Seifert

Kriterien für eine sozialverträgliche Arbeitszeitgestaltung

1 Problemstellung

Das lange Zeit gültige Muster der Normalarbeitszeit hat sich weitgehend überlebt. Als normgebendes Leitbild für die Gestaltung von Dauer, Lage und Verteilung der Arbeitszeit hat es in den letzten Jahren erheblich an Bedeutung verloren. Flexible Arbeitszeiten gewinnen an Boden. Nur noch eine Minderheit der Beschäftigten verbringt die gesamte Erwerbs-Biographie nach einem einheitlich standardisierten Arbeitszeitmuster. Die Arbeitszeitlandschaft ist differenzierter und zugleich unübersichtlicher geworden, die Beschäftigten wechseln häufiger die jeweilige Kombination von Dauer, Lage und Verteilung ihrer Arbeitszeit. Teils tun sie dies aus freien Stücken, teils sind sie hierzu durch wechselnde Anforderungen aus der Arbeitswelt gezwungen. Die Arbeitszeitstrukturen reagieren sehr viel rascher und umfassender auf Veränderungen der vor allem wirtschaftlichen Rahmenbedingungen, als dies je unter dem Regime der weitgehend gegenüber externen Einflüssen immunen Normalarbeitszeit der Fall war.

Angesichts der teilweise naturwüchsig ablaufenden Veränderungen ist die Frage aufgeworfen, welches Leitbild zukünftig an die Stelle der Normalarbeitszeit tritt bzw. treten soll. Wird überhaupt ein neues Leitbild benötigt oder können nicht Pluralität und Differenziertheit zu neuen Grundsätzen werden, die eine Vielzahl von unterschiedlichen Arbeitszeitformen gestatten, die je nach wechselnden Anforderungen flexibel Veränderungen zulassen. Was spricht dagegen, das beliebige Nebeneinander unterschiedlicher Arbeitszeitformen und deren möglichst uneingeschränkte Offenheit gegenüber veränderten Rahmenbedingungen pragmatisch als eine praktikable Lösung anzusehen, die sowohl den je nach Marktlage rasch wechselnden Anforderungen der Betriebe als auch den vielfältigen und ebenfalls gesellschaftlichem Wandel unterliegenden Präferenzen und Zielen der Beschäftigten entgegenkommt? Warum sollte nicht Flexibilität selbst zum neuen normgebenden Gestaltungsprinzip werden? Auf dieses Konzept könnte man sich durchaus ohne allzu große Bedenken einlassen, wenn man erstens von einer Gleichwertigkeit einzelner Arbeitszeitmuster im Hinblick auf ihren zeitlichen Nutzen bzw. die mit ihnen verbundenen Belastungen und Beeinträchtigungen ausgehen könnte. Und zweitens müßte sichergestellt sein, daß die individuelle Wahl und Festlegung auf einzelne Arbeitszeitmuster uneingeschränkt nach dem Freiwilligkeitskriterium erfolgen könnten.

Keine der beiden Voraussetzungen ist auch nur näherungsweise erfüllt. Angesichts eines insgesamt auf absehbare Zeit viel zu knappen Arbeitsplatzangebotes aber auch grundsätzlich wegen genereller struktureller Machtungleichgewichte am Arbeitsmarkt ist nur von eingeschränkten Wahlmöglichkeiten auszugehen, die allerdings je nach relativer Markt- und Verhandlungsposition für einzelne Beschäftigtengruppen differieren können. Die Vorstellung, die Beschäftigten könnten sich aus einem breiten Angebot unterschiedlicher Arbeitszeitformen wie aus einer Menukarte ein Arbeitszeit-Freizeit-Muster nach ihrem Geschmack bzw. nach ihren Bedürfnissen auswählen, entspricht einem Idealbild, das sich theoretisch allenfalls mit wirklichkeitsfernen Modellannahmen stützen läßt, die allen Marktteilnehmern gleiche Handlungsoptionen unterstellen. Da realistischerweise aber nicht davon auszugehen ist, daß Anbieter wie Nachfrager nach Arbeitsleistungen über die gleichen strategischen Handlungsmöglichkeiten verfügen und ihre jeweiligen Arbeitsmarktoptionen frei von strukturellen Machtbeziehungen und hierarchischen Verhältnissen in den Aushandlungsprozeß über die Arbeitszeitgestaltung einbringen können (Müller & Seifert, 1991), gilt es ein Konzept zu entwickeln, daß sowohl die in der Normalarbeitszeit angelegte Schutzfunktion auch weiterhin verbrieft als auch Spielraum für zusätzliche Zeitoptionen eröffnet. Hierzu bedarf es analytischer Vorarbeiten. Gesucht sind zunächst Kriterien und Verfahren, die eine differenzierte Bewertung heterogener Arbeitszeitformen gestatten. Sie sollten einen möglichst umfassenden Ansatz bieten, mit dem sich die vielfältigen Kombinationsmöglichkeiten der einzelnen Arbeitszeitdimensionen, Dauer, Lage und Verteilung, in ihren Grundstrukturen erfassen lassen, um die sich jeweils ergebenden Wirkungen auf die Arbeits- und Lebensbedingungen der Beschäftigten aufzeigen zu können. Diesen Anspruch versuchen Überlegungen zu einem Konzept der sozialverträglichen Arbeitszeitgestaltung (Seifert, 1989; Wiesenthal, 1986) sowie der garantierten Optionalität (Hinrichs, 1988) ein Stück weit zu erfüllen.

Hieran knüpfen die nachfolgenden Ausführungen an, die zunächst versuchen, den Begriff der Sozialverträglichkeit näher zu erläutern und geeignete Kriterien zu entwickeln, mit deren Hilfe sich die zunächst einmal offene Kategorie der Sozialverträglichkeit erfassen und operationalisieren läßt. Anschließend wird die Frage erörtert, wie sich der Grad der Sozialverträglichkeit näher bestimmen läßt.

2 Anforderungen an die Arbeitszeitgestaltung

Die Befassung mit dem Thema Sozialverträglichkeit der Arbeitszeitgestaltung könnte suggerieren, daß es prinzipiell möglich sei, einen optimalen Grad an Sozialverträglichkeit zu bestimmen und Arbeitszeitstrukturen zu entwerfen, die diesem Ziel entsprechen. Mit einem derartigen Arbeitsvorhaben wäre implizit ferner die Erwartung verknüpft, objektive Kriterien entwickeln zu können, mit deren Hilfe sich präzise definieren ließe, welche Arbeitszeitformen in welchem Grade als sozialverträglich einzuschätzen sind. Aber ebenso gut könnte man auch die Gegenposition vertreten und die Frage formulieren, ob Arbeitszeit überhaupt sozialverträglich sein kann, da sie stets einen Teil der Lebenszeit für in aller Regel fremdbestimmte Arbeitsinhalte und -abläufe blockiert, der nicht für eine selbstbestimmte Nutzung zur Verfügung steht. Dabei wird keineswegs verkannt, daß (Erwerbs-)Arbeitszeit nicht nur Zeit bindet, sondern ihr - quasi als Äquivalent - Einkommen gegenübersteht, das nutzenstiftend wirkt. Gleichwohl könnte man jenseits einer ausschließlich ökonomischen Betrachtung zu der Auffassung kommen, daß fremdbestimmte Zeitverwendung grundsätzlich daran krankt, nur mit gewissen Einschränkungen als sozialverträglich eingestuft zu werden. Unter diesen Vorzeichen würde man Sozialverträglichkeit stets in einem relativen Sinne begreifen. Bei dieser Auslegung erscheint es folgerichtiger, die Bemühungen darauf zu konzentrieren, lediglich unterschiedliche Grade von Sozialverträglichkeit zu bestimmen. Hierfür spricht außerdem, daß einzelne Bewertungskriterien von subjektiv geprägten Normen und Werten abhängig sind.

Schwierigkeiten bereitet es ferner, das Feld derjenigen gesellschaftlichen und ökonomischen Anforderungen einzugrenzen, aus denen sich die Kriterien für ein Konzept der Sozialverträglichkeit ableiten lassen. Die Arbeitszeit stellt einen zentralen Bestandteil der Lebenszeit dar, deren Bedeutung in den einzelnen Lebensphasen stark variiert. Da die Arbeitszeit direkt oder indirekt mehr oder minder nahezu sämtliche Lebens- und Produktionsbereiche berührt, lassen sich entsprechend vielfältige Anforderungen an ihre Gestaltung ableiten. Dies macht die Gestaltung der Arbeitszeit hochgradig konfliktträchtig und begründet einen generellen Regelungsbedarf, der allerdings gerade wegen seines hohen Komplexitätsgrades nur grobe Rahmengrößen abstecken kann. Anforderungen an die Gestaltung der Arbeitszeit stellen sich vor allem aus:

- betriebswirtschaftlicher Effizienz,
- volkswirtschaftlichen Allokationsgesichtspunkten,
- individuellen Zeitpräferenzen und Zeitanforderungen,
- gesellschaftlichen Versorgungsnotwendigkeiten,
- ökologischen Aspekten sparsamer Ressourcenverwendung.

(1) In betriebswirtschaftlicher Hinsicht geht es bei der Neugestaltung der Arbeitszeit um die effizientere Nutzung der Arbeitskraft, um die Steigerung der Arbeitsproduktivität. Die Unternehmen haben seit einiger Zeit entdeckt, daß in der Gestaltung der Arbeitszeit erhebliche Rationalisierungs- und Produktivitätspotentiale stecken, die sich nur bei einer Abkehr vom Muster der eher starren Normalarbeitszeit erschließen lassen. Zwei generelle Ansatzpunkte für eine kostensenkende und produktivitätssteigernde Arbeitszeitgestaltung sind zu unterscheiden. Zum einen läßt die Ausweitung der Betriebsnutzungszeiten vor allem bei kapitalintensiver und stromintensiver Produktion eine Verringerung der Stückkosten erwarten, da entweder bei gegebener Produktion der Kapitaleinsatz vermindert oder mit gegebenem Kapitaleinsatz die Produktion gesteigert werden kann oder aber während der sogenannten Schwachlastzeiten (nachts und am Wochenende) Stromkosten eingespart werden können (Joachim & Seifert, 1991). Zum anderen gestattet der Wechsel von einem gleichförmigen zu einem variablen Rhythmus der Arbeitszeitverteilung, den Arbeitseinsatz enger mit einer schwankenden Produktion oder Dienstleistung zu synchronisieren und somit genauer an unstete Entwicklungen des Marktes anzupassen. Dadurch lassen sich Leerzeiten und Lagerkosten verringern, Liefertermine verkürzen und letztlich Kosten einsparen. Die Kehrseite hiervon liegt für die Beschäftigten in der stärkeren zeitlichen Abhängigkeit von nicht absehbaren und schon gar nicht beeinflußbaren Marktrhythmen, deren Zeitprofile mit denen der Beschäftigten unter günstigen Bedingungen übereinstimmen aber auch genau so gut konfligieren können. Im zweiten Fall dürfte gerade in Phasen mit starkem Angebotsüberhang am Arbeitsmarkt das Risiko überwiegen, daß sich bei variablen Arbeitszeiten eher Kriterien der Wirtschaftlichkeit und weniger Aspekte des Zeitwohlstands durchsetzen als umgekehrt.

(2) In gesamtwirtschaftlicher Hinsicht bietet die Gestaltung der Arbeitszeit Ansatzpunkte, auf die Knappheitsverhältnisse am Arbeitsmarkt Einfluß nehmen zu können. Das gesamtwirtschaftliche Arbeitsvolumen, Produkt aus den beiden Faktoren Zahl der Beschäftigten und durchschnittliche Arbeitszeit je Beschäftigten, läßt

sich durch die Variation des zweiten Faktors auf eine größere oder auch umgekehrt eine kleinere Zahl an Beschäftigten verteilen. Angesichts der seit zwei Jahrzehnten hartnäckig andauernden Massenarbeitslosigkeit, die kurzfristig im Rahmen von konjunktur- und wachstumspolitischen Aktivitäten nicht zu beheben ist, wird als beschäftigungspolitischer Ausweg letztlich, ergänzend zu forcierten wirtschaftspolitischen Aktivitäten, nur die Umverteilung der Arbeit durch verkürzte Arbeitszeiten gesehen (Beirat Arbeitsmarktpolitik, 1994). Außerdem bestehen Auffassungen, die sich auch von einer flexibleren Gestaltung der Arbeitszeit zusätzliche Impulse versprechen, die dem Arbeitsmarkt aus seiner massiven Schieflage helfen sollen (Sachverständigenrat, 1993). Während die erste Position weitere Arbeitszeitverkürzungen nicht als Ersatz sondern als beschäftigungspolitische Ergänzung für eine offensive Wachstumspolitik versteht, erhofft sich die zweite Position von einer flexiblen Gestaltung der Arbeitszeit zusätzliche Schubkraft für die Wachstumsdynamik. Zeitgestaltung wird in diesem Sinne zu einem Teil der Wachstumspolitik.

Unter diesen Vorzeichen ist seit Mitte der 80er Jahre neue Bewegung in die Verkürzung der Arbeitszeit gekommen. Seitdem ist die tarifliche Wochenarbeitszeit im gesamtwirtschaftlichen Durchschnitt von 40 auf 37.7 Stunden gesunken. Außerdem hat die Teilzeitarbeit an Bedeutung gewonnen. Die Teilzeitquote ist in den letzten zehn Jahren stetig von etwa 13 von Hundert auf knapp 18 von Hundert geklettert. Beide Entwicklungen waren ein beschäftigungspolitischer Erfolg. Auf das Konto der verkürzten tariflichen Wochenarbeitszeit gehen etwa 800.000 gesicherte und geschaffene Arbeitsverhältnisse. Der Beschäftigungseffekt der gestiegenen Teilzeitquote läßt sich mit ca. 300.000 beziffern (Seifert, 1993; Zwiener, 1993). Gleichzeitig haben sich flexible Arbeitszeiten zwar rasch ausgebreitet. Inwieweit diese Entwicklung aber den Arbeitsmarkt beeinflußen konnte, läßt sich nicht sagen, da es an quantitativen Analysen fehlt.

(3) Wachsender Wohlstand in breiten Teilen der Gesellschaft, Pluralisierung von Lebensformen, Wertewandel sowie ein zunehmendes Zeitbewußtsein unter den Beschäftigten stellen neue Anforderungen an eine differenzierter ausgefächerte Gestaltung der Arbeitszeit, die zudem offen sein muß für Änderungen im Laufe der Erwerbs- und Lebensbiographie (Kurz-Scherf, 1993). In dem Maße, wie sich unterschiedliche Lebensstile herausbilden, gerät eine standardisierte Normalarbeitszeit zum Hemmschuh, der immer weniger geeignet ist, die unterschiedlichen individuellen Lebensentwürfe auch zu realisieren und auszuleben. Unter diesen veränderten Vorzeichen gerät der erweiterte Zugriff auf die Gestaltung der Zeit zum entscheidenden Dreh- und Angelpunkt, von dem abhängt, inwieweit die Beschäftigten über abgesicherte Handlungsmöglichkeiten verfügen, die angestrebten Lebensentwürfe und die dazu passenden Arbeitszeitmuster auch tatsächlich durchzusetzen.

Daß große Teile der Beschäftigten gerne von der Normalarbeitszeit abrücken möchten und neben einer kürzeren Arbeitszeit auch ein höheres Maß an Selbstbestimmungsmöglichkeiten bei der Arbeitszeitgestaltung, mehr Optionalität, anstreben, ist empirisch gut belegt (Bauer, Groß & Schilling, 1994; vgl. auch Groß, in diesem Band). Bei den Erhebungen über die Arbeitszeitwünsche fallen zwei grobe Typen von Zeitpräferenzen auf (Matthies, Mückenberger, Offe, Peter & Raasch, 1994). Einerseits werden mehr Planbarkeit und Verläßlichkeit im Rahmen fester Zeitraster gewünscht, die eine vergleichsweise konstante Verteilung von Arbeits- und Freizeit erlauben. Andererseits strebt eine keineswegs unbedeutende Gruppe der Beschäftigten einen höheren Grad an flexibler Arbeitszeitgestaltung an. Dies läßt sich als Ausdruck dafür interpretieren, daß Zeitsouveränität als neuer Lebensstil an Bedeutung gewinnt (Matthies et al., 1994).

(4) An Bedeutung für die Gestaltung der Arbeitszeit gewinnen ferner die zunehmende Tertiarisierung der Wirtschaft, die Professionalisierung und Verlagerung von Dienstleistungen aus dem häuslichen Bereich in die Marktsphäre sowie die rasche Ausdehnung der Kommunikationstechnologien. Mit steigendem Wohlstand einer Gesellschaft verlagert sich nicht nur ein Teil traditionell häuslich erstellter Dienstleistungen, wie jüngst die Pflege älterer Menschen, auf kommerzielle Anbieter, sondern auch die Dienstleistungsnachfrage wird zugleich differenzierter. Die Tertiarisierung der Wirtschaft fördert den Trend zur Rund-um-die-Uhr-Versorung. Dies betrifft vor allem Leistungen, die nach dem uno-actu-Prinzip erstellt werden, die eine unmittelbare zeitliche Synchronität von Produktion und Konsumption erfordern, die nicht speicherbar bzw. lagerbar und damit zeitlich aufschiebbar sind. Sichtbarer Ausdruck hiervon ist die überproportional stark gestiegene Zahl der Beschäftigten in den Bereichen Hotel- und Gaststättengewerbe sowie Verkehr und Nachrichtentechnik. Hier sind Nacht- und Wochenendarbeit eher die Regel als die Ausnahme. Nahezu selbstverständlich werden die angebotenen Dienstleistungen weitgehend unabhängig von den jeweiligen Zeitphasen bzw. -punkten abgefragt und in Anspruch genommen. Die zeitlichen Konsumentenwünsche nehmen dabei wenig Rücksicht auf die Wünsche und Anforderungen, die die im Dienstleistungsbereich Beschäftigten an die Gestaltung der Arbeitszeit stellen. Ein prominentes Beispiel hierfür liefert der seit Jahren schwehlende Konflikt um das Ladenschlußgesetz.

(5) Wenig Beachtung in der arbeitszeitpolitschen Diskussion und Forschung haben bislang ökologische Aspekte gefunden. Dabei können veränderte betriebliche und gesellschaftliche Arbeitszeitarrangements erhebliche Auswirkungen auf Einsatz und Verbrauch natürlicher Ressourcen haben und umgekehrt läßt sich das Ziel einer sparsamen Ressourcenverwendung vermutlich deutlich besser realisieren, wenn bei der Arbeitszeitgestaltung entsprechende Zielvorgaben stärker als bislang Berücksichtigung finden. Bisherige Überlegungen hierzu thematisieren den Zusammenhang von Raum- und Zeitengpässen und machen auf die Nutzungspotentiale aufmerksam, die sich ergeben können, wenn man einseitige Funktionszuweisungen durch Mehrfachnutzungen auflöst (Difu-Projektgruppe, 1988). So könnte beispielsweise eine andere Verteilung der Arbeitszeit zu einer Entzerrung von Verkehrsspitzen führen oder die Nutzungsfrequenzen von Freizeit- oder anderen öffentlichen Einrichtungen und damit deren Kapazitätsauslastung sowie letztlich deren Kapazitätsbedarf beeinflussen. In dem Maße, wie sich die auf den Abend- und Wochenendbereich konzentrierten Freizeitaktivitäten, die zeitlich komplementär zur Normalarbeitszeit organisiert sind, aufgrund veränderter Arbeitszeitstrukturen auch auf andere Zeitphasen ausdehnen, wird eine gleichmäßigere Nutzung der vorhandenen Infrastruktur sowie Freizeiteinrichtungen und damit möglicherweise auch ein geringerer Kapazitätsbedarf möglich. Ebenso kann die Verlängerung der Betriebsnutzungszeiten dazu beitragen, die vorhandenen Kapazitäten, die stofflichen Anlagen und Ausrüstungen sowie den laufenden Verbrauch von Energie und anderen Rohstoffen intensiver zu nutzen und damit den Verbrauch zu verringern. Spürbar bemerkbar würde sich dies vor allem bei dem Bedarf an gewerblich oder öffentlich genutzten Gebäuden machen, die zum Beispiel bei einschichtiger Normalarbeitszeit den größten Teil der Tages- bzw. Jahreszeit unbenutzt bleiben. Ein intensiverer Nutzungsgrad und damit ein sparsamerer Ressourceneinsatz hätte natürlich umgekehrt erhebliche Konsequenzen für die Ausweitung von Schicht-, Nacht- und Wo-

chenendarbeit und könnte deshalb mit anderen Anforderungen an die Zeitgestaltung, speziell den Freizeitwünschen und -anforderungen der Beschäftigten, in Konflikt geraten.

Diese hier nur angedeuteten Zusammenhänge sind bislang empirisch noch wenig aufgehellt, obwohl entsprechende Fragestellungen seit langem schon in der arbeitszeitpolitischen Debatte thematisiert werden (Teriet, 1976). So fehlt es zum Beispiel an Berechnungen, die quantifizieren, welche Effekte unterschiedliche Arbeitszeitmodelle auf den Einsatz und Verbrauch natürlicher Ressourcen haben und welche Einsparmöglichkeiten sich im Rahmen einer ökologisch orientierten Arbeitszeitgestaltung ergeben könnten.

Es ist offensichtlich, daß sich nicht sämtliche der aus diesen Begründungszusammenhängen abgeleiteten Anforderungen, die sich an die Gestaltung der Arbeitszeit richten lassen, gleichermaßen und konfliktfrei erfüllen lassen. Der Versuch, Kriterien der Sozialverträglichkeit zu entwickeln und dabei die unterschiedlichen und teils sogar konträren Anforderungen in einem ausbalancierten Verhältnis zu berücksichtigen, steht stets unter dem Vorzeichen einer Güter- und Interessenabwägung. Da es jedoch nicht möglich ist, ein objektives Bewertungsschema zu entwickeln, wird in der nachfolgenden Diskussion auf das Konzept der sozialverträglichen Technikgestaltung zurückgegriffen (Alemann, Schatz & Viehfues, 1985) und die Perspektive der Betroffenen, der Beschäftigten und ihrer Familien, zum Ausgangspunkt der weiteren Überlegungen gemacht. In Anlehnung an die dort entwickelten Vorstellungen und Ansätze geht es beim Konzept der sozialverträglichen Arbeitszeitgestaltung darum, die Durchsetzungschancen derjenigen gesellschaftlichen Bedürfnisse und Interessen zu stärken, die aufgrund gesellschaftsstruktureller Gegegebenheiten keine bzw. nur geringe Chancen besitzen, sich gegen die einseitige Abwälzung der Belastungen und Beeinträchtigungen einer vorrangig oder ausschließlich von den Unternehmen bestimmten Arbeitszeit zur Wehr zu setzen. Diese analytisch-konzeptionelle Perspektive ist zwangsläufig in ihrer Problemberücksichtigung beschränkt. Wichtige Anforderungsbereiche wie der Zusammenhang mit ökologischen Fragestellungen, gesellschaftlichen Versorgungsnotwendigkeiten oder auch volkswirtschaftlichen Effizienzüberlegungen kann entweder nicht oder nur teilweise Berücksichtigung finden. Insofern sind die weiteren Überlegungen nur im Sinne eines heuristischen Verfahrens zu verstehen und stellen einen ersten Schritt zur Entwicklung eines noch zu erarbeitenden umfassenden und konsistenten Konzeptes für eine sozialverträgliche Arbeitszeitgestaltung dar.

3 Methodenprobleme

Die Bewertung unterschiedlicher Arbeitszeitformen mit Hilfe der genannten Kriterien bereitet einige kaum lösbare methodische Probleme. Erstens handelt es sich teilweise um qualitative Aspekte, die sich nicht quantifizieren lassen. So läßt sich nicht genau angeben, bei welcher Häufigkeit zum Beispiel Nacht- oder Sonntagsarbeit zu einer gesundheitlichen Belastung bzw. sozialen Beeinträchtigung führen. Dies hängt von weiteren arbeitsbedingten Belastungen, den jeweiligen familiären Strukturen, den sich hieraus ergebenden zeitlichen Handlungsanforderungen sowie den zeitlichen Handlungsalternativen der Betroffenen ab. Ebenso bereitet es Schwierigkeiten, den Autonomiegrad exakt zu bestimmen. Kann man noch von zeitlicher Selbstbestimmung sprechen, wenn sich zum Beispiel im Rahmen von Gleitzeitarbeit Anfang oder Ende der täglichen Arbeitszeit nicht ausschließlich nach individuellen Wünschen sondern einige Male im Jahr auch nach betrieblichen Anforderungen richten müssen, die Beschäftigten aber an dem überwiegenden Teil der jährlichen Arbeitstage über freie Wahlmöglichkeiten im vorgegebenen Handlungsrahmen verfügen?

Zweitens wird der Versuch, den Grad der Sozialverträglichkeit zu bestimmen, durch die Mehrdimensionalität der Arbeitszeit kompliziert. Sowohl der aus dem Verhältnis von Arbeitszeit und frei verfügbarer Zeit resultierende Zeitnutzen als auch die damit einhergehenden Belastungen und Beeinträchtigungen hängen nicht nur von der jeweiligen zeitlichen Dauer, sondern auch von der Lage und der Verteilung von Arbeitszeit sowie der komplementären Größe, der freien Zeit, ab. Arbeitszeit ist also nicht nur als eine eindimensionale und lineare Größe zu verstehen, sondern die Bestimmung des Nutzens hat die beiden anderen Dimensionen stets mit zu berücksichtigen. So kann im Extremfall der aus Arbeitszeitverkürzungen resultierende Gewinn an frei verfügbarer Zeit durch eine ungünstigere Lage und/oder Verteilung der Arbeitszeit im Hinblick auf den zeitlichen Nutzen wieder zunichte gemacht werden. Für den Nutzen sowohl der Arbeitszeit als auch der Nicht-Arbeitszeit spielt nicht nur die quantitative Verteilung der beiden Zeitgrößen eine Rolle, sondern die beiden übrigen Zeit-Dimensionen, Lage und Verteilung, kommen stets hinzu. So hat vor allem die Lage (Nacht- oder Tagesarbeit, Wochentage oder Wochenendtage) auch Einfluß auf den materiellen Nutzen der Arbeitszeit und damit auf die Opportunitätskosten entgangener Einkommen bei entsprechender Freizeit. Als vierte Dimension könnte man schließlich noch die Dichte bzw. die Intensität der Arbeit einbeziehen. Zwischen diesen einzelnen Arbeitszeitdimensionen bestehen sowohl substitutive als auch komplementäre Wirkungszusammenhänge. Nicht nur die Dauer der Arbeitszeit beeinflußt den Grad der gesundheitlichen Belastungen oder der sozialen Beeinträchtigungen, sondern auch die jeweilige Lage der Arbeitszeit ist bedeutsam. Und umgekehrt kann eine kürzere Arbeitszeit die negativen Wirkungen von ungünstigen Arbeitszeitlagen wie zum Beispiel der Nachtarbeit kompensieren. Für die Bewertung der einzelnen Kriterien ist es also notwendig, eine Bilanz sämtlicher mit den verschiedenen Arbeitszeitdimensionen verbundenen Wirkungszusammenhänge zu ziehen.

Das dritte methodische Problem betrifft schließlich die Frage der Allgemeingültigkeit. Generalisierende Aussagen haben dem Problem Rechnung zu tragen, daß unterschiedliche Arbeitszeitprofile für einzelne Beschäftigtengruppen auch unterschiedlichen Nutzen stiften können. Von den jeweiligen Lebens- und Arbeitsbedingungen, der Einkommenssituation sowie den Werten und Normen hängt auch die Gewichtung einzelner Kriterien der Sozialverträglichkeit ab. Sie unterliegen zudem ständigen Veränderungen, die aber nicht von allen Gruppen der Gesellschaft zum gleichen Zeitpunkt und in gleichem Maße vollzogen werden.

Will man angesichts dieser methodischen Schwierigkeiten nicht gänzlich auf den Versuch verzichten, unterschiedliche Arbeitszeitprofile unter dem Gesichtspunkt der Sozialverträglichkeit miteinander zu vergleichen und zu bewerten, dann bleibt lediglich ein offenes Verfahren, bei dem einzelne Kriterien je nach den spezifischen Anforderungsprofilen einzelner Arbeitnehmergruppen abgewogen werden. Offen ist das Verfahren auch deshalb, da lediglich Wirkungszusammenhänge aufgezeigt werden.

Da ein von allen gesellschaftlichen Gruppen akzeptierter Maßstab, mit dessen Hilfe sich der Grad der Sozialverträglichkeit bestimmen ließe, aufgrund der genannten methodischen Probleme nicht verfügbar ist, empfiehlt es sich, hilfsweise auf das Konstrukt der Normalarbeitszeit zurückzugreifen und hierauf die unterschiedlichen Arbeitszeitformen jeweils in einem bewertenden Vergleich zu beziehen. Die Normalarbeitszeit gibt zwar kein Idealmodell für die Gestaltung der Arbeitszeit ab, das bereits recht nah an ein (gedankliches) Optimum der Sozialverträglichkeit heranreicht. Ihr unbestreitbarer Vorzug liegt aber in ihrer Standardisierungsfunktion. Sie bildet einen Fixpunkt, auf den sich andere Arbeitszeitformen beziehen lassen. Mit Hilfe noch festzulegender Kriterien besteht dann die Möglichkeit, sich Schritt für Schritt an eine Bewertung heranzutasten und anzugeben, ob einzelne Kriterien - immer im Vergleich zur Normalarbeitszeit - einen höheren oder geringeren Grad an Sozialverträglichkeit signalisieren. Als Normalarbeitszeit wird hier die tarifliche Wochenarbeitszeit verstanden, die sich in einem gleichmäßigen Rhythmus auf die Tage Montag bis Freitag verteilt und im Einschichtsystem während der Tageszeiten organisiert ist.

4 Kriterien der Sozialverträglichkeit

4.1 Ausgangsüberlegungen

Aus der Perspektive der Beschäftigten lassen sich für die Bewertung unterschiedlicher Formen der Arbeitszeitgestaltung unter Rückgriff auf einige in der Literatur entwickelte Ansätze (Seifert, 1989; Wiesenthal, 1986) vor allem folgende Kriterienkomplexe formulieren:

(1) Beschäftigungsniveau und -sicherheit
(2) Einkommen
(3) gesundheitliche Belastungen
(4) Anforderungen aus lebensgemeinschaftlichen Beziehungen
(5) Teilhabe am sozialen Leben
(6) Autonomiegrad

Die mit diesen Kriterien verknüpften Gestaltungsziele können sich überlagern und ergänzen, sie können auch konkurrierende Bezüge bilden. Deshalb ist nicht auszuschließen, daß es bei dem Versuch, den Grad der Sozialverträglichkeit mit Hilfe dieser Kriterien zu bestimmen, nicht gelingt, Inkonsistenzen oder gar Widersprüchlichkeiten auszuräumen. Diese zu benennen und die jeweiligen Wirkungen aufzuzeigen gehört aber ebenfalls zur Sozialverträglichkeitsprüfung und kann wichtige Anhaltspunkte für die Gestaltung der Arbeitszeit liefern.

Begreift man die Bewertung von unterschiedlichen Arbeitszeiten mit Hilfe der genannten Kriterien als eine Art Arbeitskonzept, das vorrangig auf eine qualitative Erörterung abstellt und allenfalls grobe Anhaltspunkte liefern kann, wie eine bestimmte Arbeitszeitform auf der gedachten Sozialverträglichkeitsskala im Vergleich zur Normalarbeitszeit abschneidet, dann lassen sich folgende Überlegungen anstellen.

4.2 Beschäftigungsniveau und -sicherheit

Sowohl die Dauer der Arbeitszeit als auch deren Lage sowie Verteilung können Einfluß auf die Beschäftigungsnachfrage haben. Zwischen der Dauer der Arbeitszeit und der Höhe des Beschäftigungsniveaus besteht ein reziproker Zusammenhang. In dem Maße, wie die durchschnittliche Dauer der Arbeitszeit sinkt, erhöht sich bei gegebenem Stundenlohnsatz sowie Produktion und Produktivität das Beschäftigungsniveau. Zu berücksichtigen ist allerdings, daß die Dauer der Arbeitszeit auch die Höhe der Arbeitsproduktivität beeinflußen kann. So haben die Erfahrungen mit den seit Mitte der 80er Jahre durchgeführten Arbeitszeitverkürzungen (Stille & Zwiener, 1988) die Annahme bestätigt (Görres, 1984), daß kürzere Arbeitszeiten vor allem eine höhere Arbeitsintensität ermöglichen, die zusätzliche Produktivitätseffekte induziert. Dies gilt für tarifliche Arbeitszeitverkürzungen ebenso wie für die Ausweitung der Teilzeitarbeit (McKinsey & Co., 1994). Zusätzliche Produktivitätseffekte schmälern zwar einerseits den theoretischen Beschäftigungseffekt von kürzeren Arbeitszeiten, andererseits können sie die Lohnstückkosten verringern und damit Produktion und Beschäftigung erhöhen.

Die Dauer der Arbeitszeit kann auch die Höhe des Arbeitskräfteangebots beeinflussen. Da von unterschiedlichen individuellen Lebensumständen, familiären Versorgungsverpflichtungen und spezifischen Zeit-Einkommens-Präferenzen einzelner Gruppen von Arbeitskraftanbietern auszugehen ist, erscheint es plausibel, daß nicht nur die tarifliche Normalarbeitszeit als optimal empfunden und auch akzeptiert werden kann. So stellt Teilzeitarbeit häufig für bestimmte Beschäftigtengruppen die einzige Möglichkeit dar, überhaupt am Erwerbsleben teilnehmen zu können, da längere Arbeitszeiten ansonsten nicht mit den teilweise unabweisbaren privaten Zeitanforderungen vereinbar wären.

Auch die zweite Dimension der Arbeitszeit, die Lage, kann sowohl die Höhe von Angebot als auch von Nachfrage nach Arbeit beeinflußen. Der Zusammenhang zum Beschäftigungsniveau wird über die Dauer der Betriebsnutzungszeiten hergeleitet. Die Argumentation lautet, daß vor allem mit steigender Kapitalintensität bzw. steigendem Kapitalkoeffizienten eine im Rahmen von Schicht-, Nacht- oder Wochenendarbeit ausgeweitete Nutzungszeit der Produktionsanlagen eine Reduzierung der Kapitalfixkosten gestattet. Wegen des bei gegebener Produktion geringeren Betriebsmittelbestandes werden auch geringere Mittel für Ersatzinvestitionen benötigt. Dies gestattet eine Entspannung der Liquiditätslage (Müller-Seitz, 1991). Außerdem erlaubt die intensivere Nutzung der Anlagen eine Verkürzung der Innovationszeiträume. Von der Preiselastiziät hängt es dann ab, ob die verbesserten Kostenstrukturen zu einer Ausweitung der Güternachfrage und damit auch der Beschäftigung führen. Aber auch nachfragetheoretisch läßt sich ein durch verlängerte Betriebsnutzungszeiten ausgelöster positiver Effekt auf die Arbeitskräftenachfrage begründen. Wird die Betriebsnutzungszeit in zuschlagpflichtige Zeitphasen, vor allem in den Nacht- und Wochenendbereich, ausgedehnt, erhöhen sich die Einkommen, und bei gegebener Konsumquote steigen Güternachfrage und Beschäftigung.

Welche Wirkungen unterschiedliche und von der Normalarbeitszeit abweichende Lagen der Arbeitszeit auf das Arbeitsangebot haben, ist bislang vor allem empirisch wenig erforscht. Es ist aber zu vermuten, daß die Lage der Arbeitszeit nicht indifferent im Hinblick auf die Entscheidung ist, eine Erwerbstätigkeit aufzunehmen. Je nach Familienstatus, den sich hieraus ergebenden familiären Verpflichtungen, je nach der gesundheitlichen Verfassung oder auch nach den örtlichen Verkehrsverbindungen können bestimmte Lagen der Arbeitszeit als nicht mit den individuellen Zeitpräferenzen vereinbar erscheinen und deshalb im Extremfall der Aufnahme einer Erwerbstätigkeit im Wege stehen.

Ähnliche Wirkungszusammenhänge gelten auch für die dritte Dimension der Arbeitszeit, die Verteilung. Bei schwankendem Verlauf von Dienstleistungs- und Güternachfrage erlaubt eine variable Verteilung der Arbeitszeit eine engere Synchronisation mit dem Arbeitseinsatz, als dies bei einer in gleichmäßigen Portionen verteilten Normalarbeitszeit der Fall ist. Dadurch lassen sich Lagerkosten und Leerzeiten verringern sowie zuschlagspflichtige Überstunden einsparen. Offen bleibt, ob der zunächst einmal eingesparte Arbeitseinsatz durch die möglichen positiven Effekte auf die Güter- und Beschäftigungsnachfrage in Folge verringerter Produktionskosten und höherer Produktiviät ausgeglichen werden kann.

Im Hinblick auf das Arbeitskräfteangebot ergeben sich ähnliche Handlungsrestriktionen wie bei der Lage der Arbeitszeit. So kann eine stark schwankende Arbeitszeit, die sich vorrangig an den Marktrhythmen und den daraus abgeleiteten betrieblichen Zeitmustern orientiert, zu erheblichen Reibungen mit den privaten Zeitanforderungen führen und letztlich prohibitiv für die Aufnahme von bestimmten Erwerbstätigkeiten wirken.

4.3 Einkommen

Bei gegebenem Lohnsatz hängt die Höhe des Einkommens von der Dauer der Arbeitszeit ab. Der Zusammenhang ist linear. Indirekt sind damit auch die an das Einkommen gekoppelten Transfereinkommen Arbeitslosengeld und -hilfe, Krankengeld sowie Rentenleistungen betroffen. Eine gewisse Modifikation ergibt sich, wenn die tarifliche Normalarbeitszeit überschritten wird und Überstunden anfallen, die mit einem Zuschlag vergütet werden. Das Einkommen steigt dann überproportional zur Dauer der Arbeitszeit. Wenn umgekehrt bestimmte Mindestgrenzen unterschritten werden, entfällt die Versicherungspflicht, so daß keine Ansprüche auf Sozialleistungen entstehen.

Je nach den individuellen Arbeitszeit-Freizeit-Präferenzen können im Vergleich zur tariflichen Normalarbeitszeit sowohl kürzere als auch längere Arbeitszeiten einen höheren Gesamtnutzen bewirken. Dies gilt aber nur für die individuelle Perspektive. Gesamtwirtschaftlich würden verlängerte Arbeitszeiten (bei gegebenem Lohnsatz und konstanter Betriebsnutzungszeit) das Arbeitsvolumen auf einen kleineren Kreis der Beschäftigten umverteilen und die prekäre Arbeitsmarktlage weiter verschärfen. Es ist deshalb eine politische Entscheidung, die jeweiligen Zielprioritäten abzuwägen.

Auch besondere Lagen der Arbeitszeit können das Einkommen steigern. Durchgängig für sämtliche Tarifbereiche betrifft dies sowohl die Nacht- als auch die Sonn- und Feiertagsarbeit. Die durchschnittliche Höhe der Zuschläge liegt bei 20 bis 30 von Hundert für Nachtarbeit, bei 62 von Hundert für Sonn- und 138 von Hundert für Feiertagsarbeit (Bundesanstalt für Arbeit, 1993). Samstagsarbeit ist dagegen nur in einzelnen Fällen zuschlagspflichtig, ebenso wie Arbeit in Zweischichtsystemen. Begründet sind die Zuschläge zum einen durch die im Vergleich zur Normalarbeitszeit größeren Belastungen bzw. stärkeren Einschränkungen und zum anderen durch die mit diesen Arbeitszeiten möglichen Kostenreduktionen aufgrund einer intensiveren Anlagennutzung.

Im Unterschied zu den beiden Dimensionen Dauer und Lage ist die Verteilung der Arbeitszeit in aller Regel einkommensindifferent. Sieht man einmal von Zuschlägen für kurzfristige Rufbereitschaften ab, dann werden variable Arbeitszeiten, sei es in Form von Gleitzeitarbeit oder tariflichen Bandbreitenregelungen oder in Form von Jahresarbeitszeitmodellen, monetär nicht anders vergütet als die gleichförmig verteilte Normalarbeitszeit. Zuschläge fallen selbst dann nicht an, wenn die Beschäftigten größere Einschränkungen bei der individuellen Zeitverfügung hinnehmen müssen als bei der Normalarbeitszeit oder wenn die Unternehmen Kostenvorteile verbuchen können.

4.4 Gesundheitliche Belastungen

Es gilt als gesicherte Erkenntnis, daß mit zunehmender Dauer der Arbeitszeit der Grad der physischen und psychischen Belastungen steigt (Schardt, 1982). Dieser Zusammenhang kann durch die jeweilige Intensität der Arbeit abgeschwächt oder auch verstärkt werden. Wie Erfahrungen zeigen, ist bei kürzeren Arbeitszeiten in aller Regel ein höherer Grad der Arbeitsintensität anzutreffen (McKinsey & Co., 1994). Inwieweit das Gesamtniveau der Belastungen mit der Dauer der Arbeitszeit variiert, läßt sich kaum generell sagen, sondern ist im Einzelfall empirisch zu klären. Auf jeden Fall aber bieten kürzere Arbeitszeiten längere Regenerationszeiten.

Bei der Lage der Arbeitszeit stellt vor allem die Nachtarbeit einen besonderen Belastungsfaktor dar, da sie nicht mit dem menschlichen Biorhythmus korrespondiert. Sowohl kontinuierliche als auch in Wechselschicht organisierte Nachtarbeit macht, unabhängig von zusätzlichen arbeitsbedingten Belastungsfaktoren, auf Dauer krank (Elsner, 1992). Aber auch Zweischichtarbeit kann durchaus belastungsintensiver sein als einschichtig organisierte Normalarbeitszeit (Ehrenstein, Ambs-Schulz, Nagel & Brunnhofer, 1989). So wächst speziell bei den Frühschichten das Risiko von chronischen Schlafdefiziten und generell kann wegen der Restriktionen im Bereich des familiären und sozialen Lebens ein im Vergleich zur Normalarbeitszeit erhöhter Zeitstreß hinzukommen, der auf Dauer ebenfalls gesundheitlich belastend wirkt. Bei der Sonntags- bzw. Wochenendarbeit spielen zwar biorhythmische Beanspruchungen keine Rolle. Gleichwohl sind zeit-konfliktorische und damit belastend wirkende Situationen nicht auszuschließen, wenn es nicht gelingt, die Lage der Arbeitszeit mit den familiären und sozialen Zeitanforderungen zu vereinbaren und dieser Konflikt mehr oder minder permanente Zeitzwänge verursacht. Dabei können die Belastungskurven je nach dem familiären Status, dem Alter oder den jeweiligen Arbeitszeit-Freizeit-Präferenzen sehr unterschiedlich verlaufen.

Den gesundheitlichen Belastungsrisiken von Nacht- aber auch von Schichtarbeit steht das durch Zuschläge erhöhte Einkommen gegenüber - ein alter humanisierungspolitischer Konflikt, der sich nicht allein im Rahmen individueller Wahlentscheidungen lösen läßt. Dauerhafte gesundheitliche Belastungen mit den Extremfolgen der frühzeitigen Berufs- oder Erwerbsunfähigkeit gehen auf Kosten der solidargemeinschaftlich finanzierten Sozialversicherungssysteme. Aus dieser Perspektive besteht also ein übergeordnetes Interesse an einer möglichst belastungsfreien Arbeitszeitgestaltung.

Ähnliche Belastungszusammenhänge sind auch für die Verteilung der Arbeitszeit nachgewiesen (Büssing, 1993b; Kastner, 1987). Mit größeren Belastungen als bei einer zwar gleichförmig verteilten, aber fest planbaren Normalarbeitszeit ist zu rechnen, wenn die Lage der Arbeitszeit primär fremdbestimmt nach schwer abschätzbaren und teilweise sogar erratisch ablaufenden Marktrhythmen erfolgt und diese den jeweiligen individuellen Zeitrhythmen weitgehend zuwider laufen, so daß Zeitstreß entsteht.

4.5 Lebensgemeinschaftliche/familiäre Anforderungen

Nicht nur der Biorhythmus sondern auch der familiäre Lebensrhythmus stellen differenzierte Anforderungen an das Verteilungsmuster von Arbeits- und erwerbsfreier Zeit. Im Unterschied zum Biorhythmus kann der familiäre Zeitrhythmus jedoch recht unterschiedliche Verlaufskurven annehmen, die von der Größe und Struktur der Familie, deren finanzieller Situation, den verfügbaren öffentlichen Infrastruktureinrichtungen oder den spezifischen Lebensorientierungen und -planungen abhängen (vgl. Stolz-Willig, in diesem Band). Insofern können sich sehr unterschiedliche Anforderungen an eine den jeweiligen familiären Zeitprofilen einigermaßen gerecht werdende Kombination von Dauer, Lage und Verteilung der Arbeitszeit ergeben. Die Frage, wieviel Zeit zu welchen Zeitpunkten Familien oder Lebensgemeinschaften für eine gemeinsame Nutzung benötigen, um die individuellen Regenerations- und Freizeitbedürfnisse sowie die familiären Versorgungsverpflichtungen zu erfüllen, ist zudem stets von neuem zu beantworten, da die jeweiligen Einflußgrößen permanentem Wandel unterliegen. Familiengerechte Zeitarrangements setzen deshalb offene Regelungsformen der Zeitgestaltung voraus, die ständige Anpassungen zulassen.

Obwohl die effektive Jahresarbeitszeit seit 1960 in Westdeutschland um durchschnittlich 622 Stunden oder knapp 30 von Hundert zurückgegangen ist, wird die verfügbare Nicht-Erwerbszeit als immer noch zu knapp bemessen empfunden, gelten Lage und Verteilung der Arbeitszeit als wenig kompatibel mit den familiären Zeitbedarfen (Bauer et al. 1994; Büssing, 1993a; Garhammer & Gross, 1993). Zeitnot ist noch längst nicht beseitigt. Verlängerte Wegezeiten, gewachsener Zeitaufwand für im Rahmen von Selbstbedienung teilweise aufwendiger und komplizierter gewordene Versorgungsaufgaben sowie durch gestiegene Arbeitsbelastungen erhöhte Regenerationszeiten beanspruchen einen Teil der durch Arbeitszeitverkürzungen gewonnenen Zeitphasen, der damit einem frei verfügbaren familiären Zeitbudget entzogen ist.

4.6 Teilhabe am sozialen Leben

Soziale Interaktionen sind ohne zeitliche Synchronisationen nicht oder allenfalls unter erheblichen Einschränkungen möglich. Zeitliche Abstimmungen fallen umso leichter, je kürzer die individuellen Arbeitszeiten sind und umgekehrt. Mit dem jeweiligen Quantum an frei verfügbarer, nicht erwerbsgebundener Zeit variiert auch die Schnittmenge, die für gemeinsame Zeitgestaltung zur Verfügung steht.

Ebenso bedeutsam wie das zeitliche Quantum freier Zeit sind auch dessen Lage und Verteilung im Tages-, Wochen- oder Jahreszyklus, da soziale Aktivitäten, gleichgültig ob sie sich auf den politischen, den kulturellen oder sportlichen Bereich beziehen, nicht mit gleicher Intensität und Angebotspalette zu jeder beliebigen Zeit stattfinden. Das soziale Leben folgt einem eigenen Zeitrhythmus, der eher komplementär und weniger zeitgleich zur Normalarbeitszeit verläuft. Öffentliche Veranstaltungen finden in aller Regel zu fest vorgegebenen Terminen statt, die entweder nach einem bestimmten

Rhythmus koordiniert sind oder einen einmaligen Charakter besitzen. Auf jeden Fall entziehen sie sich dem Zugriff individueller Beeinflußung. Insofern hängt der Nutzen der Nicht-Erwerbszeit in starkem Maße davon ab, inwieweit deren Profil, gebildet aus den drei Dimensionen Dauer, Lage und Verteilung, dem Zeitprofil der sozialen Aktivitäten folgt (Knauth, 1989). Gleiche Quanten an erwerbsfreier Zeit können je nach ihrer Lage und Verteilung unterschiedlichen Nutzen stiften. Freie Zeit während der Vormittagsstunden eines Wochentages findet nicht die gleiche Auswahl an Nutzungsmöglichkeiten, wie dies in den Abendstunden oder gar am Wochenende der Fall ist. In dem Maße, wie die Arbeitszeit in den für soziale Aktivitäten reservierten Zeitbereich vordringt, fällt zwangsläufig die nicht erwerbsgebundene Zeit in Phasen mit eingeschränktem oder im Extremfall sogar gänzlich fehlendem Angebot an kulturellen, sportlichen oder politischen Aktivitäten.

Wenn es darum geht abzuwägen, welche Möglichkeiten bestehen, am sozialen Leben teilzuhaben, dann darf dabei nicht die völlig spannungsfreie Kehrseite übersehen werden, daß ein großer und rasch wachsender Teil des Leistungsangebotes im soziokulturellen Bereich auf professioneller bzw. marktmäßig erstellter Arbeit beruht, die zu Zeiten jenseits der Normalarbeitszeit erbracht werden. Große Teile der Beschäftigten in der Freizeitindustrie arbeiten bzw. können nur arbeiten, während andere Personen, die Konsumenten, gleichzeitig von der Arbeitszeit befreit sind und über Konsumzeit verfügen. Je größer das gesamte Zeitvolumen der marktmäßig angebotenen und erstellten Leistungen im - hier in einem weiten Sinne verstandenen - Bereich des sozialen Lebens ausfällt, desto mehr Arbeitsvolumen wird hierfür in den entsprechenden Zeitphasen benötigt. Nicht auszuschließen sind zumindest in der langfristigen Perspektive Entwicklungen, die, begünstigt durch eine kürzer werdende individuelle Arbeitszeit, auf eine stärkere Durchmischung von Konsumzeit und Arbeitszeit hinauslaufen. In dem Maße, wie sich die an das Normalarbeitszeitverhältnis gekoppelte Dichotomie dieser beiden Zeitsphären auflöst, könnte es zumindest in Teilbereichen zu einem Vordringen auch von soziokulturellen Leistungsangeboten in den Tagesbereich während der Wochentage kommen.

4.7 Autonomiegrad

Der Autonomiegrad bei der Arbeitszeitgestaltung bezeichnet eine Art Meta-Kriterium, das die zuvor diskutierten Anforderungen bzw. Kriterien überlagert und teilweise mit bestimmt (vgl. auch Büssing, in diesem Band). Gedanklich kann sich die Möglichkeit der Beschäftigten, Dauer, Lage und Verteilung der Arbeitszeit nach jeweils individuellen Anforderungen bestimmen zu können, zwischen zwei Polen bewegen, die auf der einen Seite durch den Extremfall der völligen Selbst- und auf der anderen Seite durch das Pendant der völligen Fremdbestimmung gekennzeichnet sind. Zwischen diesen beiden Polen liegt die Normalarbeitszeit. Sie verwehrt sowohl den Betrieben als auch den Beschäftigten die beliebige Verfügung über die Arbeitszeit. Beide Seiten haben sich an die ausgehandelten und vereinbarten Zeitmuster zu halten. Spontane Abweichungen sind kaum und dann allenfalls in relativ engen Bandbreiten nach einem reglementierten Verfahren, wie zum Beispiel bei Überstunden, möglich.

Für die Beschäftigten läßt sich die Funktion der Normalarbeitszeit mit einer Art „goldenem Käfig“ vergleichen, der ihnen ein festes Arbeitszeit-Freizeit-Muster garantiert, das aber grundsätzlich indifferent gegenüber unterschiedlichen und im Zeitablauf wechselnden Zeitanforderungen bleibt. Offenere Zeitstrukturen, die den Beschäftigten Wahlmöglichkeiten einräumen, versprechen dagegen, den individuellen Zeitnutzen zu steigern. Offenere Zeitstrukturen bergen zugleich aber auch vergleichsweise größere Risiken, stärker als bei der Normalarbeitszeit dem zeitlichen Zugriff der betrieblichen Zeitanforderungen ausgesetzt zu sein. Um das Risiko einer ausschließlich oder weitgehend betrieblich bestimmten Arbeitszeit möglichst gering zu halten und umgekehrt den Spielraum für selbstbestimmte Arbeitszeitmuster zu erweitern, bedarf es Regelungen, die sowohl eine ähnliche Schutzfunktion wie im Normalarbeitszeitverhältnis zusichern, dieses aber gleichzeitig um eine Gestaltungsfunktion erweitern. Dieser doppelten Aufgabenstellung versuchen Überlegungen zu einem Konzept der zugesicherten Wahlmöglichkeiten (garantierte Optionalität) zu entsprechen (Hinrichs, 1988). Der Grundgedanke besteht darin, die Arbeitnehmerrechte so zu erweitern, daß sie erlauben, je nach den persönlichen Lebenslagen und den individuellen Bedürfnissen von einer gleichförmigen Normalarbeitszeit abweichen zu können, ohne den Schutz zu verlieren, den diese bietet.

Optionen sollen dabei sowohl die Dauer als auch die Lage sowie die Verteilung der Arbeitszeit einschließen. Hierzu gehören das Recht auf weniger Arbeit, sei es in der Form von Teilzeitarbeit oder als „sabbatical" oder im Rahmen einer anderen Arbeitsunterbrechung, das Recht auf Rückkehr zur Vollzeitarbeit, Ansprüche, von Schicht- in Normalarbeitszeit zu wechseln oder Möglichkeiten, Anfang und Ende der täglichen/wöchentlichen Arbeitszeit im Rahmen vorgegebener Bandbreiten individuell festlegen zu können.

5 Schlußfolgerungen

Bei Versuchen, unterschiedliche Formen der Arbeitszeit mit Hilfe der diskutierten Kriterien zu bewerten und Ansätze für passgenauer auf die Zeitinteressen der Beschäftigten zugeschnittene Arbeitszeitmuster zu entwickeln, sind vor allem zwei mögliche Implikationen hervorzuheben. In dem Maße, wie neue Arbeitszeitformen dazu beitragen sollen, genauer als bislang den sich zunehmend weiter ausdifferenzierenden und heterogenen Zeitanforderungen und -präferenzen Rechnung zu tragen, ist es zwangsläufig unausweichlich, sich von der längst noch nicht durchgängig in der gesellschaftlichen Diskussion aufgegebenen Vorstellung zu verabschieden, die Arbeitszeit möglichst nach dem Prinzip der Einheitlichkeit zu organisieren. Vielfalt ist vielmehr eine Kernvoraussetzung für die Arbeitszeitgestaltung, um den unterschiedlichen Lebens- und Arbeitsbedingungen Rechnung tragen zu können. Außerdem sollte sie möglichst offen für umstandslose Veränderungen sein, die sich im Laufe einer Erwerbsbiographie ergeben können. Als zentrales Gestaltungsprinzip ergibt sich daraus, daß die Regelungsverfahren neben der in der Normalarbeitszeit angelegten Schutzfunktion außerdem über eine Gestaltungsfunktion verfügen müssen.

Hiermit ist eine zweite Implikation verbunden. Größere Möglichkeiten für breiter ausgefächerte Arbeitszeitmuster bedeuten nicht, zukünftig auf kollektivvertragliche Regelungsverfahren zugunsten individueller Aushandlungsmodi zu verzichten. Vielmehr erscheinen kollektive Regelungsverfahren wegen der für den Arbeitsmarkt konstitutiven Machtasymmetrie, die die Handlungs- und Durchsetzungsmöglichkeiten der Beschäftigten in Arbeitszeitfragen gegenüber den Arbeitgebern systematisch einschränkt, geradezu als eine unabdingbare Voraussetzung, wenn der Spielraum für sozialverträgliche und bedürfnisgerechte Arbeitszeitformen erweitert werden soll (Seifert, 1995). Individuelle Anspruchsrechte, die nicht nur durchsetzungsstarken sondern allen Beschäftigtengruppen gleichermaßen zur Verfügung stehen, erscheinen ohne kollektiven Regelungsrahmen kaum zu verankern. Auf einer anderen Ebene bewegt sich die alltägliche Implementierung differenzierter Arbeitszeiten. Sie wird sich nicht ohne einen höheren Grad an Dezentralität mit erweiterter Entscheidungsautonomie der Beschäftigten durchsetzen lassen.

Literatur

Alemann, U. von, Schatz, H. & Viefhues, D. (1985). Sozialverträgliche Technikgestaltung. Entwurf eines politischen Programms. In W. Fricke, K. Johannson, K. Krahn, W. Kruse & G. Peter (Hrsg.), *Jahrbuch Arbeit und Technik in Nordrhein-Westfalen 1985* (S. 349-368). Bonn: Neue Gesellschaft.

Bauer, F., Groß, H. & Schilling, G. (1994). *Arbeitszeit '93. Arbeitszeiten, Arbeitszeitwünsche, Zeitbewirtschaftung und Arbeitszeitgestaltungen von abhängig Beschäftigten.* Düsseldorf: Ministerium für Arbeit, Gesundheit und Soziales des Landes Nordrhein-Westfalen [MAGS].

Beirat Arbeitsmarktpolitik (1994). *Berliner Erklärung zur Halbierung der Arbeitslosigkeit bis zum Jahr 2000.* Berlin: Eigenverlag.

Büssing, A. (1993a). Sozialverträglichkeit von Arbeitszeitstrukturen. Untersuchungen eines neuen Konzeptes in der Krankenpflege. *WSI-Mitteilungen, 46,* 154-163.

Büssing, A. (1993b). Stress and burnout in nursing. Studies in different work structures and work schedules. In M. Hagberg, F. Hofmann, U. Stößel & G. Westlander (Eds.), *Occupational health for health care workers* (pp. 431-437). Stuttgart: Ecomed.

Bundesanstalt für Arbeit (1993). *Arbeit und Beruf, 44.*

Difu-Projektgruppe (1988) Zeitplanung. In D. Henckel (Hrsg.), *Arbeitszeit, Betriebszeit, Freizeit. Auswirkungen auf die Raumentwicklung* (S. 153-196). Stuttgart: Kohlhammer/Deutscher Gemeindeverlag.

Ehrenstein, W., Ambs-Schulz, M., Nagel, U. & Brunnhofer, B. (1989). Chronobiologische, soziale und gesundheitliche Auswirkungen industrieller Schichtarbeit. In H. Betschart (Hrsg.), *Zweischichtarbeit* (S. 11-82). Bern: Huber.

Elsner, G. (1992). *Risiko Nachtarbeit.* Bonn: Dietz.

Garhammer, M. & Gross, P. (1993). *Auswirkungen der Flexibilisierung von Arbeitszeiten und der Technisierung von Haushalten auf Freizeitnutzung, Alltagsorganisation und Sozialbeziehungen* (Projektbericht im Auftrag des Bundesministerium für Forschung und Technologie). Bamberg: Universität, Lehrstuhl für Soziologie.

Görres, P.A. (1984). *Die Umverteilung der Arbeit.* Frankfurt a. M.: Campus.

Hinrichs, K. (1988). *Motive und Interessen im Arbeitszeitkonflikt.* Frankfurt a. M.: Campus.

Joachim, P. & Seifert, H. (1991). *Neue Technik und Arbeitszeitgestaltung*. Opladen: Westdeutscher Verlag.

Kastner, M. (1987). Gesundheitliche Konsequenzen einer Arbeitszeitflexibilisierung. In R. Marr (Hrsg.), *Arbeitszeitmanagement* (S. 213-231). Berlin: Erich Schmid.

Knauth, P. (1989). The value of leisure time. Field study three-shift-workers. *Ergonomia, 27*, 65-73.

Kurz-Scherf, I. (1993). Normalarbeitzseit und Zeitsouveränität. Auf der Suche nach Leitbildern für eine neue Arbeitszeitpolitik. In H. Seifert (Hrsg.), *Jenseits der Normalarbeitszeit. Perspektiven für eine bedürfnisgerechtere Arbeitszeitgestaltung* (S. 9-79). Köln: Bund.

Matthies, H., Mückenberger, U., Offe, C., Peter, E. & Raasch, S. (1994). *Arbeit 2000.* Reinbek: Rowohlt.

McKinsey & Co. (1994). *Teilen und Gewinnen. Das Potential der flexiblen Arbeitszeitverkürzung*. München: Eigenverlag.

Müller, G. & Seifert, H. (1991). Deregulierung aus Prinzip? Eine Diskussion der Vorschläge der Deregulierungskommission zum Arbeitsmarkt. *WSI-Mitteilungen, 44,* 489-499.

Müller-Seitz, P. (1991). *Erfolgsfaktor Schichtarbeit?* Köln: TÜV Rheinland.

Sachverständigenrat zur Begutachtung der gesamtwirtschaftlichen Entwicklung (1993). *Jahresgutachten* [Bundestags-Drucksache 12/6170]. Bonn.

Schardt, L.P. (1982). Schichtarbeit. In L. Zimmermann (Hrsg.), *Organisation der Arbeit. Arbeitsteilung, Qualifikation, Schichtarbeit. Humane Arbeit - Leitfaden für Arbeitnehmer* (Bd. 4) (S. 181-290). Reinbek: Rowohlt.

Seifert, H. (1989). Sozialverträgliche Arbeitszeitgestaltung - Ein neues Konzept der Arbeitszeitpolitik? *WSI-Mitteilungen, 42*, 670-681.

Seifert, H. (1993). Ausmaß und Effekte der Arbeitszeitverkürzung. In P. Hampe (Hrsg.), *Zwischenbilanz der Arbeitszeitverkürzung* (S. 11-28). München: von Haase und Koehler.

Seifert, H. (1995). Arbeitnehmerorientierte Arbeitszeitgestaltung: Mehr Beschäftigung, mehr Sozialverträglichkeit und mehr Zeitautonomie. In D. Wagner (Hrsg.), *Arbeitszeitmodelle* (S. 61-71). Göttingen: Verlag für Angewandte Psychologie.

Stille, F. & Zwiener, R. (1988). Arbeitszeitverkürzung als Instrument der Beschäftigungspolitik - Zum Lohnausgleich und den Beschäftigungseffekten im privaten und staatlichen Bereich. *WSI-Mitteilungen, 41,* 590-598.

Teriet, B. (1976). *Neue Strukturen der Arbeitszeitverteilung*. Göttingen: Otto Schwartz.

Wiesenthal, H. (1986). *Kriterien für eine sozialverträgliche Arbeitszeitgestaltung* (Evangelischer Pressedienst Jg. 41, Dokumentation: Arbeitszeitpolitik. Wer setzt das Maß für die „Arbeitszeit nach Maß"?, S. 33-47). München: Evangelischer Pressedienst, Landesdienst Bayern.

Zwiener, R. (1993). Zu den Effekten der Arbeitszeitverkürzung in den 80er Jahren. In P. Hampe (Hrsg.), *Zwischenbilanz der Arbeitszeitverkürzung* (S. 91-104). München: von Haase und Koehler.

Jürgen P. Rinderspacher

ARBEITSZEIT ALS RISIKO
Sozialverträglichkeit zwischen Wunsch und Wirtschaftlichkeit

1 Einleitung

Die Entwicklung hat gezeigt, daß aus vielerlei Gründen die Flexibilisierung der Arbeitszeiten keineswegs von selbst zu mehr Sozialverträglichkeit führt. Im Gegenteil haben die zahlreichen denkbaren Arbeitszeitveränderungen, die in den letzten zwei Jahrzehnten vorgeschlagen wurden, häufig neue Formen von Unverträglichkeit erzeugt bzw. einigen bislang nur auf bestimmte Berufsgruppen beschränkten riskanten Arbeitszeitsystemen zur weiteren Ausbreitung verholfen.

Um Sozialverträglichkeit der Arbeitszeiten geht es von Beginn der Industrialisierung an; nur daß in der frühen Phase der Arbeitszeitpolitik vor allem um die Dauer gestritten wurde, während nun die Frage der Selbstbestimmung über die Zeit in den Vordergrund getreten ist. Der Streit um die Zeit hat sich zugespitzt auf die Rechte der Verfügbarkeit über die Zeit zwischen Betrieb und Beschäftigten. Wessen Rationalität soll im Streitfall das höhere Gewicht beigemessen werden?

Die Kriterien und Referenzsysteme sowie die Toleranzschwellen der Sozialverträglichkeit unterliegen dem ständigen Wandel, sie werden in verschiedenen historischen Epochen einer Revision unterzogen. Die Erzeugung gesellschaftlich gültiger Standards ist mit anderen Worten als kontinuierlicher Aushandlungsprozeß zwischen Arbeitnehmer- und Arbeitgeberseite, dem Staat sowie den gesellschaftlichen Großorganisationen zu verstehen. Dabei weist die Etablierung neuer, aber auch die Beibehaltung bestehender Arbeitszeitmuster, kein geringeres Konfliktpotential und nicht weniger Gefahren globaler Fehlsteuerung auf als die Einführung neuer Großtechnologien, über deren Risiken allenthalben öffentlich gestritten wird. Es liegt daher nahe, Einsichten, die aus diesem Diskurs gewonnen wurden, auf Risiken anzuwenden, die aus arbeitszeitpolitischen Maßnahmen resultieren.

2 Kommunikation über Sozialverträglichkeit

2.1 Arbeitszeit als Sozialgebilde

„Arbeitszeit“ ist eine aus dem Prozeß der Industrialisierung und Modernisierung hervorgegangene Institution, das heißt eine historisch relativ neue Erscheinung, die in der Auseinandersetzung um die Organisation der industriellen Arbeit erst allmählich Gestalt annahm (Deutschmann, 1985). Gegenüber einem gestaltlosen Arbeitstag der frühindustriellen Periode, der den Arbeiter praktisch zum unbegrenzten Verfügungsobjekt des Fabrikherren machte, lag es durchaus im Interesse der Arbeiterbewegung, dem Arbeitstag eine Form zu geben, und ihm durch feste Regeln zu einer gewissen Starre zu verhelfen. Die Industriearbeit revolutionierte die überkommene agrarische Zeitordnung: Eine neue „Zeitkultur" entstand, in der sich komplementäre Zeitinstitutionen - Arbeitszeit und Freizeit - ausdifferenzierten.

Die Schaffung fester Zeitinstitutionen (Maurer, 1992), des Arbeitstages, der Arbeitswoche etc., die Festlegung von Pausen und später auch bestimmter Grenzen der Arbeitsintensität, am Ende schließlich die Fixierung eines freien Wochenendes und eines geregelten Urlaubsanspruchs, entsprachen zunächst der Forderung nach Sozialverträglichkeit. Denn sie ermöglichten die Vergleichbarkeit der Arbeits- sowie Lebensverhältnisse und stärkten damit die Verhandlungsmacht der Gewerkschaften und auch die langfristige Disponierbarkeit über das eigene Leben. Auf diese Weise konnte allmählich eine Verbesserung der Lebensbedingungen der Industriearbeiter erreicht werden.

Seit Tarifvereinbarungen die Verweildauer am Arbeitsplatz regeln, entsteht, zunächst als bloß residualer Lebensbereich, die Zeitinstitution „Freizeit" (Peter, 1994). Doch schon bald bildet sich trotz restriktiver zeitlicher Bedingungen eine eigenständige Arbeiterkultur aus (Nover, 1994). Erst nach dem Zweiten Weltkrieg erhält dieser Lebensbereich infolge der neuen Zeitinstitutionen Wochenende und Urlaub ein wirklich eigenständiges Gewicht und steht dem Arbeitsbereich relativ gleichwertig gegenüber, indem, erstmals als Massenphänomen, aus dem „Privat-Leben" abgeleitete zeitliche Ansprüche gegenüber dem Arbeitsbereich wirksam durchgesetzt werden können. Die Forderung nach „Zeitsouveränität" ist Ausdruck eines neuen Anspruchs auf Verfügbarkeit über die eigene Zeit.

Trotz dieser Aufspaltung der modernen Lebenswirklichkeit in zwei separierte Bereiche bleibt „Sozialverträglichkeit" eine Einheit, das heißt sie kann nicht nur von der einen Seite des Betriebes her beurteilt werden. So wirkt, wie Studien immer wieder gezeigt haben, Nachtarbeit dann besonders belastend, wenn die Rahmenbedingungen im Reproduktionsbereich, etwa der ruhige Schlaf am Tage aber auch eine zufriedenstellende familiale Arbeitsteilung, nicht gewährleistet sind (Meiners, 1989). Analog hierzu wäre die Frage nach der sozialverträglichen Dauer der Wochenruhezeit (ein oder zwei Tage?) arbeitsphysiologisch und -psychologisch auf die jeweils durchschnittliche Arbeitsintensität einer Gesellschaft zu beziehen.

Arbeitszeitregelungen und Zeitinstitutionen sind aus Arbeitskämpfen und der Alltagsvernunft geborene historische Kompromisse. Sie sind in ihrer vorliegenden Form selten gleichsam der Wunschtraum der Arbeiterbewegung gewesen. Selbst der freie Samstag war zunächst nicht unumstritten (Emnid, 1994). Arbeitszeiten, ebenso wie die Zeitordnung der Gesellschaft, stellen ein weit zurückreichendes hochkomplexes Regelwerk gesellschaftlicher Konventionen dar (Rinderspacher, 1992a). Sie beruhen, bis auf wenige Rahmendaten wie dem Hell-Dunkel-Rhythmus, nicht auf einer unabweisbaren Determination durch natürliche Referenzsysteme, sie sind vielmehr Ergebnisse einer gewachsenen Kompromiß-Logik. So gibt es entgegen landläufiger Annahme keine natürliche physiologische Notwendigkeit für die Freihaltung des Sonntags oder gar des Wochenendes von Arbeit (Rinderspacher, 1994a), doch besteht ein natürlicher Zwang zur regelmäßigen Arbeitsunterbrechung. Interkulturelle Vergleiche belegen eine Vielzahl historischer Alternativen zur jüdisch-christlichen Tradition des siebentägigen

Wochenrhythmus (Rinderspacher, Henckel & Hollbach, 1994). Eine natürliche Evidenz würde die Argumentation für den Erhalt tradierter Zeitinstitutionen zwar leichter machen, doch sind die verschiedenen „peak-periods“ der Weltkulturen, das heißt die regelmäßig wiederkehrenden, herausgehobenen Zeitabschnitte im Tages-, Wochen-, Monats- oder Jahresverlauf, sozialwissenschaftlich als Konstrukte zu beschreiben, deren einziges Referenzsystem letztlich ihre eigene Geschichte ist (Rinderspacher, 1994a). In den hochentwickelten Industriegesellschaften wird man gerade auch mit Blick auf die neueren Arbeitszeitmodelle auf soziokulturelle Referenzsysteme wie Wertesysteme oder Wohlstandsziele verwiesen, also auf die Gesellschaft nicht auf die Natur. Zugleich bleiben „alte“ physiologische Grundprobleme etwa im Zusammenhang mit Nachtarbeit, insbesondere der Dauernachtschichten, aktuell.

Wenn naturbezogene Begründungsstrukturen nun jedoch nur sehr bedingt tauglich sind, um bestehende Zeitmuster zu rechtfertigen, bleibt als Referenzsystem letztlich nur das Kontinuum der historisch gewachsenen Kompromiß-Logik, auf das man sich berufen kann. Diese Kompromisse werden in Form von Tarifverträgen, gesetzlichen Regelungen oder durch die informelle Arbeits- bzw. Freizeitkultur eines Landes oder einer Region tradiert (Gomes, 1994).

2.2 Risiken

Die Entwicklung von Arbeitszeitstrukturen ist riskant. Die Bestimmung derartiger Risiken läßt sich nur in Extremfällen objektiv, das heißt im Sinne einer natürlichen Evidenz vornehmen; sie erweist sich als eine Frage der Definition und des Konsens, das heißt als ebenso konstruktabhängig wie die „gefährlichen“ Großtechnologien, die den Risiko-Diskurs des vergangenen Jahrzehnts ausgelöst haben (Beck, 1993). Die Geschichte der Arbeitszeiten und ihrer sozialen Folgen kann man analog zu diesen gefährlichen Technologien als ein beredtes Dokument gigantischer (sozialer) Fehlsteuerung, zumindest aus dem Blickwinkel des Sozialverträglichkeits-Postulats, interpretieren. Das gleiche könnte für die Zukunft gelten: Arbeitszeitentwicklung stellt ein Risiko für die unmittelbar Betroffenen wie für die Gesellschaft als Ganzes dar.

Im Zusammenhang der Arbeitszeitentwicklung läßt sich durchaus von „evolutionären Risiken“ (Krohn & Krücken, 1993) sprechen. Darunter sind solche Risiken zu verstehen, für die es keine historischen Analogien gibt und die daher in eine unkalkulierbare Zukunft hineinagieren: „Sie beeinflussen die Bedingungen, die sie möglich machen“ (diess., S. 22). Da die Risiken von Arbeitszeitsystemen, das heißt deren potentielle oder wahrscheinliche Auswirkungen, nicht als „objektive“ Gefahrenquelle zu erkennen sind, müssen sie auf gesellschaftliche Konstrukte bezogen werden, die bestimmte Auswirkungen in einem Prozeß der „Risiko-Kommunikation“ als Gefahr erst sichtbar machen. Das gilt für die Ebene des großen gesellschaftlichen Konsens ebenso wie für die Wahrnehmung der Problematik seitens der Betroffenen, wie in einer neueren Studie anhand der Gefahrenpotentiale gesundheitsgefährdender Arbeitsbedingungen gezeigt werden konnte (Osterland, 1994). Die Wahrnehmung und Verarbeitung von Gefährdungsrisiken folgt dabei weitgehend den globalen Weltsichten und Sinndeutungen der potentiell Betroffenen, unter anderem deren Erwartungen gegenüber der Zukunft.

Als eines der Risiken gegenwärtiger Zeitpolitik erscheint die schleichende Entrhythmisierung der Gesellschaft mit schwerwiegenden Folgen für deren Integrationsfähigkeit (Rinderspacher, 1991, 1992a) - ein Vorgang, der kaum noch reversibel wäre. Dieser These vom Marsch in die Rund-um-die-Uhr-Gesellschaft ist vielfach widersprochen worden, vor allem mit dem Argument, es handle sich bei den Beobachtungen der ununterbrochenen Produktion, Konsumtion, Telekommunikation und räumlichen Bewegung um Einzelphänomene, die noch keine allgemeine Tendenz begründeten und zudem unbedenklich seien. An diesem Beispiel wird das Problem deutlich, wie eine Verständigung über die Gefahrenpotentiale künftiger Entwicklungen möglich sein kann, wenn diese als solche von Teilen der Gesellschaft nicht akzeptiert werden.

Was für die Arbeitgeber ein Risiko der Entscheidung, ist für die Arbeitnehmer die Gefährdung ihrer physischen, psychischen und sozialen Gesundheit (vgl. hierzu den umfassenden Gesundheitsbegriff der Weltgesundheitsorganisation [WHO]). Historisch gesehen hat es gerade darüber immer wieder Auseinandersetzungen gegeben; die Betroffenen selbst hatten in der frühindustriellen Periode die Folgen überlanger Arbeitszeiten zu bewältigen, bis mit der Selbsthilfe-Bewegung und schließlich mit der Sozial- und Arbeitszeitgesetzgebung eine Mitverantwortung von der Gesellschaft übernommen wurde. Die gesundheitlichen Folgen konnten so auf eine institutionalisierte, aber letztlich amorphe „Solidargemeinschaft" überwälzt werden (Rieger, 1992).

Heute dagegen werden, ausgelöst durch neuartige technologische Großrisiken, präzisere Zurechnungskriterien der Verantwortlichkeit bzw. Verantwortbarkeit eingefordert. Kaufmann (1992) spricht von der Notwendigkeit der Übernahme von „Haftungsverantwortung" für die Folgen getroffener und „Entscheidungsverantwortung" für in die Zukunft gerichtete Entscheidungen. Dabei hebt er hervor, daß im letzteren Fall die „Orientierung an Rechtspflichten" nicht ausreiche. Denn es gehe hier um die „Ausfüllung eines offenen Entscheidungsspielraums, also gerade um die Absorption jener Art von Unsicherheit, die sich nicht durch Vorschriften und Regeln absorbieren läßt" (ders., S. 97). Es ergebe sich die Notwendigkeit der Sanktionierung von Verantwortungsträgern entweder durch Entzug der Befugnisse oder durch Anspruch auf Schadensersatz.

Risiken, deren Tolerierung sowie deren Zurückweisung durch Individuen und Gesellschaft, haben eine Geschichte. Der Status der historischen Kompromisse, die sich in den gelebten Zeitinstitutionen verkörpern, ist in Verhandlungen über die Gestaltung der Arbeitszeit ebenfalls Verhandlungsmasse: In welcher Weise sollen sich die Verhandlungspartner auf den gegenwärtigen Zustand beziehen? Sollte die an Veränderungen interessierte Partei - analog zu riskanten Technologien - die Unbedenklichkeit der Innovation plausibel machen, oder sollen diejenigen, die auf dem einmal getroffenen Konsens bestehen, konkrete Gefährdungspotentiale der Innovation nachweisen müssen? In einer auf permanenten Wandel und damit auf eine dynamische Zukunftsoption bezogenen Gesellschaft, die ihre Sicherheiten gerade nicht mehr aus den Gewißheiten unhinterfragter Traditionsbestände beziehen will, sondern aus den Erwartungen an einen wie immer verstandenen Fortschritt, ist die Legitimität des historischen Kontinuums brüchig geworden (Beck, 1993; Rinderspacher, 1994b).

2.3 Ausgangsbedingungen der Sozialverträglichkeit

Das historische Kontinuum der Konsensbildung auf der gesellschaftlichen Ebene erscheint zumindest von Bedeutung mit Blick auf das Niveau der Sozialverträglichkeit. Auch wenn der Begriff relativ neu ist, so haben doch die sozialen und politischen Bewegungen seit der Industrialisierung mit Forderungen an Arbeitgeber und Gesetzgeber und durch die eigene Kultur einen konkreten Begriff von Sozialverträglichkeit der Lebens- und Arbeitsbedingungen hervorgebracht. In Tarifverträgen, Gesetzen und in der gelebten Praxis, nicht zuletzt auch in der konkreten Ausgestaltung des Sozialstaates haben die zahllosen Einzelkompromisse in einem großen historischen Kompromiß der Regelung der sozialen Frage ihren Niederschlag gefunden.

Da sich die *wirtschaftliche Situation* der Gesellschaft permanent verändert, sind Anpassungen der Arbeitszeiten an Produktivität und Wettbewerbssituation in beiden Richtungen grundsätzlich als normaler Vorgang zu betrachten (Friedrich, 1991). Zwar war in den vergangenen Jahrzehnten im Großen und Ganzen die Verkürzung der Arbeitszeiten gängige Praxis, doch sind über einen Jahrhundertzeitraum auch immer wieder Verlängerungen und die Zunahme der Nacht- und Schichtarbeit üblich gewesen, so etwa während der und nach den Weltkriegen. Auch haben sich die Arbeitszeitstrukturen in der ehemaligen DDR in diesen Bereichen mit Verweis auf die ökonomische Situation anders als in Westdeutschland entwickelt (Vogt, 1986).

Ob die Prämisse der veränderten wirtschaftlichen Lage der Gesellschaft als Begründung für Arbeitszeitveränderungen zutrifft und ob die damit intendierten Kostenentlastungen tatsächlich eintreten, ist ebenfalls Bestandteil der „Risiko-Kommunikation“. Ist die wirtschaftliche Situation so prekär, daß sie die Inkaufnahme sozialer Risiken rechtfertigt? Dies ist in einem diskursiven Prozeß erst zu bestätigen. Die Erfahrung zeigt allerdings, daß der Verständigung hierüber enge Grenzen gesetzt sind.

Die *ökologische Situation* einer Gesellschaft wäre in künftige Einschätzungen über Arbeitszeitveränderungen ebenfalls miteinzubeziehen. Ein umweltverträgliches Gesamtzeitsystem wird seit einigen Jahren gefordert, etwa unter dem Stichwort der Entschleunigung der Gesellschaft, und hierzu gehört auch die allmähliche Anpassung der Verhaltens- und Arbeitszeitmuster an Umwelterfordernisse (Rinderspacher, 1990). Dabei kann es allerdings zu Kollisionen mit dem Ziel der Sozialverträglichkeit kommen. Es wären künftig beide Komponenten, Umwelt und Soziales, in einem integrierten Konzept der Sozial- und Umweltverträglichkeit zu reflektieren.

Die Bedeutung des gesellschaftlichen *Wertesystems* ist im vergangenen Jahrzehnt ausgiebig diskutiert worden (Klages, Hippler & Herbert, 1992; Wagner, 1993). Sozialverträglichkeitsnormen verändern sich mit dem wechselnden Einfluß von Sinngebungsinstanzen, Deutungsmustern und präferiertem Sozialverhalten. So ist die Bedeutung der Verbringung gemeinsamer Zeit mit Freunden oder in der Familie gegenwärtig kaum zu bestreiten (Garhammer, 1994); dieses Bedürfnis kann sich jedoch auch zurückentwickeln, etwa zugunsten einer mehr auf das Alleinsein gerichteten Freizeitverbringung. In diesem Fall wäre das Argument, Sonntagsarbeit sei familienfeindlich, hinfällig, da „gemeinsame Zeit“ als Referenzpunkt für Sozialverträglichkeit keine Bedeutung mehr hätte. Ein solcher Wandel kann sich aber auch auf bestimmte Gruppen der Gesellschaft, etwa Altersgruppen, Subkulturen oder Milieus beschränken, während zu gleicher Zeit eine andere Gruppe die Tradition der gemeinsamen Zeit vielleicht gerade wegen deren Bedrohung mehr als zuvor pflegt. Unterschiedliche Beschaffenheiten gemeinsamer Zeit bzw. des Bedürfnisses nach sozialem Kontakt schlagen sich in anderen Zeitverwendungsmustern und -prioritäten nieder und führen damit möglicherweise zu anderen Ansprüchen, unter Umständen auch zu anderer Konzessionsbereitschaft hinsichtlich der Anpassung der Arbeitszeiten an wirtschaftliche Vorgaben.

Einfluß auf die Verträglichkeitsnormen und auf „Arbeitszeitbedarfe" haben auch die *Sozialstrukturen* (Schmidt, 1992). Wandel und Kontinuität scheinen hier nebeneinander zu bestehen. Die klassische Familie ist zwar formell noch die Regel (Deutscher Bundestag, 1994), doch dahinter verbirgt sich weithin eine andere Lebenswirklichkeit (Beck & Beck-Gernsheim, 1990). Die traditionellen Netzwerke der Familie werden immer häufiger durch alternative Netzwerke ersetzt (Deutscher Bundestag, 1994). Seit 1972 hat sich die Zahl der Einpersonenhaushalte von Menschen im Alter zwischen 25 und 45 Jahren verdoppelt. Zugleich bestätigt der Familienbericht erneut eine erstaunlich hohe Akzeptanz des traditionellen Familienmodells, die den Schluß zuläßt, daß von der Mehrzahl der Bevölkerung das Modell Familie nicht abgelehnt wird, sondern aufgrund verschiedenartiger Hindernisse nur nicht gelebt werden kann. Die vorfindlichen neuen Sozialstrukturen sind also nicht nur Ausdruck neuer, intendierter Wertemuster, sie sind teilweise auch Dokumente des Mißlingens. Bestimmte Arbeitszeitsysteme dürften hieran zumindest nicht unbeteiligt sein. Umgekehrt wirken die Sozialstrukturen auf die „Bedarfe" an Arbeitszeiten ein (Schmidt, 1992) und sind somit am Zustandekommen von Zumutbarkeitsnormen beteiligt.

Das soziale Umfeld des Betriebes stellt sich also als eine bunte Vielfalt sich weiter ausdifferenzierender Wertemuster in Verbindung mit sich weiter auffächernden Lebensformen dar. Alle genannten Referenzgrößen - *wirtschaftliche Leistungsfähigkeit* bzw. Wettbewerbssituation der Gesellschaft, *ökologische Situation* sowie *Wertesystem* und *Sozialstrukturen* - befinden sich in einem sich tendenziell beschleunigenden Veränderungsprozeß.

Ebenso bunt ist auch die Wahrnehmung von Problematiken in der öffentlichen Diskussion und damit die Einschätzung von Risiken: Keine Einigkeit besteht über die Wettbewerbsposition und zu erwartende Wirtschaftskraft Deutschlands (Standort-Debatte), dagegen noch einigermaßen über Ausmaß und Richtung des Wertewandels. Doch während die Ausdifferenzierung von Weltsichten und Lebensformen statistisch nicht zu bestreiten ist, bestehen massive Differenzen hinsichtlich ihrer Bewertung. Diese wird von einflußreichen gesellschaftlichen Gruppierungen als gesellschaftspolitische Fehlentwicklung deklariert oder implizit wenigstens so behandelt, von anderen als Sozialinnovation begrüßt. Sozialverträglichkeitsstandards, die über elementare Überlebensnotwendigkeiten hinausgehen, etwa in Richtung einer Kultur- oder Zivilgesellschaft, scheinen somit zunehmend schwerer formulierbar.

2.4 Reichweite und Kriterien

Verträglichkeit muß sich selbstredend auf einen Gegenstand beziehen. Damit sind zunächst Personen gemeint; doch diese sind näher zu spezifizieren, nicht zuletzt im Hinblick auf die Verantwortung und Zurechenbarkeit der Folgen von Arbeitszeitinnovationen. Die Bestimmung der Reichweite der Sozialverträglichkeit ist ein weiterer Bestandteil des Risiko-Diskurses.

Neben den unmittelbar betroffenen Arbeitnehmern und Arbeitnehmerinnen sind selbstredend deren nächste Familienangehörige in die Risikostruktur miteinbezogen. Darüber hinaus können - etwa im Falle der Einführung regelmäßiger Sonntagsarbeit - entferntere Familienangehörige, der Freundeskreis (Garhammer, 1994) wie auch große Organisationen - Vereine, Kirchen, Gewerkschaften - und schließlich, bei langfristigen großflächigen Arbeitszeitinnovationen, ganze Städte tangiert sein, indem sich deren Rhythmus nachhaltig verändert (Henckel & Hollbach, 1994). Man hat demzufolge zu unterscheiden zwischen personen- und kleingruppenbezogenen Auswirkungen auf der einen und eher organisations-, regional- und gesellschaftsbezogenen Auswirkungen auf der anderen Seite.

Ganz grob läßt sich dies auf die Begriffe *individueller* und *kollektiver Sozialverträglichkeit* reduzieren. Im genannten Fall einer Arbeitszeitinnovation durch das Unternehmen müßte dieses im Idealfall sowohl deren Effekte auf die betroffenen Individuen und deren Angehörige als auch die Auswirkungen auf die wie immer konstruierte „Gemeinschaft“ reflektieren. So bedeutet regelmäßige Wochenendarbeit sowohl einen Verlust an individueller Freizeit als auch die Gefahr - sofern man diese als solche begreift - des Verlustes eines gemeinsamen gesellschaftlichen Lebensrhythmus (Rinderspacher, 1992a) inklusive des damit denkbaren Verfalls gemeinsamer zivilisatorischer Standards (Alheit, 1994).

Aus der Sicht des Individuums stellen sich sowohl eigenbestimmte Arbeitszeitinnovationen, also Arbeitszeitwünsche entsprechend den eigenen Bedürfnissen, als auch fremdstrukturierte, das heißt vorgegebene Arbeitszeitmuster, in die sich das Individuum mangels einer Alternative auf dem Arbeitsmarkt einzufügen hat, ebenfalls von diesen beiden Seiten dar: Die eigenbestimmte oder fremdstrukturierte Entscheidung für die Akzeptanz eines Arbeitszeitmusters hat zugleich individuelle und kollektive Folgen. So ist etwa die Option für eine Dauernachtschicht nicht nur vor dem Hintergrund der eigenen Freizeitchancen, sondern auch - langfristig - vor dem der durch mögliche gesundheitliche Belastungen entstehenden Kosten für die Solidargemeinschaft zu betrachten (vgl. Büssing, Natour & Glaser; Garhammer; Groß; alle in diesem Band).

Aus dieser Warte der Auswirkungen auf die nähere und/oder fernere Gemeinschaft sind auch individuelle Präferenzen durchaus kritikfähig. Dies relativiert die Vorstellung, durchgesetzte Optionen auf dem betrieblichen Markt der Arbeitseinsatzzeiten (Rinderspacher, 1992b) seien per se, vor dem Hintergrund einer positiven Bewertung von „Selbstbestimmung“, unbedingt als sozialverträglich einzustufen. Individuelle und kollektive Ebene sind gleichermaßen als Referenzgrößen der Sozialverträglichkeit heranzuziehen und zu gewichten. Dazwischen liegen freilich Grauzonen der Abgrenzung.

Weiterhin sind *Kriterien der Sozialverträglichkeit* heranzuziehen. Seifert (1989, in diesem Band) nennt sechs Kriterienkomplexe: Beschäftigungssicherheit einschließlich Zugang zum Arbeitsmarkt, Einkommen, gesundheitliche Aspekte, lebensgemeinschaftliche Beziehungen, soziale Teilhabe und Autonomiegrad.

Auch solche Kriterien, wie sie von Wissenschaft und Praxis formuliert und zur Geltung gebracht werden, sind nach Art und Umfang ihres Geltungsanspruchs als historisch relativierbar einzustufen, wenn auch keineswegs als beliebig. Neben einigen elementaren Anforderungen, wie etwa der „Zugang zum Arbeitsmarkt“, sind eine Reihe solcher Kriterien für sich erst Hervorbringungen der modernen Werte- und Sozialstruktur. Im Prozeß der Modernisierung werden mit anderen Worten selbst erst die Maßstäbe und das Ausmaß der Durchdringung der Gesellschaft mit solchen Normen in Form allgemeingültiger Anspruchshaltungen produziert und ständig umgewälzt, auf die sich Sozialverträglichkeit dann jeweils beziehen kann. Vor allem die Kriterien „Autonomie“

und „soziale Teilhabe“ und im heutigen Verständnis auch „lebensgemeinschaftliche Beziehungen“ sind gewissermaßen postmaterielle Referenzsysteme einer Kulturgesellschaft, deren Anspruch an sich selbst über die Standards elementarer Grundversorgung hinausweist. Dagegen standen die ersten drei Kriterien von Beginn an auf dem Forderungskatalog der Gewerkschaften.

Arbeitszeitinnovationen bergen das Risiko in sich, bezogen auf die genannten Kriterienkomplexe Verschlechterungen zu bewirken. Nun zeigt die Flexibilisierungsdebatte, daß viele Arbeitszeitmodelle sich nicht nur dadurch auszeichnen, daß sie schwerlich eindeutig als Verkürzung oder Verlängerung zu klassifizieren sind (Rinderspacher, 1991); auch bezogen auf die Kriterien beinhalten die meisten Modelle sowohl Verbesserungen als auch Verschlechterungen. Schwieriger noch: Was die einen als Verbesserung empfinden, sehen die anderen als Verschlechterung an und umgekehrt (Garhammer, 1994).

In der Praxis werden in Verhandlungen „trade-offs“ angeboten zwischen einzelnen Vor- und Nachteilskonfigurationen, etwa Beschäftigungssicherheit gegen Gesundheit im Zusammenhang mit der Einführung von Dauernachtschichten. Hierbei bestehen allerdings wieder Verständigungsschwierigkeiten im Risiko-Diskurs, wenn beispielsweise Gesundheitsgefährdungen geleugnet, bagatellisiert oder Kriterien wie „soziale Teilhabe“ oder „Autonomie“ von der Gegenseite nicht akzeptiert oder gegenüber anderen Kriterien als vernachlässigbar eingestuft werden.

2.5 Verantwortlichkeiten

Die Unternehmen berücksichtigen verständlicherweise in der Regel die Ebene der personalen, häufig auch der gruppenbezogenen (Familie), kaum jedoch die gesellschaftsbezogenen Auswirkungen, die sie nicht unmittelbar tangieren. Risiken auf der kollektiven Ebene sind noch schwieriger zu identifizieren als auf der individuellen. Erstens sind die Interdependenzketten von Ursachen und Wirkungen so lang und damit die Rückkopplungsschleifen so weit, daß potentielle Verursachungszusammenhänge ausgefiltert und teilweise erst mit großer zeitlicher Verzögerung wahrgenommen werden können, was wiederum bewirkt, daß sie sich inzwischen mit einer Vielzahl anderer Problemkonfigurationen amalgamiert haben und kaum noch isoliert zurückzuverfolgen sind. So kann etwa die Gewalttätigkeit von Jugendlichen nicht monokausal auf die Abwesenheit des Vaters aufgrund der vielen Wochenendschichten in der Kindheit zurückgeführt werden. Aus langen und nur mittelbaren Rückkoppelungsschleifen resultiert auch das zweite Problem hinsichtlich der „Risiko-Kommunikation“: Die Gefahren liegen in der Zukunft und müssen als neuartige, potentielle Gebilde zunächst imaginiert werden, wie zum Beispiel die Vision einer Rund-um-die-Uhr-Gesellschaft. Sie müssen darüber hinaus als Gefahren im öffentlichen Diskurs Anerkennung finden oder nicht.

Weiterhin werden in diesem Diskurs die unterschiedlichen Wertesysteme der gesellschaftlichen Gruppen rekonstruiert und gegeneinander gehalten, etwa die verschiedenen Bewertungen von Ehe und Familie. Doch auch dann, wenn die Wertebasis für identisch gehalten wird - es bestreiten weder Arbeitgeber noch Gewerkschaften, Staat oder Kirche den Wert der Familie - müssen Margen der Belastbarkeit sozialer Institutionen, Gruppen und Individuen gefunden werden. Eben dieser Prozeß kann nur gelingen, wenn diejenigen, die die Margen setzen oder bestätigen, zugleich bereit sind, im Falle des Irrtums für die Folgen miteinzustehen. Mit anderen Worten ist zu klären, wie im Bereich von Arbeitszeitinnovationen Entscheidungsverantwortung (Kaufmann, 1992) institutionalisiert werden kann.

Tarifpolitik ist bislang immer auch als Gesellschaftspolitik verstanden worden (Schauer, 1993); so sind aus den Tarifverhandlungen gesellschaftliche Zeitinstitutionen hervorgegangen, die mehr beinhalten als nur den Rahmen für individuelle Freizeit: Wochenende, Erholungsurlaub, Bildungsurlaub und in neuerer Zeit der Erziehungsurlaub sind eigenständige Gebilde mit eigenen Begründungsmustern und spezifischen Kontexten ihrer Entstehung. Ihre Begründungen sind zumeist komplementär zu den Anforderungen der Arbeitswelt konstruiert. Jede der Begründungsstrukturen praktizierter Zeitinstitutionen impliziert zugleich ein konsensuales Risikoverständnis der Gesellschaft. Dieses hat sich in unzähligen Tarifverträgen, Betriebsvereinbarungen, zum Teil in Gesetzen und in der gelebten Praxis manifestiert. Dem hochverdichteten Arbeitsprozeß korrespondiert eine nach Art, Umfang und Verteilung geregelte Zeit zur Kompensation dieser Belastungen. So kann dem als arbeitsfähig geltenden Beschäftigten zugemutet werden, im Rahmen dieser konsensualen Praxis gesellschaftlicher Zeitgestaltung seine Gesundheits- und Sozialrisiken zu bewältigen. Dabei ist es zunächst gleichgültig, ob dies auch tatsächlich gelingt. Es geht lediglich um die Zumutbarkeit, das heißt die Feststellung einer Norm für die Verträglichkeit von Arbeit, die die Gesellschaft in einem fließenden Prozeß ständig weiterentwickelt.

In dem Augenblick, da sich Unternehmen individuell von diesem Konsens verabschieden, indem sie Arbeitszeitmuster praktizieren, die auf gewachsene Zeitinstitutionen keinen Bezug mehr nehmen, bewegen sie sich außerhalb des Terrains der als „normal“ akzeptierten Risiken. Sie konstruieren dann gewissermaßen eine non-konformistische, neue Norm der Zumutbarkeit von Belastungen. Dies ist nicht von vornherein zu kritisieren, es ist zunächst schlicht riskant und durch die geltende Verträglichkeitsnorm nicht mehr gedeckt. In diesem Fall gilt, was für technologische Innovationen, deren Auswirkungen nicht abzusehen sind, gelten sollte: daß nämlich die Steuerung von Risiken sozialer Innovationen nur durch Zuschreibung der Folgen in Form der kollektiven Haftung potentieller Verursacher bzw. Verantwortlicher möglich wird.

Für die Bewahrung respektive Veränderung kollektiver Zeitinstitutionen fühlen sich die verschiedenen gesellschaftlichen Gruppen in sehr unterschiedlichem Ausmaß verantwortlich. So wird der Samstag vom Standpunkt der staatlichen Regulierung mit Ausnahme des Ladenschlußgesetzes gesetzlich nicht anders behandelt als andere Wochentage, während vom Standpunkt der gelebten Praxis der Gesellschaft, in der der Samstag eine unverzichtbare Komponente der modernen Zeitinstitution „Wochenende“ darstellt, die Wiedereinbeziehung des Samstags als „normaler Arbeitstag“ als Verstoß gegen eine Regel anzusehen wäre (Rinderspacher, 1992a). Dagegen ist etwa der Erziehungsurlaub inklusive der damit verbundenen Rückkehrrechte im Kern unumstritten und eher in seiner praktischen Umsetzung behindert. Der Staat schützt einige Zeitinstitutionen, wie den minimalen Erholungsurlaubsanspruch im Gesetz, ebenso die Sonntagsruhe durch das Verbot gewerblicher Arbeit, nicht jedoch den Samstag vor dem Zugriff durch wirtschaftliche Interessen. Letzterer gilt hinsichtlich der Regelungskompetenz als den Tarifvertragsparteien zugeordnet. In der gesellschaftlichen Verteilung der Schutzkompetenzen und der Instrumente ihrer Durchsetzung widerspiegeln sich tradierte Machtstrukturen und spezifische Politikmuster einzelner Organisationen. So haben die Kirchen Zugriff auf die Regelung von Zeitinstitutionen nur über den Umweg der gesetzlichen

Ebene sowie durch die Aufrechterhaltung einer lebendigen religiösen Praxis, während die Gewerkschaften ihren Einfluß primär über die Tarifverhandlungen geltend machen, etwa um den freien Samstag zu erhalten.

Zeitinstitutionen oder einzelne herausgehobene Feiertage sind gewissermaßen durch spezifische Patenschaften gesichert. Wo solche brüchig werden, besteht eine gewisse Wahrscheinlichkeit ihrer säkularen Eliminierung. Das gilt auch für den Fall, daß Einwände gegen die Aufrechterhaltung tradierter Begründungsmuster mit spezifischen alternativen Vorteilen für die Gesellschaft verrechnet werden. So wird etwa die Streichung des Bußtags mit der Möglichkeit der Etablierung einer neuen sozialen Institution, der Pflegeversicherung, verknüpft. Unter anderem hieran wird das Maß an Willkür deutlich, mit der Zusammenhänge und Risiko-Konstruktionen erstens erdacht und zweitens auch noch in die politische Praxis umgesetzt werden können. Aber auch Zeitinstitutionen mit höherer Akzeptanz als die, die dem Bußtag entgegengebracht wird, können relativ unabhängig von ihrer wichtigen soziokulturellen Stellung einem Dekonstruktionsprozeß ausgesetzt sein, wenn sich diese Akzeptanz nicht organisiert, zumindest aber artikuliert oder in der Praxis sichtbar manifestiert. So ist trotz seiner formal völlig ungesicherten Stellung im Zusammenhang mit der Pflegeversicherung bezeichnenderweise nie über die Kostenersparnis durch eine restriktive Handhabung des Rosenmontags in einigen Bundesländern gesprochen worden.

Dekonstruktionen von Zeitinstitutionen sind ebenso wie Neukonstruktionen als solche nicht zu bewerten, sie sind zunächst schlicht Bestandteil des sozialen Wandels. Allerdings kommt mit Blick auf die Sozialverträglichkeit dem Prozedere der Modernisierung von Zeitstrukturen, ähnlich wie in anderen Bereichen, eine Schlüsselrolle zu.

2.6 Vertrauen und Kontrollkompetenz

Zusammenfassend: Die Neuartigkeit moderner Groß-Risiken besteht in einer neuen Art von Unsicherheit. Waren die traditionellen Risiken durch Versicherungen zu decken, weil das Risiko bekannt, die Schäden absehbar und selbst die Eintrittswahrscheinlichkeit im Durchschnitt kalkulierbar war, so daß man von Schadenserwartungen sprechen konnte, zeichnen sich die neuen Risiken gerade durch die Unsicherheit der Art der Schäden sowie ihres Umfangs aus und schließlich auch durch die Ungewißheit darüber, ob überhaupt eine Gefahr besteht. Zu den klassischen Schadenserwartungen sind Unsicherheitserwartungen hinzugetreten (Krohn & Krücken, 1993). Die ebenfalls klassischen Mechanismen der Vorsorge, die auf die Verringerung der Eintrittswahrscheinlichkeit zielen, müssen versagen, wenn die Schäden nicht antizipierbar sind oder aber als solche nicht zur Kenntnis genommen werden wollen. So bedurfte es erst eines langen gesellschaftlichen Diskurses, um die Schädigungen, die Asbest verursachen kann, soweit zu objektivieren, daß heute beispielsweise der Abbruch ganzer Gebäudekomplexe gerechtfertigt erscheint, obwohl die Betroffenen subjektiv von der Gefahr keine Kenntnis nehmen können. Gleiches gilt für die Risiken der Kernenergie (Koopmans & Duyvendak, 1994). Es ist somit unerläßlich, daß zwischen den potentiell Gefährdeten und den potentiellen Verursachern oder Verantwortlichen für Gefahrenpotentiale ein kommunikativer Zusammenhang besteht (Wynne, 1982).

„Risiko-Kommunikation" wird allerdings dadurch erheblich erschwert, daß sich die Parteien in einer Ausgangslage befinden, die Luhmann (1992) als „Ökologie des Nichtwissens“ bezeichnet. Dennoch müssen sich die Parteien so weit verständigen können, daß sie sich zumindest auf eine gemeinsame Problemdefinition einigen. Scheinbar paradox, doch letztlich folgerichtig ist Luhmanns Hinweis, eine „auf Verständigung abzielende Kommunikation muß daher zunächst einmal Unsicherheit vermehren und das gemeinsame Wissen des Nichtwissens pflegen“ (ders., S. 197). Dieses beiderseitige Zugeständnis des Nichtwissens fördert, wenigstens idealtypisch, das Vertrauen der Parteien in die Ernsthaftigkeit der Absichten der Kommunikationspartner. Eine der Konsequenzen läge in einer Form des Voranschreitens, die Jonas (1984) mit „Heuristik der Furcht“ umschreibt. Hier wird statt von vermeintlichen Gewißheiten über den Gang der Dinge in der Zukunft, etwa einem naiven Fortschrittsoptimismus, von potentiellen Chancen und Risiken einer Entscheidung ausgegangen. Das hat zur Folge, daß mit Blick auf die Verantwortung für nachfolgende Generationen nur solche Risiken eingegangen werden können, die eine Reversibilität der Folgen und Ursachen zulassen (Böhler, 1994).

Die Verständigung über so gestaltete Risiken kann letztlich nur in einem Klima des Vertrauens gelingen. Ansonsten werden Innovationen dadurch blockiert werden, daß die potentiell gefährdete Seite ständig Gefahren erwarten muß, von denen sie nicht weiß, ob sie überhaupt existieren. Um Vertrauen herzustellen und aufrechtzuerhalten, sind in einer Situation allgegenwärtiger Bewegung an allen Orten Kontinuität und Verläßlichkeit besonders wichtig. Es läßt sich argumentieren, daß gerade in einer Situation zum Teil überbordender Modernisierungsprozesse und Verunsicherungserfahrungen (hierzu Berger, 1994; Heitmeyer et al., 1995) die Quellen der Unsicherheit soweit wie möglich zu reduzieren seien. Auch an Quellen der Vergewisserung - nicht nur an zukunftsgerichteter Innovation - besteht ein gesellschaftliches Interesse, schon um Prozesse der Dekultivierung (Alheit, 1994) zu vermeiden.

Die Verläßlichkeit einmal getroffener Vereinbarungen, also eine Art Vertrauensschutz, ist erforderlich sowohl hinsichtlich der Möglichkeit der Strukturierung des Alltagslebens und der eigenen Biographie - Alltagsorganisation als Arbeit (Voß, 1991) - als auch der Sicherung materieller Grundbedürfnisse. Beispiele der jüngeren Tarifgeschichte zeigen dagegen eher eine Tendenz zur Erosion jahrzehntelang gemeinsam geteilter Problemsichten und Usancen. So löste etwa die einseitige Aufkündigung des Tarifvertrages im Metallbereich im Herbst 1993 durch die Arbeitgeber erhebliche Vertrauenseinbrüche bei den Beschäftigten aus.

Eine auf diese Weise erzeugte Erwartungsunsicherheit bei Individuen und Gruppen ist insofern prekär, als infolge des Modernisierungsprozesses der letzten einhundert Jahre und verstärkt in den letzten drei Jahrzehnten der Sozialcharakter der Menschen notwendigerweise stark in Richtung Kontrolle und Selbststeuerung über die eigene Lebenssituation entwickelt worden ist (Trommsdorff, 1994). Während Menschen in vorindustriellen Gesellschaften das, was dem Individuum und der Gesellschaft widerfährt, eher als von äußeren Mächten hervorgerufen erlebten, ist der moderne Mensch daraufhin sozialisiert worden, das Ensemble seiner Lebenswirklichkeit überwiegend als Ergebnis eigener Organisationsleistung zu interpretieren (Voß, 1991). Die Selbst-Kontrolle über die wichtigen Determinanten des eigenen Lebens gehört gerade in einer individualisierten und durch vielfältige Optionalitäten geprägten Gesellschaft (Beck & Beck-Gernsheim, 1990) zum unabdingbaren Repertoire sozialer Fähigkeiten. Komplementär hierzu benötigt die vom raschen Wandel geprägte Gesellschaft jedoch auch ein Gerüst verbindlicher Werte und Sinnbezüge (Hirschman, 1994); dabei spielen Werte wie Vertrauen und Verläßlichkeit eine zentrale Rolle.

In den meisten der zu erwartenden Arbeitszeitsystemen der Zukunft, allen voran den Jahresarbeitszeiten, dürfte sich, entgegen den euphorischen Erwartungen der frühen Flexibilisierungsdiskussion, das Individuum tendenziell mehr als bisher in Abhängigkeit von externen Einflußgrößen befinden. Hierzu gehören neben den bekannten kapazitätsorientierten variablen Arbeitszeiten [KOPAVAZ] etwa auch Kurzarbeit oder Arbeitszeitverkürzungen nach dem VW-Modell. Zugleich ist jedoch gerade die Eigenkontrolle über Zeit zu den wichtigsten Errungenschaften der modernen Lebenswelt zu zählen (Rinderspacher, 1985; Büssing, in diesem Band). Die vielfältigen Formen des Entzugs der Kontrolle über die eigene Zeit stellen, wie am Beispiel des Einzelhandels gezeigt werden konnte, in Verbindung mit anderen Faktoren ein erhebliches Gesundheitsrisiko dar (Funder, 1993). Die Erfahrung des Verlustes von Kontrollkompetenz über die eigene Zeit (Trommsdorff, 1994) im Sinne einer Reduktion der Gestaltungsfähigkeit der eigenen Zukunft, also die Erfahrung, daß die individuelle Langzeitplanung entgegen den landläufigen Mythen wieder verstärkt von Zufälligkeiten und Willkürakten externer Instanzen abhängt, begünstigt darüber hinaus möglicherweise den Abbau einer konstruktiven Zukunftsorientierung der Individuen und Gruppen. Doch eben auf diese ist die moderne Gesellschaft wesensmäßig angewiesen (Rinderspacher, 1994b), nicht zuletzt darum, weil die Leistungsmotivation der Individuen hochgradig korreliert mit der Fähigkeit, langfristige und eigenkonstruierte Zukunftsentwürfe herauszubilden (Lens & Moreas, 1994).

3 Sozialverträglichkeit durch institutionalisierte Verantwortung

Es wäre nun darüber zu sprechen, wie die geforderte „Risiko-Kommunikation" hinsichtlich der Gestaltung von Arbeitszeiten in der Praxis institutionalisiert werden könnte. Hierzu können im folgenden nur einige Anregungen gegeben werden, die der weiteren Klärung bedürfen und auch nur Teile des Gesamtkomplexes abdecken. Anhand des Arbeitszeitmusters „Jahresarbeitszeiten" einerseits wie einer gewerkschaftlichen Initiative zur weiteren Verbreitung des Konzepts „Ganztagsschule" andererseits soll ein Politikmuster zur Diskussion gestellt werden, das zur Internalisierung von Risiken beitragen könnte. Die in diesem Zusammenhang auf den ersten Blick überraschende Verbindung einer in Zukunft voraussichtlich weit verbreiteten Arbeitszeitinnovation mit einer bislang noch relativ unabhängig davon diskutierten pädagogischen Innovation soll die im ersten Teil des Beitrages abstrakt dargestellten Prozesse der Erzeugung der Normenbildung für Sozialverträglichkeit auf die Ebene konkreter Politik und aktueller Problemlagen der gegenwärtigen Arbeitszeitdiskussion beziehen. Die Bezugnahme auf die Ganztagsschule ergibt sich hierbei gewissermaßen reaktiv bzw. komplementär aus den spezifischen sozialen Unverträglichkeiten, die von Jahresarbeitszeitsystemen im Hinblick auf spezifische Soziallagen zu erwarten sind. Zugleich soll daran, wie gesagt, exemplarisch das Politikmuster institutionalisierter Mitverantwortung im Bereich der Arbeitszeitpolitik zur Diskussion gestellt werden.

3.1 Jahresarbeitszeiten

In den vergangenen Jahren ist die Bedeutung des Faktors Zeit für den Gesamtzusammenhang von Produktion, Lagerhaltung, Transport und auch für die Dienstleistungen in ihren verschiedenen Facetten sehr viel deutlicher erkannt worden (zusammenfassend Dichtl, 1995; Kortschak, 1992). Arbeitszeitregelungen werden vermehrt als ein Planungsparameter unter mehreren innerhalb eines zeitwirtschaftlichen Gesamtkonzepts des Betriebes begriffen und müssen folglich mehr als bisher in den Rahmen der zeitlichen Gesamtoptimierung betrieblicher Abläufe integriert sein, damit nicht unlogische Einbrüche im Gesamtsystem zeitlicher Steuerung entstehen.

Einer Umfrage aus dem Jahre 1989 zufolge arbeiten 55% der Beschäftigten in Betrieben, in denen Schwankungen der Produktions- und Geschäftstätigkeit auftreten, vor allem durch unregelmäßige Kundennachfrage oder Auftragseingänge, durch Liefer- und Verkaufstermine, Modellwechsel und Produktionszyklen oder aus saisonalen Gründen (Groß, Stille & Thoben, 1991).

Derartige Amplituden lassen sich in manchen Branchen, vor allem den export- und wetterabhängigen, ceteris paribus nicht vermeiden. Erzwungene Diskontinuitäten der Produktion finden jedoch auch unabhängig von ihrer tatsächlichen Zu- oder Abnahme darum größere Beachtung, weil die absoluten wie auch relativen Kosten moderner Anlagen gestiegen sind. Durch gestiegene Fixkosten bzw. Kapitalkosten der Anlagen wächst der Druck, diese durch eine Ausweitung der Betriebszeiten (Bosch & Stille, 1995; OECD, 1995) und eine Verstetigung der Auslastung rentabler zu machen. In die gleiche Richtung wirkt die Tatsache, daß wegen der kürzeren Produkt- bzw. Innovationszyklen (Meyer, 1994) sich die Amortisationszeiten der Anlagen verkürzen müssen.

Da bei den Produktionsanlagen die Flexibilität hinsichtlich der Kosten gering ist, kann im Wesentlichen nur deren Auslastung optimiert werden (van Deelen, 1990). Damit richtet sich - sofern Diskontinuitäten nicht zu verhindern sind - die Aufmerksamkeit auf die Arbeitskosten. Diese können bezogen auf das Arbeitsergebnis dadurch reduziert werden, daß, auf einen einfachen Nenner gebracht, die Arbeitskräfte nur dann beschäftigt werden, wenn sie auch benötigt werden: Die Personaleinsatzzeiten müssen sich aus der Sicht der Unternehmen mehr als bisher den Konjunkturen der Nachfrage anpassen (Schneeweiss, 1992).

Mit den zur Zeit in vielen Branchen verhandelten oder vereinbarten Jahresarbeitszeit - oder Bandbreitenmodellen erfolgt die Externalisierung eines Risikos, das bislang überwiegend dem Arbeitgeber zugerechnet wurde. Die Arbeitskultur der Bundesrepublik hat einen Konsens hervorgebracht, demzufolge das Risiko saisonaler oder konjunktureller Schwankungen, sofern sie ein gewisses Ausmaß nicht überschreiten und damit zu betriebsbedingten Kündigungen oder wenigstens Kurzarbeit Anlaß geben, vom Arbeitgeber zu tragen seien. Auf der anderen Seite jedoch hat die Einsicht, daß das Überleben des Betriebes im gegenseitigen Interesse liegt, bei drastischen konjunkturellen Einbrüchen die Arbeitnehmerseite zu Zugeständnissen gezwungen, die bis vor wenigen Jahren undenkbar gewesen wären. Das reicht bis an die Grenzen eines „concession bargaining", dem Verhandeln über Zugeständnisse, dem Geben und Nehmen im Rahmen der erreichten tariflichen Konditionen und Besitzstände (Schauer, 1993). Die vereinbarten kollektiven Arbeitszeitverkürzungen mit nur geringem Lohnausgleich bei VW, im rheinisch-westfälischen Steinkohlebergbau und anderswo (Rosdücher & Seifert, 1994) sind mehr als bloße Arbeitszeitmodelle: Sie signalisieren eine Neukonstruktion des arbeitspolitischen Risikoverständnisses, sind also nicht nur von ihrer quantitativen, sondern auch von ihrer qualitativen Seite her von Bedeutung. Solche Versuche, Beschäftigungsrisiken zu verlagern, sind nicht neu (Semlinger, 1989), und sie betreffen nicht nur den klassischen Produktionsbereich.

Durch die Forderung der Arbeitgeber nach Einbeziehung des Samstags als normalen Produktionstag und - gegenwärtig etwa im Druckereigewerbe - auch des Sonntags sowie auch im Einzelhandel durch die Liberalisierung der Öffnungszeiten, wird der wöchentliche Rahmen, innerhalb dessen die Arbeitnehmer und Arbeitnehmerinnen sich potentiell auf einen vom Arbeitgeber abzurufenden Arbeitseinsatz einzustellen haben, ständig größer; er tendiert immer offensichtlicher auf eine Verfügbarkeit über alle 168 Stunden der Woche, wenn auch mit unterschiedlichen Akzenten in verschiedenen Wirtschaftszweigen. Die sozialen Folgekosten solcher Entwicklungen, gefördert unter anderem durch zahlreiche Öffnungsklauseln im neuen Arbeitszeitrechtsgesetz (Oppolzer, 1994), sind absehbar. Die hiermit verbundene Ausweitung des Zeitraumes der potentiellen wöchentlichen Leistungsbereitschaft (Rinderspacher, 1991) macht Eltern zu den gebräuchlichen Zeiten, am Morgen, nach Feierabend oder am Wochenende, erheblich weniger ansprechbar als gegenwärtig, selbst wenn die Abwesenheit durch Phasen erhöhter Präsenz zu anderen Zeiten im rechnerischen Durchschnitt wieder ausgeglichen werden kann.

Die Lage auf dem Arbeitsmarkt einerseits sowie die striktere Kostenkalkulation der Unternehmen andererseits haben die Spielräume, Arbeitszeitwünsche auch dann einzubringen, wenn sie mit dem betrieblichen Interesse nicht übereinstimmen (Hemmer, 1995), tendenziell eher reduziert als ausgeweitet (Bäcker & Stolz-Willig, 1994; Bauer, Groß & Schilling, 1994; Rinderspacher, 1992b). Nur in Teilbereichen lassen sich aufgrund besonderer Konstellationen noch vertragliche Fortschritte in Richtung individueller Wahlfreiheit der Arbeitszeit absichern, etwa Erziehungsurlaub mit Rückkehrrecht (Stolz-Willig, 1992). Bemerkenswert ist etwa auch eine Regelung in Dänemark, wo seit 1993 trotz Krise und hoher Arbeitslosigkeit Bildungs- und Erziehungsurlaub und ein einjähriges „sabbatical“ unter Bezug von Arbeitslosengeld (zum Teil gemindert) gesetzlich abgesichert sind (CEDEFOP, 1994).

Hieraus resultieren unter anderem verringerte Beteiligungsmöglichkeiten der Individuen und/oder Familien am öffentlichen Leben. So hat beispielsweise der Deutsche Sportbund erneut vor den Folgen der Flexibilisierung gewarnt, insbesondere auch davor, in welchem Ausmaß diese nach dem Arbeitszeitrechtsgesetz von 1994 mit Hilfe von Öffnungsklauseln ermöglicht wird (Wolf, 1994).

Den bestehenden möglichen Ursachen für abweichendes Verhalten von Jugendlichen fügt eine Arbeitszeitpolitik, die regelmäßig soziale Leer-Zeiten erzeugt, weitere hinzu. Gewalttätigkeiten, Drogen- und Alkoholkonsum, aber auch allgemeine Orientierungslosigkeit oder Rechtsradikalismus (Heitmeyer et al., 1995) sind freilich nicht monokausal mit Arbeitszeitregelungen der Eltern in Verbindung zu bringen, jedoch auch nicht davon unabhängig.

Eines der drängenden Probleme ist, solche hochkomplexen und über lange Interdependenzketten laufenden Kausalitäten und Rückkopplungsschleifen sichtbar, und die Möglichkeit solcher Gefahren in einem institutionalisierten Rahmen kommunizierbar zu machen. Das eröffnet sowohl die Möglichkeit der Bestätigung, etwa des Zusammenhanges von abweichendem Verhalten und den Arbeitszeitstrukturen, als auch dessen Widerlegung. Dabei darf allerdings unter Kausalität oder Zuschreibung kein schlichtes Reiz-Reaktions-Schema verstanden werden, sondern eine komplexe Struktur von Zurechenbarkeit. Die Zuweisung von Erkrankungen zu Belastungen, die von Arbeitszeitregelungen herrühren ausschließlich anhand wissenschaftlicher Verfahren ist zwar möglich (Funder, 1993; Raehlmann, Meiners, Glanz & Funder, 1993), weist jedoch auch deutliche Grenzen auf. Zur Verhinderung sozialer Unverträglichkeiten scheint es daher notwendig zu sein, die potentiellen Betroffenen und Verursacher von Gefahren in einen institutionalisierten Gesamtzusammenhang der Kommunikation über mögliche Gefahren und deren Beseitigung bzw. Prävention zu integrieren.

Die Institutionalisierung von Kommunikationsprozessen über Risiken künftiger Arbeitszeitmuster ist in der gesellschaftlichen Praxis allerdings nur schwer zu leisten. Die potentiellen Verantwortungsträger werden - auch dies ist wieder ein Bestandteil der „Risiko-Kommunikation" - einer Institutionalisierung von Zurechenbarkeiten unter Leugnung oder Bagatellisierung der Risiken zunächst ausweichen. Eine Übernahme von Mitverantwortung wird nur durch Verhandlungen und Gegenmachtbildung und nicht ohne Zugeständnisse erreichbar sein. Dabei könnte „Sozialverträglichkeit" den Minimalkonsens bilden. Hierzu müssen zum einen Plausibilitätsstrukturen geschaffen werden, um an eine bestehende Institution mit gutem Grund anknüpfen zu können, das heißt eine konkrete Problematik der Sozialverträglichkeit der Jahresarbeitszeitregelung muß zum politischen Gegenstand gemacht werden. Dies wäre in unserem Beispiel die Abwehr von Devianz und Vereinsamungserscheinungen. Zweitens müßte ein von beiden Tarifparteien geteiltes Interesse an dieser Institution bestehen, wobei es nichts ausmacht, wenn das Interesse unterschiedlich begründet ist. Eine solche Struktur soll im folgenden am Beispiel der Ganztagsschule als Komplementär-Einrichtung erläutert werden.

3.2 Komplementär-Institution Ganztagsschule

Für den Fall, daß Jahresarbeitszeitregelungen zum Normalarbeitszeitstandard der Gesellschaft werden, entstehen neben vielen anderen auch Probleme im Zusammenhang mit der Betreuung von Kindern und Jugendlichen, insbesondere wenn beide Elternteile erwerbstätig sind oder für Alleinerziehende. Die jetzt schon unzureichende Betreuungssituation, etwa im Fall von Freistunden in der Schule, dürfte sich weiter verschlechtern. Zwar beinhalten Jahresarbeitszeiten definitionsgemäß auch immer Blöcke mit reduzierter Arbeitszeit, in denen die Betreuung der Kinder sogar besser möglich ist als unter Normalarbeitszeitbedingungen, jedoch bleibt es dem Zufall überlassen, ob die jährlichen, monatlichen und wöchentlichen Schwankungen der Arbeitszeiten der beiden Erziehungspersonen synchron oder asynchron verlaufen, das heißt ob sie sich ergänzen oder überlagern. Eben in dieser Unkalkulierbarkeit liegt ein Risiko für soziale Devianzerscheinungen.

Ein praktischer Schritt, dem zu begegnen, könnte die flächendeckende Einführung der Ganztagsschule in Deutschland sein. Dieses vielleicht überraschende Beispiel bezieht sich auf eine punktuelle Konvergenz der Interessen zweier gesellschaftlicher Gruppierungen, die ansonsten eher durch gegensätzliche Standpunkte hervortreten. Gemeint ist die Bundesvereinigung der deutschen Arbeitgeberverbände auf der einen und die Gewerkschaft Erziehung und Wissenschaft [GEW] im DGB auf der anderen

Seite. In beiden Verbänden wurden in den letzten Jahren, wenn auch mit unterschiedlicher Intensität und Absicht, Überlegungen darüber angestellt, inwiefern die Ganztagsschule (zu unterscheiden von der Gesamtschule) einen je spezifischen Problemdruck, den die Organisationen erkennen, verringern könnte. Daraus könnten möglicherweise neue Politikmuster für die Gestaltung sozialverträglicher Arbeitszeiten gewonnen werden.

In der Gewerkschaft Erziehung und Wissenschaft [GEW] besteht seit vielen Jahren eine Diskussion über die Ganztagsschule (Rinderspacher, 1993). Hiermit verbindet sich die Hoffnung, bessere pädagogische Konzepte für die Schüler sowie humanere Arbeitsbedingungen für die Lehrer durchsetzen zu können. Die pädagogischen Vorteile werden unter anderem in einer anderen zeitlichen Gliederung des Schulbetriebes, zum Beispiel der Auflösung der klassischen Stundentafel zugunsten inhaltsgebundener Zeitstrukturierungen gesehen mit dem Ziel, pädagogisch besser betreute Klassenverbände und Schüler vorzufinden und das Aggressionspotential zu reduzieren. In Hessen und anderswo (Ganztagsschulverband GGT e.V., 1994) wird von Lehrern aber auch von Eltern die Ganztagsschule weiter diskutiert und in immer mehr Modellen auch praktiziert. Die Erfahrungen sind überwiegend positiv. In die Konzeption der Ganztagsschule einbezogen werden auch freie Träger und Verbände sowie Honorarkräfte als Kursleiter. Damit öffnet sich die Schule in Richtung der Gesellschaft; dies hat konzeptionelle Gründe aber auch finanzielle. So können die zusätzlichen Kosten gegenüber herkömmlichen Schulformen durch unentgeltliche Angebote von Vereinen oder mit geringen Aufwandsentschädigungen in Grenzen gehalten werden. Wie noch zu diskutieren wäre, müßten aber auch die Arbeitgeber als gesellschaftliche Gruppe an den Kosten beteiligt werden. Die Arbeit an der Ganztagsschule liegt sowohl im Interesse der Verbände, Kirchen und Vereine als auch im Interesse von Schule, Schülern und Eltern. Dieses große Ausmaß an Interessenkonvergenz läßt - auch wenn die oft unverständlichen ideologischen Barrieren nicht unterschätzt werden dürfen - das Modell Ganztagsschule aussichtsreich erscheinen. Dafür spricht unter anderem die Praxis in anderen EG-Ländern, etwa in Frankreich.

Auch von der Arbeitgeberseite ist über die Vorteile dieser Schulform nachgedacht und ein Gedankenaustausch mit der Gewerkschaft Erziehung und Wissenschaft [GEW] geführt worden. Denn zunehmend werden fehlende Betreuungseinrichtungen für Kinder und Jugendliche, besonders in den neuen Bundesländern, in denen die tradierten Strukturen zusammengebrochen sind, zum Hindernis einer aus betrieblicher Sicht optimalen Arbeitszeitgestaltung.

Die Bereitschaft, sich, freilich innerhalb gewisser Bandbreiten und unter der Voraussetzung einer guten Versorgungsstruktur mit Betreuungseinrichtungen, den Schwankungen von Kundenfrequenzen oder Auftragseingängen anzupassen, scheint bei vielen Beschäftigten durchaus vorhanden. Im Rahmen eines zeitlichen Korridors bestimmter Tageszeiten sowie der Wochentage Montag bis Freitag könnte, Freiwilligkeit vorausgesetzt, eine Flexibilisierung noch als sozialverträglich gelten. Insofern erscheinen Überlegungen der Unternehmen, wenn auch im eigenen Interesse, den Organisationsstreß der Familien durch ein von allen gesellschaftlichen Kräften getragenes Konzept Ganztagsschule zu verringern, grundsätzlich diskutabel. Über den Erfolg werden allerdings nicht nur das Konzept und die Einbindung in einen pädagogischen Gesamtrahmen, sondern ebenso dessen praktische Umsetzung und finanzielle Ausstattung entscheiden.

Gefahren und Nutzen eines solchen Konzepts sind gleichermaßen erkennbar: einer weiteren Flexibilisierung und einer Herabsetzung des Gewichts individueller Wünsche bei der Arbeitszeitgestaltung könnte Vorschub geleistet werden, wenn das prohibitive Argument der Kinderbetreuung weithin entfällt. Auf der anderen Seite belegen Elternbefragungen an bestehenden Ganztagsschulen eine beeindruckende Akzeptanz, wohl auch im Hinblick auf die gewachsenen zeitlichen Beanspruchungen der Eltern (Rinderspacher, 1993). Zugleich liegt darin die Gefahr der bequemen Delegation von Erziehungs-Verantwortung auf Schule und Gesellschaft gerade dort, wo individuelle Ansprechbarkeit und der persönliche Rat der Eltern nötig wären.

Nicht gemeint ist mit dem Modell - um Mißverständnissen vorzubeugen - eine umfassende Revision der Zeitkultur im Sinne einer Rund-um-die-Uhr-Gesellschaft (Rinderspacher, 1991). So etwa darf die Liberalisierung der Nachtarbeit von Frauen nicht zur Ausbreitung von Nacht-Kindertagesstätten nach dem schwedischen Modell führen (Petterson, 1990). Mit anderen Worten dürfen die flankierenden Maßnahmen, die der Erhöhung der Sozialverträglichkeit dienen sollen, nicht für sich bereits zweifelhaft sein und offensichtlich neue soziale Belastungen hervorrufen. Es erscheint unvertretbar, die zeitliche Besserstellung einer sozialen Gruppe auf Kosten einer anderen realisieren zu wollen, etwa durch verlängerte Ladenöffnungszeiten.

Die Unternehmen wären, wenn ein solches Modell zustande käme und im öffentlichen Bewußtsein sowohl als fortschrittliche Schulform für sich als aber auch als Komplementärmaßnahme gegenüber bestimmten Entwicklungen der Arbeitszeiten verstanden würde, in eine institutionalisierte „Risiko-Kommunikation" involviert. In diesem Zusammenhang läge eine Form der Übernahme von Verantwortung der Arbeitgeberseite in der ideellen und finanziellen Unterstützung der Ganztagsschule. Die Übernahme von Risiken beträfe nicht nur die nun im eigenen Interesse liegende Selbstverpflichtung zur maßvollen Umgestaltung betrieblicher Arbeitszeiten entsprechend dem Reversibilitätspostulat, sondern auch die Unterstützung außerbetrieblicher präventiver Maßnahmen gegen mögliche Negativ-Folgen wirtschaftlich begründeter Arbeitszeitveränderungen. Damit könnte ein kommunikativer Zusammenhang über Risiken und gesellschaftliche Kosten von Arbeitszeitinnovationen geschaffen und so die betriebliche Internalisierung der Folgekosten-Problematik zumindest befördert werden.

4 Sozialverträglichkeit im Wandel

Entscheidend scheint für die Zukunft, wie die sozialen Kosten neuer Arbeitszeitregelungen durch Sichtbarmachung ihrer externen Effekte in ein rationales und von den relevanten gesellschaftlichen Gruppierungen anerkanntes Kosten-Nutzen-Kalkül integriert werden können.

Zugleich müssen dabei einige gewachsene Zeitinstitutionen als unverhandelbar, das heißt als nicht unter dieses Schema subsumierbar, akzeptiert werden können. Gerade in einer vom Wandel vielfältig betroffenen Gesellschaft ist, parallel zur Annahme des Neuen und Ungewissen, zugleich das Ensemble gemeinsam geteilter Gewißheiten neu zu bestimmen. Wenn man so will sind zeitliche Tabus zu verhandeln und auf Dauer zu stellen.

Die Sozialverträglichkeit der Arbeitszeiten hat eine innerbetriebliche und eine außerbetriebliche Komponente. Beide stellen keine Alternativen sondern Komplemente dar. Maßnahmen der Anpassung der sozialen Infrastruktur und der Zeitordnung an die Erfordernisse der Arbeitswelt waren stets Teil einer auf Sozialverträglichkeit abzielenden Arbeitszeitpolitik, etwa im Stahl- oder Bergarbeitermilieu aufgrund der Erfordernisse des Schichtbetriebs.

Bis auf einige Ausnahmen, die per se eindeutig unverträglich sind, wie etwa Nachtarbeit, entstehen soziale und gesundheitliche Risiken zu einem erheblichen Teil durch fehlende Anschlüsse und Einpassungen der Arbeitszeiten in das gesamte zeitliche, soziale und wertmäßige Normengefüge der Gesellschaft (vgl. auch Garhammer, in diesem Band). Eine Arbeitszeitpolitik, die auf Sozialverträglichkeit zielt, muß daher das jeweils historisch adäquate Gestaltungsfeld ausmachen und durchsetzungsfähige Schwerpunkte entsprechend der ökonomischen, machtpolitischen und soziokulturellen Konfiguration einer Epoche setzen. In wirtschaftlich starken Phasen, in denen die Gewerkschaften in einer besseren Position sind, scheinen eher Veränderungen der betrieblichen Komponente nach Dauer, Lage und Verteilung und insgesamt mehr Optionalität möglich, in wirtschaftlich schwächeren Zeiten dagegen eher eine Anpassung des Komplementärbereichs: Die Regelung der institutionellen bzw. organisatorischen Rahmenbedingungen im Umfeld existierender Arbeitszeitregelungen.

Normen der Sozialverträglichkeit müssen zugleich verläßlich und beweglich sein. Dazu bedarf es möglicherweise auch einer Modernisierung der Denkmodelle und Institutionen, innerhalb derer diese verhandelt werden. Letztlich geht es um die Eröffnung neuer Handlungsspielräume in der „Risiko-Kommunikation" der Gesellschaft.

Literatur

Alheit, P. (1994). *Zivile Kultur. Verlust und Wiederaneignung der Moderne*. Frankfurt a. M.: Campus.

Bäcker, G. & Stolz-Willig, B. (1994). *Mehr Teilzeitarbeit - aber wie? Zur Diskussion über Förderung und soziale Absicherung optionaler Arbeitszeiten* (WSI-Diskussionspapier Nr. 20). Düsseldorf: Wirtschafts- und Sozialwissenschaftliches Institut des DGB [WSI].

Bauer, F., Groß, H. & Schilling, G. (1994). *Arbeitszeit '93. Arbeitszeiten, Arbeitszeitwünsche, Zeitbewirtschaftung und Arbeitszeitgestaltung von abhängig Beschäftigten*. Düsseldorf: Ministerium für Arbeit, Gesundheit und Soziales des Landes Nordrhein-Westfalen [MAGS].

Beck, U. (1993). *Die Erfindung des Politischen*. Frankfurt a. M.: Suhrkamp.

Beck, U. & Beck-Gernsheim, E. (1990). *Das ganz normale Chaos der Liebe*. Frankfurt a. M.: Suhrkamp.

Berger, P. L. (1994). *Sehnsucht nach Sinn. Glauben in einer Zeit der Leichtgläubigkeit*. Frankfurt a. M.: Campus.

Böhler, D. (Hrsg.). (1994). *Ethik für die Zukunft. Im Diskurs mit Hans Jonas*. München: Beck.

Bosch, G. & Stille, F. (1995). Duration of utilisation of plant and machinery in Germany. In D. Anxo, G. Bosch & D. Bosworth (Eds.), *Work patterns and capital utilisation* (pp. 177-199). Netherlands: Kluwer.

CEDEFOP (Europäisches Zentrum für die Förderung der Berufsbildung, Berlin). (1994). Dänemark: Neue Urlaubsregelung ein Erfolg. *CEDEFOP flash, 2,* 4.

Deelen, H. van (1990). Betriebszeitoptimierung. In K.-F. Ackermann & M. Hofmann (Hrsg.), *Innovatives Arbeits- und Betriebszeitmanagement* (S. 57-68). Frankfurt a. M.: Campus.

Deutscher Bundestag (1994). *Fünfter Familienbericht. Familien und Familienpolitik im geeinten Deutschland. Zukunft des Humanvermögens.* Bonn.

Deutschmann, C. (1985). *Der Weg zum Normalarbeitstag.* Frankfurt a. M.: Campus.

Dichtl, E. (1995). Weswegen im Wettbewerb Zeit zählt. *Wirtschaftswissenschaftliches Studium, 24,* 33-34.

Emnid (1994). Emnid vor 40 Jahren: Die Einstellung zur Fünf-Tage-Woche. *Umfrage und Analysen, 4,* 2.

Friedrich, P. (1991). Volkswirtschaftliche Aspekte der Arbeitszeitverlängerung. In P. Friedrich & P. Gross (Hrsg.), *Arbeitszeitveränderung in wirtschaftlicher und ethischer Hinsicht* (S. 266-289). Baden-Baden: Nomos.

Funder, M. (1993). Die Flexibilisierung der Arbeitszeit - Eine Chance für Frauen zwischen Beruf, Familie, Partnerschaft? Das Beispiel Einzelhandel. In M. Klein (Hrsg.), *Nicht immer aber immer öfter. Flexible Beschäftigung und ungeschützte Arbeitsverhältnisse* (S. 26-38). Marburg: Schüren.

Ganztagsschulverband GGT e.V. (Hrsg.). (1994). „Ganztagsschulen entwickeln sich". Erarbeitung von Schulprogrammen an Ganztagsschulen im Land Brandenburg. *Die Ganztagsschule Nr. 4,* 123-137.

Garhammer, M. (1994). *Balanceakt Zeit: Auswirkungen flexibler Arbeitszeiten auf Alltag, Freizeit und Familie.* Berlin: Edition Sigma.

Gomes, M.A.O. (1994). Der Versuch des „völligen Abschaltens". Wochenruhezeit in Brasilien als Rache an der Arbeit. In J.P. Rinderspacher, D. Henckel & B. Hollbach (Hrsg.), *Die Welt am Wochenende. Entwicklungsperspektiven der Wochenruhetage - Ein interkultureller Vergleich* (S. 136-154). Bochum: SWI.

Groß, H., Stille, F. & Thoben, C. (unter Mitarbeit von F. Bauer) (1991). *Arbeitszeiten und Betriebszeiten 1990.* Düsseldorf: MAGS.

Heitmeyer, W., Collmann, B., Conrads, J., Kraul, D., Kühnel, W., Matuschek, J., Möller, R. & Ulbrich-Hermann, M. (1995). *Gewalt. Schattenseiten der Individualisierung bei Jugendlichen aus unterschiedlichen Milieus.* Weinheim: Juventa.

Hemmer, E. (1995). Familienorientierte Arbeitsplätze in der Zukunft. *Personal, 47,* 164-167.

Henckel, D. & Hollbach, B. (1994). Die Stadt als Taktgeber. In J.P. Rinderspacher, D. Henckel & B. Hollbach (Hrsg.), *Die Welt am Wochenende. Entwicklungsperspektiven der Wochenruhetage - Ein interkultureller Vergleich* (S. 283-306). Bochum: SWI.

Hirschman, A.O. (1994). Wieviel Gemeinsinn braucht die Liberale Gesellschaft? *Leviathan, 22*, 293-304.

Jonas, H. (1984). *Das Prinzip Verantwortung*. Frankfurt a. M.: Suhrkamp.

Kaufmann, F.-X. (1992). *Der Ruf nach Verantwortung. Risiko und Ethik in einer unüberschaubaren Welt*. Freiburg: Herder.

Klages, H., Hippler, H.-J. & Herbert, W. (Hrsg.). (1992). *Werte und Wandel. Ergebnisse und Methoden einer Forschungstradition*. Frankfurt a. M.: Campus.

Koopmans, R. & Duyvendak, J.W. (1994). *The political construction of the nuclear energy issue and its impact on the mobilisation of anti-nuclear movements in Western Europe* (Discussion-paper Wissenschaftszentrum Berlin, FS III, Nr. 94-102). Berlin: Wissenschaftszentrum [WZB].

Kortschak, B. (1992). *Vorsprung durch Logistik. Der Produktions- und Wettbewerbsfaktor Zeit*. Wien: Service.

Krohn, W. & Krücken, G. (1993). Risiko als Konstruktion und Wirklichkeit. In W. Krohn & G. Krücken (Hrsg.), *Riskante Technologien: Reflexion und Regulation. Einführung in die sozialwissenschaftliche Risikoforschung* (S. 9-44). Frankfurt a. M.: Suhrkamp.

Lens, W. & Moreas, M. (1994). Future time perspective: An individual and societal approach. In Z. Zaleski (Ed.), *Psychology of future orientation* (pp. 23-38). Lublin: Towarzystwo Naukowe-KUL.

Luhmann, N. (1992). *Beobachtungen der Moderne*. Opladen: Westdeutscher Verlag.

Maurer, A. (1992). *Alles eine Frage der Zeit. Die Zweckrationalisierung von Arbeitszeit und Lebenszeit*. Berlin: Edition Sigma.

Meiners, B. (1989). Gesellschaftlich unsichtbar: Frauen von Schichtarbeitern. *WSI-Mitteilungen, 42*, 681-689.

Meyer, C. (1994). *Schnelle Zyklen. Von der Idee zum Markt: Zeitwettbewerb in der Praxis*. Frankfurt a. M.: Campus.

Nover, S.U. (1994). *Flexibilisierung im Freizeitpark. Von kollektiver zu individualisierter Arbeits- und Freizeit?* Unveröffentlichte Diplom-Arbeit, Universität Dortmund.

OECD (Ed.). (1995). *Flexible working time. Collective bargaining and government intervention*. Paris.

Oppolzer, A. (1994). Rückbau oder Ausbau des Arbeits- und Gesundheitsschutzes? Zum Vergleich der Gesetzentwürfe von Bundesregierung und SPD-Fraktion für ein neues Arbeitszeitgesetz. *Arbeit und Recht, 42*, 41-49.

Osterland, M. (1994). Die ökologische Zukunft - aus der Sicht von Industriearbeitern. In E. Holst, J.P. Rinderspacher & J. Schupp (Hrsg.), *Erwartungen an die Zukunft. Zeithorizonte und Wertewandel in der sozialwissenschaftlichen Diskussion* (S. 157-169). Frankfurt a. M.: Campus.

Peter, M. (1994). Time for work, time for play: Relations between work and leisure in the early modern period. *Vierteljahresschrift für Sozial- und Wirtschaftsgeschichte, 81*, 305-338.

Petterson, G. (Hrsg.). (1990). *Zeit-Puzzle. Modell Schweden: Arbeitszeit und Familienpolitik.* Hamburg: VSA.

Raehlmann, I., Meiners, B., Glanz, A. & Funder, M. (1993). *Flexible Arbeitszeiten. Wechselwirkungen zwischen betrieblicher und außerbetrieblicher Lebenswelt.* Opladen: Westdeutscher Verlag.

Rieger, E. (1992). *Die Institutionalisierung des Wohlfahrtsstaates.* Opladen: Westdeutscher Verlag.

Rinderspacher, J.P. (1985). *Gesellschaft ohne Zeit. Individuelle Zeitverwendung und soziale Organisation der Arbeit.* Frankfurt a. M.: Campus.

Rinderspacher, J.P. (1990). Arbeit, Freizeit, Natur-Überlegungen zu umweltverträglichen Zeitbudgets. In W. Fricke (Hrsg.), *Jahrbuch Arbeit und Technik* (S. 93-104). Bonn: Dietz.

Rinderspacher, J.P. (1991). Arbeitszeitveränderungen: Kriterien zur Beschreibung und Beurteilung ihrer gesellschaftlichen Folgen. In P. Friedrich & P. Gross (Hrsg.), *Arbeitszeitveränderungen aus wirtschaftlicher, gesellschaftlicher und ethischer Sicht* (S. 209-235). Baden-Baden: Nomos.

Rinderspacher, J.P. (1992a). Beherrschte Zeit. Vom demokratischen Charakter des Wochenrhythmus. In H.P. Schwartz & K.T. Schmitz (Hrsg.), *In der Tradition der Moderne. 100 Jahre Metallgewerkschaften.* München: Oktagon.

Rinderspacher, J.P. (1992b). Vereinbarkeit von Familie und Beruf durch bewegliche Arbeitszeiten? In I. Raehlmann, B. Meiners, A. Glanz & M. Funder (Hrsg.), *Alles unter einem Hut? Arbeits- und Lebenszeit von Frauen in der „Dienstleistungsgesellschaft“* (S. 25-37). Hamburg: VSA.

Rinderspacher, J.P. (1993). Schul-Zeiten. Ganztagsschule und zeitliche Organisation des Schulbetriebes. In Gewerkschaft Erziehung und Wissenschaft [GEW] LV Hessen (Hrsg.), *Neue Schule: Aufgaben und Arbeitszeit im Widerspruch* (S. 5-24) (GEW-Dokumentation). Frankfurt a. M.: GEW.

Rinderspacher, J.P. (1994a). Wochentage im interkulturellen Vergleich. In J.P. Rinderspacher, D. Henckel & B. Hollbach (Hrsg.), *Die Welt am Wochenende. Entwicklungsperspektiven der Wochenruhetage - Ein interkultureller Vergleich* (S. 259-282). Bochum: SWI.

Rinderspacher, J.P. (1994b). Zukunft als Weltanschauung. In E. Holst, J.P. Rinderspacher & J. Schupp (Hrsg.), *Erwartungen an die Zukunft. Zeithorizonte und Wertewandel in der sozialwissenschaftlichen Diskussion* (S. 19-44). Frankfurt a. M.: Campus.

Rinderspacher, J.P., Henckel, D. & Hollbach, B. (Hrsg.). (1994). *Die Welt am Wochenende. Entwicklungsperspektiven der Wochenruhetage - Ein interkultureller Vergleich.* Bochum: SWI.

Rosdücher, J. & Seifert, H. (1994). Temporäre Arbeitszeitverkürzungen zur Beschäftigungssicherung. Ein neuer beschäftigungspolitischer Ansatz? *WSI-Mitteilungen, 47,* 744-752.

Schauer, H. (1993). Europäische Dimensionen der Tarifpolitik in der Sozialstaatskrise. In O. Negt (Hrsg.), *Die Zweite Gesellschaftsreform* (S. 65-78). Marburg: Steidel.

Schmidt, V. (1992). Soziale Differenzierung und die Wandlung der Arbeitszeitbedarfe. In I. Raehlmann, B. Meiners, A. Glanz & M. Funder (Hrsg.), *Alles unter einem Hut? Arbeits- und Lebenszeit von Frauen in der „Dienstleistungsgesellschaft"* (S. 38-53). Hamburg: VSA.

Schneeweiss, C. (Hrsg.). (1992). *Kapazitätsorientiertes Arbeitszeitmanagement.* Heidelberg: Physika.

Seifert, H. (1989). Sozialverträgliche Arbeitszeitgestaltung - Ein neues Konzept der Arbeitszeitpolitik? *WSI-Mitteilungen, 42*, 670-681.

Semlinger, K. (1989). Fremdleistungsbezug als Flexibilitätsreservoir. Unternehmenspolitische und arbeitspolitische Risiken in der Zulieferindustrie. *WSI-Mitteilungen, 42*, 517-525.

Stolz-Willig, B. (1992). Leben - nicht nur arbeiten. Tarifpolitik für eine verbesserte Vereinbarkeit von Beruf und Familie. *kda [Kirchlicher Dienst in der Arbeitswelt], 31,* 5-6.

Trommsdorff, G. (1994). Zukunft als Teil individueller Handlungsorientierungen. In E. Holst, J.P. Rinderspacher & J. Schupp (Hrsg.), *Erwartungen an die Zukunft. Zeithorizonte und Wertewandel in der sozialwissenschaftlichen Diskussion* (S. 45-76). Frankfurt a. M.: Campus.

Vogt, D. (1986). *Schichtarbeit und Sozialsystem. Zur Darstellung, Entwicklung und Bewertung der Arbeitszeitorganisation in der BRD und der DDR.* Bochum: Brockmeyer.

Voß, G.-G. (1991). *Lebensführung als Arbeit. Über die Autonomie der Person im Alltag der Gesellschaft.* Stuttgart: Enke.

Wagner, D. (1993). Arbeitszeit und Wertewandel. In R. Marr (Hrsg.), *Arbeitszeitmanagement* (S. 299-321). Berlin: Erich Schmidt.

Wolf, N. (1994, 17. Februar). Die Flexibilisierung der Arbeitszeit berührt auch den Sport. Stellungnahme des Generalsekretärs des Deutschen Sportbundes, Pressekonferenz in Bonn. *DSB-Presse Nr. 7.*

Wynne, B. (1982). Technologie, Risiko und Partizipation. Zum gesellschaftlichen Umgang mit Unsicherheit. In J. Conrad (Hrsg.), *Gesellschaft, Technik und Risikopolitik* (S. 156-187). Berlin: Springer.

Manfred Garhammer

SOZIALVERTRÄGLICHKEIT VON ARBEITSZEITEN
Soziologische Überlegungen und Ergebnisse der Zeitbudgetforschung

1 Sozialverträglichkeit im Umfeld der Deregulierung

Die flexible Gestaltung der Arbeitszeiten hat in Deutschland öffentliche Konjunktur. Die Aufhebung der Ladenschlußzeiten steht auf dem Programm der Koalition. Wirtschaftsverbände und mit ihnen der Bundeskanzler bringen den Samstag als Regelarbeitstag in die Diskussion, der Arbeitsminister schlägt eine Blockung des Urlaubs für einen Langzeiturlaub vor, der DGB-Vorsitzende ermuntert die Arbeitgeber zu mehr befristeten Arbeitsverträgen und bietet als Verhandlungsstoff für eine konzertierte Beschäftigungskampagne die flexible Verteilung von Industriearbeit auf sechs Wochentage an. Auch im öffentlichen Dienst ist die Viertagewoche im Gespräch. Die Bahn AG offeriert Beschäftigten die flexible Verteilung von Arbeitszeiten über das Jahr und eine Reduktion ihrer Arbeitszeit bis zu 30%.

Das weithin geteilte *Leitbild* dieser arbeitszeitpolitischen Diskussion ist das der „Deregulierung" ehemals standardisierter und rechtlich bzw. tariflich geregelter Arbeitszeiten, was ihren Umfang, ihre Lage und ihre Verteilung betrifft. Diesem Leitbild wollen sich inzwischen auch Organisationen nicht mehr verschließen, die in den 80er Jahren noch für ein anderes „Modell Deutschland" (ein)standen. Nach jenem Selbstbild der Bundesrepublik bedürften die freien Arbeitsmärkte der staatlichen Korrektur, um sie sozialverträglich zu gestalten. Es ist eine Tendenz in der Diskussion der 90er Jahre, das Normengerüst, das die Legitimationsbasis des „Wohlfahrtsstaats Deutschland" darstellte, nunmehr als „starres Korsett" zu bezeichnen. Es könne den vielfältigen Wünschen der Arbeitnehmer nicht mehr gerecht werden. Zu heterogen seien ihre Interessen bezüglich Umfang und Lage ihrer Arbeitszeit, um diesen mit einer einheitlichen Norm gerecht zu werden. „Maßgeschneiderte" Lösungen für einzelne Betriebe, mehr noch, für einzelne Arbeitnehmergruppen seien erwünscht. Mündige Bürger wollen sich nicht von Institutionen vorschreiben lassen, wann und wie lange sie einkaufen bzw. arbeiten wollen. Der Staat, so heißt es im Konzept „Deregulierung" programmatisch, soll sich weitgehend zurückziehen.

Der Paradigmenwechsel in den letzten Jahren zeigt sich auch in der arbeitswissenschaftlichen und psychologischen Forschung. Während sie bis in die 80er Jahre vor allem die Belastungen der außerberuflichen Lebenswelt durch Schichtarbeit untersucht hat (z.B. Nachreiner, Volger, Ernst & Hänecke, 1988), wurden in letzter Zeit zunehmend die „Chancen" einer Flexibilisierung für die Arbeitnehmer thematisiert (Europäische Stiftung zur Verbesserung der Lebens- und Arbeitsbedingungen, 1993; Knauth, 1992; Knauth & Hornberger, 1992; Knauth & Schönfelder, 1988).

Ohne die Vorstellungen der Regierung zu teilen, wird von vielen Sozialwissenschaftlern inzwischen der prinzipielle Bedarf an Deregulierung mit dem „Individualisierungsdruck“ in der modernen Gesellschaft begründet (Matthies, Mückenberger, Offe, Peter & Raasch, 1994): Dieser - so die Argumentation einer Reihe von Soziologen - habe an die Stelle einheitlicher Klassenlagen und Sozialmilieus die buntscheckige Vielfalt individualisierter „Bastelbiographien“ gesetzt (Beck-Gernsheim, 1994). Es scheint kein Zufall, daß in diesem Zeitgeist auch der „Rational-Choice-Ansatz“ in der Soziologie eine Renaissance erfährt und „Strukturalisten“ und „Kulturalisten“ auf dem Rückzug sind. Das Postulat der Entscheidungsfreiheit des Individuums, das zwischen verschiedenen Handlungsalternativen die wählt, die seine Nutzenerwartung maximiert, soll zwar eine allgemeine Handlungstheorie konstituieren, die nicht nur für die aktuelle Gesellschaft der Bundesrepublik Gültigkeit beansprucht (Esser, 1993, 1995). Der Ansatz trifft sich aber in der Rolle, die der individuellen Entscheidungsautonomie zugedacht wird, mit Autoren, die „Individualisierung“ zu einem Grundzug der Moderne erklären (kritisch dazu Burkart, 1994).

Im Geiste dieses Paradigmas plädiert eine Reihe von „Praktikern“ aus den Betrieben und Wirtschaftswissenschaftlern dafür, die Sozialverträglichkeit von Arbeitszeiten nicht an substantiellen, von Institutionen vorzugebenden Standards, sondern an ihrer Entsprechung zu den vielfältigen Wünschen der Mitarbeiter auf der individuellen bzw. Betriebsebene zu bemessen. Bestenfalls eine prozedurale Regulierung solle sicherstellen, daß die individuellen Präferenzen auch hinlänglich zum Zug kommen. In diesem Beitrag wird das Leitthema dieses Buches, „Sozialverträglichkeit“, anders akzentuiert und operationalisiert, in Opposition zu den hier bewußt über-pointiert beschriebenen Paradigmen der „Deregulierung“ und „Individualisierung“.

Versucht werden einige Einwände dagegen einerseits mit grundsätzlichen soziologischen Überlegungen, andererseits mit Ergebnissen aus unserer bundesweiten Arbeitszeitstudie (Garhammer, 1994; Gross & Garhammer, 1993), aus der ersten amtlichen Zeitbudgeterhebung (Statistisches Bundesamt, 1995) und aufgrund von reanalysierten Daten des Sozioökonomischen Panels [SOEP] 1993. In diesem Zusammenhang wird Sozialverträglichkeit mit den unterschiedlichen Lebensformen der Menschen gesehen und die Individualisierungsthese kritisch diskutiert. Im folgenden Abschnitt werden fünf Thesen ausgeführt, die sich auf die in der Abbildung 1 unterschiedenen Analyseebenen beziehen.

2 Deinstitutionalisierung von Arbeitszeit und Familie - gibt es den „Individualisierungsdruck“?

2.1 Deregulierung der Normalarbeitszeit - Befreiung der individuellen Präferenzen?

Funktion der Normalarbeitszeit war es, die „normale“ Dauer der Wochen- und Tagesarbeit ebenso wie ihre Verteilung über den Tages- und Wochenverlauf zu regulieren. Bis vor wenigen Jahren galt eine Beschäftigung von 35 bis 40 Wochenstunden als „normal“, weil nur damit ein existenz- bzw. familiensicherndes Einkommen verknüpft war.

Abbildung 1: Mehrebenenanalyse

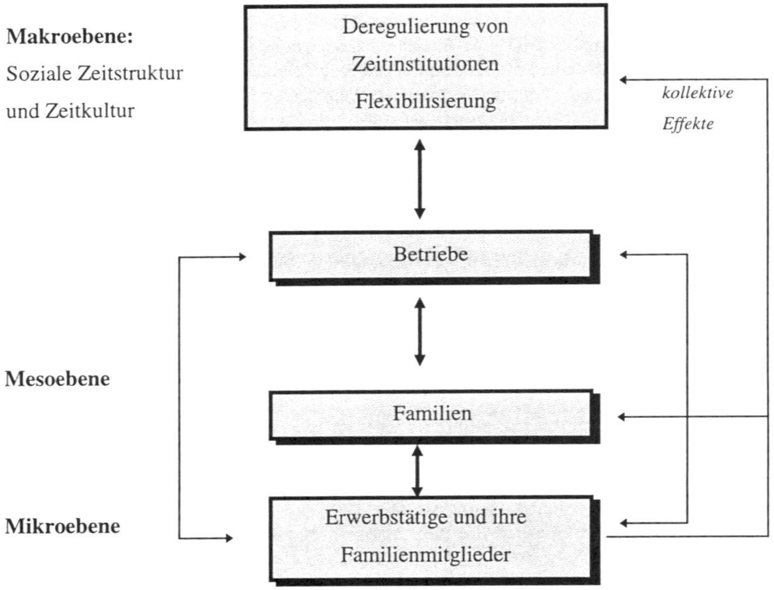

Umgekehrt war jede Mehrarbeit darüber hinaus zuschlags- bzw. mitbestimmungspflichtig und in den (relativ engen) Grenzen von §4 der bis 1994 gültigen Arbeitszeitordnung genannt (Höchstgrenze von 96 Stunden im Zweiwochenrahmen, vgl. Matthies et al., 1994). Abhängige Arbeit sollte, wenn nicht wichtige Gründe in der Eigenart der Dienstleistung Ausnahmen begründeten, nur an Werktagen unter Ausschluß des Wochenendes und zu normalen Tageszeiten geleistet werden. Zur Normalarbeitszeit gehörte schließlich auch die unbefristete Beschäftigung: So wurde die staatliche bzw. tarifliche Regulierung der Erwerbsbiographie zu einem Fundament des Lebenslaufs und der Lebensplanung in der Moderne (Kohli, 1985). Die soziale Sicherung sollte Brüche in dieser Erwerbsbiographie auffangen und unterstellte andererseits deren Kontinuität.

Insofern ist die Normalarbeitszeit eine der zentralen Zeitinstitutionen der bundesdeutschen bzw. westeuropäischen Zeitkultur gewesen: Anders als im japanischen bzw. US-amerikanischen Modell waren damit klare Grenzen zwischen Arbeitszeit und privater Lebenszeit gesetzt. Umgekehrt machte diese Regulierung sowie die darauf aufbauenden gesellschaftlichen Routinen die Arbeitszeit zu einer (relativ) kalkulierbaren Größe für die Freizeit-, Einkommens-, Lebens- und Familienplanung. Alle diese Aspekte sind inhaltlich miteinander verknüpft: Das Eingehen von familiären Verpflichtungen zum Beispiel unterstellt eine kontinuierliche Erwerbsbiographie und Einkommenssicherheit über das Jahr und das Leben.

Immer mehr neu eingegangene Beschäftigungsverhältnisse sind mittlerweile befristet: Unter den 1.244 SOEP 1993 befragten Arbeitnehmern traten 19% eine befristete Stelle an. Wie im Lebensverlauf ist auch im Erwerbsverlauf im Vergleich jüngerer und älterer Kohorten eine Deinstitutionalisierung zu verzeichnen (Berger & Sopp, 1992). Besonders für junge Männer haben diskontinuierliche Verlaufsformen zugenommen. Dies geht unter anderem auf Arbeitsmarktderegulierung und Arbeitslosigkeit zurück. Auch für Akademiker ist die Norm einer lebenslangen Vollzeitkarriere nicht mehr gültig. Insofern trifft das Resümee im fünften Familienbericht über die Erwerbsbiographie heute nicht mehr für alle zu, sondern spiegelt ein Leitbild der 70er Jahre wider: „Erwerbstätigkeit bietet den Beschäftigten neben einem hohen Maß an zeitlich vorhersehbarer Einkommenssicherheit ... " (Bundesministerium für Familie und Senioren [BMFuS], 1994, S. 149).

Das „Modell Deutschland", früher als Stabilitätsanker in Europa angesehen, scheint sich auf dem Weg einer „Amerikanisierung" zu befinden. Dies ist nicht nur an der Deregulierung der Arbeitszeit zu beobachten, sondern auch an anderen Zeitnormen. Diesen Entwicklungspfad hat Großbritannien schon in den 80er Jahren eingeschlagen. So gibt es Indizien, daß sich die Besonderheiten des „europäischen Modells" der gesellschaftlichen Organisation von Arbeits- und Freizeit, in Unterscheidung zu den USA und Japan, auflösen.

1993 arbeiteten nach der Umfrage des Instituts zur Erforschung sozialer Chancen [ISO] nur noch 24% in der „Normalarbeitszeit" (Daten nach Bauer, Groß & Schilling, 1994). Deren Auflösungstendenz geht aus dem Vergleich mit der ISO-Studie 1987 hervor. Dies betrifft zunächst die Arbeit am Wochenende: Samstagsarbeit leisten von den 1993 im SOEP befragten 7.398 Erwerbstätigen in Ost und West „normalerweise" 36%, Sonntagsarbeit 19%. Diese Werte liegen etwas höher als die der ISO-Studie 1993 für 2.557 abhängig Beschäftigte in den alten Bundesländern zwischen 18 und 65 Jahren.

Zwar ist die Ausbreitung der Schichtarbeit schwer nachzuweisen, da die Operationalisierung in unterschiedlichen Erhebungen nicht einheitlich ist. Doch ist die Entkopplung von Arbeits- und Betriebszeiten auch da, wo es keinen „technischen" Grund gibt, evident: Sie ist, wie es die eingangs angeführten Zitate oder der jüngst bestätigte Arbeitszeitkorridor im Metalltarif zeigen, weithin geteiltes Programm. Viele Industriebetriebe haben es inzwischen, nach einer leichten Dämpfung der Tendenz in den Krisenjahren 92/93, auch umgesetzt. Insofern ist auch die Bilanz eines „Zeitkonservativismus" von Gewerkschaften und Arbeitgebern über die Arbeitszeitlandschaft 1994 fraglich (Matthies et al., 1994).

Die Autoren machen dies an der geringen Ausnutzung der 40-Stunden-Woche, die der Metalltarif seit einigen Jahren zugesteht, fest und führen dies auf eine „wechselseitige Interessenblockierung der betrieblichen Akteure" zurück. Wie die eingangs zitierten „Angebote" von Gewerkschaftlern zeigen, scheint die Entwicklung weitergegangen zu sein. Die ehemaligen Akteure einer Normierung befinden sich längst nicht mehr in einer reinen „Verteidigungsstellung", aber auch nicht in der Position, die deregulierten Arbeitszeiten sozialverträglich zu gestalten.

2.2 Teilzeitarbeit - ein Beispiel für die soziale Konstitution von Arbeitszeitwünschen

Seit 1993 gibt es eine Kampagne der Regierung für mehr Teilzeitarbeit mit dem Ziel „holländischer Verhältnisse“, das heißt einem Anteil von einem Drittel Teilzeitstellen an der Gesamtbeschäftigung gegenüber dem Sechstel zur Zeit. Ein Paradox dieser Diskussion ist, daß gerade von Verfechtern einer Verlängerung der allgemeinen Wochenarbeitszeit bzw. Verteidigern von Überstunden für die voll Beschäftigten Partei für mehr Teilzeitstellen genommen wird. Zitiert werden fast immer die Wünsche der Frauen, Beruf und Familie besser vereinbaren zu wollen.

Es soll erstens gezeigt werden, daß dieser Wunsch nach Teilzeitarbeit keineswegs so eindeutig ausfällt, wie vielfach von der Politik postuliert wird. Im BMFuS (1994) wird zum Beispiel ein Anteil von 20% der voll erwerbstätigen Männer genannt. Nach einer Studie im Auftrag des Bundesministerium für Frauen und Jugend [BMFJ] (1993) waren es 1991 fast 90% der westdeutschen Frauen, die eine Teilzeitbeschäftigung bevorzugen, von den ostdeutschen Frauen 45%. Die Ergebnisse unterscheiden sich stark nach der Fragestellung, je nachdem ob man nach der Wunscharbeitszeit oder nach der Bereitschaft zur Teilzeitarbeit fragt, ob der Hinweis auf die Einkommensreduktion fällt oder unterbleibt. Auch führen unterschiedliche Erhebungseinheiten zu stark differierenden Ergebnissen.

Für viele Gruppen gibt es nach wie vor strukturelle Zwänge für eine volle Beschäftigung:

- Weit mehr Frauen in den *neuen* als in den alten *Bundesländern* wünschen eine Normalbeschäftigung, die ihnen eine soziale und ökonomische Sicherung unabhängig von Mann und Familie erlaubt. Alleinerziehende Frauen präferieren eine eigenständige Absicherung durch eine volle Beschäftigung. Dies gilt generell, besonders aber für Alleinerziehende in den neuen Ländern.
- Von den im Dezember 1994 arbeitslos gemeldeten Frauen suchten nur 20% in West- und 6% in Ostdeutschland eine Teilzeitstelle (eigene Berechnungen nach Bundesanstalt für Arbeit, 1995). Viele dieser Frauen - häufig aus *unteren Lohngruppen* - können sich Teilzeitarbeit nicht leisten: Die postulierte „rationale Auswahl“ zwischen Einkommen und mehr Lebens- bzw. Familienzeit steht diesen Frauen nicht offen. Dieser Anteil von Armen in unserer Gesellschaft wächst nach diversen Erhebungen nicht zuletzt durch die Reallohnverluste der letzten Jahre, die die unteren Lohngruppen besonders treffen.
- So ist vermutlich auch in Zusammenhang mit den Reallohnverlusten und der Vereinigung der *Teilzeitwunsch* bei den Erwerbstätigen von 1987 bis 1993 sogar *leicht zurückgegangen*: 1987 war der Wunsch, nur 35 Stunden oder weniger zu arbeiten, noch bei 42% der im SOEP im Westen befragten Erwerbstätigen vorhanden, sechs Jahre später nur noch bei 37% der in Ost und West Befragten. Im Mittel lag die gewünschte Arbeitszeit bei 35.5 ± 9.6 Stunden.
- Für die Minderheit von etwa 4% der beschäftigten *Männer*, die in Teilzeit arbeiten, ist diese in vielen Fällen „erzwungen“. Nur die wenigsten Männer wählen sie, um ein neues Modell der partnerschaftlichen Arbeitsteilung zu erproben (vgl. Schilling & Groß, 1992). Teilzeitarbeit geht hier häufig mit erschwerter Arbeitsmarktintegration einher: Zwar war die Gesamtheit der Teilzeitbeschäftigten 1993 mit ihrer Arbeit ge-

nauso zufrieden wie voll Beschäftigte (7.0 auf einer zehnstufigen Skala von 0 bis 10). Handelt es sich jedoch um Männer, sinkt ihre Zufriedenheit.

- Wenn Teilzeitarbeit eine Option auch in der Lebensplanung der Männer werden soll, die die Harmonisierung ihres Lebenszyklus mit ihrem beruflichen Leben erleichtert, dann müssen auch die Bedingungen dafür geschaffen werden; dann sind die bislang mit Teilzeitarbeit verbundenen Folgen zu bewältigen, die vor allem Männer von Teilzeitarbeit abhalten: Verlust eines Einkommens, das zur Sicherung der Familie hinreicht, Verschlechterung der Aufstiegsmöglichkeiten, der Einbindung in die betriebliche Kommunikation, gestiegene Arbeitsintensität.
- So viele strukturelle Gründe es einerseits gibt, die Frauen und Männer von Teilzeitarbeit abhalten, so sehr sind es andererseits bestimmte makrostrukturelle Rahmenbedingungen, die den Wunsch nach Teilzeitarbeit - auch unter Inkaufnahme von Lohnverlusten - nahelegen: So zeigen die Daten des International Social Survey Programms [ISSP] von 1988 in einem internationalen Vergleich, daß die Ausprägung des Wunsches nach Teilzeitarbeit vor allem in der ersten Phase der Elternschaft systematisch mit dem national unterschiedlichen Angebot an Kinderbetreuungseinrichtungen variiert. Auch Pfau-Effinger (1994) arbeitet im Vergleich mit der in Finnland üblichen Vollzeitbeschäftigung von Frauen heraus, wie das Modell der weiblichen Teilzeitbeschäftigung ein für Deutschland spezifisches Muster darstellt. Solche kulturelle Muster aber sind, wenn auch zäh, veränderbar. Die im ISSP 1988 belegte interkulturell variierende Orientierung auf unterschiedliche außerfamiliäre Betreuungsinstanzen (in den USA auf „Babysitter“, in den skandinavischen Ländern, aber auch in Großbritannien auf öffentliche Einrichtungen, in Westdeutschland vor allem auf die Großmutter) verweist auf den Zusammenhang mit dem unterschiedlichen institutionellen Angebot.

Diese Überlegungen sollen nicht bestreiten, daß Teilzeitarbeit sozialverträglich sein kann. Sie sollen nur auf die strukturellen Bedingungen aufmerksam machen, warum viele Beschäftigte in Teilzeit arbeiten müssen, die es nicht wollen und viele Frauen in Teilzeit arbeiten wollen, die es unter anderen gesellschaftlichen Rahmenbedingungen nicht müßten (vgl. Stolz-Willig, in diesem Band).

Daß eine reduzierte Erwerbsarbeitszeit neue Spielräume für Freizeit und Sozialzeit und eine Umverteilung der Familienarbeit schafft, geht aus der amtlichen Zeitbudgeterhebung hervor: Sie ermöglicht zum Beispiel Teilzeitmännern, mehr Zeit als voll Beschäftigte für häusliche Arbeit aufzuwenden, und zwar zwei Stunden täglich im Vergleich zu 1.4 Stunden. Zudem gewinnen alle Teilzeitbeschäftigten persönliche Freizeit (4.1 im Vergleich zu 3.3 Stunden) und gemeinsam verbrachte Freizeit hinzu (1.8 im Vergleich zu 1.4 Stunden - eigene Berechnung nach Statistisches Bundesamt, 1995). Dies gilt auch für Frauen, die vor allem in ihrer persönlichen Freizeit profitieren (3.1 im Vergleich zu 2.6 Stunden).

2.3 Modernisierung - Auflösung normativer und Verstärkung struktureller Zwänge

Die Modernisierung der Industriegesellschaft wurde von vielen Autoren als Zunahme individueller Wahlfreiheit gedeutet. Auf der kulturellen Ebene trägt die „wachsende normative Unverbindlichkeit“, auf der strukturellen Ebene „Arbeitsmarktfreisetzung“

und die Herausbildung des modernen Sozialstaats, der sich an einzelne Individuen, nicht an Familien adressiert (Beck, 1983), zu „mehr Wahl- und Entscheidungsmöglichkeiten" bei. So sehr dem Ausgangspunkt auf der kulturellen Ebene zuzustimmen ist, so fraglich scheint der Befund für die strukturelle Ebene. Sicher ermöglichen und erzwingen die Ausbildung des Marktprinzips und des modernen Sozialstaats den im doppelten Sinn „freien Lohnarbeiter". In diesem Sinn ist „Individualisierung" nichts prinzipiell Neues. Marx und Weber haben diesen Typus als Sozialcharakter der kapitalistischen Gesellschaft beschrieben. Was allerdings in den 90er Jahren mit dem Umbau des Sozialstaats, mit der „Rückkehr der Klassen" (Brock, 1994) und mit der Konsolidierung der Zwei-Drittel-Gesellschaft hinzukommt, ist meines Erachtens eine Verstärkung struktureller Zwänge, die die durch Normenverfall gewachsenen Spielräume faktisch (wieder) einengen. Was Arbeitszeitpräferenzen betrifft, gibt es „Entscheidungen", die für die Handelnden nicht widerspruchsfrei sind.

- Dies kann an der verbreiteten Präferenz für Nachtarbeit erläutert werden: So entstehen beim Familienaufbau mit der sozialen und räumlichen Expansion dauerhafte Verpflichtungen, die eine alle gesundheitlichen und sozialen Folgen bedenkende „rationale" Wahl zwischen Alternativen der Arbeitszeit nicht zulassen. Die Nachtarbeits- (ebenso wie Überstunden)zuschläge erklärten viele der von uns befragten Arbeitnehmer, die sich in einer durchaus realen Auswahlsituation verschiedener Schichtmodelle für Dauernachtschicht entschieden, zur Abzahlung der Schulden für ihr Haus für nötig (Garhammer, 1994).
- Dieser Befund kann verallgemeinert werden: Die Verknüpfung der Zeitdimension mit der Gelddimension in der Bezahlung abhängiger Arbeit, das heißt die Notwendigkeit, Zeitleistungen und häufig Sonder-Zeitleistungen abzuliefern, um ein familiensicherndes Einkommen zu erhalten, verhindert vor allem in unteren Lohngruppen eine die Folgen für Gesundheit und Familien bedenkende rationale Entscheidung in der Arbeitszeitfrage: So haben zum Beispiel die Arbeiter in der Gewerkschaft Öffentliche Dienste, Transport und Verkehr [ÖTV] kürzlich gegen einen Vorschlag ihrer Gewerkschaftsführung gestimmt, der die Verwandlung von Schichtzuschlägen in Freizeitguthaben vorsah: Was als „Zeitkonservativismus" erscheint, ist Folge des objektiven Dilemmas, das sich mit rückläufigen realen Tariflöhnen zuspitzt, die Zuschläge für Arbeitszeiten außerhalb der Normalität immer „notwendiger" machen.

In der soziologischen Theoriegeschichte waren es gerade diese „nicht-logischen Handlungen" (Pareto, 1965), bei denen subjektive Zwecke mit sachlich unangemessenen Mitteln angestrebt werden, die zur Konzeption der Soziologie als eigenständiger Disziplin führten. Diese Eigenart der Mikro-Makro-Verknüpfung wird aber verfehlt, wenn axiomatisch eine „rationale Wahl" postuliert wird, ein Zum-Zuge-Kommen individueller Präferenzen. Dabei räumen die Verfechter der Individualisierungsthese in neueren Publikationen selbst ein, daß die Individuen eine Freiheit gewinnen, die „riskant" ist, weil sie nicht selten strukturell überfordert sind (vgl. Beck & Beck-Gernsheim, 1994).

2.4 Pluralisierung von Lebensformen und Arbeitszeitwünschen

Sozialverträglichkeit von Arbeitszeiten läßt sich konkretisieren als möglichst weitgehende Entsprechung von Umfang, Lage und Verteilung der Arbeitszeit zu Lebensform, Lebensphase und Lebensstil der arbeitenden Menschen. Da die Mehrzahl der Bevölkerung - 58% im Jahr 1992 [1] - immer noch in Familien lebt, bedeutet dies die Suche nach familienfreundlichen Arbeitszeiten.

Was heißt aber „familienfreundlich“, wenn der Adressat einer solchen Familienpolitik gar nicht eindeutig definiert ist? Zum einen ist es die Familie als Gesamtheit nach dem Leitbild der Akteure der Familienpolitik, zum anderen sind es einzelne Mitglieder mit teilweise konfligierenden Interessen (Lüscher, 1988). Sind Interessen von Frauen mit den Belangen „der Familie“ identisch? Eine Förderung der Berufswünsche von Frauen deckt sich nicht mit konservativer Familienpolitik. Und weiter: Was heißt „familienfreundlich“, wenn wir derzeit eine Vervielfältigung von Lebensformen beobachten? Noch gibt es keine dem angemessene „Pluralität der Familienpolitiken“ (Lüscher, 1995, S. 369).

Was kann „Familie“ noch angesichts der Auflösung der Normalfamilie bedeuten? In der hier vorgeschlagenen Perspektive der sozialwissenschaftlichen Zeitforschung gewinnt gemeinsame Zeit, Familienzeit für die Konstitution von Familien an Bedeutung. Denn für alle familialen Lebenswelten, unabhängig von ihrer jeweiligen Struktur, gilt: Die Synchronität und Kontinuität ihres Zusammenlebens ist ein Grunderfordernis dafür, daß sich die soziale Einheit „Familie“ konstituiert (Lüscher, 1988). Dies trifft unabhängig vom institutionellen Charakter auch für nichteheliche Lebensgemeinschaften zu, unabhängig von der Haushaltsgemeinschaft auch für Pendler-Ehen. Eine erste Präzisierung der Frage, ob Arbeitszeiten familienfreundlich sind, könnte also sein, ob sie genügend Raum für Familienzeit geben.

Theoretisch angemessen, um den verengten Blickwinkel der traditionellen Arbeitsmarkt- sowie Familienforschung zu überwinden und die Synchronisationsleistungen von Familie und Beruf in den Blick zu nehmen, erscheinen Konzepte der Zeitforschung. Denn Zeit ist eine zentrale Planungs- und Gestaltungsressource von Familien (Krautmacher, 1991). Was die geforderte „Vereinbarung von Familie und Beruf“ heißt, ist offen. Die Zeitforschung kann helfen, diese Frage zu beantworten, indem sie die traditionelle Zeitbudgetforschung weiterführt in der Perspektive auf die Verteilung der Arbeitszeiten im Tages-, Wochen-, Jahres- und Lebenslauf und die Bündelung verschiedener Aktivitäten in „temporalen Mustern“. Wie berufliche Karrieren einerseits und Lebens- und Familienverläufe andererseits gegenwärtig kollidieren und wie sie in Zukunft besser harmonieren können, kristallisiert sich als ein Schwerpunkt heraus (vgl. Gross, 1993). Noch fehlen, gemessen an dem Anspruch des Wechselverhältnisses „Beruf und Familie“, Beiträge zu den Auswirkungen familialer Lebenswelten auf die Arbeitswelt. Wie geht von neuen Lebensphasen und -formen ein Veränderungsdruck auf das Arbeitszeitangebot aus?

Im Leitbild der „Normalfamilie“, das heute noch der christlichen Familienpolitik unterliegt, ist der Lebensentwurf für Erwachsene an miteinander verbundene Merkmale geknüpft, an die Institution der Ehe, an (eigene) Kinder und an den gemeinsamen Haushalt. In allen diesen Dimensionen läßt sich eine abnehmende Verbindlichkeit, ein „Aufschnüren des Pakets“ und damit eine Deinstitutionalisierung von Familie (Tyrell, 1988) registrieren: In jüngeren Kohorten gibt es mehr Paare ohne Trauschein, mehr Ehepaare ohne Kinder und mehr Alleinerziehende. Eine Reihe von mit der amtlichen Statistik erfaßbaren Entwicklungen spricht für eine Pluralisierung vor allem der nicht

[1] Statistisches Bundesamt (1993), zitiert nach Süddeutsche Zeitung vom 19.4.1995.

familiären Lebensformen, aber auch der Eltern-Kind-Gemeinschaften und der Familienverläufe in den 80er Jahren (Vaskovics, Garhammer, Schneider & Kabat vel Job, 1994). So haben wir in unserer repräsentativen Erwerbstätigen-Stichprobe für die alten Länder 1991/92 sieben Lebensformen unterschieden. Die Abbildung 2 zeigt, daß die Verteilung in unserer Stichprobe der nahekommt, wie sie der Wohlfahrtssurvey für Erwachsene 1988 feststellte.

Abbildung 2: Verbreitung ausgewählter Lebensformen (in Prozent der eigenen Erwerbstätigenstichprobe 1992 bzw. des Wohlfahrtssurveys 1988)

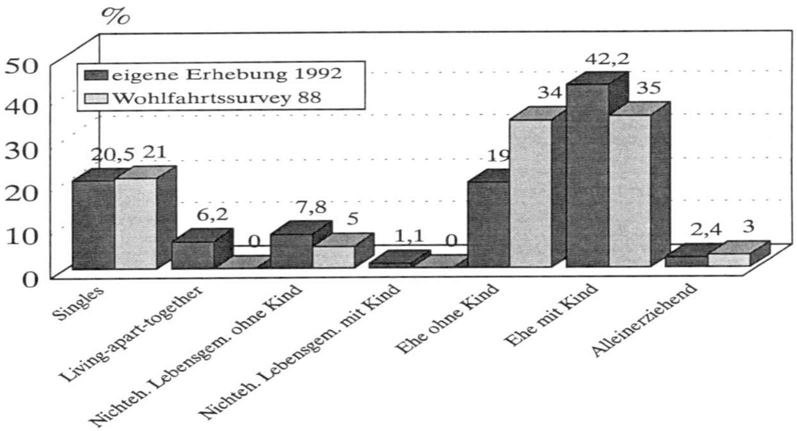

Anmerkung: Daten nach Gross und Garhammer (1993); Wohlfahrtssurvey 1988 aus Statistisches Bundesamt (1992, S. 446).

Besonders gestiegen ist zwischen 1978 und 1993 der Anteil der allein Wohnenden unter den 18- bis 35-Jährigen, nämlich von 5% auf 15% (Statistisches Bundesamt, 1994a). Diese Entscheidung zum Alleinwohnen bedeutet jedoch keineswegs automatisch eine Entscheidung gegen eine Partnerschaft. Jüngere allein wohnende Personen, die die „singlehood" als Lebensform wählen, sind unter den Einpersonenhaushalten eine kleine Minderheit.

Häufig wird von der statistisch feststellbaren Pluralität von Lebensformen auf gewachsene Wahlmöglichkeiten „kurz" geschlossen. Ähnlich wird auch für die Pluralität moderner Arbeitszeiten argumentiert. Aus der Spannweite der Varianten verschiedener Arbeitszeiten wird eine Qualität des „Entscheidungsprozesses" gefolgert. Dabei sprechen weder die in der Struktur an Gewicht zunehmenden, abweichenden Formen der Arbeitszeit noch die von der Kernfamilie unterschiedenen Lebensformen per se für den Zuwachs an Handlungsspielräumen:

- Unter den Eltern-Kind-Gemeinschaften gibt es heute mehr alleinerziehende Frauen als vor 10 Jahren. Zwischen 1981 und 1991 ist in der (alten) BRD die Zahl der Ehepaare mit Kindern im Haushalt um fünf Prozent gesunken. Gegenläufig dazu nahm die Zahl der Alleinerziehenden um 15% zu.[2] Ihr Anteil an allen Familien in Gesamtdeutschland ist auf 12% im Jahr 1992 gewachsen (Statistisches Bundesamt, 1994b). In den meisten Fällen haben allein erziehende Frauen diese Lebenslage keineswegs „präferiert". Die Kumulation von materieller und Zeitarmut in dieser Gruppe und der Wunsch vieler, in einer vollständigen Familie zu leben, spricht nicht für die Interpretation als selbstbestimmte Wahlentscheidung.

- Das Beispiel der Commuter-Partnerschaften (Peuckert, 1991), die getrennte Haushalte führen, zeigt, wie der Arbeitsmarkt Veränderungen von familiären Formen und Binnenbeziehungen hervorruft, die nicht auf freie Wahlen zurückgehen: Der gemeinsame Haushalt fällt hier der beruflichen Mobilität, die ein Standard vieler Berufskarrieren ist, zum Opfer. In dem Maß, in dem Frauen eine höhere Schulbildung haben und eine Karriere unabhängig von ihrem Mann verfolgen, in dem andererseits sich der Arbeitsmarkt verschlechtert, wird diese Lebensform häufiger.
- Die mit anhaltendem Ost-West-Gefälle stabile Pendlerbewegung von Ost- nach Westdeutschland trägt zusätzlich zu einer Ausweitung der zeitweise getrennt lebenden Familien bei. Nach der Erhebungsmethode des Arbeitsmarkt-Monitors wurden 1993 600.000 Ost-West-Pendler geschätzt (Bundesanstalt für Arbeit, 1994), das ist etwa jeder zehnte Erwerbstätige aus dem Beitrittsgebiet.[3] Die USA, in denen ein Zehntel der Berufstätigen mobil ist, scheinen auch hier die Richtung einer Entwicklung anzugeben, die als „Amerikanisierung des Arbeitsmarkts" bezeichnet wird. Von 3.022 im SOEP 1993 befragten Erwerbstätigen pendelten 7% wöchentlich zwischen Wohnung und Arbeitsplatz, 6% hatten einen „wechselnden Arbeitsort". Jeder zehnte fühlte sich durch seinen Arbeitsweg „sehr belastet". Der Aufwand an Zeit, Finanzen und Nerven für den Arbeitsweg ist eine wichtige Dimension der Sozialverträglichkeit der Arbeitszeit. Das Familienleben zum Beispiel der Frauen, die um vier Uhr morgens ihren Wohnort in Sachsen verlassen, um morgens ihre Schicht bei Arbeitgebern in Mittelfranken anzutreten, findet zum erheblichen Teil nicht mehr statt. Wie wenig die Arbeitsplätze räumlich auf die Bedürfnisse von Familien orientiert sind, zeigt der Umstand, daß Erwerbstätige mit betreuungsbedürftigen Kindern einen ebenso langen Arbeitsweg haben wie Kinderlose (eigene Berechnungen nach den Daten des SOEP 1993 für 7.398 Erwerbstätige in Gesamtdeutschland).

Die Zunahme nichtkonventioneller Lebensformen ist also nicht gleichbedeutend mit der Zunahme „moderner Lebensformen", wie sie Schneider (1995) durch relativ selbst bestimmte Wahlentscheidungen charakterisiert hat. Nicht alles, was strukturell von der „Normalfamilie" abweicht, geht lebensgeschichtlich auf eine reflektierte, rationale Entscheidung zurück. Gleichwohl stellt sich aufgrund der stattgefundenen Pluralisierung von Lebensformen die Notwendigkeit, die Arbeitszeiten genauer als bisher auf diese Vielfalt von Erfordernissen der Lebenswelt abzustimmen.

---

[2] Eigene Berechnungen nach den absoluten Zahlen für 1981 nach Statistisches Bundesamt (1982).

[3] Die 600.000 Pendler wurden bezogen auf 6.13 Mio. Erwerbstätige in den neuen Bundesländern 1993 (Statistisches Bundesamt, 1993). Nach dem Millionenzuwachs 1991 waren von den 7.761 Mio. Erwerbstätigen 5% mehr als zwei Stunden für ihren Arbeitsweg täglich unterwegs (eigene Berechnung nach Statistisches Bundesamt, 1993).

2.5 Individuelle Rationalität und Sozialverträglichkeit

Die kollektiven Effekte individuell rational erscheinender Handlungen in den Blick zu nehmen, ist die genuine Perspektive von Soziologen. Dies unterscheidet sie von Mikroökonomen, die den „homo öconomicus" von seinem sozialen Umfeld isolieren, von Betriebswirtschaftlern, die die optimale Arbeitszeit an ihrer Wirkung auf die Motivation der Belegschaft und das Betriebsklima bemessen, und von Arbeitspsychologen, die zum Beispiel das Autonomieerleben in den Mittelpunkt stellen (vgl. Büssing, in diesem Band). Diejenige Arbeitszeit, die von einzelnen Arbeitnehmern bzw. Belegschaften akzeptiert bzw. gewünscht wird, kann aber in der Aggregation für die betroffenen Familien bzw. die Gesellschaft kontraproduktiv sein. Damit stellt sich die Aufgabe, Maßstäbe für „Sozialverträglichkeit" oder „gesellschaftliche Rationalität" zu finden, die über die individuelle Handlungsrationalität hinausgehen. An den ökologischen Folgen individueller Flexibilisierungsstrategien, etwa für den Verkehr, ist dies evident, es gilt aber auch für die sozialen Folgen. Ein „Rhythmus des kollektiven Lebens" ist für die soziale Integration der Gesellschaft unerläßlich, dies ist das Fazit der Diskussion über die „soziale Zeit" seit Durkheim 1912 (1981). Wenn zum Beispiel die Einführung einer neuen Samstagsschicht in einem Automobilwerk vom einzelnen Arbeitnehmer damit akzeptiert wird, daß die Frau im Dienstleistungsbereich „sowieso am Samstag arbeiten muß", mag diese Einstellung individuell rational, ja sogar für die einzelne Familie kurzfristig angemessen sein. Was durch die Aggregation vieler solcher Entscheidungen hervorgebracht wird, ist ein emergenter Effekt auf der kollektiven Ebene, der Verlust einer gesellschaftlich geteilten Sozialzeit mit Freunden, in Vereinen, im Ehrenamt etc.

Was eine ungesteuerte Freisetzung der Flexibilisierung in einem gesellschaftlichen Bereich ohne Blick auf den Gesamtzusammenhang bedeutet, mögen die Überlegungen zu den Desynchronisationswirkungen individualisierter Arbeitszeiten für die Familienzeit erhellen. Das Zustandekommen von „Familie", die Synchronität und Kontinuität ihres Zusammenlebens, ist schwieriger geworden:

- aufgrund der Auflösung der Normalarbeitszeit, die den sozialen Beziehungen zu Freunden und der Beziehung zur sozialen Umwelt der Familie den Rhythmus vorgegeben hat. Die alltägliche Lebensführung ist an die neuen und nicht mehr einheitlichen Arbeitszeiten anzupassen. So wird die Last der Synchronisierung subjektiven Anpassungsprozessen aufgebürdet. Dies scheint ein generelles Merkmal moderner Gesellschaften zu sein: Je widersprüchlicher die institutionellen Anforderungen sind, denen Individuen ausgesetzt sind, um so mehr wird ihnen Lebensführung und -planung als Syntheseleistung abverlangt (Krüger, 1993).
- Mit der zunehmenden Erwerbstätigkeit von Frauen ist das Familienleben nicht nur auf die in der Kernfamilie noch dominante Arbeitszeit des Mannes abzustimmen, sondern auf die beider Partner. Mit der Doppelerwerbstätigkeit steigt die Wahrscheinlichkeit der Abweichung von der Normalarbeitszeit. Vielfach sind bereits beide Partner in asynchronen Arbeitszeiten tätig.

In den in ihrem Anteil wachsenden Haushalten von Partnern mit Doppelkarrieren und Partnern, die getrennt wohnen, fällt es schwerer als in der Kernfamilie, die sozialen Kontakte zeitlich aufeinander abzustimmen (Beck-Gernsheim, 1994). Das gilt besonders für Singles, die entgegen verbreiteter Vorstellungen nach unseren empirischen Ergebnissen kontaktfreudiger als familiär gebundene Personen sind, und dafür noch weit stärker als diese auf einen übergreifenden gesellschaftlichen Rhythmus angewiesen sind. Familienleben zu synchronisieren, ist also zu einer „voraussetzungsvollen Leistung" geworden (Rerrich, 1993). Gemeinsame Mahlzeiten, Besuche, Ausflüge und andere die Familie zusammenführende Aktivitäten müssen geplant und organisiert werden. Dies übersteigt häufig die Bewältigungsressourcen von Familien und führt zu Streß. Die 200 von Bamberger Psychologen/-innen befragten Eltern mit Vorschulkindern gaben nach der Kindererziehung mit 30% der Nennungen „Zeitplanung" als zweithäufigstes Thema von 12 Belastungsthemen an (Weiß, Limmer, Burda-Viering, Schütz & Laux, 1994).

3 Ergebnisse der Zeitbudgetforschung: Sozialverträglichkeit von Arbeitszeiten

In diesem dritten Abschnitt sollen nach den theoretischen Vorüberlegungen zur Sozialverträglichkeit von Arbeitszeiten die empirischen Befunde unserer „Bamberger Studie" vorgestellt werden (Garhammer, 1994, in press a; Gross & Garhammer, 1993). Diese ist bislang neben der Erhebung des Statistischen Bundesamts (1994) eine der umfassendsten aktuellen Zeitbudgetstudien und die einzige zum Schwerpunkt Arbeitszeit. Befragt wurden 1991/92 1.545 Vollzeit-Erwerbstätige in den alten Bundesländern. Personen in Normalarbeitszeit wurden denen gegenübergestellt, die abweichend davon arbeiten, darunter auch in fünf innovativen Arbeitszeitmodellen sowie in Teleheimarbeit. Anders als in der Drei-Tage-Erhebung des Bundesamts wurden sieben Tage, also auch das für die Sozialzeit wichtige Wochenende, über 24 Stunden protokolliert. Verschiedene Arbeitszeit- und Lebensformen konnten so in der Dauer und Lage der Freizeit, der gemeinsam verbrachten Zeit und der Familienzeit der Befragten verglichen werden.

3.1 Mehr Freizeit durch allgemeine Arbeitszeitverkürzung

Mehr Arbeitszeitsouveränität führt nicht zu mehr Zufriedenheit, wenn die Erwerbstätigen nicht spürbar in ihrer Wochenarbeitszeit, vor allem durch weniger Überstunden, entlastet werden. So lautet ein zentrales Ergebnis unserer Befragung anhand von 34 Items, wie gut unterschiedliche Arbeitszeitregelungen an verschiedene individuelle, familiäre und soziale Bedürfnisse angepaßt sind. Die zeitliche Beanspruchung erklärt nämlich einen größeren Anteil der Streuung der Zufriedenheit als die unterschiedliche Arbeitszeitregelung: Wer länger arbeiten muß, der erlebt durchweg seine zeitlichen Möglichkeiten ungünstiger, denn er hat weniger Freizeit. Das Wochenablaufprotokoll belegt zumindest in der Berichtswoche relativ objektiv, daß diesen Personen dann auch weniger Freizeit in der Familie und mit Freunden bleibt. Auch die Korrelation dieser objektiv festgestellten Größe mit der subjektiv geäußerten Zufriedenheit, Zeit für den Partner, aber auch für eigene Interessen zu haben, ist signifikant. Arbeitszeitpolitisch heißt das: Das Engagement für Teilzeitarbeit und neue Arbeitszeitmodelle darf eine weitere allgemeine Arbeitszeitverkürzung in Richtung 30 Stunden nicht ausschließen. Vor allem muß der Abbau von Überstunden das tarifpolitische Ziel auch in die Tat umsetzen.

Denn die tatsächliche Arbeitszeit übertrifft vielfach die tarifliche: Während die Mehrheit der Beschäftigten im SOEP 1993 eine tarifliche Arbeitszeit von 35-40 Stunden angab, arbeiteten 60% der 6.975 Antwortenden tatsächlich 40 Stunden und länger. Drei Jahre vorher waren es in den alten Bundesländern „nur" 53%. Ein Teil dieser Zunahme ist durch die längere Arbeitszeit in den neuen Bundesländern bedingt. Gleichwohl ist trotz Krise zwischen 1990 und 1993 die Kluft zwischen Norm und Realität allgemein gewachsen: Diese Anomie ist ein Indiz für die allgemeine Deregulierung der Arbeitszeit, für den faktischen Bedeutungsverlust der Norm.

Der „kollektive Freizeitpark" ist unter diesen Voraussetzungen für voll Berufstätige eine Legende. Dies belegen auch kürzlich vorgelegte Ergebnisse der Zeitbudgeterhebung des Statistischen Bundesamts (1995), die 1991/92 in 7.200 Haushalten durchgeführt wurde. Die für voll Erwerbstätige ausgewiesenen Ergebnisse stimmen in vielen Punkten mit denen unserer Erhebung überein, die zur gleichen Zeit, allerdings nur in den alten Bundesländern lief. Die Angaben für alle mit dem Beruf zusammenhängenden Zeiten sind fast identisch (6.25 gegenüber 6.5 Stunden im Schnitt aller, auch arbeitsfreier Tage), ebenfalls für die Dauer von Schlaf, Essen und Körperpflege (10.2 bzw. 10.3 Stunden). Unbezahlte Arbeit im weitesten Sinne ist dort mit 2.5 Stunden (gegenüber 1.7 Stunden) länger ausgewiesen, und der Freizeitumfang mit 4.7 Stunden um etwa eine halbe Stunde kürzer als der unserer Stichprobe. In den neuen Bundesländern verfügen voll berufstätige 18- bis 60-Jährige über noch weniger Freizeit, nämlich 3.8 Stunden im Schnitt aller Berichtstage (eigene Berechnungen nach Statistisches Bundesamt, 1995 bzw. BMFuS & Statistischen Bundesamts, 1994).[4]

Abbildung 3: Freizeit von voll berufstätigen Frauen und Männern 1991/92 in den alten und neuen Bundesländern (Stunden am Tag im Schnitt aller Berichtstage)

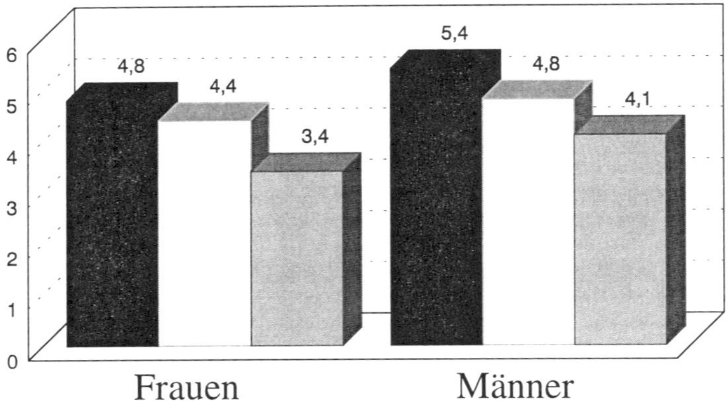

Anmerkung: Alte Bundesländer [ABL] eigene Erhebung
Alte Bundesländer [ABL] Statistisches Bundesamt
Neue Bundesländer [NBL] eigene Erhebung

Quelle: Gross und Garhammer (1993); Statistisches Bundesamt (1993, S. 35).

---

[4] Geringe Unterschiede im Umfang der Freizeit bzw. unbezahlten Arbeit ergeben sich durch die unterschiedliche Zuordnung von „Vereinsteilnahme", die bei uns der „Freizeit", vom Statistischen Bundesamt der „unbezahlten Arbeit" zugeordnet wurde (BMFuS & Statistisches Bundesamt, 1994).

Die Abbildung 3 zeigt, daß voll berufstätige Frauen über weniger Freizeit verfügen als ihre männlichen Kollegen, und Berufstätige in den neuen Ländern über weniger als in den alten Ländern. Arbeitszeiten sozialverträglicher zu gestalten, bedeutet für diese „Verlierer" des Modernisierungsprozesses vorrangig kürzere Arbeitszeiten.

Die „nachholende Modernisierung" der Arbeitszeiten im Anschlußgebiet bedeutete einerseits ihre Verdichtung, andererseits war dies nicht mit einer Senkung der Arbeitszeit auf den im Westen erreichten Standard verbunden. Wahrscheinlich ist deshalb, daß diese Transformation für viele Erwerbstätige in den neuen Bundesländern einen Verlust an gemeinschaftlich verbrachter Freizeit gegenüber früher brachte. Zwar war die ehemalige DDR zweifellos auch eine „Arbeitsgesellschaft", die die Lebenszeit ihrer Bürger kolonialisierte. Belegt ist andererseits, daß unter den Wertorientierungen der in der DDR aufgewachsenen Bürger „Gemeinschaftlichkeit" einen höheren Rang als im Westen hatte und daß die Organisation von Arbeit und Gesellschaft - etwa in den betrieblichen Freizeiteinrichtungen - diesen auch mehr Betätigungsmöglichkeiten bot. Zwei Jahre nach der Wende blieben den voll berufstätigen neuen Bundesbürgern für gemeinschaftlich verbrachte Freizeit täglich 1.2 Stunden, denen im Westen anderthalb Stunden (Statistisches Bundesamt, 1995).

Ein „Sozialindikator" dafür, in welchem Maß Freizeit strukturbestimmend für das Zeitbudget einer Gesellschaft ist, kann der Quotient aus dem Umfang der Freizeit und der Summe von bezahlter und unbezahlter Arbeit sein. Er liegt nach den Daten unserer Studie bei 0.63 (für Frauen bei 0.59). Nach der amtlichen Zeitbudgeterhebung sind es sogar nur 0.53 in den alten Bundesländern (eigene Berechungen nach Statistisches Bundesamt, 1995, für 18- bis 60-jährige voll Erwerbstätige in den alten Bundesländern). Das bedeutet: Von der nicht durch Schlaf und Regeneration gebundenen Zeit müssen Erwerbstätige in der alten Bundesrepublik doppelt so lange bezahlt und unbezahlt arbeiten, wie sie Freizeit haben. Diese Zahlen weisen darauf hin, daß die Rede von der modernen „Freizeitgesellschaft" eher die Selbstbeschreibung und -typisierung der Freizeitindustrien wiedergibt als einen empirischen Befund über die Lebenslage der Berufstätigen in Deutschland. Bezieht man die neuen Bundesländer ein, fällt die starke Differenzierung der Lebenslagen auf: Der Quotient beträgt dort 0.38. Voll Erwerbstätige mußten für eine Stunde Freizeit fast drei mal so lange arbeiten (Abbildung 4). Ist der Wert von 0.9, den Ausubel und Grübler (1993) für Großbritannien 1982 angegeben, in etwa methodisch vergleichbar, wird deutlich, daß Modernisierung keineswegs einen steten Zuwachs an Freizeit und damit an selbstbestimmten Handlungsmöglichkeiten bedeutet.

Der im Zeitbudget ausgewiesene Mangel an Freizeit wird auch subjektiv wahrgenommen: 73% der voll Beschäftigten in den neuen Bundesländern verfügen 1993 nach ihrer Selbsteinschätzung über „wenig" oder „sehr wenig freie Zeit", 46% im Westen. Arbeiten die Ostbürger in Teilzeit, reduzieren sich diese Anteile immerhin auf 40%.[5] 39% der Erwerbstätigen im SOEP 1993 in Gesamtdeutschland sind eher „unzufrieden" mit dem Umfang ihrer Freizeit (Durchschnitt 6.1 auf der Skala 0 bis 10), fast doppelt so viele wie die (23%), die mit ihrer Arbeit eher unzufrieden sind (Durchschnitt 7.0).

---

[5] Wie sehr - zumindest im Westen - das Geschlecht - die Arbeitszeitfrage überlagert, zeigt sich daran, daß der Anteil der Teilzeitbeschäftigten mit subjektiv „wenig" Freizeit sogar ansteigt, nämlich auf 54%: Im Westen sind dies zu 90% Frauen (eigene Berechungen nach Statistisches Bundesamt, 1994a).

Abbildung 4: Verhältnis von Freizeit zur Gesamtarbeit (bezahlte und unbezahlte Arbeit) von voll Erwerbstätigen

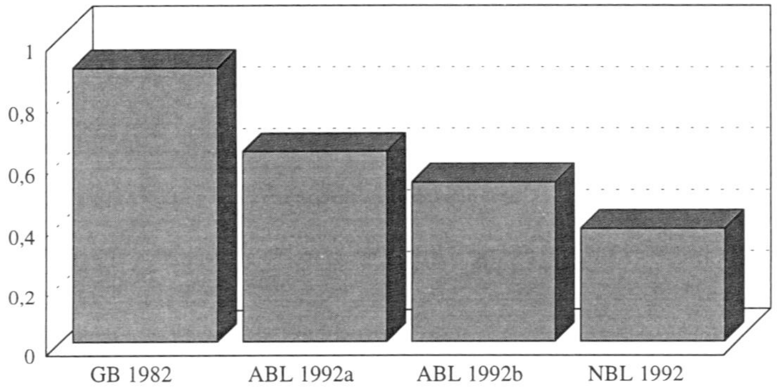

Anmerkung: Daten für Großbritannien (GB) nach Ausubel und Grübler (1993); Daten für ABL 1992a (eigene Berechnungen) nach Garhammer und Gross (1993); Daten für ABL 1992b und für NBL 1992 nach Statistisches Bundesamt (1995).

3.2 Planbarkeit der Freizeit

Zeitinstitutionen wie die Normalarbeitszeit stiften Sicherheit, die für die Planung des Alltags, der Freizeit mit Familie und Freunden ebenso gebraucht wird wie für die langfristige Lebensplanung. Der Verlust an Sicherheiten, die Institutionen verleihen, ist in der soziologischen Tradition seit Durkheim (vgl. Hettlage, 1995) stets kritisch begleitet worden. In der fortgeschrittenen Moderne stellt sich diese Frage nach der Bedeutung von Institutionen als „Stabilitätskerne" nochmals schärfer: Je stärker die Lebensbereiche auseinanderdriften, je rascher der soziale Wandel ist, desto mehr entsteht ein Bedürfnis nach Sicherheit. Dieses kann jedoch, und darin scheint ein Dilemma der Modernisierung zu liegen, immer weniger erfüllt werden: Gerade von den „Wertkonservativen" wird die Deregulierung der zentralen Zeitinstitutionen betrieben.

Unsere empirischen Befunde weisen in der Tat auf ein verbreitetes Bedürfnis nach Planbarkeit und Stabilität der Wochen-, Jahres- und Lebensarbeitszeit hin. Dem steht gegenüber, daß im Zug neuer Produktionskonzepte Arbeitszeiten für immer mehr Arbeitnehmer kurzfristig angesetzt werden: Nach unseren Zahlen konnte jeder Fünfte seine Arbeitszeit meist nicht gut vorausplanen, vor allem aufgrund überraschender Überstunden. Selbst im Krisenjahr 1993 haben nach den Daten des SOEP 41% im Monat vor der Befragung Überstunden geleistet, im Schnitt knapp fünf Wochenstunden. Bei jedem siebten Erwerbstätigen war der Umfang der Arbeitszeit von vornherein nicht festgelegt[6] (vgl. auch Büssing, in diesem Band).

6 In dieser Stichprobe sind 8% Selbständige eingeschlossen.

Werden die in den Tarifverträgen 1994 beschlossenen Arbeitszeitkorridore in Zukunft genutzt, die wechselnde wöchentliche Arbeitszeiten zwischen 30 und 40 Stunden je nach Marktlage zulassen, wird diese Unsicherheit verschärft. Der Übergang von der Lager- zur Auftragsproduktion und die Senkung von Lieferfristen sind explizite Ziele eines neuen Industriemanagements. Flexibilität im Sinn möglichst rascher, punktgenauer Bedienung der Kundenwünsche erweist sich als schwer vereinbar mit bedürfnisgerechten Arbeitszeiten der Beschäftigten. Im vielfach gerühmten Modellbetrieb Mettler-Toledo, einem Waagenhersteller aus Albstadt, mußten sich die 200 Mitarbeiter verpflichten, auch einmal bis zu fünfmal zehn Stunden täglich zu arbeiten, um die knapp kalkulierten Lieferfristen von einer Woche einzuhalten. Der Wert der weitgehenden Arbeitszeitsouveränität, der Möglichkeit, bei einer Kernarbeitszeit von nur vier Stunden die Arbeitszeit frei zwischen 6.30 und 19 Uhr einzuteilen, wird dadurch wieder eingeschränkt (Zahlen nach Süddeutsche Zeitung vom 26.11.1993 und 4.2.1994).

3.3 Verfügbarkeit des Samstags und Sonntags

Auch 1995 ist der arbeitsfreie Samstag noch immer Streitgegenstand zwischen den Tarifparteien in der Industrie: So legen etwa die Druckarbeitgeber einschlägige Gerichtsbeschlüsse anders aus als ihre Kontrahenten von der IG Medien. In der Gesamtbevölkerung hat in den 90er Jahren eine Verschiebung in der Einstellung zur Samstagsarbeit stattgefunden: 1989 hielten nach einer Umfrage unter IG-Metall-Mitgliedern 94% die „Abschaffung des gemeinsamen freien Wochenendes für einen schweren Schlag“ gegen das soziale Leben (IG Metall, 1989). Sie stimmten der Aussage zu: „Für mich wäre regelmäßige Samstagsarbeit ein Verlust an Lebensqualität“. Offenbar war die kulturelle Norm, daß „samstags Papi den Kindern gehört“, von fast allen geteilt. Sechs Jahre später befürworten es 57% der Gewerkschaftsmitglieder im Westen, „wenn in der Industrie auch samstags gearbeitet“ wird[7], von allen Erwachsenen sogar 62%. Von den Erwachsenen im Osten stimmten nur 43% zu: Der Wert des arbeitsfreien Samstags hat hier noch eine größere Bedeutung. Die Familie war für 85% der Befragten der ehemaligen DDR kurz nach der Wende im SOEP 1990 ein „sehr wichtiger Lebensbereich“, das waren mehr als im Westen Deutschlands. Solche Umfragen sind ein Beleg dafür, wie sehr die Ergebnisse differieren, wenn man Fragestellung bzw. Stichprobe variiert: Je stärker die soziale Bedeutung des arbeitsfreien Wochenendes bewußt wird, je mehr die Frage von dem Bezug auf die Betriebsnutzungszeiten gelöst wird, desto eher wird Samstagsarbeit auch heute abgelehnt. Was mit den „Einstellungen“ der Arbeitnehmer zum Ausdruck kommt, ist also in keiner Weise eindeutig (vgl. auch Groß, in diesem Band).

Dagegen fallen die Reaktionen der von Samstagsarbeit in der Industrie Betroffenen mehrheitlich negativ aus: Nach unseren Befunden wird von ihnen die soziale Problematik der Samstagsarbeit sogar schwerwiegender als die der Sonntagsarbeit wahrgenommen. Denn Sonntagsdienst ist von Krankenschwestern, Polizeibeamten und Pfarrern stärker als Berufsmerkmal akzeptiert als Samstagsarbeit von Industriebeschäf-

[7] Mannheimer Forschungsgruppe Wahlen, zitiert nach Süddeutsche Zeitung (Nr. 47/1995). Die Forschungsgruppe hatte für das ZDF-Politbarometer mehr als 2.000 Wähler im Februar 1995 befragt.

tigten. Er wird als Einschränkung von denen, die sowohl samstags als auch sonntags arbeiten, nicht so stark gewichtet wie Samstagsarbeit.[8]

Arbeitszeiten sozialverträglicher zu machen, heißt also Samstagsarbeit auf das für bestimmte Dienstleistungen unumgängliche Minimum zu beschränken. Denn die sozialen Kontakte sind, gleich in welchen Lebensformen Erwerbstätige leben, trotz angeblich universeller „Individualisierung“ immer noch an das Wochenende gebunden: Für „Kontakte, Gespräche und Geselligkeit“ steht an Samstagen und Sonntagen doppelt so viel Zeit zur Verfügung wie von Montag bis Freitag. Dies ergibt unisono mit unseren Ergebnissen auch die Auswertung der Tagebücher des Statistischen Bundesamts (1995). Alleinlebende sind dabei sogar besonders auf das (arbeitsfreie) Wochenende angewiesen (187 gegenüber 81 Minuten). Auch doppelt berufstätige Verheiratete haben am Wochenende für gemeinsame Aktivitäten doppelt so viel Zeit wie unter der Woche.[9]

Überraschend ist es eher der Samstag, auf den sich Gespräche und Geselligkeit konzentrieren, als der Sonntag.[10] Dazu trägt auch bei, daß Schulkinder den Sonntag weniger gemeinschaftlich als den Samstag verbringen (zwei im Vergleich zu zweieinhalb Stunden). Sonntags wird von den Familienmitgliedern weniger im Haushalt gearbeitet und gelernt, dafür mehr ferngesehen, die Freizeit insgesamt eher individuell verbracht (nach den Zahlen des BMFuS & Statistisches Bundesamt, 1994). Beide Zeitbudgetstudien belegen also: Auch Anfang der 90er Jahre leben die Berufstätigen in einem stabilen kollektiven Rhythmus, in dem das Wochenende hervorgehoben ist.

Dies führt aber dazu, daß Personen, die samstags oder sonntags arbeiten, den Verlust an freier Zeit auch unter der Woche nicht aufholen: Sie haben über die ganze Berichtswoche in unserer Studie vier Stunden weniger Freizeit als die samstags bzw. sonntags nie Beschäftigten.[11] Die Arbeitszeitverkürzung der letzten Jahre hat also in dem Maß nicht zu mehr Freizeit geführt, wie sie mit der Ausdehnung der Wochenendarbeit verbunden war. Insbesondere in der außerhäuslichen Freizeit ergeben sich „Verluste“ von rund zwei Stunden in der Woche[12] - je häufiger Wochenendarbeit anfällt, desto mehr.[13] Einmalige Arbeit schränkt die Freizeit kaum ein, vielleicht weil viele Aktivitäten wie zum Beispiel Sporttermine in einem längeren Zyklus stattfinden.

---

[8] Dies ergibt eine Untersuchung der Einflußstärke dieser parallel wirkenden Einflußgrößen in einem multivariaten Design.

[9] Ehemänner: 106 gegenüber 50 Minuten; Ehefrauen: 115 gegenüber 68 Minuten ohne Kinder. Dies gilt erwartungsgemäß auch für die persönliche Freizeit: Zum Beispiel bleibt Ehemännern ohne Kinder mit berufstätiger Frau an Samstagen oder Sonntagen etwa sieben Stunden Freizeit, im Unterschied zu nur vier Stunden unter der Woche. Haben sie Kinder unter 18 Jahren zu betreuen, beläuft sich die Differenz auf 6.75 im Vergleich zu 3.25 Stunden (alle Angaben nach Statistisches Bundesamt, 1995).

[10] Durchschnitt für Ehemann, Ehefrau und Kind in Doppelverdienerhaushalten mit Schulkindern 2.2 im Vergleich zu 2.0 Stunden am Sonntag.

[11] Sonntags nie: 5.4 Stunden im Schnitt pro Tag, sonntags Beschäftigte: 4.8 Stunden. Samstags nicht Beschäftigte versus samstags Beschäftigte 5.6 versus. 4.9 Stunden.

[12] Samstagsarbeit: 1.8 Stunden außerhäusliche Freizeit im Schnitt über alle Tage versus 2.1 Stunden, Sonntagsarbeit: 1.7 versus 2.0 Stunden.

[13] Allerdings ist nicht klar, ob der Verlust an Freizeit seine Ursache in der Lage der Freizeit hat - was hier vermutet wird - oder in der unterschiedlichen Dauer der Arbeitszeit: Sie ist bei den Personen, die jeden Samstag arbeiten, um 0.9 Stunden am Tag länger als bei Personen, die nie samstags arbeiten. Generell steigt mit der Häufigkeit der Samstagsarbeit auch die erwerbsgebundene Zeit.

3.4 Mehr Familienzeit - auch durch Teleheimarbeit

Wie die Bundesministerin für Familie und Senioren im Familienbericht 1994 betont, hat die „Bundesregierung bereits im Rahmen ihrer Aufgaben zur besseren Vereinbarkeit von Familien- und Erwerbstätigkeit" wichtige Schritte zur zeitlichen Entlastung von Familien unternommen (BMFuS, 1994, S. 2). In den Zeitbudgets berufstätiger Eltern ist von dieser Entlastung noch nicht viel zu bemerken. Die meisten Eltern, die am Wochenende oder in Schicht und nicht in innovativen Arbeitszeitmodellen arbeiten - und das ist noch immer die Mehrheit der abweichend von der Norm Beschäftigten - nehmen ihre Arbeitszeit durchweg ungünstiger für ihr Familienleben wahr als in der Normalarbeitszeit Beschäftigte. Wenn sie die Eignung ihrer Arbeitszeitregelung für die zeitlichen Erfordernisse der Alltagsorganisation (14 Dimensionen) oder der Betreuung ihrer Kinder (7 Dimensionen) bewerten sollen, schneidet Teleheimarbeit am besten ab, gefolgt von der Normalarbeitszeit. Überraschend in unserer Studie war die fast von allen 27 befragten Personen, meist Müttern, vorgenommene positive Bewertung der Teleheimarbeit. Vor allem für das Familienleben wird keine andere Regelung in diesem Ausmaß positiv beurteilt.

Die Wirkungen der Büroheimarbeit auf die Familie werden in der Forschung kontrovers diskutiert: Hegner, Klocke-Kramer, Lakemann und Schlegelmilch (1989) unterschieden in ihrer Studie unter 23 im Jahr 1986 untersuchten Familienhaushalten drei verschiedene Typen: Positive Effekte hat Büroheimarbeit, wenn die bislang auf den Binnenraum Familie orientierten Frauen dadurch soziale Anerkennung erfahren. Werden die Frauen dadurch in ihrer zentralen Rollendefinition als Familienfrauen erschüttert, liegt ein zweiter Typ vor: die Effekte schlagen negativ um. Fraglich ist, ob aus der Stichprobe, die von einer zum Zeitpunkt der Erhebung 1986 dominierenden Form, der unqualifizierten Nebenbeschäftigung, ausging, Schlüsse für die moderne Teleheimarbeit gezogen werden können. Sicher trifft zu, daß Teleheimarbeit bislang häufig aus Not angenommen wurde, wie es die sozialrechtlich ungesicherten Schreibkräfte zeigen, die unter Termindruck in monotonen Tätigkeiten arbeiten und ihren PC fast immer selbst finanzieren müssen. Dieser Phänotyp ist meines Erachtens kein Einwand dagegen, daß die räumlich-zeitliche Reintegration von Beruf und Familienalltag Berufsarbeit familienverträglicher gestalten kann. Die Nutzung des PC für berufliche Zwecke zu Hause wird immer häufiger Bestandteil der beruflichen Arbeit: Nach unserer Erhebung war dies 1992 bei 7% der Erwerbstätigen der Fall (Garhammer, 1994).

3.5 Bedingungen zur Umverteilung der Haushaltsarbeit

Auch unter Paaren mit voll erwerbstätigen Frauen, die die Mehrheit der Doppelverdiener-Paare darstellen, ist die traditionelle Geschlechterrollenteilung in der häuslichen Arbeit unvermindert wirksam: Diese Frauen arbeiten 16.1 Stunden in der Woche unbezahlt, Männer 9.8 Stunden. Diesem Ungleichgewicht steht die Verteilung in der bezahlten Arbeit gegenüber. Damit bleibt die zeitliche Gesamtbelastung, sofern sie mit diesen Methoden erfaßt werden kann, in etwa gleich: Männer und Frauen arbeiten in der Summe etwa 57.4 Stunden bezahlt und unbezahlt in der Woche (das gleiche Ergebnis bei Elchardus & Glorieux, 1994). Ähnliche Ergebnisse zeigen die Daten nach BMFuS (1994) für voll Berufstätige: Männer in den alten Bundesländern sind 45.4 Stunden beruflich tätig, Frauen „nur" 39.7 Stunden. Dafür sind es bei Frauen 22.6 Stunden unbezahlte Arbeit und bei Männern „nur" 15.3 Stunden. Die an Stunden bemessene Gesamtbelastung ist danach bei Männern mit 60.7 Stunden etwas geringer als bei Frauen mit 62.3 Stunden (eigene Berechnungen nach BMFuS, 1994). Diese relative „Gleichverteilung" ist aber nur ein Hinweis auf die Unzulänglichkeiten einer Bemessung der Belastung an der Dauer. Auch wenn ein Kind zu betreuen ist, bleibt das Ungleichgewicht im Gegensatz zum Leitbild der „neuen Väter" erhalten (5.5 im Vergleich zu 2.9 Stunden nach BMFuS, 1994). Der (Ehe-)Mann übernimmt, wenn die Mutter berufstätig ist, nicht mehr, sondern sogar etwas weniger Pflege- und Betreuungsaufgaben als in Familien, in denen die Mutter nicht erwerbstätig ist. Gesucht sind deshalb neue Lösungen für die Umverteilung von Familienarbeit durch reduzierte Berufsarbeit, die für alle - auch für Männer - attraktiv sind.

4 Folgerungen für die Arbeitszeitpolitik

4.1 Lebensphasenspezifische Arbeitszeit

Arbeit ist in der modernen Gesellschaft als eigenständiges System getrennt von der Familienwelt organisiert. In ihm dominiert eine Handlungslogik, die gegen die Anforderungen der Familienwelt „strukturell rücksichtslos" ist (Kaufmann, 1995). Betriebe teilen ihren Beschäftigten Arbeitszeiten nach Notwendigkeiten zu, die von der Ausdehnung ihrer Nutzungszeiten bzw. der termingerechten Fertigstellung von Aufträgen ausgehen. In welchen Lebensphasen und Lebensformen sich die Mitarbeiter gerade befinden, ob sie allein erziehen, ob und wie viele Kinder sie haben, wird, wenn überhaupt, erst in zweiter Hinsicht in Betracht gezogen. Häufig gelten solche Umstände als Einschränkung ihres betrieblichen Leistungsvermögens.

Familienentwicklung und Erwerbsbiographie verlaufen aufgrund dieser „strukturellen Rücksichtslosigkeit" gegen die Familie nicht synchron: Die zeitlichen Belastungen in der Expansionsphase der Familie fallen häufig mit der beruflichen Konsolidierung bzw. Bewährung zusammen: Gerade in dieser Phase arbeiten die Väter besonders lang. Sie passen ihre bezahlte Arbeitszeit in keiner Weise an die Notwendigkeiten der Betreuung ihrer kleinen Kinder an, obwohl in dieser Phase der Aufwand dafür besonders hoch ist. Er korreliert mit dem Alter der Kinder mit $r = -.4$. In der Vorschulphase sind erwerbstätige Vater am längsten im Haushalt und in der Kindererziehung tätig, nämlich 3.2 Stunden täglich im Vergleich zu 2.7 Stunden dann, wenn die Kinder im Schulalter sind. Trotzdem ist die Belastung durch den Beruf in dieser Phase sogar noch größer (6.8 im Vergleich zu 6.6 Stunden nach Statistisches Bundesamt, 1995).

Wenn Eltern kleiner Kinder zudem besonders häufig Schichtarbeit und Überstunden leisten, wie es unsere Studie belegt, wird die These der „Unterschichtung der Familie" von Strohmeier (1993) greifbar: Soziale Träger des traditionellen Familienmodells sind immer stärker die Armen unserer Gesellschaft: Gerade ihre finanziellen Engpässe führen häufig dazu, daß sie auf Schicht- und Überstundenzuschläge angewiesen sind. So kumulieren ökonomische und zeitliche Belastungen durch Familie und Beruf.

Sollen Arbeitszeiten familienverträglicher gestaltet werden, müssen Umfang, Lage und Verteilung der Arbeitszeit also besser an unterschiedliche Lebensformen und -phasen angepaßt werden können. An anderer Stelle hat der Autor skizziert, wie Modelle einer an Lebensphasen flexibel angepaßten Arbeitszeit angelegt sein können (Garhammer, in Druck b). Die bisherigen Regelungen von Erziehungsgeld und -urlaub jedenfalls unterstellen und stabilisieren eher die Norm der männlichen ununterbrochenen Berufsbiographie und erwarten Unterbrechungen des Berufs mit allen deren negativen Folgewirkungen von den Frauen. Die Festschreibung der Geschlechtsspezifik ist zwar nicht Inhalt des Gesetzes, aber dessen Folgewirkung, weil es zu wenige Anstrengungen zur Förderung der Kontinuität der weiblichen Berufstätigkeit macht.

Eine ähnliche Wirkung hat die frauen- und familienfeindliche Praxis vieler Betriebe: In den neuen Bundesländern hat 1991 und 1992 trotz Kündigungsschutz rund ein Drittel der Mütter während des Erziehungsurlaubs den Arbeitsplatz verloren - vor allem durch betriebsbedingte Gründe - weitere 15% nach der Babypause (nach Süddeutsche Zeitung Nr. 46/1995). Der Anteil junger Mütter an den Arbeitslosen im Osten ist deutlich überproportional. Während in der Politik die „Quotenfrau" inzwischen selbst in konservativen Parteien Norm ist, wird ein solches Modell bisher in der Arbeitswelt kaum praktiziert.

4.2 Prozedurale und substantielle Arbeitszeitpolitik

Vielfach wird angenommen, durch Verfahrensregeln wie die Zustimmungspflicht des Betriebsrats sei dem „Schutz der sozialen Zeit" bereits Rechnung getragen. Dies ist, legt man die Überlegungen im zweiten Abschnitt über die nicht-logischen und nicht widerspruchsfreien Handlungen und die nicht intendierten kollektiven Effekte zugrunde, ein folgenreicher Irrtum: Mindeststandards zur Sicherung der Gesundheit (maximal fünf mal sechs Nachtarbeitsstunden) und der sozialen Beziehungen (minimal zwei freie Samstage und Sonntage im Monat; Verbot von Wochenendarbeit in der Industrie) müssen hinzutreten. Sozialverträglichkeit übersteigt die individuelle Rationalität.

So sehr individuelle Präferenzen nach Möglichkeit zu berücksichtigen sind, so wenig darf die Festsetzung der Arbeitszeit dem „bargaining" zwischen einzelnen Arbeitnehmern und -gebern überlassen bleiben. Denn es gibt Gruppen mit eingeschränkter Verhandlungsmacht bzw. den betrieblichen Interessen zuwiderlaufenden Wünschen bzw. Notwendigkeiten. Was schützt zum Beispiel Eltern kleiner Kinder noch vor der Anordnung von Überstunden oder Samstags-Sonderschichten, wenn die Aushandlung der Arbeitszeit individualisiert ist? Kollektive Regelungen müssen solche Gruppen mit eingeschränkter zeitlicher Flexibilität für den Betrieb schützen. Wenn dadurch - wie im Fall der Mütter in den neuen Bundesländern - ihre Beschäftigung für Unternehmen unattraktiv wird, kann diesem nicht-intendierten Effekt sozialpolitischer Schutzmaßnahmen durch Quotierung von Arbeitsplätzen begegnet werden.

Die prozedurale Regulierung stellt eine notwendige Ergänzung dar: Bislang sind weder Personalleitung noch Betriebsrat daran interessiert, zum Beispiel nach den Präferenzen von Frauen zu fragen und danach die Besetzungspläne zu organisieren. Die Erfassung individueller Zeitwünsche kann ein erster Schritt für eine Diskursgestaltung sein, die das Abgleichen der Zeitregulative der Organisation mit den Zeitwünschen der Mitarbeiter anstrebt. In einem iterativen Suchprozeß können verschiedene Ebenen von „idealen" und „realen" Zeitplänen durchlaufen und nach der Maximierung der Schnittmenge gesucht werden.

4.3 Rahmenbedingungen zur Balance von Beruf und Familie

Aus den Überlegungen zur Genese von Arbeitszeitwünschen aus bestimmten gesellschaftlichen Rahmenbedingungen, die am Beispiel des Wunsches nach Teilzeitarbeit von Müttern vorgetragen wurden, folgt schließlich, daß Arbeitszeitpolitik über die Regulierung der Arbeitszeit hinausgehen muß und auch in anderen Lebensbereichen von Beschäftigten zeitpolitisch tätig werden muß: Eine Entlastung erwerbstätiger Frauen in der Kinderbetreuung durch öffentliche oder private Einrichtungen trägt zum Beispiel bei, daß sie rund zwei Stunden länger für ihre berufliche Arbeit aufwenden können als die Mütter, die nicht auf solche Leistungen zurückgreifen können. Das wird durch die Reduktion des Aufwands für Kinderbetreuung von einer Stunde und zusätzlich von vierzig Minuten für Hausarbeit erreicht (eigene Berechnungen nach Statistisches Bundesamt, 1995). Zwar liegt der Versorgungsgrad mit Kindergärten inzwischen bei 80% (Statistisches Bundesamt, 1994a), doch sind ihre Öffnungszeiten vielfach nicht an die zunehmend flexiblen Arbeitszeiten der Eltern angepaßt. Eine Tagesmutter wird erst von jeder hundertsten Mutter in Anspruch genommen, viele kommunale Versuche zur Ganztagsbetreuung von Schulkindern werden zur Zeit wegen Finanzmangel eingestellt. Soll die Wahl von Müttern nicht von vornherein strukturell auf Teilzeitarbeit beschränkt sein, muß die Familienpolitik erst die Bedingungen für Arbeitszeitsouveränität herstellen. Dazu gehört auch die materielle Entlastung von Familien, so daß sie gerade in der Phase, in der ihre Kinder sie besonders brauchen, nicht mehr wie bisher auf die Zuschläge durch Schicht, Nachtarbeit und Überstunden angewiesen sind.

5 Zusammenfassung

Dieser Beitrag hat versucht, das Leitthema des Buches, „Sozialverträgliche Arbeitszeitgestaltung" etwas anders zu akzentuieren als im Mainstream der öffentlichen Diskussion. Diese, so wurde eingangs gezeigt, wird derzeit durch zwei Paradigmen dominiert: „*Deregulierung*", die Aufhebung kollektiver Normierung der Arbeitszeiten, sei geboten, weil der Zug der Zeit „*Individualisierung*" sei, die breite Ausdifferenzierung individuell unterschiedlicher Wünsche in Zusammenhang mit der Bedeutungszunahme der Freizeit und moderner, individualisierter Lebensformen. Deshalb wird häufig dafür plädiert, die Sozialverträglichkeit von Arbeitszeiten nicht an substantiellen, von Institutionen vorzugebenden Standards, sondern an ihrer Entsprechung zu den vielfältigen Wünschen der Mitarbeiter auf der individuellen bzw. Betriebsebene zu bemessen.

Der Beitrag versucht gegen diese Einengung der Diskussion eine soziologische Perspektive zu setzen. Nur eine Mehrebenenanalyse, die einerseits die bleibende Bedeutung kollektiver Zeitnormen und Zeitinstitutionen für das soziale Leben deutlich macht, andererseits auch nicht-intendierte kollektive Effekte von Flexibilisierungsmaßnahmen auf der individuellen und betrieblichen Ebene mit einbezieht, kann die *Sozial*verträglichkeit von Arbeitszeiten evaluieren. Dem Starren auf „maßgeschneiderte" betriebliche Lösungen und auf die Akzeptanz unter den Mitarbeitern entgehen diese Zusammenhänge. Mit Hilfe grundsätzlicher soziologischer Überlegungen sowie der Ergebnisse aus der eigenen und anderer aktueller Zeitbudgetstudien wurden sechs Argumentationsschritte skizziert:

1. Die bisherigen Fortschritte in der *Deregulierung* der Arbeitszeit gründen weniger darauf, daß die bislang zu kurz gekommenen Präferenzen der Arbeitnehmer endlich von institutionellen Beschränkungen befreit zum Zuge gekommen sind. Vielmehr war der Ausgangspunkt für die Auflösung der statistischen, institutionellen und kulturellen Normalarbeitszeit vor allem die Organisationsrationalität der Ausdehnung bzw. Flexibilisierung der Betriebsnutzungszeiten. In dieser Wechselwirkung zwischen Makro- und Mesoebene kommen die individuellen Akteure nur als Betroffene vor (vgl. Abbildung 1). Bezogen auf die immer noch dominierende Abweichung von der Normalarbeitszeit, die Arbeit in traditionellen Schichtsystemen oder am Wochenende, fällt die subjektive und objektive Bilanz der Sozialverträglichkeit alles andere als positiv aus: Solche Arbeitszeiten gewähren den Beschäftigten weniger Freizeit und gemeinschaftliche Zeit, und das wird von ihnen mehrheitlich auch als Einschränkung der Lebensqualität empfunden.
2. Darüber hinaus wird aber in Frage gestellt, ob die Arbeitszeitwünsche der Beschäftigten oder einer einzelnen Belegschaft als letztgültiger Maßstab für die Sozialverträglichkeit von Arbeitszeiten zu nehmen sind. Es ist der Gewinn der soziologischen Sichtweise, einen analytischen Schritt hinter diese „Oberfläche" zurückzugehen und nach der *sozialen Konstitution* solcher Wünsche, nach der „Logik der Situation" (Esser, 1993), zu fragen. Am Beispiel der *Teilzeitarbeit* sollte gezeigt werden, daß die Verbreitung dieser Arbeitszeitpräferenz ein spezifisch deutsches Muster darstellt, das auf ganz bestimmte gesellschaftliche Rahmenbedingungen, zum Beispiel in der außerfamiliären Kinderbetreuung, verweist. Sucht man nach sozialverträglicheren Arbeitszeiten, sollte man solche Rahmenbedingungen nicht als unveränderlich akzeptieren, zumal Teilzeitarbeit mit entsprechender Einkommensreduktion eine Fülle neuer Probleme mit sich bringt und keineswegs von allen Frauen gewünscht wird.
3. Das neoliberale Modell legt nahe, die Präferenzen der Einzelnen kämen durch die Aufhebung der kollektiven Beschränkungen der Handlungswahl zum Zuge. Prüft man die Prämissen dieses Modells, stellt sich heraus, daß die unterstellten Bedingungen der „rationalen Wahl" vielfach nicht vorliegen, sondern soziale Dilemmata und *strukturelle Zwänge* zu „Entscheidungen" führen, die für die Handelnden nicht widerspruchsfrei sind. Läßt man Arbeitnehmer also frei wählen, werden nach unseren Ergebnissen nicht selten belastende und familienfeindliche Arbeitszeiten präferiert, weil die dafür gezahlten Zuschläge längst in das Familieneinkommen eingeplant sind.
4. Sozialverträglichkeit von Arbeitszeiten wurde konkretisiert als möglichst weitgehende Entsprechung von Umfang, Lage und Verteilung der Arbeitszeit zu Lebensform, Lebensphase und Lebensstil der arbeitenden Menschen. Die Arbeitszeiten stärker auf die Bedürfnisse der Lebenswelt auszurichten, ist aber nicht identisch damit, einen „Individualisierungsdruck" anzunehmen. Was häufig als Grundzug der „Moderne" angenommen wird und womit die Deregulierung legitimiert wird, wurde einer kritischen empirischen Prüfung unterzogen: Zweifellos ist die strukturelle Vielfalt von Arbeitszeit- und Lebensformen gewachsen. Doch gehen etliche Muster weniger auf freie reflektierte Entscheidungen als auf verstärkte gesellschaftliche Zwänge zurück. So selten zum Beispiel die Lebensform der „Alleinerziehenden" als Biographie frei gewählt ist, so selten trifft dies zum Beispiel für diskontinuierliche Beschäftigung zu. Der Pluralisierung und Individualisierung wirken zudem auch Tendenzen der Standardisierung entgegen: Je mehr die Modernisierung den Menschen den sicheren Halt unter den Füßen wegzieht, desto mehr wünschen sie Pla-

nungssicherheit für den Alltag und für ihr ganzes Leben. Die Mehrheit der von uns befragten Arbeitnehmer wünscht zum Beispiel überschaubare und planbare Arbeitszeiten - und immer mehr vermissen diese in der Realität.

5. Einer der wichtigsten Einwände gegen eine Einschränkung der Sozialverträglichkeit auf betriebsgerechte Lösungen ergibt sich schließlich aus der Unterscheidung von Mikro-, Meso- und Makroebene (vgl. Abbildung 1): Arbeitszeiten, die für einzelne Akteure und Akteursgruppen rational erscheinen, können auf der Ebene der Familie und der Makroebene zu negativen *kollektiven Effekten* führen. Diese sind nicht beabsichtigt, entziehen sich einem individuellen Rationalitätskalkül und erfordern eine Regulierung durch Zeitpolitik. Die Perspektive, die Sozialwissenschaftler in die ökonomisch dominierte Diskussion[14] einzubringen haben, lautet: Sind „flexible Arbeitszeiten" auch flexibel in dem Sinn, daß sie auf Bedürfnisse von Beschäftigten *und* auf Notwendigkeiten von Familien bzw. anderen Lebensformen elastisch eingehen, *und* harmonieren sie mit „sozialen Zeiten", wie sie das gesellschaftliche Miteinander braucht? Dies wird am Beispiel des gemeinsamen freien Wochenendes, zu dem wesentlich auch der Samstag gehört, diskutiert.
6. In Kontrast zu den Selbstbeschreibungen unserer Gesellschaft als „Freizeitgesellschaft" wird empirisch gezeigt, daß das Verhältnis von frei verfügbarer Zeit und durch Arbeit gebundener Zeit von voll berufstätigen Arbeitnehmern in Deutschland sich eher verschlechtert hat. Eine faktische, nicht nur tarifliche Reduktion der Arbeitszeit ist daher eine zentrale Dimension sozialverträglicher Arbeitszeit.

Schließlich werden Überlegungen zur lebensphasenspezifischen Arbeitszeit zur notwendigen Ergänzung von prozeduraler und substantieller Arbeitszeitpolitik und zur Herstellung von gesellschaftlichen Rahmenbedingungen zur Balance von Beruf und Familie entwickelt. Nur eine Verknüpfung von Maßnahmen auf verschiedenen Ebenen kann Arbeitszeiten ein Stück sozialverträglicher gestalten: die Beschränkung von Nacht- und Wochenendarbeit durch den Staat und andere soziale, staatlich zu setzende Standards, optionale Arbeitszeitgestaltung in den Betrieben, Ausbau der familienunterstützenden Infrastruktur auf betrieblicher und staatlicher Ebene und nicht zuletzt eine Umverteilung familiärer Arbeit von Frauen auf Männer. Ein Setzen allein auf die Kräfte des Markts und die individuelle Rationalität ist dagegen alles andere als sozialverträglich.

Literatur

Ausubel, K. & Grübler (1993). Living longer and working less. Unveröffentlichtes Manuskript für *Time and Society* . London: Sage.

Bauer, F., Groß, H. & Schilling, G. (1994). *Arbeitszeit '93. Arbeitszeiten, Arbeitszeitwünsche, Zeitbewirtschaftung und Arbeitszeitgestaltung von abhängig Beschäftig-*

[14] Die seit einigen Jahren laufende Diskussion über die „Sicherung des Wirtschaftsstandorts Deutschland" wirkt offenbar auch in die Familienforschung hinein, wie die Titelung „Zukunft des Humanvermögens" für den Fünften Familienbericht zeigt BMFuS (1994). Die Akzentverschiebung von der früher häufig eingenommenen Sicht als „Keimzelle der Gesellschaft" auf das „Humanvermögen" der Nation stellt ihre ökonomischen Leistungen für das große Ganze, als „Kapital" für die Nation, in den Vordergrund (Stellungnahme der Bundesregierung, BMFuS, 1994).

ten. Düsseldorf: Ministerium für Arbeit, Gesundheit und Soziales des Landes Nordrhein-Westfalen [MAGS].

Beck, U. (1983). Jenseits von Stand und Klasse. In R. Kreckel (Hrsg.), *Soziale Ungleichheiten* (S. 35-74) [Sonderband 2 der Sozialen Welt]. Göttingen: Otto Schwartz.

Beck-Gernsheim, E. (1994). Auf dem Weg in die postfamiliale Familie. Von der Notgemeinschaft zur Wahlverwandtschaft. *Aus Politik und Zeitgeschichte, B29-30*, 3-14.

Beck, U. & Beck-Gernsheim, E. (Hrsg.). (1994). *Riskante Freiheiten. Individualisierung in modernen Gesellschaften.* Frankfurt a. M.: Suhrkamp.

Berger, P.A. & Sopp, P. (1992). Bewegtere Zeiten? Zur Differenzierung von Erwerbsverlaufsmustern in Westdeutschland. *Zeitschrift für Soziologie, 21,* 166-185.

Brock, D. (1994). Rückkehr der Klassengesellschaft? Die neuen sozialen Gräben in einer materiellen Kultur. In U. Beck & E. Beck-Gernsheim (Hrsg.), *Riskante Freiheiten. Individualisierung in modernen Gesellschaften* (S. 61-73). Frankfurt a. M.: Suhrkamp.

Bundesanstalt für Arbeit (Hrsg.). (1994). Arbeitsmarkt 1993. Arbeitsmarktanalyse für die alten und neuen Bundesländer [Sondernummer]. *Amtliche Nachrichten der Bundesanstalt für Arbeit, 42.*

Bundesanstalt für Arbeit (Hrsg.). (1995). *Amtliche Nachrichten der Bundesanstalt für Arbeit, 43* (2).

Bundesministerium für Familie und Senioren [BMFuS] (Hrsg.). (1994). *Familien und Familienpolitik im geeinten Deutschland - Zukunft des Humanvermögens. Fünfter Familienbericht* [Deutscher Bundestag 12. Wahlperiode. Drucksache 12/7560]. Bonn: Universitäts-Buchdruckerei.

Bundesministerium für Familie und Senioren [BMFuS] & Statistisches Bundesamt (Hrsg.). (1994). *Wo bleibt die Zeit? Die Zeitverwendung der Bevölkerung in Deutschland.* Wiesbaden: Eigenverlag.

Bundesministerium für Frauen und Jugend [BMFJ] (Hrsg.). (1993). *Konzertierte Aktion. Gleichberechtigung für die 90er Jahre. Dritte bundesweite Gleichberechtigungskonferenz 1. Dezember 1992 „Flexible Arbeitszeiten - qualifizierte Teilzeitarbeit für Frauen und Männer“* [Dokumentation der Konferenz]. Bonn: Eigenverlag.

Burkart, G. (1994). *Die Entscheidung zur Elternschaft. Eine empirische Kritik von Individualisierungs- und Rational-Choice-Theorien.* Stuttgart: Enke.

Durkheim, E. (1981). *Die elementaren Formen des religiösen Lebens.* Frankfurt a. M.: Suhrkamp. [zuerst Paris 1912]

Elchardus, M. & Glorieux, I. (1994). The search for the invisible 8 hours. The gendered use of time in a society with a high labour force participation of women. *Time and Society, 3*, 5-29.

Esser, H. (1993). *Soziologie. Allgemeine Grundlagen.* Frankfurt a. M.: Campus.

Esser, H. (1995). Rezension von Burkart. In L.A. Vaskovics & M. Garhammer (Hrsg.), *Soziologie sozialer Lebenswelten* (S. 456-459) [Sonderheft 3 der Soziologischen Revue]. München: Oldenbourg.

Europäische Stiftung zur Verbesserung der Lebens- und Arbeitsbedingungen (Hrsg.). (1993). *Sozial- und Familienfaktoren beim Entwurf von Schichtarbeit.* Luxemburg: Amt für Amtliche Veröffentlichungen der Europäischen Gemeinschaften.

Garhammer, M. (1994). *Balanceakt Zeit - Auswirkungen von flexiblen Arbeitszeiten auf Alltag, Freizeit und Familie.* Berlin: Edition Sigma.

Garhammer, M. (in press a). Changes in working hours in Germany. The resulting impact on everyday life. *Time and Society, 4.*

Garhammer, M. (in Druck b). Flexible Arbeitszeiten - familienfreundliche Arbeitszeiten? In A. Habisch & R. Ohlschläger (Hrsg.), *Familienfreundliche Unternehmensstrategie. Beiträge zu einem zukunftsorientierten Programm* [Reihe EBEN, Bd. 1]. München: Hampp.

Gross, P. (1993). Dissonanz der Lebenszyklen. Zwischen Produktlebenszyklen und Lebens-Portfolio. *gdi-impuls, 11*, 39-47.

Gross, P. & Garhammer, M. (1993). *Auswirkungen flexibler Arbeitszeiten auf Alltag und soziale Kontakte.* Bamberg: Selbstverlag der Sozialwissenschaftlichen Forschungsstelle der Universität.

Hegner, F., Klocke-Kramer, M., Lakemann, U. & Schlegelmilch, C. (1989). *Dezentrale Arbeitsplätze. Eine empirische Untersuchung neuer Erwerbs- und Familienformen.* Frankfurt a. M.: Campus.

Hettlage, R. (1995). Familie: ein vorschneller Abgesang. In L.A. Vaskovics & M. Garhammer (Hrsg.), *Soziologie sozialer Lebenswelten* (S. 60-69) [Sonderheft 3 der Soziologischen Revue]. München: Oldenbourg.

IG Metall (1989). *Ergebnisse einer Befragung der IG-Metall-Mitglieder.* Unveröffentlichtes Manuskript der IG Metall. Frankfurt.

Kaufmann, F.-X. (1995). *Zukunft der Familie im vereinten Deutschland. Gesellschaftliche und politische Bedingungen.* München: Beck.

Knauth, P. (1992). Innovative Arbeitszeitmodelle für Frauen. *Personal. Mensch und Arbeit, 44*, 566-571.

Knauth, P. & Hornberger, S. (1992). Sozialverträglichere Schichtpläne? *Forum Arbeit, 11*, 28-32.

Knauth, P. & Schönfelder, E. (1988). Systematische Darstellung innovativer Arbeitszeitmodelle. *Personal. Mensch und Arbeit, 40*, 408-412.

Kohli, M. (1985). Die Institutionalisierung des Lebenslaufs. Historische Befunde und theoretische Argumente. *Kölner Zeitschrift für Soziologie und Sozialpsychologie, 37*, 1-29.

Krautmacher, M. (1991). Arbeitszeitpolitische Rahmenbedingungen familialer Lebensformen und ihre Entwicklungsperspektiven. In V. Teichert (Hrsg.), *Junge Familien in der Bundesrepublik. Familienalltag - Familienumwelt - Familienpolitik* (S. 137-148). Opladen: Leske + Budrich.

Krüger, H. (1993). Bilanz des Lebenslaufs zwischen sozialer Strukturiertheit und biographischer Selbstdeutung. *Soziale Welt, 44*, 375-391.

Lüscher, K. (1988). Familie und Familienpolitik im Übergang zur Postmoderne. In K. Lüscher, F. Schultheis & M. Wehrspaun (Hrsg.), *Die postmoderne Familie. Fa-*

miliale Strategien und Familienpolitik in einer Übergangszeit (S. 15-39). Konstanz: Universitätsverlag.

Lüscher, K. (1995). Konturen eines neuen Forschungsfelds. Die Soziologie der Familienpolitik. In L.A. Vaskovics & M. Garhammer (Hrsg.), *Soziologie sozialer Lebenswelten* (S. 366-374) [Sonderheft 3 der Soziologischen Revue]. München: Oldenbourg.

Matthies, H., Mückenberger, U., Offe, C., Peter, E. & Raasch, S. (1994). *Arbeit 2000. Anforderungen an eine Neugestaltung der Arbeitswelt. Eine Studie der Hans-Böckler-Stiftung*. Reinbek: Rowohlt.

Nachreiner, F., Volger, A., Ernst, G. & Hänecke, K. (1988). Common free time of family members under different shift systems. *Applied Ergonomics, 19,* 213-288.

Pareto, V. (1965). *Traité de sociologie générale* (2 Bde.). Osnabrück: Zeller.

Peuckert, R. (1991). *Familienformen im sozialen Wandel.* Opladen: Leske + Budrich.

Pfau-Effinger, B. (1994). Erwerbspartnerin oder berufstätige Ehefrau. Sozialkulturelle Engagements der Erwerbstätigkeit von Frauen im Vergleich. *Soziale Welt, 45,* 322-338.

Rerrich, M.S. (1993). Gemeinsame Lebensführung: Wie Berufstätige einen Alltag mit ihren Familien herstellen. In K. Jurczyk & M.S. Rerrich (Hrsg.), *Die Arbeit des Alltags. Beiträge zu einer Soziologie der alltäglichen Lebensführung* (S. 310-334). Freiburg: Lambertus.

Schilling, G. & Groß, H. (1992). *Studien zur Vereinbarkeit von Beruf und Familie. Über Arbeitszeiten von Frauen und über Teilzeitbeschäftigung von Männern.* Köln: ISO.

Schneider, N.F. (1995). *Nichtkonventionelle Lebensformen - moderne Lebensformen?* Unveröffentlichter Vortrag auf dem 27. Soziologiekongreß in Halle 1995.

Statistisches Bundesamt (Hrsg.). (1982). *Statistisches Jahrbuch 1982.* Stuttgart: Metzler-Poeschel.

Statistisches Bundesamt (Hrsg.). (1992). *Datenreport 1992. Zahlen und Fakten über die Bundesrepublik Deutschland.* Bonn: Bundeszentrale für Politische Bildung.

Statistisches Bundesamt (Hrsg.). (1993). *Bevölkerung und Erwerbstätigkeit* [Fachserie 1, Reihe 4.1.2 Beruf, Ausbildung und Arbeitsbedingungen der Erwerbstätigen 1991. Ergebnisse des Mikrozensus]. Stuttgart: Metzler-Poeschel.

Statistisches Bundesamt (Hrsg.). (1994a). *Datenreport 1994. Zahlen und Fakten über die Bundesrepublik Deutschland.* Bonn: Bundeszentrale für Politische Bildung.

Statistisches Bundesamt (Hrsg.). (1994b). *Bevölkerung und Erwerbstätigkeit* [Fachserie 1, Reihe 3. Haushalte und Familien 1992. Ergebnisse des Mikrozensus]. Stuttgart: Metzler-Poeschel.

Statistisches Bundesamt (Hrsg.). (1995). *Die Zeitverwendung der Bevölkerung. Methode und erste Ergebnisse der Zeitbudgeterhebung 1991/92.* Wiesbaden. Eigenverlag.

Strohmeier, K.P. (1993). Pluralisierung und Polarisierung der Lebensformen in Deutschland. *Aus Politik und Zeitgeschichte, B17,* 11-22.

Tyrell, H. (1988). Ehe und Familie - Institutionalisierung und Deinstitutionalisierung. In K. Lüscher, F. Schultheis & M. Wehrspaun (Hrsg.), *Die postmoderne Familie. Familiale Strategien und Familienpolitik in einer Übergangszeit* (S. 145-159). Konstanz: Universitätsverlag.

Vaskovics, L.A., Garhammer, M., Schneider, N.F. & Kabat vel Job, O. (1994). *Familien- und Haushaltsstrukturen in der ehemaligen DDR und in der Bundesrepublik Deutschland - ein Vergleich* [Sonderheft der Materialien zur Bevölkerungswissenschaft]. Wiesbaden: Bundesinstitut für Bevölkerungsforschung.

Weiß, H., Limmer, R., Burda-Viering, M., Schütz, A. & Laux, L. (1994). Streßbewältigung und Gesundheit in der Familie. In N.F. Schneider (Hrsg.), *Familie und Familienprobleme im Wandel. Dokumentation der Postersession der Europäischen Fachtagung zur Familienforschung/Bamberg* (S. 273-280) [Sonderheft 1/1994 der Zeitschrift für Familienforschung, hrsg. im Auftrag des Staatsinstituts für Familienforschung]. Bamberg: Universitätsverlag.

Autonomie und Flexibilität in der Arbeitszeitgestaltung[1,2]

1 Einleitung

Die Veränderung traditioneller Arbeitszeitkonzepte mit einer „Abkehr vom Normalarbeitstag“ schreitet in den vergangenen Jahren voran (vgl. Seifert, 1993). Diese Entwicklung ist durch eine zunehmende Vielfältigkeit und Flexibilisierung von Arbeitszeiten dominiert. Flexible Formen der Arbeitszeitgestaltung entsprechen dabei nicht nur den Forderungen der Arbeitgeber, die ein starkes Interesse an einer Erweiterung der betrieblichen/organisationalen Nutzungszeiten sowie an einer stärkeren Abstimmung der Arbeitszeitrhythmen mit den jeweiligen Markt- und Produktionsrhythmen zeigen, sondern sie treffen auch bei den Arbeitnehmern auf Erwartungen nach einer individuellen Gestaltbarkeit sozialer Lebensverhältnisse und auf spezifisch unterschiedliche Bedürfnisse und Anforderungen an die Arbeitszeit, denen mit einer flexiblen Abweichung von der Normalarbeitszeit besser entsprochen werden kann (vgl. Bauer, Groß & Schilling, 1994; Büssing, Natour & Glaser; Groß; alle in diesem Band).

Diskussionen um Arbeitszeitstrukturen und ihre Wirkungen auf die Beschäftigten folgen bislang zwei wesentlichen Linien. Zum einen werden Ursachen für psychophysische Belastungen und ihre Verankerung in Eigenarten der strukturellen Ausgestaltung von Arbeitszeiten untersucht. Zum anderen werden die sozialen und gesellschaftlichen Facetten von Arbeitszeitstrukturen betrachtet. Mit dem Konzept der Sozialverträglichkeit von Arbeitszeitgestaltung wird nun eine Brücke zwischen diesen beiden Perspektiven geschlagen (vgl. Büssing, 1993a; Seifert, 1989). Mit diesem Konzept (vgl. Seifert, in diesem Band) werden sechs Kriterien von Sozialverträglichkeit eingeführt:

- Beschäftigungssicherheit einschließlich Zugang zum Arbeitsmarkt
- Einkommen
- Gesundheitliche Aspekte
- Lebensgemeinschaftliche Beziehungen
- Soziale Teilhabe
- Autonomiegrad

[1] Die Untersuchungen in diesem Beitrag wurden von der Universität Konstanz unter AFF-6/89 (Krankenhäuser IV-VI), der Robert Bosch Stiftung unter Nr. 12.5.1082.0014.0 (Krankenhaus VI) und dem Bundesminister für Bildung, Wissenschaft, Forschung und Technologie [BMBF] unter 01 HK 493 (Krankenhäuser I-III) gefördert.

[2] Für die Mitarbeit bei der statistischen Auswertung sowie für Hinweise und Anregungen danke ich Jürgen Glaser.

Unter den sechs Kriterien kommt dem Autonomiegrad der Status eines „Metakriteriums" zu. Anders gesagt, es wird angenommen, daß Autonomie zur Arbeitszeitgestaltung oder Zeitsouveränität, wie sie häufig in der Arbeitszeitdiskussion genannt wird (vgl. Kurz-Scherf, 1993), die Einflüsse der anderen fünf Kriterien auf die individuelle und soziale Ebene vermittelt oder moderiert (vgl. Büssing, 1993b, in press). Autonomie zur Arbeitszeitgestaltung nimmt insofern eine besondere Stellung in diesem Konzept ein.

Nach einer zusammenfassenden Einführung in grundlegenden Dimensionen von Arbeitszeitstrukturen wird auf die Kriterien Autonomie und Flexibilität eingegangen, und beide werden von dem in der Diskussion um Arbeitszeitgestaltung ebenfalls häufig gebrauchten Begriff der Deregulierung abgegrenzt. Vor dem Hintergrund verschiedener empirischer Studien im Bereich der Krankenpflege wird dann das Verhältnis von Autonomie und Flexibilität, sowie deren Wirkungen auf das Erleben der Beschäftigten untersucht. Damit ist die Ebene der Betroffenen direkt angesprochen. Autonomie und Flexibilität werden hier also nicht auf arbeitspolitischer oder soziologischer Makro- oder Mesoebene (vgl. Garhammer; Kurz-Scherf; Rinderspacher; alle in diesem Band), sondern aus der Sicht der Beschäftigten behandelt.

2 Arbeitszeitstrukturen: Grundlegende Dimensionen und die Kriterien der Autonomie und Flexibilität

2.1 Dauer, Lage und Verteilung der Arbeitszeit

In der Arbeitszeitdiskussion der vergangenen Jahre stand die Verkürzung der *Dauer* der Arbeitszeit nicht zuletzt mit beschäftigungspolitischen Argumenten im Vordergrund. Mit der Verkürzung der Arbeitszeit verfolgten insbesondere die Gewerkschaften das Ziel, vorhandene Arbeitsplätze zu sichern und neue Arbeitsplätze zu schaffen. In dieser Hinsicht nahm und nimmt die reine Arbeitszeitverkürzung eine wesentliche Funktion ein. Mittlerweile liegen die wöchentlichen Arbeitszeiten in nahezu allen Branchen unter 40 Stunden. Die Einführung der 35-Stunden-Woche, ein zentrales Anliegen der Gewerkschaften in den 80er Jahren, ist in verschiedenen Bereichen verwirklicht bzw. in einigen Tarifverträgen für das Jahr 1995 vorgesehen, zum Beispiel für die Tarifbereiche „Eisen- und Stahlindustrie", „Metallindustrie" und „Druckindustrie". Auch weitergehende Verkürzungen der wöchentlichen Arbeitszeit, so etwa die 4-Tage-Woche bei der Volkswagen AG, wurden vor dem Hintergrund der schlechten konjunkturellen Lage und wirtschaftlicher Zwänge auf betrieblicher Ebene zum Erhalt von Arbeitsplätzen und unter Inkaufnahme von Lohnkürzungen für eine beschränkte Laufzeit vereinbart. Obgleich der reinen Verkürzung der Arbeitszeit auf dem derzeitigen allgemeinen Niveau wöchentlicher Arbeitszeit noch keine „natürlichen" Grenzen gesetzt sind, so wird doch davon ausgegangen, daß mit der 35-Stunden-Woche zunächst das „Ende der Fahnenstange" erreicht ist (vgl. Hinrichs, 1992). Mehr noch als in den vergangenen Jahren wird zukünftig eine weitere Verkürzung der Dauer der Arbeitszeit von Seiten der Arbeitgeber an die Öffnung sogenannter „Zeitkorridore" geknüpft werden, die bestimmte Ober- und Untergrenzen sowie Modalitäten für eine bedarfsorientierte und kostengünstige Herab- und Heraufsetzung der wöchentlichen Arbeitszeit festlegen sollen.

Mit der Diskussion von Zeitkorridoren gewinnen die Lage und die Verteilung, also die beiden anderen, bislang weniger beachteten Dimensionen der Arbeitszeitstruktur, zusätzlich an Gewicht. Die *Lage* der Arbeitszeit gewinnt neben der Dauer schon deshalb an Bedeutung, weil eine Ausweitung von Schicht-, Nacht- und Wochenendarbeit vor allem im Dienstleistungssektor (vgl. Seifert, 1993) festzustellen ist, und auf diesem Wege insgesamt die negativen Konsequenzen dieser Arbeitszeiten nicht zuletzt in gesundheitlicher Hinsicht anwachsen. Schicht-, Nacht- und Wochenendarbeit sind in vielen Bereichen fester Bestandteil von Arbeitszeitstrukturen. Es ist offensichtlich, daß es sich dabei vielfach um unverzichtbare Arbeitszeiten handelt, und daß die sogenannte Normalarbeitszeit in weiten Bereichen wie zum Beispiel Gesundheitsversorgung, Energie- und Wasserversorgung, öffentliche Sicherheit und Ordnung, Not- und Rettungsdienste, Verkehrsbetriebe, Landwirtschaft, Prozeßindustrie, Gaststättengewerbe, Rundfunk, Fernsehen, Presse, Kultursektor eine untergeordnete bzw. keine Rolle spielt. Dieser Umstand entbindet allerdings nicht von dem Bemühen, die dort im Grundsatz notwendige und akzeptierte Schicht-, Nacht- und Wochenendarbeit nach besten Möglichkeiten sozialverträglich zu gestalten. Denn erstens haben die Schichtarbeit und vor allem die Nachtarbeit vielfältig belegte negative gesundheitliche und soziale Auswirkungen (vgl. z.B. Costa, Kogi & Wedderburn, 1990; Elsner, 1992; Haider, Koller & Cervinka, 1986; Reinberg, Vieux & Andlauer, 1981; Simon, 1990; Wedderburn & Smith, 1984), und zum zweiten können mit der Wochenendarbeit ähnliche Belastungszusammenhänge verbunden sein, wenn sie zu Konflikten mit den sozialen und familiären Rhythmen führen (vgl. Bosch & deLange, 1987; Thierry & Meijman, 1994; Volger, Ernst, Nachreiner & Hänecke, 1988).

Als dritte Dimension für die Gestaltung von Arbeitszeiten kommt deren *Verteilung* ins Spiel. Man unterscheidet hier die gleichförmige oder starre Arbeitszeitverteilung, wie sie vor allem in Gestalt der Normalarbeitszeit auftritt, von der flexiblen Arbeitszeit, die drei spezifische Formen umfaßt, nämlich die dynamische, gleitende und variable Form (vgl. Abbildung 1). Flexible Arbeitszeiten stellen nicht auch notwendigerweise vom Arbeitnehmer frei einteilbare, autonom bestimmbare Arbeitszeiten dar. Freiheit, Vielfalt und Selbstbestimmung in der Umsetzung der freien Zeit ergeben sich für die Beschäftigten erst aufgrund von Autonomie zur Arbeitszeitgestaltung. Fehlt eine solche Autonomie, so kann die fremdbestimmte Flexibilität der Arbeitszeit in zusätzlichen hohen Belastungen resultieren, und sich als besonders schädlich im Hinblick auf gesundheitliche wie auch soziale, insbesondere familiäre Belange erweisen (vgl. z.B. Garhammer, 1994; Staines, 1985; Staines & Pleck; 1984, 1986; Thierry & Meijman, 1994).

Während die Bedeutung einer reinen Arbeitszeitverkürzung für die Humanisierung des Arbeitslebens und die allgemeine Verbesserung der Lebensqualität vergleichsweise gering ausfällt, entfalten hier die beiden anderen grundlegenden Dimensionen von Arbeitszeitstrukturen ihre wesentliche Funktion, vorausgesetzt für die Arbeitnehmer besteht Autonomie hinsichtlich der Gestaltung ihrer Arbeitszeit. Insgesamt fällt eine Verbesserung der Arbeitsbedingungen und eine „Mehrung des zeitlichen Wohlstandes“ umso günstiger aus, je besser es gelingt, die drei verschiedenen Dimensionen der Arbeitszeit in koordinierter Form zu gestalten.

Abbildung 1: Formen flexibler Arbeitszeiten (nach Frieling & Sonntag, 1987)

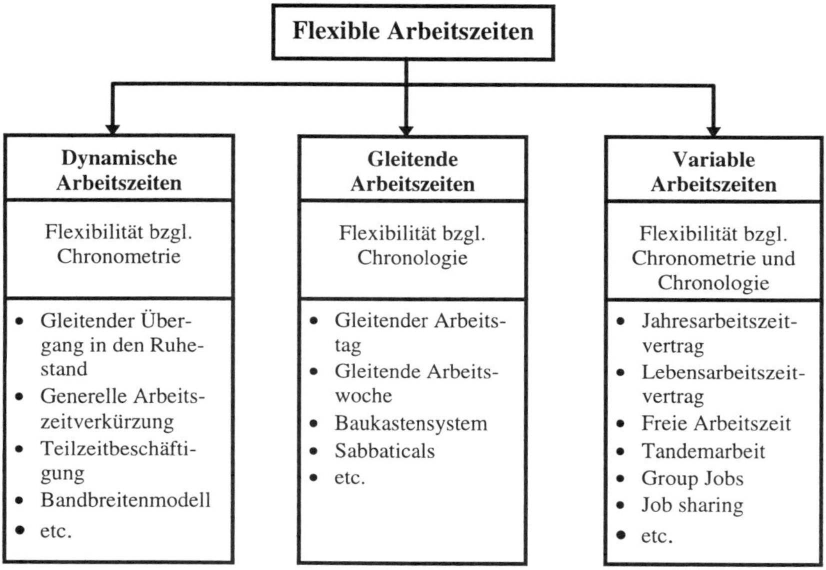

2.2 Autonomie und Flexibilität in der Arbeitszeitgestaltung

Mit den bisherigen Ausführungen wurde deutlich, daß für die Autonomie zur Arbeitszeitgestaltung die Funktion eines „Querschnitts- oder Metakriteriums" beansprucht wird. Denn die Autonomie kann sich auf alle drei Dimensionen der Arbeitszeitstruktur, nämlich auf die Dauer, Lage und Verteilung beziehen. Grundsätzlich bestimmt die Autonomie zur Arbeitszeitgestaltung wesentlich das Verhältnis von privater und beruflich veranlaßter Zeitbindung und somit das Ausmaß von Zeitsouveränität, Zeitnot und Nutzwert der freien Zeit (allgemeiner: der Nicht-Erwerbsarbeitszeit).

Die Autonomie zur Arbeitszeitgestaltung wird hier definiert als die *Einflußmöglichkeiten eines(r) Arbeitsnehmers(in) auf die Dauer, Lage und Verteilung der persönlichen Arbeitszeit.* Diese Definition von Autonomie knüpft an eine Tradition vor allem in der Arbeitspsychologie an, die sich eingehend mit der Frage befaßt, welche Einflüsse Autonomie am Arbeitsplatz auf die Qualität des Arbeitslebens, insbesondere auf die persönliche Entwicklung (z.B. Motivation, Denken, Lernen, Kompetenz) und die Gesundheit von Arbeitnehmern hat. Autonomie ist in diesem Kontext nur ein Begriff unter verschiedenen anderen. So werden etwa Tätigkeitsspielraum (vgl. Büssing & Glaser, 1991; Ulich, 1994), Kontrolle (vgl. z.B. Frese, 1989; Seligman, 1975), Freiheitsgrade (vgl. Hacker, 1986), Dispositionsspielraum (vgl. Kern & Schumann, 1970), „job decision latitude" (vgl. Karasek, 1979) oder Partizipation (vgl. z.B. Gardell, 1977) unterschieden. Auch wenn die Schwerpunkte dieser Begriffe unterschiedlich gelagert sind, so meinen sie in Kernaspekten doch Ähnliches und weisen eine wesentliche gemeinsame Menge auf: Es geht um die Möglichkeiten, über die der einzelne oder die Gruppe zum Handeln sowie zur selbständigen Zielsetzung und zum selbständigen Entscheiden über Inhalte und Bedingungen der Arbeit verfügt. Die Forschung hat eindrücklich belegen können, daß es genau diese Möglichkeiten zum Handeln sowie zur selbständigen Zielsetzung und zum selbständigen Entscheiden sind, die die besonderen Potentiale von Arbeitstätigkeiten im Hinblick auf Förderung der Persönlichkeit und Gesundheit von Menschen ausmachen (vgl. zusammenfassend Hacker, 1986; Hacker & Skell, 1993; Karasek & Theorell, 1990; Sauter, Hurrell & Cooper, 1989; Ulich, 1994).

Autonomie zur Arbeitszeitgestaltung ist demnach eine Teilmenge der Autonomie in der Arbeit, denn Arbeitszeit gilt als eine Bedingung am Arbeitsplatz. Insofern darf davon ausgegangen werden, daß das bislang für die Autonomie in der Arbeit Gesagte auch im speziellen für die Autonomie zur Arbeitszeitgestaltung grundsätzlich Gültigkeit besitzt. Insbesondere weist Hacker (1986) darauf hin, daß Autonomie in der Perspektive der Betroffenen - er spricht von Freiheitsgraden - in einen subjektiven und einen objektiven Anteil zerfällt. Betrachtet man Autonomie als individuelles Phänomen, also aus der Sicht der Arbeitnehmer, und genau so ist Autonomie hier zuvor definiert worden, so ist sie immer als redefiniert anzusehen, denn die Wahrnehmung von Autonomie unterliegt den Einfüssen von bisherigen Erfahrungen mit ihr ebenso wie etwa persönlichen Wünschen, Werten, Kompetenzen. Die aus der Perspektive der Betroffenen wahrgenommene Autonomie zur Arbeitszeitgestaltung kann daher, muß aber nicht mit dem objektiv verfügbaren Grad an Autonomie zur Deckung kommen. Differenzen sind somit nicht notwendigerweise Ausdruck mangelnder Meßgenauigkeit von individueller Autonomie, sondern vielmehr auch als mangelndes Erkennen objektiver Möglichkeiten durch den einzelnen zu betrachten. Damit wird die Übereinstimmung von objektiven und subjektiven Möglichkeiten zur autonomen Arbeitszeitgestaltung eine unerläßliche Voraussetzung für ein optimales Handeln, und Abweichungen in beide Richtungen bedürfen der sorgfältigen Analyse (vgl. Matern, 1983).

Von der Autonomie zur Arbeitszeitgestaltung sind Flexibilität und Deregulierung zu unterscheiden. *Flexibilität* (vgl. Abbildung 1) berührt die Mesoebene des Betriebes bzw. der Organisation. Als betriebliche Größe gibt sie tarifvertraglich oder per Betriebsvereinbarung sowie auch nicht geregelte Rahmenbedingungen für Arbeitszeitgestaltung vor, auf deren Verhandlung der Arbeitnehmer (Mikroebene) in der Regel keinen unmittelbaren Einfluß nehmen kann. Wie stellt sich nun das Verhältnis von Autonomie zur Arbeitszeitgestaltung und Flexibilität dar? Flexibilität von Arbeitszeiten bestimmt den betrieblichen Rahmen für die Autonomie zur Arbeitszeitgestaltung, sie ist eine notwendige Bedingung von Autonomie, aber keine hinreichende. Betriebe, die ihre Abläufe mit starren Arbeitszeiten organisieren, setzen der Autonomie von Arbeitnehmern zur Arbeitszeitgestaltung enge Grenzen. Aber auch dort, wo eine Flexibilität von Arbeitszeiten gegeben ist, finden wir nicht zwangsläufig eine Autonomie zur Arbeitszeitgestaltung. Vielmehr kommt Flexibilität mit Autonomie selten zur Deckung; die Möglichkeiten zur autonomen Gestaltung der Arbeitszeit liegen in aller Regel mehr oder weniger unter dem Niveau der betrieblichen Flexibilität von Arbeitszeiten. Es handelt sich um ein andauerndes, spannungsreiches Verhältnis von betrieblichem Bedarf nach Flexibilität sowie der Ausdehnung von Betriebszeiten auf der einen Seite und Arbeitnehmerinteressen an Arbeitszeitautonomie auf der anderen Seite. Daher ist es für die Untersuchung und Diskussion von sozialverträglicher Arbeitszeitgestaltung von Bedeutung, die beiden Begriffe konsequent zu unterscheiden.

Als dritte Dimension ist die *(De-)Regulierung* zu nennen, die auf der überbetrieblichen Makroebene angesiedelt ist. Mit ihr werden Bündel von Maßnahmen des Staates zur ordnungspolitischen Flankierung unternehmerischer Aktivitäten, hier insbesondere der Flexibilisierung von Arbeitszeiten bezeichnet. Darunter fallen Gesetze und deren gerichtliche Deutung ebenso wie behördliche Verordnungen. Der Grad der Deregulierung legt auf diese Weise allgemeine Bedingungen für eine Flexibilisierung von Arbeitszeiten auf betrieblicher Ebene fest. Das Verhältnis dieser beiden Größen ist nicht konkret bestimmt; denn bereits die Arbeitszeitordnung, die in ihren Ursprüngen auf das Jahr 1938 zurückreicht und zuletzt 1990 im Einigungsvertrag novelliert wurde, ermöglichte an den sechs Werktagen 144 Stunden Betriebszeit und richtete die tägliche Arbeitszeit an einer Obergrenze von 10 Stunden aus. Mit Ausnahme der verbindlichen Sonn- und Feiertagsruhe, die im übrigen zahlreiche gesetzliche und behördliche Ausnahmeregelungen findet, sind schon heute der Flexibilität tarifvertraglich bzw. mit betrieblich vereinbarten Arbeitszeitmodellen wenige Grenzen gesetzt. Zukünftig sind mit dem neuen ab 1994 gültigen Arbeitszeitgesetz (vgl. z.B. Roggendorff, 1994) insbesondere die Rahmenbedingungen für eine Lockerung der Sonn- und Feiertagsruhe erheblich weiter gesteckt, da auch wettbewerbswirtschaftliche Gründe ausreichende Basis für abweichende Regelungen darstellen.

Deregulation, Flexibilität und Autonomie gehören zusammen und sind schon deshalb begrifflich sorgfältig voneinander zu differenzieren. Auf den ersten Blick würde man möglicherweise behaupten, daß eine „top down“ Beziehung zwischen ihnen besteht, also von der Deregulation bis auf die Ebene der Autonomie jeweils die höhere Ebene die nächst niedrigere einschränkt. Empirisch ist ein solches Verhältnis nach dem vorliegenden Stand der Forschung allerdings nicht belegbar (vgl. zum Zusammenhang dieser drei Ebenen auch Garhammer, in diesem Band).

Hier soll die individuelle Autonomie zur Arbeitszeitgestaltung eingehend untersucht und in ein Verhältnis zur betrieblichen Flexibilität gesetzt werden. Mit der Autonomie zur Arbeitszeitgestaltung können nach obiger Definition ganz unterschiedliche konkrete Möglichkeiten angesprochen sein, die Abstufungen von bloßen Vorschlagsrechten des Arbeitgebers mit Vetorecht des Arbeitnehmers bis hin zur Stufe der alleinigen Bestimmung der Arbeitszeit durch den Arbeitnehmer im Hinblick auf Dauer, Lage und Verteilung etwa im Rahmen von Betriebsvereinbarungen umfassen, wobei der Extremfall der alleinigen, uneingeschränkten Bestimmung der Arbeitszeitstrukturen als unrealistische Variante auszuschließen ist.

Bislang liegen nur wenige empirische Untersuchungen zum Kriterium der Autonomie für die Arbeitszeitgestaltung vor (vgl. Staines & Pleck, 1984, 1986), und lediglich die Untersuchungen von Büssing (1993a, 1993b, in press) sowie Büssing und Glaser (1994) beziehen sich auf die Population der Krankenpflegekräfte; auf die Ergebnisse dieser Untersuchungen soll in der Diskussion eingegangen werden. Die empirischen Studien von Staines und Pleck (1984, 1986) vergleichen Normalarbeitszeiten mit vier verschiedenen Schichtplänen an einer repräsentativen US-Stichprobe von N=1.090 Erwerbstätigen, die mit einem Ehepartner oder einem Kind unter 18 Jahren zusammenleben. Ihre Ergebnisse zeigen, daß Autonomie - sie sprechen von selbstbestimmter Flexibilität - den Zusammenhang von flexiblen Nicht-Standard-Arbeitszeitplänen auf die Qualität des Familienlebens in der Weise beeinflußt, daß die negativen Effekte von flexiblen Arbeitszeitplänen signifikant geringer sind, wenn ein hohes Maß an sogenannter selbstbestimmter Flexibilität vorliegt. Als Variablen zur Erfassung der Qualität des Familienlebens wurden drei Indizes untersucht; erstens die verbleibende Zeit zur Kinderbetreuung, zweitens ein Index zur Erfassung von zeitlichen Konflikten zwischen Arbeits- und Familienleben sowie drittens ein Index zur Familienzufriedenheit. Im Hinblick auf alle drei Variablen ist der entlastende Effekt der selbstbestimmten Flexibilität bei Nicht-Standardarbeitszeitplänen im besonderen Maße für erwerbstätige Frauen wirksam, sie profitieren am nachhaltigsten von diesem Effekt.

In dem vorliegenden Beitrag soll der Bezug von Autonomie zur Arbeitszeitgestaltung und Flexibilität von Arbeitszeiten unter drei Fragestellungen empirisch untersucht werden:

- Können verschiedene Aspekte von Autonomie zur Arbeitszeitgestaltung unterschieden werden?
- Wie weit stimmen organisationale Flexibilität von Arbeitszeiten und individuelle Autonomie zur Arbeitszeitgestaltung überein?
- Verringern sich psychischer Streß, Burnout sowie Arbeitsunzufriedenheit in der Arbeit mit steigender Autonomie zur Arbeitszeitgestaltung, wenn Geschlecht, Zusammenleben mit einem Partner und Kindern berücksichtigt werden? Und welche Aspekte von Autonomie geben dabei den Ausschlag?

3 Messung und Untersuchungen der Autonomie zur Arbeitszeitsgestaltung

Die Autonomie zur Arbeitszeitgestaltung wird mit 33 Aussagen zu 12 Bereichen in der Form „Ich kann selbst bestimmen (...) wieviele Stunden am Tag ich arbeite" zum Einfluß auf die Festlegung einzelner Aspekte der Arbeitszeit operationalisiert. Diese sollen auf einer fünfstufigen Zustimmungsskala (von „nein gar nicht" bis „ „ja genau") eingestuft werden. Die Einschätzung der Autonomie zur Arbeitszeitgestaltung richtet sich auf 12 Aspekte, die aus Tabelle 2 ersichtlich werden. Zu den meisten dieser 12 Aspekte mußten je drei Sätze beurteilt werden, die jeweils die folgende Form hatten: „Ich kann selbst bestimmen, ob ich Nachtwachen mache", „Ich kann selbst bestimmen, wieviele Nachtwachen ich mache" und „Ich kann selbst bestimmen, wann ich die Nachtwachen mache". Das heißt, es wurde für die Teilaspekte Überstunden, Nachtwachen, Wochenenddienste, Bereitschaftsdienste, Pausen und Freie Tage systematisch nach den eigenen Einflußmöglichkeiten im Hinblick darauf gefragt, *ob* überhaupt, *wie häufig* und mit *welcher Lage und Verteilung* so gearbeitet wird, wobei die Lage und Verteilung mit Ausnahme der Überstunden und Wochenenddienste nur mit einem statt mit zwei Items erfaßt wurden. Die Aspekte „Dienstform" bzw. „Wechsel der Dienstform" sowie „Dienstplanänderung" werden dagegen nur durch insgesamt je ein Item repräsentiert, während der Aspekt „Arbeitsstunden/Arbeitsdauer" durch fünf Items zu täglicher, wöchentlicher und monatlicher Arbeitszeit und deren Lage dargestellt wird.

Die sich aus 33 Items zusammensetzende Gesamtskala „Autonomie zur Arbeitszeitgestaltung" wurde zunächst in zweierlei Hinsicht eingehend analysiert. Zum einen wurde geprüft, ob sich die konzeptgeleitete Konstruktion der Skala in 12 Teilbereiche anhand der erhobenen Daten auch statistisch bestätigen läßt. Dazu wurden Faktorenanalysen (Hauptkomponentenanalysen) mit anschließender Varimaxrotation gerechnet. Zum zweiten wurde die interne Konsistenz der Gesamtskala mittels Cronbachs alpha geschätzt. Die Ergebnisse werden im weiteren zusammengefaßt wiedergegeben (vgl. ausführlicher Büssing & Glaser, 1995). Im Krankenhaus V wurde eine 17 Items umfassende Vorversion dieser 33 Item-Skala „Autonomie zur Arbeitszeitgestaltung" eingesetzt. Daher beschränken sich die Auswertungen im folgenden mit Ausnahme der Gegenüberstellung von Flexibilität und Autonomie zur Arbeitszeitgestaltung (vgl. Tabelle 2) auf die übrigen fünf Krankenhäuser.

Im Hinblick auf die dritte hier untersuchte Fragestellung wurden 13 unterschiedliche Skalen zu psychischem Streß, Burnout und Arbeitszufriedenheit herangezogen. Es handelt sich bei den 13 Skalen um in zahlreichen Untersuchungen mit Krankenpflegekräften bewährte Instrumente zur Erfassung von Monotonie, Sättigung, Gereiztheit/Belastetheit, Psychosomatische Beschwerden, Hoffnungslosigkeit, Depression, Burnout (MBI-D): Emotionale Erschöpfung, Persönliche Erfüllung, Depersonalisation, Betroffenheit; Tedium (Überdruß) und Arbeitszufriedenheit. Die 13 Skalen sind standardisiert; ihre Validität und Reliabilität wurden wiederholt geprüft und bestätigt (vgl. ausführlicher Büssing, in press).

Das Konzept der sozialverträglichen Arbeitszeitgestaltung wurde mittlerweile im Rahmen von *sechs empirischen Untersuchungen* mit Krankenpflegekräften aus Allgemeinkrankenhäusern umgesetzt. Neben allgemeinen Daten zur Organisation der Arbeitszeiten in diesen Krankenhäusern wurden die Pflegekräfte zusammen mit zahlreichen anderen Fragebogenteilen eingehend zu ihrer Arbeitszeitstruktur, zu ihren Arbeitszeitwünschen und zu ihrer Autonomie bei der Arbeitszeitgestaltung befragt. Die Arbeitszeitbefragung war in Teilen an der 1993 im Auftrag des nordrhein-westfälischen Ministeriums für Arbeit, Gesundheit und Soziales vom ISO-Institut durchgeführten Repräsentativbefragung an 2.577 abhängig Beschäftigten orientiert (vgl. Bauer et al., 1994; Groß, in diesem Band), so daß ein Vergleich mit den Ergebnissen und mit der Verteilung der Beschäftigten in Deutschland (West) auf die verschiedenen Arbeitszeitformen möglich wird. Dieser Verteilung werden die bei der Befragung der Krankenpflegekräfte ermittelten Werte an anderer Stelle gegenübergestellt (vgl. Büssing, Eisenhofer, Glaser, Natour & Theis; 1995; Büssing et al., in diesem Band).

In der Tabelle 1 sind Angaben zu den sechs Stichproben zusammengefaßt. Die Untersuchungen wurden im Zeitraum zwischen 1992 und 1994 durchgeführt, so daß für alle beteiligten Krankenhäuser identische tarifrechtliche Arbeitszeitbedingungen gemäß oder in Anlehnung an den Bundesangestelltentarif [BAT] Gültigkeit hatten. Die fünf westdeutschen Krankenhäuser stammen aus vier Bundesländern, die für die Region Süddeutschland als repräsentativ angesehen werden können. Mit der Grund- bzw. Regelversorgung (Versorgungsstufen I und II) und der Schwerpunktversorgung (Versorgungsstufe III) repräsentieren diese Krankenhäuser diejenigen drei Stufen, die die Hauptlast der Krankenhausversorgung in Deutschland tragen (vgl. Deutsche Krankenhausgesellschaft [DKG], 1995). Mit Ausnahme des ostdeutschen Krankenhauses konnten repräsentative Stichproben aus der Gesamtheit des dreijährig examinierten Krankenpflegepersonals dieser Häuser gezogen werden, was auch die Geschlechterverteilung und die Verteilung der Dienststellungen bestätigen. Zwar bestand kein Unterschied im Hinblick auf die Untersuchungsmodalitäten in dem ostdeutschen Krankenhaus, allerdings erlaubt die eingeschränkte Repräsentativität der ostdeutschen Stichprobe (Teilnahmequote lediglich 47.3%) im weiteren nur vorsichtige Schlußfolgerungen.

Tabelle 1: Angaben zu den Stichproben: Krankenpflegekräfte aus sechs Allgemeinkrankenhäusern [AKH]

	AKH I	AKH II	AKH III	AKH IV	AKH V	AKH VI
Bundesland	Rheinland-Pfalz	Bayern	Bayern	Saarland	Baden-Württemberg	Sachsen
Versorgungsstufe des Krankenhauses	II Regel-versorgung	II Regel-versorgung	II Regel-versorgung	I Grund-versorgung	III Schwerpunkt-versorgung	III Schwerpunkt-versorgung
Krankenhausträger	Öff.-rechtl.	Öff.-rechtl.	Öff.-rechtl.	Frei-gemein.	Öff.-rechtl.	Öff.-rechtl.
Rechtsform	GmbH	Regie-betrieb	Eigen-betrieb	Regie-betrieb	Regie-betrieb	Regie-betrieb
Untersuchungs-zeitpunkt	1994	1994	1994	1993	1992	1992/1993
Anzahl teilgenommene Krankenpflegekräfte	160	195	127	105	297	242
Teilnahmequote in %	85.6	81.4	83.6	69.1	80.1	47.3
Anteil weiblicher Krankenpflege-kräfte in %	86.2	86.1	91.3	75.2	88.9	92.1
∅ Alter **Range Alter**	34 J, 6 M [20J;57J]	38 J, 5 M [21J;59J]	34 J, 8 M [20J;59J]	33 J, 8 M [21J;58J]	31 J, 10 M [20J;61J]	32 J, 10 M [19J;58J]
∅ Dienstalter **Range Dienstalter**	15 J, 2 M [3J;37J]	16 J, 6 M [1J;41J]	14 J, 3 M [3J;41J]	13 J, 4 M [3J;38J]	6 J, 9 M [1J;38J]	14 J, 8 M [2J;44J]
Dienststellung (in %)						
Krankenschwester/-pfleger	86.7	83.2	79.0	74.0	89.7	90.3
(Stellv.) Stationsleitung	13.3	16.8	21.0	26.0	10.3	9.7

4 Ausgewählte Ergebnisse

4.1 Differenzierung der Autonomie zur Arbeitszeitgestaltung

Die Frage, ob sich die mit der Konstruktion der Skala „Autonomie zur Arbeitszeitgestaltung" beabsichtigten 12 Aspekte empirisch und statistisch differenzieren lassen, wurde mittels Faktorenanalyse nach dem Hauptkomponentenprinzip und anschließender Varimaxrotation beantwortet. Die Ergebnisse in Tabelle 2 zeigen, daß die konzeptgeleitete Konstruktion mit zwei Einschränkungen erfolgreich war, und die verschiedenen Aspekte der Skala „Autonomie zur Arbeitszeitgestaltung" auch von den Krankenpflegekräften gut unterschieden werden konnten. Dabei sind zwei Einschränkungen zu treffen. Die eine Einschränkung bezieht sich auf die drei Items zu Bereitschaftsdiensten. Bereitschaftsdienst (z.B. Rufbereitschaft) wird durch Krankenpflegekräfte nur selten ausgeführt; die geringe Häufigkeit ließ es daher im Nachhinein vernünftig erscheinen, diese Items gar nicht in die Faktorenanalyse und in die Gesamtskala aufzunehmen. Die zweite Einschränkung bezieht sich auf die beiden einzelnen Items zu sogenannten „Dienstplanänderungen“ und zum weitergehenden „Wechsel der Dienstform“. Beide Einzelitems lassen sich nur mit den Ergebnissen von zwei der fünf Stichproben in dem rotierten Ladungsmuster wiederfinden. Es handelt sich offenkundig um zwei Aspekte, die mehr oder minder hoch auf allen bzw. auf den zwei dominanten Faktoren laden, ein Ergebnis, das nicht unplausibel erscheint, da doch derartige Änderungen und Wechsel jeden Teilaspekt der „Autonomie zur Arbeitszeitgestaltung“ in der Krankenpflege berühren können.

Die varianzstarken, bedeutenden Faktoren können in allen vier westdeutschen Stichproben durch die Items zur Autonomie im Hinblick auf die „Dienstform“ (vor allem Tag-, Schichtdienst), die „Arbeitsstunden/Arbeitstage“, die „Wochenenddienste“ (mit Ausnahme von AKH III) und „Nachtwachen“ (mit Ausnahme von AKH IV), die varianzschwachen, weniger bedeutenden Faktoren hingegen mit den Items zur Autonomie in bezug auf die „Pausen“ (mit Ausnahme von AKH III) und den „Urlaub“ beschrieben werden. Die Ergebnisse für die ostdeutsche Stichprobe fallen demgegenüber sehr unterschiedlich aus. Die Items zur Autonomie in bezug auf „Nachtwachen“ und „Überstunden“ beschreiben hier die beiden varianzstärksten Faktoren (vgl. Tabelle 2).

Tabelle 2: Faktorenanalyse (PCA) von 33 Aspekten der „Autonomie zur Arbeitszeitgestaltung“ und Analyse der internen Konsistenz der Gesamtskala „Autonomie zur Arbeitszeitgestaltung“*

Faktoren der Autonomie zur Arbeitszeitgestaltung	AKH I (N=160) Faktor	AKH II (N=195) Faktor	AKH III (N=127) Faktor	AKH IV (N=105) Faktor	AKH VI (Ost) (N=242) Faktor
Arbeitsstunden/-tage (5)	1	1	1	2	3
Dienstform (1)	2	2	1	1	1
Wochenenddienste (4)	1	1	6	1	5
Überstunden (4)	5	4	7	3	2
Nachtwachen (3)	2	3	2	5	1
Pausen (3)	6	6	3	6	7
Freistunden (3)	3	5	4	4	4
Freie Tage (3)	4	2	5	1	6
Urlaub (2)	7	7	8	7	6
Dienstformwechsel (1)	*	2	2	*	*
Dienstplanänderung (1)	*	2	1	*	*
Bereitschaftsdienste (3)	**	**	**	**	**
Cronbachs alpha** für Gesamtskala (30):	$\alpha = .90$	$\alpha = .92$	$\alpha = .90$	$\alpha = .96$	$\alpha = .93$

* Diese Items weisen auf keinem Faktor substantielle Ladungen auf.

** Die Items zu Bereitschaftsdiensten wurden bei den Faktorenanalysen und der Analyse mit Cronbachs alpha nicht berücksichtigt.

Die mit Werten zwischen .90 und .96 sehr guten Ergebnisse zur internen Konsistenz der Gesamtskala unterstreichen ihre Eignung zur Schätzung der „Autonomie zur Arbeitszeitgestaltung“, und das bei einem breiten Spektrum von 11 Aspekten. Auch die einzelnen Teilaspekte der Autonomie zur Arbeitszeitgestaltung wurden auf ihre interne Konsistenz geprüft. Der Werte reichen von .68 bis .98 (88% aller Werte liegen über .80) und unterstreichen, daß auch die Teilskalen zur Messung von spezifischen Aspekten der „Autonomie zur Arbeitszeitgestaltung“ gut bzw. sehr gut geeignet sind (vgl. ausführlicher Büssing et al., 1995).

4.2 Vergleich zwischen Flexibilität von Arbeitszeiten und Autonomie zur Arbeitszeitgestaltung

Der Umfang der seitens der Krankenhäuser von den Krankenpflegekräften geforderten Flexibilität ist in allen sechs Häusern sehr groß. So berichten bis zu 85.2% der Krankenpflegekräfte das Hauses IV von kurzfristigen Änderungen der Arbeitszeiten, und auch in den übrigen fünf Krankenhäusern liegen diese Werte auf einem hohen oder gar sehr hohen Niveau (vgl. Tabelle 3)[3]. Dabei erleben einzelne Pflegekräfte bis zu 21 kurzfristige Änderungen ihrer Arbeitszeit pro Monat. Von solchen Änderungen ist kaum ein Aspekt der Arbeitszeit ausgenommen, sie beziehen sich vor allem auf Überstunden und auf den Dienstplan.

Vergleicht man diese außerordentlichen Anforderungen in Sachen Flexibilität, so fällt die geringe, ja in der Mehrzahl der Aspekte minimale „Autonomie zur Arbeitszeitgestaltung“ auf. Mit Ausnahme der Einflußmöglichkeiten auf die Anzahl, die Lage und Verteilung der Nachtwachen in den Krankenhäusern I, II, III und V, sowie auf die Verteilung der Wochenenddienste in den Krankenhäusern I, IV und V berichten kaum mehr als 30%, ja zum Teil weniger als 10% der befragten Pflegekräfte über „Autonomie zur Arbeitszeitgestaltung“. Aber auch in den als Ausnahmen bezeichneten Krankenhäusern liegen die Prozentsätze derjenigen, die eine „Autonomie zur Arbeitszeitgestaltung“ angeben, lediglich zwischen um 40% bis maximal 55.6%. Dieser Widerspruch zwischen betrieblichen Flexibilitätsanforderungen auf der einen Seite und individueller „Autonomie zur Arbeitszeitgestaltung“ auf der anderen Seite ist eklatant, und er macht auf tiefgreifende Probleme bei der Arbeitszeitgestaltung in der Krankenpflege aufmerksam.

---

[3] Die in Tabelle 3 dargestellten 10 Aspekte der „Autonomie zur Arbeitszeitgestaltung“ wurden aus den 30 Items der Gesamtskala „Autonomie zur Arbeitszeitgestaltung“ ausgewählt. Es wurden diejenigen Aspekte berücksichtigt, für die mit den Faktorenanalysen der Gesamtskala hohe Ladungen auf den varianzstarken Faktoren erzielt werden konnten (vgl. Tabelle 2).

*Tabelle 3: Vergleich zwischen Autonomie zur Arbeitszeitgestaltung und der Flexibilität von Arbeitszeiten**

Aspekte der Autonomie zurArbeitszeitgestaltung	AKH I (N=160)	AKH II (N=195)	AKH III (N=127)	AKH IV (N=105)	AKH V (N=297)	AKH VI (Ost) (N=242)
Dauer der Arbeitszeit	13.3	12.8	14.1	24.8	20.5	5.8
Lage, Verteilung der Arbeitstage	17.6	18.7	14.1	15.2	22.9	14.1
Dienstform	21.6	34.5	22.8	25.5	38.7	16.2
Anzahl der Wochenenddienste	21.8	23.4	15.2	22.1	20.1	16.0
Lage der Wochenenddienste	23.3	30.7	27.5	26.9	30.7	30.2
Verteilung der Wochenenddienste	40.4	35.9	31.4	48.0	55.4	38.1
Anzahl der Überstunden	16.7	16.5	7.2	12.4	10.3	13.8
Lage, Verteilung der Überstunden	13.5	17.1	6.4	14.3	9.6	13.3
Anzahl der Nachtwachen	55.5	53.3	49.1	40.4	55.6	15.6
Lage, Verteilung der Nachtwachen	53.5	50.9	39.8	29.0	55.8	13.8
Flexibilität						
Prozentualer Anteil der Pflegekräfte mit kurzfristigen Änderungen der Arbeitszeiten	84.2	69.7	71.1	66.6	85.2	58.7
Häufigkeit kurzfristiger Änderungen der Arbeitszeiten pro Monat	bis zu 14 mal	bis zu 11 mal	bis zu 21 mal	bis zu 6 mal	bis zu 15 mal	bis zu 8 mal

* Prozentsätze der Pflegekräfte, die mit „ja" bzw. „eher ja" antworten.

4.3 Zusammenhänge zwischen Autonomie zur Arbeitszeitgestaltung und psychischem Streß, Burnout und Arbeitszufriedenheit

Autonomie zur Arbeitszeitgestaltung kann wie Autonomie am Arbeitsplatz im allgemeinen als eine Ressource zum Umgang mit Anforderungen und Belastungen verstanden werden. Je mehr Autonomie einem/einer Arbeitnehmer/-in zur Verfügung steht, desto größer ist die Wahrscheinlichkeit, daß negative Auswirkungen etwa von Belastungen begegnet werden kann und solche negativen Auswirkungen entweder gar nicht erst entstehen oder zu einem geringeren Grad auftreten. Derartige Zusammenhänge wurden zwischen der Autonomie am Arbeitsplatz und psychischem Streß, Burnout und Arbeitszufriedenheit vielfach untersucht, nicht dagegen für die Autonomie zur Arbeitszeitgestaltung (vgl. Abschnitt 2.2).

In den hier dargestellten Untersuchungen wurden entsprechend der Fragestellung zwei Auswertungsstrategien gewählt. Als erstes wurde der Frage nachgegangen, ob zwischen „Autonomie zur Arbeitszeitgestaltung" und verschiedenen Aspekten von psychischem Streß, Burnout und Arbeitszufriedenheit auch dann ein Zusammenhang besteht, wenn das Geschlecht, die Partnerbeziehung („zusammen mit einem Partner lebend"), und die Kinderbetreuung (ob Kinder im Haushalt leben), konstant gehalten werden. Daß gerade diese drei Variablen konstant gehalten wurden, hat mit ihrem Stellenwert für die Mehrfachbelastung vor allem von weiblichen Pflegekräften zu tun. Oder anders gesagt, Krankenpflegekräfte ohne Beachtung (hier statistische Kontrolle) ihres Geschlechts oder ihrer Lebensumstände in bezug auf Kinder und Partnersituation für eine Analyse des Zusammenhangs von „Autonomie zur Arbeitszeitgestaltung" und verschiedenen Aspekten von psychischem Streß, Burnout und Arbeitszufriedenheit zu untersuchen, hieße „Äpfel mit Birnen" zusammenwerfen, und das würde zu einer unkontrollierten Verzerrung der Ergebnisse führen.

In Tabelle 4 werden die Ergebnisse schrittweiser Regressionsanalysen der „Autonomie zur Arbeitszeitgestaltung" auf 13 Aspekte von psychischem Streß, Burnout und Arbeitszufriedenheit unter statistischer Kontrolle besagter Variablen wiedergegeben. Ein bedeutsamer Varianzbeitrag - also ein bedeutsamer Zusammenhang einer der 13 Aspekte von psychischem Streß, Burnout und Arbeitszufriedenheit mit der „Autonomie zur Arbeitszeitgestaltung" - wurde immer dann angenommen, wenn mit dem Varianzzuwachs einer Variablen eine statistische Schwelle mit einem Irrtum kleiner als 5% überschritten wurde. Die Ergebnisse belegen einerseits eine Reihe von Zusammenhängen, andererseits zeigen sie, daß diese Zusammenhänge für die einzelnen Stichproben von Pflegekräften unterschiedlich ausfallen. Mit Ausnahme der Arbeitszufriedenheit, die in drei von fünf Stichproben positiv mit der „Autonomie zur Arbeitszeitgestaltung" korreliert, bestehen die übrigen Zusammenhänge nur vereinzelt für die unterschiedlichen Stichproben von Krankenpflegekräften. Daß insbesondere im Krankenhaus III viele und enge Zusammenhänge bestehen, dürfte auch mit dem Umstand zusammenhängen, daß in diesem Haus erst kurz vor der Untersuchung neue, unter den Krankenpflegekräften umstrittene Arbeitszeitformen eingeführt werden sollten, und diese Umgestaltung an dem Widerstand der Pflegekräfte scheiterte.

Tabelle 4: Schrittweise Regressionsanalyse der Autonomie zur Arbeitszeitgestaltung auf psychischen Streß, Burnout und Arbeitszufriedenheit unter Kontrolle von Geschlecht, Zusammenleben mit einem Partner und Kinder im Haushalt

	AKH I (N=160)	AKH II (N=195)	AKH III (N=127)	AKH IV (N=105)	AKH VI (Ost) (N=242)
Geschlecht	3	1♦	3	3	3
Mit einem Partner lebend	2	2♦	1	1	1♦
Kinder im Haushalt	1♦	3	2	2	2
Arbeitszufriedenheit	5♦	4♦	12	4♦	11
Ermüdung	7♦	7	4♦	12	14
Monotonie	6	6	11	11	6
Sättigung	16	5	16	8	5♦
Gereiztheit/Belastetheit	10	12	8♦	6	8
Psychosomatische Beschwerden	15	10	5♦	7♦	12
Hoffnungslosigkeit	4♦	9	6♦	5♦	13
Depression	14	8	14	14	10
Emotionale Erschöpfung (MBI-D)	13	14	9♦	15	9
Persönliche Erfüllung (MBI-D)	9	13	13	13	7
Depersonalisation (MBI-D)	12	16	15	16	4
Betroffenheit (MBI-D)	8	11	7♦	9	16
Überdruß (TMS)	11	15	10♦	10	15

♦ signifikanter Varianzbeitrag.

Tabelle 5: Kanonische Faktorenanalyse von 10 Aspekten der Autonomie zur Arbeitszeitgestaltung mit psychischem Streß, Burnout und Arbeitszufriedenheit

Autonomie zur Arbeitszeitgestaltung	AKH I (N=160) Kanonische Faktorladung*	AKH II (N=195) Kanonische Faktorladung*	AKH III (N=127) Kanonische Faktorladung*	AKH IV (N=105) Kanonische Faktorladung*	AKH VI (Ost) (N=242) Kanonische Faktorladung*
Arbeitsstunden/ Arbeitstage (5)	.59	.56		.53	
Dienstform (1)					
Wochenend-dienste (4)	.52			.42	
Überstunden (4)				.64	
Nachtwachen (3)				.47	
Pausen (3)			.60		
Freistunden (3)			.64	.56	.62
Freie Tage (3)		.42	.60		
Urlaub (2)					
Dienstform-wechsel (1)	.41				
Dienstplan-änderung (1)					
Bereitschafts-dienste (3)	**	**	**	**	**

* Auf bedeutsamem 1. kanonischen Faktor. Der Übersicht halber werden nur Ladungen größer |.40| angegeben.

** Die Skala zu Bereitschaftsdiensten wurde - wie schon bei den Faktorenanalysen (vgl. Tabelle 2) - auch bei den Kanonischen Korrelationsanalysen nicht berücksichtigt

Die zweite Auswertung, deren Ergebnisse in Tabelle 5 wiedergegeben werden, richtet sich auf die spezifische Frage, welche Teilaspekte der „Autonomie zur Arbeitszeitgestaltung“ für diese Zusammenhänge ausschlaggebend sind. Mit Kanonischen Korrelationsanalysen wurden 11 der 12 Teilaspekte der „Autonomie zur Arbeitszeitgestaltung“ mit den zuvor erwähnten 13 Aspekten von psychischem Streß, Burnout und Arbeitszufriedenheit statistisch in Beziehung gesetzt.

In Tabelle 5 werden die Ladungen für die Teilaspekte der „Autonomie zur Arbeitszeitgestaltung“ wiedergegeben. Die Ladungen auf einem kanonischen Faktor - hier wird der erste bedeutsame Faktor dargestellt - geben die Stärke des Zusammenhangs der jeweiligen Teilaspekte einer Variablengruppe (hier die Teilaspekte der „Autonomie zur Arbeitszeitgestaltung“ in Tabelle 5) mit den Teilaspekten der anderen Variablengruppe an (hier die der Übersicht halber nicht wiedergegebenen 13 Aspekte von psychischem Streß, Burnout und Arbeitszufriedenheit). Die Ladungsmuster in Tabelle 5 zeigen, daß zwischen den Krankenhäusern Unterschiede im Hinblick auf diejenigen Aspekte der „Autonomie zur Arbeitszeitgestaltung“ bestehen, die jeweils eng mit den 13 Aspekten von psychischem Streß, Burnout und Arbeitszufriedenheit korrelieren. Für den Teilaspekt zur Autonomie „Arbeitsstunden/Arbeitstage“ bestehen für die Pflegekräfte von drei der fünf Krankenhäuser enge Zusammenhänge mit psychischem Streß, Burnout und Arbeitszufriedenheit. Das heißt, eine Erhöhung der Autonomie zur Arbeitszeitgestaltung im Hinblick auf „Arbeitsstunden/Arbeitstage“ dürfte in diesen drei Krankenhäusern mit einer Verringerung von psychischem Streß und Burnout, sowie mit einer Erhöhung der Arbeitszufriedenheit der Krankenpflegekräfte einhergehen.

In Anbetracht der Unterschiede, die üblicherweise in Krankenhäusern die Arbeitszeitgestaltung und den Umgang mit bedarfsorientierten Anforderungen an Flexibilität prägen, ist es weiter nicht erstaunlich, daß nach Tabelle 5 ansonsten ganz verschiedene Teilaspekte der „Autonomie zur Arbeitszeitgestaltung“ für eine Verringerung von psychischem Streß und Burnout bzw. für eine Erhöhung von Arbeitszufriedenheit der Krankenpflegekräfte zum Tragen kommen.

5 Diskussion und Ausblick

Eine Reihe von Untersuchungen der vergangenen Jahre zeigen, daß die tatsächlichen Arbeitszeiten den Arbeitszeitwünschen der Beschäftigten nicht gerecht werden (vgl. z.B. Bauer et. al., 1994; vgl. Groß, in diesem Band). Auch in unseren Untersuchungen im Bereich der Krankenpflege kommen wir zu ähnlichen Ergebnissen (vgl. Büssing et al., in diesem Band). Es lassen sich vielfältige Gründe für diesen Gegensatz zwischen Arbeitszeiten und Arbeitszeitwünschen ausmachen, wobei als herausragende Begründungen immer wieder Zusammenhänge von Normalarbeitszeit und Zeitsouveränität bzw. von Flexibilität und Autonomie zur Arbeitszeitgestaltung diskutiert werden (vgl. Bauer et al., 1994; Seifert, 1993).

In diesem Beitrag wurde das Verhältnis von betrieblicher Flexibilität und individueller Autonomie zur Arbeitszeitgestaltung näher untersucht. Der Weg, der dazu empirisch beschritten wurde, waren Befragungen von Krankenpflegekräften. Erstmalig kam zur Erfassung von Autonomie die Skala „Autonomie zur Arbeitszeitgestaltung“ zum Einsatz, die konzeptgeleitet entwickelt wurde, und sich sowohl nach den wichtigen Bereichen als auch nach den zentralen Dimensionen (Dauer, Lage, Verteilung) von Arbeitszeit differenzieren läßt. Die befragten Krankenpflegekräfte aus insgesamt sechs Allgemeinkrankenhäusern fünf west- und ostdeutscher Bundesländer waren in der Lage, zwischen den mit dieser Skala beschriebenen 12 einzelnen Aspekten von „Autonomie zur Arbeitszeitgestaltung“ zu differenzieren. Nicht nur insgesamt, sondern auch in bezug auf diese einzelnen Teilaspekte gaben die Pflegekräfte eine geringe bzw. sehr geringe „Autonomie zur Arbeitszeitgestaltung“ an. Dieses Ergebnis überrascht, da von der großen Mehrheit dieser 1.126 Pflegekräfte eine sehr hohe bedarfsorientierte Flexibilität der Arbeitszeiten verlangt wurde.

Hier ist von einem ungewöhnlichen Defizit an individueller „Autonomie zur Arbeitszeitgestaltung“ die Rede, was nicht mit dem häufig diskutierten Mangel an individueller Zeitsouveränität verwechselt werden darf. Während individuelle Zeitsouveränität zumeist im Kontext starrer Arbeitszeitsysteme, insbesondere der Normalarbeitszeit, behandelt und diskutiert wird, muß die Autonomie zur Arbeitszeitgestaltung etwa in der Krankenpflege vor dem Hintergrund von sogenannten Nicht-Standardarbeitszeiten gesehen werden. Krankenpflegekräfte arbeiten üblicherweise in Schichtarbeitssystemen (Zwei- oder Dreischicht), sie arbeiten in Nachtschichten, an Feiertagen und am Wochenende. Die von den Pflegekräften geforderte Flexibilität tritt demnach zu den ohnehin bereits bestehenden erheblichen Arbeitszeitanforderungen hinzu. Individuelle Zeitpräferenzen werden zudem, wie unsere Untersuchungen zeigen, in der Krankenpflege nicht primär aus dem Blickwinkel von zum Beispiel Freizeit oder Einkommen gesehen, sondern sind Ausdruck der hohen Bedeutung, die der Gesundheit, der Familie oder sozialen Beziehungen im Zusammenhang mit der Arbeitszeit zugeschrieben werden (vgl. Büssing, 1993a; Büssing & Glaser, 1994).

Wenn in der Krankenpflege für die sozialverträgliche Individualisierung von Arbeitszeiten Familie, soziale Beziehungen und Gesundheit im Mittelpunkt stehen, dann übernimmt „Autonomie zur Arbeitszeitgestaltung“ eine regulative Funktion für eine soziale Schnittmenge im Spannungsfeld beruflicher und außerberuflicher Anforderungen. Unzumutbare und nicht zuletzt aus der häufigen Kurzfristigkeit von Arbeitszeitänderungen resultierende hohe Belastungen können von den Pflegekräften ausbalanciert, kompensiert oder abgepuffert werden. Dazu kann die „Autonomie zur Arbeitszeitgestaltung“ offensichtlich einen wirksamen Beitrag leisten, wie die Ergebnisse in diesem Beitrag belegen; denn psychischer Streß und Burnout nehmen bedeutsam ab und Arbeitszufriedenheit nimmt mit „Autonomie zur Arbeitszeitgestaltung“ für die Krankenpflegekräfte bedeutsam zu. Dabei spielen - wie kaum anders zu erwarten - in den unterschiedlich organisierten Krankenhäusern schwerpunktmäßig unterschiedliche Teilaspekte von „Autonomie zur Arbeitszeitgestaltung“ für die Pflegekräfte, unabhängig vom Geschlecht, vom Zusammenleben mit einem Partner oder von Kindern im Haushalt, eine tragende Rolle.

Deutliche Unterschiede in den Ergebnissen zeigten sich zwischen den west- und ostdeutschen Krankenpflegekräften. Diese Unterschiede, die im Rahmen einer anderen Analyse eingehend behandelt werden (vgl. Büssing, in press), sollen hier in zweierlei Hinsicht diskutiert werden. Zum einen im Hinblick auf die - mit den beiden varianzstarken Faktoren „Nachtwache“ und „Überstunden“ - markanten Unterschiede in der Faktorenlösung zur Gesamtskala „Autonomie zur Arbeitszeitgestaltung“. Die Möglichkeiten zur Einflußnahme auf diese beiden Aspekte der Arbeitszeit können in einem Zusammenhang mit ihrer Attraktivität für die ostdeutschen Krankenpflegekräfte gesehen werden. So belegen andere, hier nicht im einzelnen dargestellte Ergebnisse, daß im Gegensatz zu ihren westdeutschen Kollegen/-innen 43% der 242 befragten ostdeutschen Krankenpflegekräfte Nachtarbeit, 77% Wochenendarbeit und 31% Überstundenarbeit wünschen, was in Anbetracht der Besoldung nach dem Bundesangestelltentarif Ost [BAT-O] und eines wesentlich geringeren Haushaltseinkommens nicht erstaunlich ist. Zum zweiten fallen die im Vergleich zu den westdeutschen Krankenpflegekräften geringeren Flexibilitätsanforderungen und der noch erheblich geringere Grad an „Autonomie zur Arbeitszeitgestaltung“ auf. Es scheint, als sei die Entwicklung der Arbeitszeitgestaltung und wohl auch insgesamt der Arbeitsgestaltung in der Krankenpflege - zumindest in bezug auf die Aspekte Flexibilität und Autonomie - noch nicht in einem dem westdeutschen Stand vergleichbaren Maße vorangeschritten. Inwieweit heute, zwei Jahre nach der Untersuchung, diese Situation weiterhin besteht, kann nicht zuverlässig beurteilt werden.

In einer weiteren von uns durchgeführten Untersuchung (vgl. Büssing, in press), wurde die moderierende Wirkung der „Autonomie zur Arbeitszeitgestaltung" im Hinblick auf den Zusammenhang von Arbeitszeitstrukturen und den 13 verschiedenen Variablen zur Erfassung unterschiedlicher Grade psychischen Stresses und Burnout sowie Arbeitszufriedenheit untersucht. Dazu wurden zwei Untersuchungsgruppen von Pflegekräften in Dreischichtarbeit bzw. im Dauernachtdienst mit einer Kontrollgruppe von Pflegekräften im regulären Tagdienst verglichen. Als bemerkenswerte Ergänzung zu den hier berichteten Ergebnissen zeigte sich, daß für den Zusammenhang von neun der 13 unterschiedlichen Maße von psychischem Streß, Burnout und Arbeitszufriedenheit mit der genannten Arbeitszeitstruktur die „Autonomie zur Arbeitszeitgestaltung" eine bedeutsame moderierende Wirkung hatte. Das heißt, mit dem Ausmaß an „Autonomie zur Arbeitszeitgestaltung" erhöhte sich für die Pflegekräfte in Dreischichtarbeit bzw. im Dauernachtdienst die Arbeitszufriedenheit, und verringerten sich Ermüdung, Monotonie- und Sättigungszustände, psychosomatische Beschwerden Depression, Gefühle mangelnder persönlicher Erfüllung und mangelnder Betroffenheit sowie Überdruß im Beruf.

Daß die „Autonomie zur Arbeitszeitgestaltung" in dieser früheren Untersuchung bei ungünstigen Arbeitszeitstrukturen nicht einen noch durchgreifenderen Entlastungseffekt zeigte, führen wir vor allem auf zwei Gründe zurück. Zum einen handelte es sich um eine Querschnittstudie, so daß Selektionseffekte unterstellt werden müssen, die im Kontext ungünstiger Arbeitszeiten etwa über Wege der Versetzung, der Teilzeitarbeit etc. nicht unwahrscheinlich sind. Um bei der Analyse der Effekte ungünstiger Arbeitszeitstrukturen derartige Selektionseffekte zu berücksichtigen, ist zum Beispiel die Dauer zu kontrollieren, die eine Pflegekraft unter solchen Strukturen tätig war (vgl. dazu auch Frese & Okonek, 1987). Zum anderen ist die „Autonomie zur Arbeitszeitgestaltung" funktional als abhängig von Anforderungen und Situationen zu sehen, denen eine Krankenpflegekraft gegenübersteht. Man muß daher in Betracht ziehen, daß „Autonomie zur Arbeitszeitgestaltung" vor allem für bestimmte Subgruppen mit bestimmten Anforderungen (z.B. für Schwestern mit Kindern unter 18 bzw. unter sechs Jahren) und in bestimmten Situationen (für Nicht-Standard-Wechselschicht mit Wochenendarbeit) wirksam wird; somit stellt sich die Wirkung der „Autonomie zur Arbeitszeitgestaltung" als Ressource nicht grundsätzlich anders dar als im Kontext der Bewältigung von anderen Formen von Streß in der Krankenpflegetätigkeit.

Auf vier Punkte ist sowohl mit den hier erstmals vorgestellten als auch mit diesen früheren Ergebnissen besonders hinzuweisen. *Erstens* bestätigen sie die herausragende Rolle der Autonomie am Arbeitsplatz als Ressource im Umgang mit anforderungshaltigen und belastenden Situationen. Offenbar läßt sich diese Rolle auf die Anforderungen und Belastungen durch Arbeitszeiten im Grundsatz verallgemeinern. Da die Arbeitszeiten - wie bereits eingangs gesagt wurde - in der Krankenhausversorgung eine Betriebszeit von 168 Stunden pro Woche abdecken müssen, sind Belastungen aufgrund von Nicht-Standardarbeitszeiten im Krankenhaus unvermeidbar. In gewissen Grenzen kann davon ausgegangen werden, daß „Autonomie zur Arbeitszeitgestaltung" die sozial und psychologisch schädlichen Folgen dieser strukturell nicht leicht bzw. nicht korrigierbaren, sozialunverträglichen und belastenden Formen der Arbeitszeitgestaltung ausbalancieren, kompensieren oder abpuffern läßt.

Mit diesem Gedanken wird auf den *zweiten*, im Zusammenhang mit diesen Ergebnissen zu diskutierenden Aspekt verwiesen. „Autonomie zur Arbeitszeitgestaltung" wird nach den vorangegangenen Überlegungen zu einem Bestandteil sogenannter korrektiver Arbeitsgestaltung. Das eigentliche Ziel von Arbeitsgestaltung und im engeren Sinne von Arbeitszeitgestaltung kann aber nicht in der Korrektur und Kompensation unzureichender Arbeitsbedingungen, sondern sollte in der prospektiven Gestaltung von Arbeitsbedingungen bzw. Arbeitszeiten liegen. „Autonomie zur Arbeitszeitgestaltung" würde dann Teil einer gestaltenden, optionalen Arbeitszeitgestaltung. Die Einführung von Optionen, von Wahlrechten für die Betroffenen nicht nur bezogen auf grundsätzliche Arbeitszeitentscheidungen (z.B. Voll- oder Teilbeschäftigung), sondern auch im Hinblick auf die regelmäßigen Flexibilitätsanforderungen in der Krankenpflege, setzt zum einen die Anerkennung von berechtigten Bedürfnissen der Betroffenen voraus; zum anderen muß eine Bereitschaft der Krankenhäuser vorhanden sein, sich moderner und komplexer Planungs- und Steuerungssysteme für die Arbeitszeitgestaltung zu bedienen, und die Arbeitszeitgestaltung viel stärker als bislang in den Vordergrund der Arbeitsgestaltung selbst zu rücken.

Drittens zeigen die Ergebnisse, daß alle Teilaspekte der „Autonomie zur Arbeitszeitgestaltung", also sowohl Autonomie mit Bezug auf Dauer als auch auf Lage und Verteilung von Arbeitszeit, entlastend im Hinblick auf psychischen Streß, Burnout und positiv wirksam für die Arbeitszufriedenheit sind. Unter Einbezug von Ergebnissen anderer Studien, die die positive Wirksamkeit von Arbeitszeitautonomie im familiären und sozialen Umfeld belegen können, insbesondere die Untersuchungen von Staines et al (1984, 1986), läßt sich die Stellung und Einordnung von „Autonomie zur Arbeitszeitgestaltung" als sogenanntes „Querschnitts- oder Metakriterium" im Rahmen der sechs Kriterien sozialverträglicher Arbeitszeitgestaltung unterstreichen (vgl. Seifert, in diesem Band).

Schließlich darf *viertens* bei der Bewertung von individueller „Autonomie zur Arbeitszeitgestaltung" in ihrem Verhältnis zu den betrieblichen Anforderungen an Arbeitszeitflexibilität der Gedanke nicht unerwähnt bleiben, daß ein Mehr an Optionen für individuelle Autonomie zur Bewältigung von betrieblicher Flexibilität die Bereitschaft und Fähigkeiten bei den Arbeitnehmern voraussetzt, diese auch wahrzunehmen. Und das in einem doppelten Sinne: als Optionen, die erkannt und damit erst nutzbar gemacht werden können, und als Optionen, für die Bedürfnisse möglicherweise gar nicht vorliegen, sondern erst geweckt werden müssen. Krankenhäuser und andere Organisationen können nicht voraussetzen, daß diese notwendige Bereitschaft und Fähigkeit vor dem Hintergrund der zum Teil jahrzehntelangen Erfahrungen mit traditionellen Arbeitszeitstrukturen vorliegen. Vielmehr tun sie gut daran, neue Formen der Arbeitszeitgestaltung mit vorangehender betrieblicher Qualifizierung für den Umgang mit Autonomie und Optionen zu verbinden.

Dabei ist jedoch zu beachten, daß individuelle „Autonomie zur Arbeitszeitgestaltung" Teil eines soziotechnischen Systemgeschehens in einer Organisation ist. So haben die Untersuchungen von Büssing (1992) gezeigt, daß allgemein die Validität von Autonomie am Arbeitsplatz für den Einzelnen entscheidend durch die umgebenden Organisationsstrukturen bestimmt ist. Oder anders gesagt, dort wo insbesondere dezentrale, selbstorganisierte Strukturen eine Organisation prägen, hat individuelle Autonomie eine effektive Funktion im Sinne einer Ressource zur Bewältigung von Anforderungen und Belastungen am Arbeitsplatz, während in eher traditionellen bürokratischen Organisationsformen diese Funktion von Autonomie nicht in einem vergleichbaren Umfang belegbar ist. Diese ebenenspezifische Validität von Variablen zum Erfassen von Denken, Erleben und Handeln in Organisationen ist auch für die „Autonomie zur Arbeitszeitgestaltung“ in Betracht zu ziehen. Die Ergebnisse der „multi-level“-Forschung in Organisationen (vgl. Büssing, 1992) machen darauf aufmerksam, daß eine isolierte Argumentation für mehr „Autonomie zur Arbeitszeitgestaltung“ zu kurz greift. Hierauf verweist auch Garhammer (in diesem Band), wenn er davon spricht, daß sich aus der Unterscheidung von Mikro-, Meso- und Makroebene Arbeitszeitpräferenzen, die für einzelne Akteure und Akteursgruppen rational erscheinen, „auf der Ebene der Familie und der Makroebene zu *kollektiven Effekten*, zu negativen Folgewirkungen führen. Diese entziehen sich einem individuellen Rationalitätskalkül“. Inwieweit ist also individuelle Autonomie zur Arbeitszeitgestaltung geeignet, neben den individuellen Bedürfnissen auch den Bedürfnissen und Notwendigkeiten von Arbeitsgruppen, von Familien bzw. anderen Lebensformen oder weitergehend von sozialen Gruppen und Institutionen gerecht zu werden? Oder schaffen neue Formen individueller Autonomie zur Arbeitszeitgestaltung nicht gerade neue Zwänge und Einschränkungen auf anderen Ebenen?

Eingangs wurde dieser Gedanke bereits indirekt mit dem komplexen Zusammenhang von (De-)Regulation, Flexibilität und Autonomie in der Arbeitszeitgestaltung angesprochen. In diesem Rahmen kommt der Autonomie eine wichtige, womöglich zentrale Rolle zur sozialverträglichen Arbeitszeitgestaltung zu. Mit der Individualisierung von Arbeitszeiten kann ein Gewinn für familiäre, gesundheitliche und soziale Bedürfnisse erzielt werden. Sie vermag zu diesem Gewinn aber nur dann beizutragen, wenn Autonomie zur Arbeitszeitgestaltung in geeignete gesetzliche und betriebliche Strukturen und Rahmenbedingungen eingebettet ist. Autonomie zur Arbeitszeitgestaltung vor allem als einen individuellen (Reparatur-)Mechanismus für eine unzureichende oder verfehlte Arbeitszeitpolitik zu verstehen, hieße eine grundsätzlich positive und wirksame Möglichkeit zur sozialverträglichen Arbeitszeitgestaltung zu mißbrauchen. Auch wenn vor dem Hintergrund des Zeitgeistes die Individualisierung von Arbeitszeitgestaltung über hohe Attraktivität verfügt, so darf nicht übersehen werden, daß sie ohne die notwendige Flankierung zu einer Spielwiese für die Durchsetzung der Arbeitszeitinteressen von Stärkeren gegenüber Schwächeren - zwischen Arbeitgebern und Arbeitnehmern, aber auch unter Arbeitnehmern - und somit zum Gegenteil dessen führen kann, was mit sozialverträglicher Arbeitszeitgestaltung intendiert ist. Daß es dazu nicht nur einer veränderten Planung und Umsetzung von individueller Autonomie zur Arbeitszeitgestaltung im betrieblichen Alltag bedarf, sondern vielfach wohl auch zu einer gesetzlichen Reregulierung und zu einer veränderten betrieblichen Arbeitszeitpolitik kommen muß, wird an anderer Stelle ausgeführt (vgl. Kurz-Scherf; Müller; Seifert, Stolz-Willig; alle in diesem Band).

Literatur

Bauer, F., Groß, H. & Schilling, G. (1994). *Arbeitszeit '93. Arbeitszeiten, Arbeitszeitwünsche, Zeitbewirtschaftung und Arbeitszeitgestaltungschancen von abhängig Beschäftigten*. Düsseldorf: Ministerium für Arbeit, Gesundheit und Soziales des Landes Nordrhein-Westfalen [MAGS].

Bosch, L.H. & deLange, W.A. (1987). Shift work in health care. *Ergonomics*, *30*, 773-791.

Büssing, A. (1992). *Organisationsstruktur, Tätigkeit und Individuum*. Bern: Huber.

Büssing, A. (1993a). Sozialverträglichkeit von Arbeitszeitstrukturen. Untersuchungen eines neuen Konzeptes in der Krankenpflege. *WSI-Mitteilungen*, *46*, 153-168.

Büssing, A. (1993b). Stress and burnout in nursing. Studies in different work structures and work schedules. In M. Hagberg, F. Hofmann, U. Stößel & G. Westlander (Eds.), *Occupational health for health care workers* (pp. 431-437). Landsberg: Ecomed.

Büssing, A. (in press). Social tolerance of working time schedules. A comparison between nurses of West and East German general hospitals. *Work & Stress*, *10*.

Büssing, A., Eisenhofer, J., Glaser, J., Natour, N. & Theis, U. (1995). *Psychischer Streß und Burnout in der Krankenpflege. Untersuchungen zum Einfluß von Anforderungen, Hindernissen und Spielräumen* (Bericht Nr. 21). München: Technische Universität, Lehrstuhl für Psychologie.

Büssing, A. & Glaser, J. (1991). Zusammenhänge zwischen Tätigkeitsspielräumen und Persönlichkeitsförderung in der Arbeitstätigkeit. *Zeitschrift für Arbeits- und Organisationspsychologie*, *35*, 122-136.

Büssing, A. & Glaser, J. (1994). Sozialverträgliche Arbeitszeitgestaltung in der Krankenpflege. *Pflege*, *7*, 124-136.

Büssing, A. & Glaser, J. (1995). *„Autonomie zur Arbeitszeitgestaltung". Eine Skala zur Messung individueller Arbeitszeitspielräume*. München: Technische Universität, Lehrstuhl für Psychologie.

Costa, G., Kogi, K. & Wedderburn, A. (Eds.). (1990). *Shiftwork: Health, sleep and performance* [Proceedings of the 9th International Symposium on night and shift work, Verona, Italy, 1989]. Frankfurt a. M.: Lang.

Deutsche Krankenhausgesellschaft [DKG]. (1995). *Zahlen, Daten, Fakten '94*. Düsseldorf: DKG.

Elsner, G. (1992). *Risiko Nachtarbeit*. Bonn: Dietz.

Frese, M. (1989). Theoretical models of control and health. In S.L. Sauter, J.J. Hurrell & C.L. Cooper (Eds.), *Job control and worker health* (pp. 107-128). Chichester: Wiley.

Frese, M. & Okonek, K. (1987). Reasons to leave shiftwork and psychological and psychosomatic complaints of former shiftworkers. *Journal of Applied Psychology*, *69*, 309-314.

Frieling, E. & Sonntag, K.H. (1987). *Lehrbuch Arbeitspsychologie*. Bern: Huber.

Gardell, B. (1977). Autonomy and participation at work. *Human Relations*, *30*, 515-533.

Garhammer, M. (1994). *Auswirkungen flexibler Arbeitszeiten auf Alltag, Freizeit und Familie*. Berlin: Edition Sigma.

Hacker, W. (1986). *Arbeitspsychologie. Psychische Regulation von Arbeitstätigkeiten*. Bern: Huber.

Hacker, W. & Skell, W. (1993). *Lernen in der Arbeit*. Berlin: BiBB.

Haider, M., Koller, M. & Cervinka, R. (Eds). (1986). *Night and shiftwork: Longterm effects and their prevention*. Frankfurt a. M.: Campus.

Hinrichs, K. (1992). Zur Zukunft der Arbeitszeitflexibilisierung. Arbeitnehmerinteressen, betriebliche Interessen und Beschäftigungswirkungen. *Soziale Welt, 43*, 313-330.

Karasek, R.A. (1979). Job demands, job decision latitude and mental strain: Implications for job redesign. *Administrative Science Quarterly, 24*, 285-308.

Karasek, R.A. & Theorell, T. (1990). *Healthy work: Stress, productivity, and the reconstruction of working life*. New York: Basic Books.

Kern, H. & Schumann, M. (1970). *Industriearbeit und Arbeiterbewußtsein, Teil 1 + 2*. Frankfurt a. M.: EVA.

Kurz-Scherf, I. (1993). Normalarbeitszeit und Zeitsouveränität. Auf der Suche nach Leitbildern für eine neue Arbeitszeitpolitik. In H. Seifert (Hrsg.), *Jenseits der Normalarbeitszeit. Perspektiven für eine bedürfnisgerechte Arbeitszeitgestaltung* (S. 9-79). Köln: Bund.

Matern, B. (1983). *Psychologische Arbeitsanalyse*. Berlin: Springer.

Reinberg, A., Vieux, N. & Andlauer, P. (Eds.). (1981). *Night and shiftwork. Biological and social aspects*. Oxford: Pergamon.

Roggendorff, P. (1994). *Arbeitszeitgesetz*. München: Rehm.

Sauter, S.L., Hurrell, J.J. & Cooper, C.L. (Eds.). (1989). *Job control and worker health*. Chichester: Wiley.

Seifert, H. (1989). Sozialverträgliche Arbeitszeitgestaltung - Ein neues Konzept der Arbeitszeitpolitik? *WSI-Mitteilungen, 42*, 670-681.

Seifert, H. (Hrsg.). (1993). *Jenseits der Normalarbeitszeit. Perspektiven für eine bedürfnisgerechte Arbeitszeitgestaltung*. Köln: Bund.

Seligman, M.E.P. (1975). *Helplessness. On depression, development and death*. San Francisco: Freeman.

Simon, B.L. (1990). Impact of shift work on individuals and families. *Families in Society* [Special Issue: Work and family], *71*, 342-348.

Staines, G.L. (1985). Men's work schedules and family life. *Marriage and Family Review, 9*, 43-65.

Staines, G.L. & Pleck, J.H. (1984). Nonstandard work schedules and family life. *Journal of Applied Psychology, 69*, 515-523.

Staines, G.L. & Pleck, J.H. (1986). Work schedule flexibility and family life. *Journal of Occupational Behaviour, 7*, 147-153.

Thierry, H. & Meijman, T. (1994). Time and behavior at work. In H.C. Triandis, M.D. Dunnette & L.M. Hough (Eds.), *Handbook of Industrial and Organizational Psychology* (Vol. 4, pp. 341-414). Palo Alto, Cal.: Consulting Psychologists.

Ulich, E. (1994). *Arbeitspsychologie* (3. Aufl.). Stuttgart: Schäffer-Poeschel.

Volger, A., Ernst, G., Nachreiner, F. & Hänecke, K. (1988). Common free time of family members under different shift systems. *Applied Ergonomics, 19*, 213-217.

Wedderburn, A. & Smith, P. (Eds.). (1984). *Psychological approaches to night and shift work*. Edinburgh: Heriot-Watt.

Christa Müller

Kürzer und flexibler müssen die Arbeitszeiten sein
Wettbewerbsfähigkeit sichern, Arbeitsplätze schaffen, Zeitsouveränität herstellen - ein Ausgleich ist möglich

1 Flexible Arbeitszeiten in der Diskussion

Ist der Wirtschaftsstandort Deutschland angesichts des zunehmenden internationalen Konkurrenzdrucks in Gefahr? Wie in jeder Rezession beschäftigte diese Frage auch in den Jahren 1992/93 Wirtschaft und Politik. Angesichts der im internationalen Vergleich höchsten Löhne und kürzesten Arbeitszeiten sahen sich die bundesdeutschen Unternehmen nicht in der Lage, dem Preiswettbewerb auf dem Weltmarkt standzuhalten. Es erfolgte der Ruf nach längeren Arbeitszeiten und differenzierteren, niedrigeren Löhnen. Kostensenkungen sollten die Wettbewerbsfähigkeit unserer Wirtschaft verbessern; durch die Erschließung neuer Märkte würde das Wachstum steigen und Beschäftigung entstehen. Lohnzurückhaltung wurde in den vergangenen Jahren von den Gewerkschaften zur Genüge geübt (in letzter Zeit vielleicht mehr als es für einen Konjunkturaufschwung gut ist), die Verlängerung der Arbeitszeit lehnten sie jedoch von Anfang an ab. Inzwischen haben die Unternehmen und selbst die Bundesregierung eingesehen, daß Arbeitszeitverlängerungen das Beschäftigungsproblem eher vergrößern als verkleinern. Auch sie haben eine Teilung der vorhandenen Arbeit im Auge: sie muß allerdings mindestens kostenneutral oder sogar - weil mit zum Teil beachtlichen Produktivitätssteigerungen verbunden - kostenmindernd sein. Dementsprechend streben die Unternehmen möglichst flexible, der jeweiligen Produktion des Betriebes angepaßte Arbeitszeiten an, die für einzelne Arbeitnehmer oder Arbeitnehmergruppen differenziert werden können. Die Wirtschaft verspricht sich von den damit verbundenen Kostensenkungen in erster Linie eine verbesserte Wettbewerbsfähigkeit der Unternehmen.

Das Interesse der Bundesregierung an flexiblen Arbeitszeiten, insbesondere an Teilzeitarbeit, gründet auf der Erkenntnis, daß die vorhandene Arbeit auf mehr Köpfe verteilt werden muß, ohne die Wirtschaft mit höheren Kosten zu belasten. Im wesentlichen geht es hier also um Arbeitszeitverkürzung ohne Lohnausgleich.

Kein Wunder, daß die Gewerkschaften bislang keine begeisterten Anhänger flexibler Arbeitszeiten waren. Sie werteten - mit gutem Grund (Müller, 1994) - die Risiken individuell unterschiedlicher Arbeitszeiten weit größer als deren Vorteile. Inzwischen mußten sich die Arbeitnehmerorganisationen aber dem Diktat der Realität beugen: schließlich sind mehr als drei Viertel (77%) der Beschäftigten in irgendeiner Form flexibler Arbeitszeiten tätig (Bauer, Groß & Schilling, 1994; vgl. auch Groß, in diesem Band). Außerdem ist auch bei den Arbeitnehmern und noch mehr bei den Arbeitnehmerinnen ein Interesse an individuell unterschiedlichen Arbeitszeiten vorhanden.

Mithin stellt sich hinsichtlich der Flexibilisierung der Arbeitszeiten nicht mehr die Frage nach dem „Ob", sondern die Frage nach dem „Wie". Konkret:
Wie müssen die Arbeitszeiten in Zukunft gestaltet werden, um

- die Wettbewerbsfähigkeit unserer Wirtschaft zu sichern,
- das Beschäftigungsniveau zu erhöhen und
- den Arbeitnehmern/-innen mehr Zeitsouveränität zu ermöglichen.

Die Sozialverträglichkeit von Arbeitszeiten bewegt sich im Spannungsfeld dieser sich teilweise widersprechenden, teilweise aber auch miteinander zu vereinbarenden Forderungen, die im folgenden konkretisiert werden. Daß ein Ausgleich zum Wohle aller Beteiligten möglich ist, wird im Schlußkapitel gezeigt.

2 Wettbewerbsfähiger durch mehr Flexibilität

In Wirtschaft und Politik dürfte inzwischen weitgehend Konsens darin erreicht worden sein, daß die deutschen Unternehmen mit den niedrigen Lohnkosten anderer Länder, insbesondere in Südostasien oder auch Osteuropa, kaum konkurrieren können. Deshalb und weil die direkten Lohnkosten an den Gesamtkosten der exportorientierten Produkte nur einen relativ geringen Anteil ausmachen, kann das Drehen an der Lohnschraube den deutschen Unternehmen keine gravierenden Wettbewerbsvorteile bringen. Ganz anders sieht es bei den Kapitalkosten aus. Pro Arbeitsplatz müssen heute im verarbeitenden Gewerbe im Durchschnitt 200.000 DM - mit einer Schwankungsbreite von 80.000 bis 1.6 Mio. DM - investiert werden (Bosch, 1994). Die Abschreibungen auf die immer teurer werdenden Produktionsanlagen stellen damit in vielen Unternehmen den größten Kostenblock dar. Eine bessere Auslastung der Werke kann die Kosten auf ein Niveau senken, das auch international konkurrenzfähig ist (Ruge, 1994).

Es geht also darum, die Betriebsnutzungszeiten insbesondere bei kapital- und energieintensiven[1] Betrieben zu verlängern. In diesem Zusammenhang wird von Unternehmerseite häufig darauf hingewiesen, daß die Betriebszeiten in Deutschland mit 53 Stunden erheblich unter dem EG-Durchschnitt mit 66 Stunden lägen. Nachweislich liegt diesen Zahlen der Europäischen Gemeinschaft und des ifo-Instituts München allerdings eine falsche Berechnung zugrunde: tatsächlich fahren die Anlagen in Deutschland mit 73 Stunden pro Woche länger als in der Mehrzahl der EG-Länder (Bosch, 1993). Durch eine weitere Ausdehnung der Betriebszeiten könnten in vielen Unternehmen die Kapitalkosten noch erheblich gesenkt werden. Eine bessere Kapazitätsauslastung würde auch zu einer schnellen Erneuerung der Anlagen führen: immer auf dem neuesten Stand der Technik wäre die Wirtschaft dann noch produktiver und international entsprechend konkurrenzfähig.

Ein Mehr an Produktivität wollen die Unternehmen aber nicht nur durch die Verlängerung von Betriebszeiten erreichen: wichtig ist es auch, Fehlzeiten und Personalleerzeiten zu vermeiden bzw. Kundenwünschen entgegenzukommen. Das heißt, der jeweilige Personalbestand ist den betrieblichen Erfordernissen anzupassen. Auf Schwankungen in

[1] Energieintensive Unternehmen können von einer Ausdehnung der Betriebszeiten auf das Wochenende und die Nacht profitieren, weil die Strompreise zu diesen Zeiten günstiger sind.

der Nachfrage können die Unternehmen besser und schneller reagieren, was zum einen die Kosten senkt und zum anderen die Zuverlässigkeit und Schnelligkeit als Lieferant und Serviceunternehmen verbessert. Dabei geht es natürlich auch um eine Intensivierung der Arbeit. Das betrifft einerseits die Vermeidung von Zeiten, in denen das Personal anwesend ist, aber nichts zu tun hat, andererseits aber auch das Bestreben der Unternehmen durch die Umwandlung von Vollzeit- in Teilzeitarbeitsplätze die höhere Produktivität der ersten Arbeitsstunden auszunutzen. Die Erfahrung zeigt, daß viele Teilzeitkräfte dieselbe oder eine annähernde Arbeitsleistung erbringen wie Vollzeitbeschäftigte (vgl. Hörning, Gerhardt & Michailow, 1990). Da ihr Einkommen aber entsprechend der Arbeitszeit reduziert wird, profitiert das Unternehmen. Unter anderem aus diesem Grunde hat der Unternehmensberater McKinsey eine Initiative zur Einführung von mehr Teilzeit angeregt (McKinsey & Co., 1994). Damit könnten nicht nur mehr Arbeitsplätze geschaffen werden, sondern durch produktivere Arbeit würden die Kosten gesenkt und damit die Wettbewerbsfähigkeit verbessert.

In Zeiten von Rationalisierung und Personalabbau gewinnen flexible Arbeitszeiten für Unternehmen eine besondere Attraktivität, weil sie mit ihrer Hilfe Entlassungen vermeiden können. Das hat mehrere Vorteile: zum einen ist es oft billiger, weil keine Abfindungen, Sozialpläne etc. gezahlt werden müssen (McKinsey & Co., 1994). Zweitens kann es aus Imagegründen angeraten sein: wer kauft schon gern ein Produkt von einer Firma, die gerade Massenentlassungen plant; und wer hat noch Interesse am Erwerb von Aktien eines solchen Krisenunternehmens? Ein dritter Grund, Mitarbeiter über individuell verkürzte Arbeitszeiten im Unternehmen zu halten, ist aber auch eine zukunftsgerichtete Personalpolitik. Denn wer im Abschwung zuviel Fachkräfte entläßt, hat im Aufschwung oft das Nachsehen. Ein Beispiel dafür geben zur Zeit die Branchen Maschinenbau und Elektrotechnik, die die steigende Auftragslage aufgrund fehlender Fachkräfte nicht in entsprechende Produktionssteigerungen umsetzen können (Deutsches Institut für Wirtschaftsforschung [DIW], 1995).

Unternehmen haben auch dann ein Interesse an flexiblen Arbeitszeiten, wenn sie die Motivation der Arbeitnehmer und damit deren Leistung und Produktivität fördern. Gerade bei hochqualifizierten Arbeitskräften und insbesondere bei Jüngeren stellen materielle Vorteile wie mehr Gehalt oder Prämien oft keinen Leistungsanreiz dar. Bessere Arbeitsbedingungen, insbesondere mehr Entscheidungskompetenzen und mehr Autonomie auch hinsichtlich der Arbeitszeiten dagegen können stark motivationsfördernd sein. Eine Reihe „fortschrittlicher“ Unternehmen hat diesen Zusammenhang für sich genutzt und individuelle, vom Arbeitnehmer weitgehend selbstbestimmte Arbeitszeiten eingeführt, die in der Regel mit einem ergebnisorientierten Arbeiten bzw. Zielvereinbarungen verbunden sind (Trautwein-Kalms, 1993). Dafür werden die Unternehmen mit mehr Leistung, mehr Produktivität und höherer Rentabilität der Arbeitnehmer belohnt.

Hinter dem Ruf der Unternehmen nach mehr Flexibilität der Arbeitszeiten verbirgt sich aber vor allem auch das Interesse, bestimmte Gruppen von Arbeitnehmern kürzer oder länger arbeiten zu lassen. In der Regel geht es darum, qualifiziertes, leistungsstarkes Fachpersonal lange und weniger Qualifizierte kürzer, zum Beispiel in Teilzeit, arbeiten zu lassen. Ein aktuelles Beispiel aus der Tarifpolitik: dem Arbeitgeberverband der deutschen Versicherungsunternehmen schwebt ein Arbeitszeitkorridor von 20 bis 45 Stunden vor, wobei 38 Stunden einkommensmäßig als 100% gesetzt werden sollen. Die Arbeitgeber erwarten, daß etwa 20% der Angestellten, „vor allem junge qualifizierte“ mehr und etwa 20% weniger als 38 Stunden arbeiten (Süddeutsche Zeitung [SZ],

19.1.1995). Diesen Erwartungen bzw. Interessen der Arbeitgeber liegt ein einfacher ökonomischer Zusammenhang zugrunde, der verteilungs- und sozialpolitisch äußerst problematisch ist; je mehr die Gesellschaft, die Wirtschaft bzw. einzelne Unternehmen in die Bildung, Ausbildung und Weiterbildung - einschließlich der Berufspraxis, das „learning or training on the job“, wie die Amerikaner sagen - eines Arbeitnehmers investieren, umso mehr sind sie daran interessiert, daß diese Investitionen sich amortisieren: der hochproduktive Arbeitnehmer soll also möglichst lange arbeiten. Das Potential an wenig Qualifizierten dagegen ist hoch und deshalb beliebig austauschbar; ihre Arbeitszeiten können daher ohne Probleme verkürzt werden, natürlich verbunden mit einer entsprechenden Verminderung der Einkommen.

Einige Trends in der Arbeitswelt laufen dem ökonomischen Zusammenhang zwischen Qualifikation und Arbeitszeit entgegen: zum Beispiel wollen auch die beruflich stark engagierten Angestellten an den allgemeinen Arbeitszeitverkürzungen teilnehmen (Trautwein-Kalms, 1993), außerdem können es sich gerade die Hochqualifizierten materiell am ehesten leisten, auf Arbeitszeit und entsprechendes Einkommen zu verzichten, und nicht zuletzt haben gerade Qualifizierte mehr außerberufliche Interessen und daher ein überdurchschnittliches Interesse an Freizeit. Andererseits ist zunehmend zu beobachten, daß qualifizierte Fachleute bzw. höhere Angestellte lange, viel und gerne arbeiten. So schreibt der amerikanische Arbeitsminister Robert B. Reich (1993): „Eines der am besten gehüteten Geheimnisse unter Symbol-Analytikern (hochqualifizierte Fachkräfte, die Probleme erkennen, lösen und vermitteln, C.M.) ist, daß so vielen von ihnen die Arbeit regelrecht Spaß macht“.

Es stellt sich unter diesen Umständen die Frage, ob diese jungen, dynamischen, leistungsfähigen Kräfte bereit sind, in dem beschäftigungspolitisch erforderlichen Maße Arbeit zu teilen. Oder - wenn sie dazu nicht bereit sind - ob eine zunehmende Segmentierung auf dem Arbeitsmarkt stattfindet, das heißt eine Spaltung in hochqualifizierte Vielarbeiter, die immer mehr verdienen, und „Minderleister“, die versuchen sich mit mehreren Teilzeit-Jobs über Wasser zu halten (beispielgebend dafür ist ja heute schon die USA).

Die Arbeitgeber bzw. die Unternehmen würden eine so geartete Flexibilität wohl befürworten. Sie sprechen sich zwar durchaus für gesetzliche Arbeitszeitregelungen aus, die den gesundheitspolitischen Notwendigkeiten Rechnung tragen oder auch die zunehmende Versicherungspflicht von unterschiedlichen Arbeitszeiten vorsehen, darüberhinausgehende gesetzliche und tarifvertragliche Rahmensetzungen lehnen sie jedoch ab. Da die betrieblichen Belange hinsichtlich der Arbeitszeiten unterschiedlich seien, sollte ein Ausgleich zwischen wirtschaftlichen Erfordernissen und sozialer Verträglichkeit auf betrieblicher Ebene gesucht werden, wobei das Prinzip der Freiwilligkeit einzuhalten sei.

3 Schafft Flexibilisierung tatsächlich Beschäftigung?

Mehr als 3.8 Millionen Menschen sind Anfang des Jahres 1995 arbeitslos. Berücksichtigt man die Zahl derjenigen, die - oft unfreiwillig - in den vorzeitigen Ruhestand geschickt wurden, und derjenigen, die in Arbeitsbeschaffungs- und Fortbildungsmaßnahmen untergebracht sind, sowie die „Stille Reserve“ - meist Frauen, die gerne erwerbstätig wären, sich aber nicht arbeitssuchend melden, so fehlen in Deutschland insgesamt sechs bis sieben Millionen Arbeitsplätze.

Auch die Zukunftsaussichten sind düster: Die Prognos AG (1989) in Basel sagt für das Jahr 2000 eine Arbeitsplatzlücke von rund sechs Millionen Arbeitsplätzen voraus. Wer glaubt, daß der Konjunkturaufschwung bzw. mittelfristig ein dauerhaftes, vielleicht sogar kräftiges Wachstum eine nennenswerte Entlastung des Arbeitsmarktes versprechen würde, irrt: wir werden es in Zukunft weitgehend mit einem „Wachstum ohne Beschäftigung" zu tun haben. Denn während der wirtschaftliche Abschwung rasant Arbeitsplätze vernichtet - einem Prozentpunkt weniger Wachstum fielen in der Vergangenheit immerhin rund 260.000 Arbeitsplätze zum Opfer -, führt der Aufschwung nicht automatisch oder gar sofort zu neuer Beschäftigung. Es trifft vielmehr zu, was der Präsident der Bundesanstalt für Arbeit, Bernhard Jagoda, kürzlich sagte, nämlich „daß bei besserer Auftragslage die Unternehmen zuerst ihre Fabriken auslasten, dann Überstunden machen und zuletzt Mitarbeiter einstellen". In Zahlen sieht das folgendermaßen aus: erst ab einem Wirtschaftswachstum von 1.7% pro Jahr werden überhaupt neue Arbeitskräfte eingestellt; und pro Prozentpunkt darüberhinausgehenden Wachstums entstehen auch nicht mehr als 150.000 Arbeitsplätze. Um fünf Millionen Menschen Arbeit und Einkommen zu verschaffen und die Erwerbslosigkeit auf ein vielleicht erträgliches Maß von einer Million zu senken, müßte über 10 Jahre ein reales Wachstum von 5% pro Jahr erreicht werden: das war noch nicht einmal zu den „Wirtschaftswunder-Zeiten" Ludwig Erhards der Fall. Vor dem Hintergrund des heutigen, hohen Entwicklungsstandes der deutschen Wirtschaft sind solche Wachstumsraten für die Zukunft vollkommen irreal.

Da wir es heute weitgehend mit einem beschäftigungslosen Wachstum (Siebert, 1994) zu tun haben, greift auch nicht die viel zitierte Argumentation der Unternehmer und ihrer Verbände, daß durch flexiblere Arbeitszeiten induzierte Kostensenkungen die Wettbewerbsfähigkeit der deutschen Wirtschaft verbesserten, so daß Wachstum und Beschäftigung entstünden. Denn erstens kennen wir die Preiselastizitäten der deutschen Exporte nicht, das heißt wir wissen nicht, ob tatsächlich durch eine Verbilligung unserer Produkte die Nachfrage aus dem Ausland steigt, und wenn ja, um wieviel; einen entsprechenden Nachweis zu erbringen dürfte aufgrund der Vielzahl der Produkte auch schwierig sein und wäre zudem mit großen Unsicherheiten behaftet. Und zweitens können wir auch aus einer stetigen Zunahme des Wachstums nicht automatisch auf einen Beschäftigungseffekt schließen, der unsere Arbeitsmarktprobleme löst. Gleichwohl ist der Wirtschaft dahingehend zuzustimmen, daß die Wettbewerbsfähigkeit der deutschen Unternehmen die Grundlage für Wohlstand und Beschäftigung ist.

Ein befriedigender Beschäftigungsstand jedoch läßt sich nur durch spezielle arbeitsmarktpolitische Maßnahmen erreichen. Dazu gehört eine andere Verteilung von Arbeit. Diese hatte die Bundesregierung wohl auch im Sinn, als sie Mitte der 80er Jahre das sogenannte Beschäftigungsförderungsgesetz in Kraft setzte, mit dem eine größere Flexibilität auf dem Arbeitsmarkt erreicht werden sollte. In der Tat sind seit 1982 mehr als 1.5 Millionen zusätzliche Arbeitsplätze entstanden. Allerdings handelt es sich dabei nicht um Normalarbeitsverhältnisse, sondern größtenteils um unterschiedliche Formen von Teilzeitarbeit: so erhöhte sich die Zahl der Beschäftigten, die in Teilzeit arbeiten, zwischen 1982 und 1993 um fast 1.3 Millionen, und die Zahl der geringfügig - das heißt ohne Sozialversicherungspflicht - Beschäftigten stieg allein zwischen 1987 und 1992 um ebenfalls gut eine Million.

Das Arbeitsvolumen insgesamt hat in diesem Zeitraum nicht zugenommen: mit 45.060 Millionen Arbeitsstunden bewegte es sich 1994 weit unter dem Niveau von 1982 mit 46.187 Millionen Stunden. Die vorhandene Arbeit wurde also lediglich auf mehr Köpfe verteilt, was zum einen über die allgemeinen Arbeitszeitverkürzungen erfolgte, zum anderen über die Zunahme marginaler Beschäftigungsverhältnisse. Die Beschäftigungswirkungen von allgemeinen und individuellen Arbeitszeitverkürzungen - um nichts anderes handelt es sich ja bei der Umwandlung von Vollzeit- in Teilzeitarbeitsplätze - hängen maßgeblich davon ab, ob sie mit vollem, teilweisem oder ohne Lohnausgleich erfolgen. Wird das Einkommen der Arbeitnehmer der Arbeitszeitverkürzung entsprechend gemindert, sinkt die gesamtwirtschaftliche Nachfrage: Produktion und Beschäftigung sinken ebenfalls. Bei einem Teillohnausgleich ist der negative Effekt auf die Nachfrage geringer, bei vollem Lohnausgleich ist er gleich Null. Da sowohl allgemeine als auch individuelle Arbeitszeitverkürzungen mit beachtlichen Produktivitätssteigerungen verbunden sind, sollte aus gesamtwirtschaftlicher Perspektive darauf geachtet werden, daß zumindest ein Teil davon für einen Lohnausgleich verwendet wird, da andernfalls die Nachfragewirkungen der Arbeitszeitverkürzung negativ zu Buche schlagen. Dieser Lohnausgleich findet bei individueller Arbeitszeitverkürzung nicht statt. Das Einkommen von Teilzeitkräften wird in der Regel in vollem Umfang entsprechend der Arbeitszeit gekürzt. Das Gros der Teilzeitkräfte verfügt daher weder über ein existenzsicherndes Einkommen noch über soziale Sicherheit im Notfall oder Alter.

Ungeachtet dieser Probleme hat die Bundesregierung 1994 die sogenannte „Teilzeit-Offensive“ gestartet, mit der sie die öffentliche Hand und die private Wirtschaft anregen wollte, mehr Teilzeitarbeitsplätze einzurichten. Beispielgebend für diese Initiative waren die Niederlande, wo die Teilzeitquote der erwerbstätigen Männer mit 16.7% und der Frauen mit 62.2% wesentlich über den deutschen Vergleichszahlen liegt (Männer: 2.6%, Frauen: 33.8%). Bei einer Übertragung der niederländischen Teilzeitquoten auf Westdeutschland läge die Gesamtbeschäftigung um 2.7 Millionen Personen höher. Wie eingehendere Untersuchungen zeigen, ist dieses Zahlenspiel aber reine Theorie. Das niederländische „Beschäftigungsmodell“ läßt sich aus vielerlei Gründen nicht auf die Bundesrepublik übertragen: die Struktur der deutschen Wirtschaft ist nicht mit der unseres Nachbarlandes zu vergleichen, die Frauenerwerbsquote in den Niederlanden liegt mit 37% erheblich unter der deutschen mit fast 60%, außerdem ist Teilzeitarbeit in Holland nicht immer freiwillig.

Die zunehmende Deregulierung des Arbeitsmarktes und der geringere Arbeitsschutz haben in den Niederlanden zu einer fortschreitenden Auflösung des Normalarbeitsverhältnisses geführt. Neu zu besetzende Arbeitsplätze werden fast ausschließlich in Teilzeit angeboten, die Vollzeitstelle auf unbegrenzte Zeit, abgesichert durch einen ordentlichen Tarifvertrag, wird mehr und mehr zum „Anachronismus“, wie kürzlich die Wochenzeitung „Elsevier“ kritisch feststellte. Die niederländischen Gewerkschaften haben folgerichtig die Erfahrung machen müssen, daß unter den Arbeitnehmern inzwischen eine individuelle Konkurrenz um längere Arbeitszeiten ausgebrochen ist. Unter diesen Bedingungen sehen die Gewerkschaften keine Möglichkeit, die Arbeitnehmer für allgemeine Arbeitszeitverkürzungen zu mobilisieren. Und dies angesichts der Tatsache, daß die Arbeitslosenquote nach vorübergehender Besserung mit fast 11% den Durchschnitt der Europäischen Union erreicht hat und wesentlich über der westdeutschen mit 8.1% liegt.

Die internationalen Erfahrungen zeigen, daß eine ungehemmte Flexibilisierung von Arbeitszeiten zahlreiche Risiken beinhaltet. Beschäftigungspolitisch, weil erstens Vollzeitarbeitsplätze umgewandelt werden in Teilzeitarbeitsplätze ohne Lohnausgleich mit den entsprechenden negativen Auswirkungen auf gesamtwirtschaftliche Nachfrage, Produktion und Beschäftigung. Zweitens, weil das Vorhandensein von Teilzeitarbeit, insbesondere wenn sie unfreiwillig ausgeübt wird, die Bereitschaft, sich für allgemeine Arbeitszeitverkürzungen einzusetzen, entscheidend schmälert wenn nicht gar zunichtemacht. Verteilungspolitisch, weil das Risiko besteht, daß die Arbeitgeber entsprechend ihrer Interessenlage für hochqualifizierte, bereits gutverdienende Fachkräfte lange Arbeitszeiten durchsetzen, während sie auf der unteren Hierarchieebene rationalisieren, indem sie Vollzeit- in Teilzeitarbeitsplätze umwandeln. Das führt zu einer zunehmenden Spaltung des Arbeitsmarktes und verstärkt die materielle und soziale Ungleichheit in unserer Gesellschaft. Die dadurch hervorgerufenen finanziellen Belastungen könnten die Funktionsfähigkeit der Sozialsysteme infragestellen und auch die öffentliche Hand überfordern.

Auch unter gleichstellungspolitischen Gründen ist die ungeschützte Individualisierung von Arbeitszeiten kritisch zu betrachten. Zwar ermöglichen individuell verkürzte Arbeitszeiten den Frauen auch beim Vorhandensein von Kindern erwerbstätig zu sein, andererseits erhöht es den Druck auf sie - und nicht auf die in der Regel besserverdienenden Männer - ihre Erwerbstätigkeit zu verringern, um sich um den Haushalt und gegebenenfalls die Erziehung und Pflege von Kindern, Alten und Kranken zu kümmern. Damit wird diese nicht bezahlte und meist nur wenig anerkannte Arbeit wieder automatisch den Frauen zugewiesen, während die Männer in Ruhe auf Vollzeitarbeitsplätzen Karriere machen. Diese ist den Frauen weitgehend verschlossen, denn wer auch nur einige Jahre aus dem Beruf herausgeht oder Teilzeit arbeitet, muß sich in der Regel mit schlecht bezahlter, sozial unzureichend gesicherter Arbeit auf den unteren Hierarchieebenen abfinden (Müller, 1994).

Trotz dieser negativen Aspekte ist der Wunsch nach Teilzeit bei deutschen Arbeitnehmerinnen und in geringerem Maße auch bei Arbeitnehmern durchaus vorhanden. Das Institut zur Erforschung sozialer Chancen [ISO] kam bei einer umfassenden Befragung zu folgenden Ergebnissen (Bauer et al., 1994; vgl. auch Groß, in diesem Band): 9% der Beschäftigten (15% bei den Frauen, 6% bei den Männern) haben ein Interesse an Teilzeit. Die von ihnen gewünschte Arbeitszeitverkürzung entspräche rechnerisch einem Arbeitsplatzäquivalent von 560.000 Arbeitsplätzen. Dem steht gegenüber, daß die Teilzeitbeschäftigten ihre Arbeitszeit um durchschnittlich eine Stunde pro Woche erhöhen möchten, was einem Arbeitsplatzäquivalent von 100.000 Vollzeitarbeitsplätzen gleichkommt. Wollte man den Teilzeitwünschen der Beschäftigten Rechnung tragen, kommt man maximal auf 460.000 Arbeitsplätze (Bauer et al., 1994). Dabei handelt es sich jedoch um eine rein rechnerische Größe. Unter Berücksichtigung der mit Teilzeit verbundenen Produktivitätssteigerungen dürfte der Beschäftigungseffekt nicht mehr als 200.000 Arbeitsplätze umfassen. Diese würden aber sicher nicht in voller Höhe die Zahl der Arbeitslosen mindern. Denn ein Großteil der Nichterwerbstätigen wäre daran interessiert, sofort oder innerhalb eines Jahres eine Teilzeitstelle anzunehmen (DIW, 1994). Mehr Teilzeit käme dann nicht den Arbeitslosen zugute, sondern meist den Frauen aus der stillen Reserve, was gleichstellungspolitisch durchaus begrüßenswert wäre.

Es bleibt festzuhalten, daß die Beschäftigungswirkungen flexibler Arbeitszeiten mit großen Vorbehalten gesehen werden müssen. Nach den bisherigen Erfahrungen führt

Flexibilisierung zu einer zunehmenden Aufweichung oder sogar Auflösung des Normalarbeitsverhältnisses mit allen negativen Folgen für die betroffenen Arbeitnehmer, die oft weder über ein existenzsicherndes Einkommen noch über eine ausreichende soziale Sicherheit verfügen. Außerdem verändern sich die gesellschaftlichen Strukturen zum Nachteil und die Funktionsfähigkeit der Systeme der sozialen Sicherung wird negativ beeinflußt.

Flexible Arbeitszeiten sind am ehesten dann mit mehr Beschäftigung verbunden, wenn gleichzeitig die Arbeitszeit verkürzt wird. Dabei kommt es darauf an, daß die mit der Arbeitszeitverkürzung einhergehenden Produktivitätsgewinne auch den Arbeitnehmern in Form eines Teillohnausgleichs zugute kommen. Nur dann ist gewährleistet, daß die negativen Effekte der Einkommenseinbußen auf die gesamtwirtschaftliche Nachfrage den Beschäftigungseffekt der Arbeitszeitverkürzungen nicht aufheben.

Die Beschäftigungswirkungen flexibler Arbeitszeiten ließen sich maximieren, wenn eine Ausweitung von Betriebszeiten, zum Beispiel durch Mehrschicht-Systeme, Wochenendarbeit, Nachtarbeit, von Arbeitszeitverkürzungen für die betroffenen Arbeitnehmer begleitet würden. Das heißt auch, daß Betriebszeiten und Arbeitszeit stärker als bisher entkoppelt werden müssen (entsprechende konkrete Vorschläge finden sich weiter unten).

4 Zeitsouveränität für die Arbeitnehmer und Zeitwohlstand für die Gesellschaft

Aufgrund der unterschiedlichen Lebenslagen, Lebensstile und Bedürfnisse unterscheiden sich die Arbeitszeitwünsche der Arbeitnehmer/-innen teilweise beträchtlich. Durch die möglichst freie Wahl der Arbeitszeit sowohl hinsichtlich Dauer, Lage und Verteilung lassen sich Wohlstand und Wohlbefinden der Beschäftigten erheblich steigern. Differenzierte, individuelle oder flexible Arbeitszeiten können den Interessen der Arbeitnehmer also durchaus entgegenkommen, entscheidend dabei ist, daß die Arbeitszeiten möglichst selbstbestimmt sind.

Die Wahl der Arbeitszeit wird von mehreren Kriterien bestimmt. Dazu gehören nach Seifert (1993, in diesem Band):

- Arbeitsplatzsicherheit bzw. Zugang zum Arbeitsmarkt
- soziale Sicherheit
- Gesundheit, Wohlbefinden
- familiäre und gemeinschaftliche Interessen
- Teilhabe am sozialen Leben
- freie Zeit für sich selbst
- Selbstbestimmung der Arbeitszeit.

Es obliegt dem einzelnen Arbeitnehmer, diese Komponenten zu bewerten und seinen individuellen Bedürfnissen entsprechend seine Arbeitszeitpräferenz zu formulieren. Als arbeitszeitliches Referenzmodell bietet sich die Normalarbeitszeit an, die ein Mindestniveau an Sozialverträglichkeit sichert und - weil immer noch weitverbreiteter Standard - sich als allgemeine Bezugsgröße eignet (Seifert, 1993).

Im folgenden werden Ergebnisse verschiedener, jüngerer Untersuchungen (Bauer et al., 1994; DIW, 1994; Schulze-Buschoff, 1994; vgl. auch Büssing, Natour & Glaser; Groß; alle in diesem Band) über die Arbeitszeitpräferenzen der Arbeitnehmer/-innen in West-Deutschland dokumentiert.

4.1 Gewünschte Dauer

Die Arbeitnehmer und in geringerem Maße die Arbeitnehmerinnen orientieren sich auch in der Praxis weitgehend am Normalarbeitszeitverhältnis. Fast 98% der erwerbstätigen Männer arbeiten in Vollzeit, nur 6% davon äußern ein Teilzeitinteresse. Ganz anders sieht es bei den Frauen aus, von denen bereits mehr als 33% Teilzeit arbeiten und weitere 15% an Teilzeit interessiert sind. Von den Teilzeitbeschäftigten würden 9% gerne in Vollzeit arbeiten.

Teilzeitarbeit ist zu 90% Frauenarbeit. Sie hat den Charakter des Zuverdienstes, ihre Grundlage findet sie in der Notwendigkeit, familiäre Verpflichtungen mit einer Erwerbstätigkeit zu vereinbaren. Männer sehen diese Notwendigkeit, auch wenn Nachwuchs kommt, offenbar nicht: in der Regel bleiben sie bei ihrer Arbeitszeit oder machen sogar verstärkt Überstunden. Die These, daß Arbeitszeitpräferenzen zunehmend variieren, trifft lediglich für den weiblichen Teil der Erwerbsbevölkerung zu. Die Zeitpräferenzen der Männer dagegen, sind unabhängig von der jeweiligen Lebenslage und dem Lebensstil relativ gleich, was auf die mit Teilzeitarbeit verbundenen gravierenden Risiken zurückzuführen sein dürfte, die die Männer nicht einzugehen bereit sind (Bäcker & Stolz-Willig, 1993). Folgende Zahlen machen dies deutlich (Schulze-Buschoff, 1994): 90% der Männer wünschen eine wöchentliche Arbeitszeit von 35 Stunden und mehr, nur 8% von 20 bis 34 Stunden und 2% bis zu 19 Stunden. Die Vergleichszahlen von Frauen unterscheiden sich erheblich: nur 49% wollen 35 Stunden und mehr, 40% von 20 bis 34 Stunden und 11% bis zu 19 Stunden pro Woche arbeiten.

Legt man die Arbeitszeitwünsche der Beschäftigten insgesamt zugrunde, wäre die 35-Stunden-Woche ideal (Bauer et al., 1994). Dies würde einer erheblichen Verkürzung der tatsächlichen Wochenarbeitszeit gleichkommen, die im Durchschnitt bei 37.7 Stunden liegt. Diese Differenz kommt einerseits dadurch zustande, daß die vertraglichen Arbeitszeiten über den gewünschten liegen, andererseits daß eine erhebliche Zahl an Überstunden, Rüst- und Vorbereitungszeiten geleistet wird. Obwohl sehr verbreitet (39% der Beschäftigten leisten Überstunden), sind Überstunden bei den Arbeitnehmern sehr unbeliebt. Daß die Beschäftigten eine Verminderung der Überstunden oder deren vollständigen Abbau wünschen, liegt sicher nicht nur in der Präferenz für Freizeit begründet, sondern auch in der Tatsache, daß die Mehrarbeit oft nicht mit Zuschlägen belohnt oder überhaupt nicht entgolten wird.

4.2 Die Lage der gewünschten Arbeitszeit

Noch mehr als bei der Dauer orientieren sich die Beschäftigten bei der Lage der Arbeitszeit am Normalarbeitsverhältnis. 12% der Beschäftigten arbeiten in unterschiedlichen Schichtsystemen, 39% davon auch nachts. Als Ausgleich für die belastenden Arbeitszeiten erhalten sie zwar durchschnittlich Geldzuschläge in Höhe von 30% und einen Freizeitausgleich von mehr als drei Tagen/Freischichten pro Jahr. Trotzdem würden 46% der Schichtbeschäftigten die Schichtarbeit gerne reduzieren oder aufgeben. Noch viel größer ist die Ablehnung der Schichtarbeit bei den „Normalbeschäftigten“: nur 2% von ihnen würden gerne Schicht arbeiten, 96% dagegen lehnen sie ab. Eine Ausweitung der Schichtarbeit, wie sie insbesondere die Verlängerung von Betriebszeiten erfordern würde, ist mit den Arbeitszeitwünschen der Beschäftigten also kaum zu vereinbaren. Entsprechend hoch dürfte der Preis sein, die Arbeitnehmer zu Kompromissen zu bewegen.

Auch einer Ausweitung der Betriebszeiten auf das Wochenende stehen die Präferenzen der Arbeitnehmer entgegen. Wird die Ablehnung von Schicht- und Nachtarbeit wesentlich mit den gesundheitlichen Risiken begründet, so ist die mangelnde Akzeptanz von Wochenendarbeit hauptsächlich auf die sozialen Beeinträchtigungen zurückzuführen: die Beschäftigten wünschen Freizeitblöcke, die sie allein oder mit anderen gemeinsam nutzen können. Deshalb lehnt die große Mehrheit (86%) derjenigen, die zur Zeit nicht am Samstag arbeiten, eine Ausdehnung der Arbeitszeit auf diesen Wochentag ab. Und auch die Samstagsbeschäftigten würden gerne weniger (33%) oder überhaupt nicht mehr (31%) am Samstag arbeiten. Die Vorbehalte gegen die Arbeit am Sonntag sind noch größer.

4.3 Gewünschte Verteilung der Arbeitszeit

Die Arbeitnehmer haben ein starkes Interesse an zugesicherten, planbaren Zeitwahlmöglichkeiten. Insbesondere Beschäftigte mit Kindern wünschen eine gewisse Regelmäßigkeit, aber keine Starrheit: ein zeitlicher Freiraum für besondere Anlässe oder Notfälle (z.B. Krankheit eines Familienmitgliedes) soll vorhanden sein. Diesem Bedürfnis kommen insbesondere Gleitzeitregelungen entgegen. Von den 22% in Gleitzeit Beschäftigten ist daher die überragende Mehrheit (86%) auch sehr zufrieden. Dies gilt im übrigen auch für die Familie: dort ist die Zufriedenheit mit dem Zeitarrangement dann am größten, wenn einer der Partner in Gleitzeit oder Teilzeit arbeitet. Bezüglich der Lage der Teilzeit wird von den Arbeitnehmerinnen verständlicherweise der Vormittag bevorzugt, während die Unternehmen an einer ganztägigen Besetzung von Arbeitsplätzen interessiert sind.

4.4 Zeitlich befristeter Ausstieg mit Rückkehrrecht

Wirkliche Zeitsouveränität muß auch die Möglichkeit umfassen, vorübergehend aus dem Berufsleben auszusteigen. Diese Option spielt insbesondere für die Beschäftigten eine große Rolle, die zeitintensive familiäre Verpflichtungen haben, wie die Erziehung von kleinen Kindern, die Pflege von Kranken und Älteren etc. Daneben gibt es aber auch das Interesse von Arbeitnehmern, für eine längere Periode beruflich zu pausieren, um sich weiterzubilden, zu reisen usw. Ein entsprechender Langzeiturlaub muß natürlich mit einem Rückkehrrecht ins Unternehmen verbunden sein, ohne daß es zu Benachteiligungen der betroffenen Arbeitnehmer kommt.

Einen guten Ansatz zur Umsetzung eines Langzeiturlaubs stellt die „sabbatical-Regelung“ für Lehrer in Berlin dar: sie ermöglicht, die Arbeit für ein Jahr zu unterbrechen unter Bezug eines Teils des regulären Einkommens, der in den Nachfolgejahren mit entsprechenden Gehaltsabstrichen verrechnet wird.

4.5 Selbstbestimmung der Arbeitszeit

Nur ein kleiner Teil der Beschäftigten (17%) kann die Arbeitszeit selbst festlegen. Auch wenn vollkommene Zeitautonomie das Ideal vieler Arbeitnehmer wäre, dürften sich doch alle bewußt sein, daß diese angesichts der ökonomischen Notwendigkeiten Illusion bleiben muß. Ein Mehr an Zeitsouveränität würde aber bereits das Angebot eines möglichst breiten Spektrums an Wahlarbeitszeiten, die auf die betrieblichen Erfordernisse abgestimmt sind, bringen (vgl. auch Büssing, in diesem Band).

5 Ein Rahmen für sozialverträgliche Arbeitszeitformen

Aufgrund ökonomischer Entwicklungen und angesichts der unterschiedlichen Arbeitszeitwünsche der Beschäftigten wird das Arbeitszeitgefüge in Zukunft sicher noch vielfältiger und differenzierter sein (Seifert, 1993). Damit es nicht zu einem unübersehbaren Wildwuchs kommt, müssen der Flexibilität von Arbeitszeit auf gesetzlicher und tarifvertraglicher Ebene Grenzen gesetzt werden, zum Beispiel im Rahmen der betriebsnahen Tarifpolitik (Scholten & Weiner, 1991).

Aus mehreren Gründen sollte von einer Zugrundelegung der Normalarbeitszeit nicht abgegangen werden. Erstens erfüllt die Normalarbeitszeit die Garantiefunktion für das Einkommen der Arbeitnehmer: „Auch in den niedrigsten Lohngruppen führt die Standardarbeitszeit zu existenzsichernden Einkünften“ (Scholten & Weiner, 1991, S. 252). Außerdem findet sich sowohl in der Dauer als auch in der Lage der Normalarbeitszeit die gesellschaftliche Zeitverfassung wieder, die Voraussetzung ist für das Zusammenleben in der kleineren Gemeinschaft (Familie, Freunde, Vereine etc.) und die Organisation des öffentlichen Lebens, insbesondere auch die Teilnahme an Politik. Die Normalarbeitszeit mit täglichen und wöchentlichen Höchstarbeitszeiten, dem gesicherten freien Wochenende, möglichst wenig Nachtarbeit, Schichtarbeit und Überstunden sollte deshalb im Grundsatz beibehalten werden. Nicht eine Aufhebung der Standardarbeitszeiten ist nötig, sondern deren Erweiterung, die sowohl den betrieblichen Erfordernissen als auch den individuellen Zeitpräferenzen der Arbeitnehmer Raum gibt.

Auch als Grundlage für die Anerkennung von Überstunden braucht man eine Standardarbeitszeit. Nur ihr Vorhandensein ermöglicht, daß Überstunden registriert, entgolten und eventuell mit Zuschlägen versehen werden. Um den beschäftigungspolitischen Notwendigkeiten Rechnung zu tragen und den Arbeitszeitwünschen der Beschäftigten entgegenzukommen, sollten Überstunden auf ein unabdingbares Maß beschränkt und durch Freizeit ausgeglichen werden. Der zu erwartende Beschäftigungseffekt wird auf rund 600.000 Arbeitsplätze veranschlagt (Bauer et al., 1994).

Wenn den Beschäftigten auf der Grundlage der betrieblichen Gegebenheiten ein möglichst breites Spektrum an Wahlarbeitszeiten in der Wochen-, Monats- und auch

Jahresdimension angeboten wird, ist nach bisherigen Erfahrungen aus der Praxis wichtig, daß diese Möglichkeiten für *alle* Arbeitnehmer gelten. Denn ungleiche Arbeitszeiten produzieren Ungleichheiten unter Arbeitnehmern, die oft ein schlechtes Betriebsklima nach sich ziehen. Die Entkopplung eines Teils der Belegschaft von Arbeitsverkürzungen ist den Arbeitnehmern nicht vermittelbar (Promberger & Trinczek, 1993), außerdem ist Zeitsouveränität für den einzelnen kaum zu verwirklichen. Vielmehr werden die Möglichkeiten zu einem beliebigen zeitlichen Zugriff der Betriebe auf die Beschäftigten erweitert, was deren Freiheiten beträchtlich einschränken kann. Flexibilität verbunden mit einer ungleichen Behandlung der Arbeitnehmer birgt das große Risiko, nicht nur den Beschäftigten sondern auch dem Betrieb zu schaden. Dies ist wohl auch der Grund für die mangelnde Umsetzung der sogenannten 13/18-Prozent-Regelung im Metall-Bereich.

5.1 Teilzeit, Wahlzeit, optionale Arbeitszeit

Der Wunsch in Teilzeit zu arbeiten, ist insbesondere bei Männern nicht sehr verbreitet. Der Grund dafür dürfte zum einen sein, daß unter Teilzeit in der Praxis oft „Halbzeit" (20 Stunden pro Woche) verstanden wird, und die Risiken dieser Arbeitszeitformen zur Zeit noch sehr groß sind (vgl. Müller, 1994). Die Untersuchungen von Arbeitszeitpräferenzen haben aber gezeigt, daß sowohl bei Männern als auch bei Frauen ein starkes Interesse für kürzere Arbeitszeiten innerhalb des Normalarbeitsverhältnisses bestehen. Insofern sollte man eher von „Wahlzeit" sprechen als von Teilzeit, und diese Wahlzeit sollte den Wünschen des jeweiligen Beschäftigten entsprechend zwischen einer Mindeststundenwahl und der Normalarbeitszeit liegen können, also zum Beispiel bei 25, 30 oder 32 Stunden. Die meisten Arbeitnehmer würden sich wahrscheinlich für eine wöchentliche Arbeitszeit entscheiden, die einige Stunden unter der tatsächlich geleisteten liegt (Bauer et al., 1994). Dies hätte den Vorteil, daß sich bei weiteren allgemeinen Arbeitszeitverkürzungen Normalarbeitszeit und Wahl- oder Teilzeit immer näher kommen, wodurch auch die heute noch mit Teilzeit verbundenen gravierenden Nachteile Schritt für Schritt abgebaut würden (DIW, 1994).

In der Zwischenzeit sollten die Bedingungen für Wahl-/Teilzeit durch eine Reihe gesetzlicher und kollektivvertraglicher Maßnahmen verbessert werden. Zunächst sollten die Arbeitnehmer Anspruchsrechte haben, von Vollzeit in Teilzeit zu wechseln und umgekehrt. Wenn dies nicht für alle Beschäftigten realisiert werden kann, sollte es zumindest für Arbeitnehmergruppen gelten, die besonderen außerberuflichen Belastungen ausgesetzt sind, wie der Erziehung von kleinen Kindern, der Pflege Älterer oder Kranker etc. Wichtig ist, daß den Beschäftigten ein Rückkehrrecht eingeräumt wird. Es bedarf dringender tarifvertraglicher Vereinbarungen, die auf die Einhaltung des Diskriminierungs- und Benachteiligungsverbotes dringen und dafür sorgen, daß Bezahlung, Qualifizierung, Aufstieg, Arbeitsschutz, soziale Sicherung und Arbeitsbedingungen bei Teilzeitbeschäftigten verbessert werden. Gleiches gilt für den Bestands-, Kündigungs- und Rationalisierungsschutz. Um den unzureichenden Einkommens- und Sozialschutz zu verbessern, sollten sozialschädliche Formen von Teilzeitarbeit, wie Arbeit auf Abruf, verboten und die Sozialversicherungspflicht für geringfügig Beschäftigte ab der ersten Stunde eingeführt werden (Sonderregelungen könnten Gruppen wie Schüler, Studenten und Pensionäre etc. ausschließen). Außerdem sollte die Rente auf Mindesteinkommen wiedereingeführt werden, die Gewährung des Arbeitslosengeldes nach Vollzeiteinkommen wäre auch mittelfristig zu garantieren.

5.2 Nacht- und Wochenendarbeit

Aus Gründen des Gesundheitsschutzes und um den Arbeitszeitwünschen der Arbeitnehmer zu entsprechen, sollten Nacht- und Wochenendarbeit auf ein technisch und ökonomisch unabdingbares Maß beschränkt bleiben. Da die Zahl der Betroffenen auch in Zukunft beschränkt bleiben dürfte (Seifert, 1993), müßte es im Bereich des Möglichen liegen, das Prinzip der Freiwilligkeit zu garantieren. Eine Ausweitung der Arbeitszeiten auf das Wochenende oder auf die Nacht sollte daher - wie es tarifvertraglich im Bereich Papier- und Kunststoffverarbeitung geregelt ist - an die Zustimmung des Betriebsrates und die Einhaltung des Freiwilligkeitsprinzips gebunden sein. Nach den bisherigen Erfahrungen mit Betriebszeitenverlängerungen ist die Rekrutierung von Personal für diese normalerweise unbeliebten Arbeitszeiten dann kein Problem, wenn sie mit finanziellen oder zeitlichen Zuschlägen verbunden sind (Scholten & Weiner, 1991).

Für die konkrete Ausgestaltung der Nacht- und Wochenendarbeit gilt, daß durch spezielle Maßnahmen das Belastungsniveau dieser Arbeitszeitformen so weit gesenkt werden sollte, daß „die gesundheitlichen Beeinträchtigungen und sozialen Beschränkungen nicht größer sind als bei Normalarbeitszeit" (Seifert, 1993, S. 147). Dies kann insbesondere dadurch erreicht werden, daß die Arbeitszeiten für die Betroffenen merkbar verkürzt werden. Dabei bietet sich auch an, daß für Nacht- und Wochenendarbeit nicht wie vielfach üblich Geldzuschläge gezahlt werden, sondern daß ein Freizeitausgleich gewährt wird. Dies hätte im übrigen auch erhebliche Beschäftigungseffekte, nämlich rund 750.000 zusätzliche Stellen in Ost- und Westdeutschland zur Folge. Insbesondere bei der gesundheitsschädlichen Nachtarbeit wären hier auch Regelungen von seiten des Gesetzgebers zu rechtfertigen, obligatorische Zeitzuschläge könnten und sollten aber auch tarifvertraglich vereinbart werden.

Die Belastungen von Nacht- und Wochenendarbeit können zudem durch eine Reihe weiterer Maßnahmen gesenkt werden, zum Beispiel durch Höchstgrenzen für die pro Jahr zu leistenden Nacht- und Wochenendschichten, durch die Begrenzung der individuellen Dauer und Häufigkeit von Nacht- und Wochenendarbeit und durch ein Rückkehrrecht zur Normalarbeitszeit.

Insbesondere bei der gesundheitsschädlichen Nachtarbeit sollten die Arbeitsbedingungen verbessert werden. Als gesundheitlich eher verträglich hat sich zum Beispiel die Dauernachtschicht erwiesen (Scholten & Weiner, 1991), gute Erfahrungen wurden auch mit längeren Pausen, längeren Taktzeiten, einer langsameren Bandgeschwindigkeit und abwechslungsreicherer Arbeit, kurz einer weniger intensiven Arbeit gemacht (SZ, 2.2.1995).

5.3 Schichtarbeit

Schichtarbeit wird von den meisten Beschäftigten abgelehnt. Deshalb sollte ihre Ausweitung immer technologisch oder ökonomisch gut begründet sein. Auch bei der Schichtarbeit hat sich erwiesen, daß eine bessere Verträglichkeit durch überproportionale Arbeitszeitverkürzungen erreicht werden kann, wie sie beim Übergang von Vier-Gruppen-Schichtplänen zu Fünf-Gruppen-Schichtplänen möglich wurden. Bei der Installierung neuer Schichtsysteme ist insbesondere darauf zu achten, daß

- die Arbeitszeiten an den menschlichen Biorhythmus angepaßt sind,
- der Anteil der Nacht-, Sonn- und Feiertagsarbeit für den einzelnen Schichtarbeiter verringert wird,
- die Belastungen für ältere Beschäftigte abgebaut werden und
- die Zahl der Überstunden verringert wird (Förster, 1993).

Mehr noch als bei anderen Arbeitszeitformen kommt es bei der Einführung neuer Schichtsysteme darauf an, die betroffenen Mitarbeiter zu beteiligen. Die Installierung neuer Arbeitszeiten muß deshalb Prozeßcharakter haben. Dazu gehört, daß die Bedürfnisse der Arbeitnehmer möglichst vorab erfragt werden, dann ein darauf aufbauendes, mit den betrieblichen Erfordernissen abgestimmtes Konzept eingeführt wird, dem eine Akzeptanz- oder Zufriedenheitskontrolle folgt. Optimierungen des Systems sollten immer wieder möglich sein.

5.4 Langzeiturlaub

Langzeiturlaube oder sogenannte Sabbatzeiten sind aus beschäftigungspolitischen Gründen sinnvoll und erweitern die Arbeitszeitoptionen der Beschäftigten. Allerdings müssen sie mit einem Rückkehrrecht verbunden sein. Sie eignen sich insbesondere für höherqualifizierte Arbeitnehmer, die ihre tägliche, wöchentliche oder auch monatliche Arbeitszeit nur schlecht verringern können. Durch das Ansammeln von Mehrarbeit oder auch Jahresurlaub können sie einen bezahlten Langzeiturlaub erreichen. Diese Möglichkeit eines vorübergehenden beruflichen Ausstiegs sollte auch Personen gewährt werden, die außerberufliche Pflichten, wie Kindererziehung und Pflege von Kranken/Älteren haben. Für diese Gruppe müßte entweder gesetzlich festgelegt oder kollektivvertraglich vereinbart das Recht auf Ausstieg mit einer Rückkehroption verbunden werden. Eine zeitliche Beschränkung des Ausstiegs wäre anzuraten, weil der Dequalifizierungseffekt sonst zu groß ist. Damit auch kleinere und mittlere Unternehmen das Angebot des Langzeiturlaubs unterbreiten können, müssen die Möglichkeiten von Zeitverträgen, Leiharbeit etc. erweitert werden.

6 Ausblick

In dem Maße wie die Investitionen für Arbeitsplätze steigen, wird sich auch der Druck zu längeren Betriebszeiten verstärken, wobei sich das Hauptaugenmerk der Unternehmer auf den Samstag richten dürfte. Davon würde auch automatisch der Sonntag betroffen, denn auf ihn müßten Rüst-, Wartungs- und Reparaturarbeiten sowie eventuell notwendige Sonderschichten, die üblicherweise samstags stattfinden, verlagert werden. Den Interessen der Beschäftigten, die eine große Präferenz für ein arbeitsfreies Wochenende haben, läuft diese Entwicklung entgegen. Entsprechend teuer sollten sie sich die Aufgabe dieser liebgewonnenen Freizeitform abkaufen lassen, und zwar durch überproportionale Verkürzungen der Arbeitszeit. Sie hätten für die betroffenen Arbeitnehmer den Vorteil, daß gesundheitliche Belastungen und soziale Beeinträchtigungen von Wochenend-, aber auch Nacht- und Schichtarbeit weniger spürbar sind, da die Freizeit insgesamt zunimmt. Beschäftigungspolitisch wären sie wünschenswert, weil die Abgeltung unangenehmer Arbeitszeiten durch Zeitzuschläge und überproportionale Arbeitszeitverkürzungen zu einigen Hunderttausend zusätzlicher Arbeitsplätze führen würde. Die Bereitschaft der Arbeitnehmer, Betriebszeitenverlängerungen zu akzeptieren, dürfte auf Arbeitgeberseite auch die Bereitschaft vergrößern, den Beschäftigten mehr Zeitautonomie zu gewähren, womit sich insgesamt ein größerer Zeitwohlstand erreichen ließe als heute. Den Rahmen für flexible Arbeitszeiten bzw. Zeitautonomie müßte allerdings der Staat setzen. Denn ihm obliegt die Verantwortung für Vollbeschäftigung und damit für eine gerechte Verteilung der vorhandenen Arbeit. Und diese ist ohne die Festschreibung von Mindest- und vor allem Höchstarbeitszeiten nicht möglich.

Literatur

Bäcker, G. & Stolz-Willig, B. (1993). Teilzeitarbeit - Probleme und Gestaltungschancen. *WSI-Mitteilungen, 46,* 545-553.

Bauer, F., Groß, H. & Schilling, G. (1994). *Arbeitszeit '93. Arbeitszeiten, Arbeitszeitwünsche, Zeitbewirtschaftung und Arbeitszeitgestaltung von abhängig Beschäftigten.* Düsseldorf: Ministerium für Arbeit, Gesundheit und Soziales des Landes Nordrhein-Westfalen [MAGS].

Bosch, G. (1993). *Standortdebatte mit falschen Zahlen. Im internationalen Vergleich hat die Bundesrepublik lange Betriebszeiten. Gutachten für den Bundesvorstand des DGB* (DGB-Informationen zur Sozial- und Arbeitsmarktpolitik 8). Düsseldorf: DGB.

Bosch, G. (1994). Innovative Arbeitszeitmodelle nötig: Zur Entkopplung von Arbeits- und Betriebszeiten. In Institut für Arbeit und Technik [IAT] (Hrsg.), *Jahresbericht 1994* (S. 14-24). Gelsenkirchen: IAT.

Deutsches Institut für Wirtschaftsforschung [DIW] (1994). Ist Teilzeitarbeit der richtige Weg? Arbeitszeitpräferenzen in West- und Ostdeutschland. *Wochenbericht, 61,* 618-626.

Deutsches Institut für Wirtschaftsforschung [DIW] (1995). Beschäftigung: Talsohle erreicht. *Wochenbericht, 62,* 118-126.

Förster, G. (1993). Humane Arbeitszeitpolitik. In H. Seifert (Hrsg.), *Jenseits der Normalarbeitszeit. Perspektiven für eine bedürfnisgerechtere Arbeitszeitgestaltung* (S. 153-174). Köln: Bund.

Hörning, K.H., Gerhardt, A. & Michailow, M. (1990). *Zeitpioniere* (S. 71-78). Frankfurt a. M.: Suhrkamp.

Institut für Wirtschaft [IW] (1994). Von der Voll- zur Teilzeitarbeit, internationale Erfahrungen und Perspektiven. *IW-Trends, 21,* 31-51.

McKinsey & Co. (1994). *Teilen und gewinnen. Das Potential der flexiblen Arbeitszeitverkürzung.* München: Eigenverlag.

Müller, Ch. (1994, 10. Oktober). Das Modell der holländischen Nachbarn läßt sich nicht übertragen. *Frankfurter Rundschau,* S. 12.

Prognos AG (1989). *Arbeitslandschaft bis 2010* (Beitrag 131 des Instituts für Arbeitsmarkt und Berufsforschung [IAB]). Nürnberg: IAB.

Promberger, M. & Trinczek, R. (1993). „Stell Dir vor, es gibt Möglichkeiten zur flexiblen Gestaltung der Arbeitszeit, und sie werden kaum genutzt!". In H. Seifert (Hrsg.), *Jenseits der Normalarbeitszeit. Perspektiven für eine bedürfnisgerechtere Arbeitszeitgestaltung* (S. 104-129). Köln: Bund.

Reich, R.B. (1993). *Die neue Weltwirtschaft.* Frankfurt a. M.: Ullstein.

Ruge, I. (1994, 8. November). Dem Mittelstand drohen neue Probleme. *Süddeutsche Zeitung,* S. 24.

Scholten, U. & Weiner, K.-H. (1991). *Betriebszeitenverlängerungen im Spannungsfeld von Markt und Arbeitnehmerinteressen.* Bonn: Friedrich-Ebert-Stiftung.

Schulze-Buschoff, K. (1994). *Arbeitszeitpräferenzen. Basisdaten für eine bedürfnisgerechte Arbeitszeitgestaltung* (WZB-papers, P94-102). Berlin: Wissenschaftszentrum Berlin für Sozialforschung [WZB].

Seifert, H. (1993). Arbeitszeitgestaltung jenseits der Normalarbeitszeit. In H. Seifert (Hrsg.), *Jenseits der Normalarbeitszeit Jenseits der Normalarbeitszeit. Perspektiven für eine bedürfnisgerechtere Arbeitszeitgestaltung* (S. 271-288). Köln: Bund.

Siebert, H. (1994). *Geht den Deutschen die Arbeit aus?* München: Bertelsmann.

Süddeutsche Zeitung [SZ] (1995, 19. Januar, S. 9). *Für einen Korridor zwischen 20 und 45 Stunden.*

Süddeutsche Zeitung [SZ] (1995, 2. Februar, S. 3). *Der Luxus, nachts Mittag zu essen.*

Trautwein-Kalms, G. (1993). Arbeitszeit bei „modernen Angestellten". Kann die Freizeit grenzenlos sein? In H. Seifert (Hrsg.), *Jenseits der Normalarbeitszeit. Perspektiven für eine bedürfnisgerechtere Arbeitszeitgestaltung* (S. 175-195). Köln: Bund.

Brigitte Stolz-Willig

Sozialverträgliche Arbeitszeitgestaltung und Geschlechterverhältnisse

1 Normalarbeitsverhältnis und Leitbilder der Frauenerwerbstätigkeit

Die Frage nach der Sozialverträglichkeit der Arbeitszeiten hat sich den historisch spezifischen Kontext zu vergegenwärtigen, in dem sich die Geschlechterverhältnisse in der Bundesrepublik entwickelt haben: Das Normalarbeitsverhältnis, das, wie Beck-Gernsheim (1993) es formuliert hat, voraussetzt, daß hinter jedem, der sich an ihm als Vollzeitbeschäftigter beteiligt, eine zweite Person steht, die den Rücken freihält für die Organisation des Alltagslebens, die Versorgung und Pflege der Kinder und älteren Angehörigen, hat die traditionelle Versorgerehe zur Voraussetzung und zum Resultat. Auch wenn dieses Geschlechtermodell keineswegs für alle Arbeitnehmerschichten je lebbar war, hat es doch als Leitbild die Familien- und Sozialpolitik und ebenso die Tarifpolitik wesentlich geprägt.

Im Westen wurde mit dem am Familienzyklus der Frau orientierten gesellschaftlichen Leitbild des „Drei-Phasen-Modells“ der Erwerbstätigkeit die Dominanz der Familie über den Beruf postuliert. Beruf und Familie ließen sich danach in ein scheinbar konfliktloses Nacheinander anordnen. Auch wenn die individuellen Lebensmuster schon vielfältiger waren, so sind die spezifischen Erwerbsverläufe von Frauen doch nicht nur ein Spiegelbild ihrer persönlichen Optionen und familiären Lebensbedingungen. Bis heute wird durch ein vielfältiges Instrumentarium von Anreizen und Sanktionen im Bereich der Steuer-, Sozial- und Familienpolitik sowie im Familien- und Unterhaltsrecht die längere Erwerbsunterbrechung der Frauen bei Kindererziehung (oder eine lediglich geringfügige, nicht versicherungspflichtige Beschäftigung) im Sinne des Leitbildes der Phasenerwerbstätigkeit gezielt gefördert. Zu erwähnen sind hier vor allem das Ehegattensplitting im Steuerrecht, die Hinterbliebenenversorgung, der gegenwärtige Anrechnungsmodus von Kindererziehungszeiten im Rentenrecht, die Familienmitversicherung sowie - „last but not least“ - das völlig unzureichende Angebot an öffentlichen Einrichtungen der Kinderbetreuung. Das Leitbild der Versorgerehe wird gestützt und subventioniert, während die kontinuierliche Erwerbstätigkeit von Müttern und damit der Aufbau eigenständiger sozialer Sicherungsansprüche ökonomisch unattraktiv gemacht werden. Die Ungleichheit zwischen den Geschlechtern wird sozialstaatlich überformt und befestigt.

Sowohl die historisch gewachsene Lohnstruktur als auch die Arbeitszeitstruktur sind mit dadurch geprägt, daß auch die tariflichen Verhandlungen über die monetären und zeitlichen Bedingungen der Erwerbsarbeit zwischen den Tarifparteien von dem traditionellen Leitbild geprägt waren und auch heute noch sind, wonach der Mann wesentlich für die Berufsarbeit zuständig zu sein hat, aus dessen Arbeitseinkommen die Unterhaltsverpflichtung gegenüber Frau und Kind darzustellen ist.

In der ehemaligen DDR wurde insbesondere hinsichtlich der Erwerbsstrukturen die gesellschaftliche Rolle der Frauen neu definiert. Mit der Angleichung von Bildungsniveau und Erwerbsbeteiligung von Männern und Frauen sollte nicht allein die wirtschaftliche Unabhängigkeit der Frauen verwirklicht werden, sondern sie erschien als Garant eines partnerschaftlichen Verhaltens zwischen den Geschlechtern. Auch wurde die Kindererziehung nahezu bedarfdeckend in öffentlichen Einrichtungen gewährleistet. Eine Neudefinition der Geschlechterrollen, eine soziale Definition der Männer als Väter oder Verantwortliche für Familienaufgaben existierte hingegen im Bereich öffentlicher Politik nicht (Maier, 1991). Die Sozialpolitik der ehemaligen DDR war teilweise kompensierend angelegt, teilweise hat sie die Geschlechterdifferenzen wesentlich zementiert, indem Regelungen zur Vereinbarkeit von Beruf und Familie - die erst in den 70er Jahren eine Politik der Geburtenförderung begleiteten (Penrose, 1990) - nahezu ausschließlich an Mütter adressiert blieben.

Das klassische Geschlechterrollenbild, wonach dem Mann und Vater die außerhäusliche Erwerbstätigkeit vorbehalten ist und der Frau und Mutter die unbezahlte Haus- und Erziehungsarbeit zugewiesen wird, entspricht heute immer weniger der Realität in Gesamtdeutschland und schon gar nicht den Lebensplänen jüngerer Frauen. Diese richten sich darauf - wie in allen einschlägigen Untersuchungen belegt - Beruf und Familie weitgehend parallel miteinander vereinbaren zu können und auf dieser Basis eine eigenständige soziale und Existenzsicherung zu erreichen. Ihr Plädoyer für eine gleichberechtigte Teilhabe am Erwerbsleben orientiert sich aber nicht an den Standards und Zumutungen eines männlich geprägten Normalarbeits(zeit)verhältnisses, das die familiären Zeitbedarfe völlig unberücksichtigt läßt.

Der vorliegende Beitrag untersucht die Rolle, die der Familienarbeit in der Definition und Ausgestaltung von Arbeitszeitnormen zukommt. In diesem Zusammenhang ist es von besonderem Interesse, zu betrachten, in welcher Weise erweiterte Ansprüche an eine individuelle Gestaltung von Arbeitsverhältnissen und speziell Arbeitszeiten in tarifpolitischen Konzepten vermittelt werden mit dem Abbau von Frauenbenachteiligung und der Neuverteilung der Erwerbs- und Familienarbeit zwischen den Geschlechtern.

2 Betriebliche und außerbetriebliche Zeitanforderungen im Konflikt

Das Verhältnis zwischen Arbeitswelt und privater Lebenswelt wird zunehmend schwieriger, voraussetzungsvoller und widersprüchlicher (Bauer & Schilling, 1993). Erziehungsideale und -standards - Selbständigkeit, Förderung der Individualität, Bedürfnisorientierung - begründen Ansprüche vor allem an die Mütter, die in früheren Generationen so nicht gegeben waren. Veränderungen in den Familienstrukturen mit der Folge einer deutlich verkleinerten Kernfamilie und abnehmenden Geschwisterzahlen sowie gewandelte Wohnumfeldbedingungen machen die Gestaltung des Alltags aufwendiger und zeitintensiver. Gleichzeitig aber wird das Zeitbudget für das Zusammenleben mit den Kindern in den Familien immer knapper: während Väter unverändert wenig an der Haus- und Erziehungsarbeit teilhaben, sind in den Lebensbiographien von Frauen, ihren

Erwerbspräferenzen und -mustern starke Veränderungen eingetreten. Die heutige Müttergeneration will beides leben, Beruf und Familie, und scheitert häufig an der nicht aufeinander abgestimmten Zeitorganisation des Erwerbssektors einerseits und des öffentlichen Betreuungs- und Erziehungssystems und der privaten Alltagsorganisation andererseits. Lösungen, die den Zeitanforderungen von Kindern und den Ansprüchen von Eltern an ein Zusammenleben mit den Kindern gerecht werden können, lassen sich nicht allein durch ein Mehr an öffentlichen Kinderbetreuungseinrichtungen und flexiblere Öffnungszeiten erreichen, veränderte Zeitmuster müssen vor allem in der Arbeitswelt gefunden werden.

Den steigenden Anforderungen an die qualitative Ausgestaltung des Familienalltags mit Kindern steht die quantitative Reduzierung ihrer Bedeutung in der Lebenslaufperspektive entgegen. Die Zeitspanne, in der Kinder zu betreuen sind, ist aufgrund der abnehmenden Kinderzahl absolut und - vor dem Hintergrund der sich insgesamt verlängernden Lebenserwartung - auch relativ gesunken. Zugleich aber führt die steigende Lebenserwartung in dem familiären Anforderungsbereich der Pflege alter Menschen zu einem quantitativ ausgeweiteten und gegenüber der Kindererziehung andersartigen Bedarfsspektrum (Bäcker & Stolz-Willig, 1995). Die Vereinbarkeitsproblematik von Familien- und Berufsarbeit, die bislang fast ausschließlich für die Phase der Mutterschaft diskutiert wurde, muß auf die zweite Lebensphase hin erweitert werden und wird zu einem lebenslangen Prozeß (Born, 1993).

3 Arbeitszeiten und soziale Ungleichheit der Geschlechter

Die Aufgabe, eine Balance zwischen Erwerbs-, Familien- und Individualzeiten herzustellen, wird subjektiven Anpassungsprozessen überlassen (Garhammer, 1994), wobei die Lasten geschlechtsspezifisch ungleich verteilt sind. Die Synchronisierung von Erwerbs- und Familienarbeit bestimmt ganz wesentlich die Erwerbsmuster und Arbeitszeitformen von Frauen. Es sind zumeist die Frauen, die sich um eine Anpassung ihrer Zeitstrukturen an die ihrer Familienangehörigen bemühen, und zwar nicht nur an die der zu versorgenden Kinder, sondern insbesondere auch an die des Partners. Demgegenüber bleibt das Erwerbsbeteiligungsverhalten der abhängig beschäftigten Männer von diesen Erfordernissen weitgehend unberührt. Es gelingt dabei Männern nicht nur die Zeit für Hausarbeit möglichst knapp zu halten, sie nehmen auch deutlich häufiger zusätzliche regelmäßige außerhäusliche Termine, wie Weiterbildung, ehrenamtliche Tätigkeiten und vor allem organisierte Freizeitaktivitäten wahr. Erwerbstätige Frauen verfügen dagegen kaum über Zeit für sich (Funder, 1994).

Die Geschlechtsspezifik der Arbeitsteilung verstärkt sich deutlich, wenn Frauen ihre Arbeitszeiten den Anforderungen der Kinderbetreuung anpassen. Frauen, die ihre Arbeitszeiten reduziert haben, „sind zu fast drei Vierteln (72 von Hundert) allein, bzw. überwiegend alleinzuständig für die Kindererziehung und sogar zu 82 von Hundert für die Hausarbeit. Frauen hingegen, die ihre Arbeitszeit nicht geändert haben, sind nur zu knapp der Hälfte (47 von Hundert) allein zuständig für die Kinderbetreuung und -erziehung und „nur" zu 66 von Hundert für die Hausarbeit (Bauer, Groß & Schilling, 1994). In der Folge realisieren teilzeitbeschäftigte Frauen - trotz der geringsten erwerbsarbeitsgebundenen Zeiten - das höchste Gesamtarbeitsvolumen.

Wenn nun alle Zeitbudgetuntersuchungen belegen, daß die Gestaltung des Alltagslebens allem Einstellungswandel zum Trotz faktischen Veränderungen hin zu egalitärer Arbeitsteilung widersteht und dies letztlich für alle Altersgruppen, Schichten und Lebensformen (in West wie Ost) gilt, dann ist die häusliche Arbeitsteilung „zu einem Indikator für die soziale Ungleichheit zwischen den Geschlechtern geworden" (Keddi & Seidenspinner, 1991, S. 161). Deutlich wird nach den Ergebnissen der Zeitbudgetstudien, daß Arbeitszeitpräferenzen weder durch ein einheitliches, allgemein regulierbares Arbeitszeitinteresse, noch durch einen Trend zur Individualisierung und Pluralisierung zutreffend beschrieben werden können (vgl. Garhammer, in diesem Band). In den realisierten Arbeitszeitmustern und Arbeitszeitpräferenzen werden typische Lebenslagen und in bestimmten Lebensphasen zu bewältigende Handlungsprobleme ebenso sichtbar wie Strukturen der Polarisierung und Segmentierung nach Geschlecht und familienbiographischen Konstellationen.

4 Frauenförderung in der Arbeitszeitpolitik - eine Bilanz

Noch in den 80er Jahren schien in der Bundesrepublik die Hoffnung begründet, daß eine konsequente gewerkschaftliche Tarifpolitik zur Arbeitszeitreduzierung vor dem Hintergrund günstiger wirtschaftlicher Rahmendaten auch das Problem der Vereinbarkeit von Beruf und Familie Zug um Zug mildern, wenn nicht sogar lösen würde. Die Durchsetzung der allgemeinen Arbeitszeitverkürzung war nicht allein mit der Zielsetzung verbunden, die Partizipation der Arbeitnehmer/-innen am Produktivitätswachstum in Form erweiterter Spielräume für eine Humanisierung der Arbeit und einer Umverteilung der Arbeit zwischen Beschäftigten und der zunehmenden Anzahl Beschäftigungsloser zu realisieren. Zugleich sollte die traditionelle geschlechtsspezifische Arbeitsteilung in der Perspektive einer partnerschaftlichen Aufteilung von Berufs- und Familienarbeit auf der Grundlage drastisch reduzierter Erwerbsarbeitszeiten aufgehoben werden.

Die normative Grundlage der gewerkschaftlichen Betriebs- und Tarifpolitik - der männliche Arbeitnehmer mit familienerhaltendem Einkommen - blieb durch die Kopplung der Maßgröße der Arbeitszeitverkürzung an den vollen Lohnausgleich unangetastet. Die relative Prosperitätskonstellation Anfang und Mitte der 80er Jahre - gekennzeichnet durch stetige Steigerungsraten des Bruttoinlandsprodukts, durch Stabilisierung der Staatsverschuldung, durch geringere Inflationsraten und hohe Exportüberschüsse auf der einen Seite, durch die Unfähigkeit, die hohe Sockelarbeitslosigkeit nennenswert abzubauen auf der anderen Seite - ließ ausreichende Verteilungsspielräume für Arbeitszeitverkürzungen und Einkommenszuwächse erwarten. Die Arbeitszeitpolitik war zunächst eine Tarifpolitik für „gute Zeiten" und in weitere Fortschritte ökonomischen Wachstums und eines Ausbaus des Sozialstaats eingebunden.

Vor dem skizzierten ökonomischen Hintergrund konnten die Gewerkschaften hoffen, daß ihnen im Spannungsfeld zwischen Interessenvertretung des klassischen (in der Regel männlichen) Mitglieds im Normalarbeitsverhältnis und den sich damals deutlicher artikulierenden Anforderungen der neuen sozialen und ökologischen Bewegungen nach veränderten Arbeits- und Lebensmodellen eine Quadratur des Kreises gelingen würde. Zum einen konnte der traditionellen Klientel durch das Dogma des vollen Lohnausgleichs eine nachhaltige Absicherung hinsichtlich der bestehenden Einkommensverhältnisse und damit der durch sie wesentlich mitgeprägten Lebensverhältnisse gegeben werden. Für diesen Teil der Mitglieder blieben die Arbeitszeitverkürzung und auch der Arbeitskampf für den Einstieg in die 35-Stunden-Woche eine Tarifforderung zur Verbesserung der eigenen Lebensverhältnisse mittels der Ausdehnung der disponiblen Zeit außerhalb des Lohnarbeitsverhältnisses.

Der andere vermutlich kleinere Teil der Mitglieder wurde durch den transitorischen Aspekt der fortgesetzten kontinuierlichen Arbeitszeitverkürzung auf langfristig 30 Stunden und weniger in die Arbeitszeitbewegung eingebunden. Denn es ist unmittelbar einsichtig, daß ein Normalarbeitstag von fünf oder sechs Stunden neue Spielräume der partnerschaftlichen Aufteilung der Familienpflichten etc. bringt (Kurz-Scherf & Breil, 1986; Stahn-Willig & Bäcker, 1984).

Die sich zunehmend verbreitende Teilzeitarbeit (nahezu ausschließlich der Frauen) und der Trend zur Arbeitszeitflexibilisierung erschienen in dieser Sichtweise ausschließlich als Angriff auf das Normalarbeitsverhältnis und dessen (Existenz-)Sicherungsfunktion sowie als Zementierung geschlechtstypischer Arbeitsteilung in Beruf und Familie. Zugleich wurde die Gefahr gesehen, daß individuelle Arbeitszeitreduzierungen als Einfallstor für unternehmerische Deregulierungs- und Flexibilisierungsstrategien genutzt werden. Tatsächlich hatte gerade die Nichtregulierung der Teilzeitarbeit deren Attraktivität für die Arbeitgeber erhöht und damit dazu beigetragen, Teilzeitarbeit vor dem Hintergrund wachsender Arbeitslosigkeit als Mittel zeitökonomischer Rationalisierung des Arbeitskräfteeinsatzes zu nutzen.

Aus dem Dilemma, Teilzeitarbeit als ein Instrument unternehmerischer Arbeitszeitflexibilisierung abzuwehren und gleichzeitig die Interessen der Teilzeitbeschäftigten zu vertreten, suchten die Gewerkschaften einen Ausweg, indem für die real existierende Teilzeitarbeit Mindestnormen sowie arbeits- und tarifrechtliche Gleichbehandlung der Teilzeitarbeit mit Vollzeitbeschäftigung angestrebt wurden, eine Umwandlung von Vollzeit- in Teilzeitarbeitsplätze aber grundsätzlich abgelehnt wurde. Die Hoffnung ging dahin, daß mit dem Fortgang der Arbeitszeitverkürzung die Bereitschaft der Beschäftigten, Teilzeitarbeit zu übernehmen, sich tendenziell auflösen würde und die partnerschaftliche Vereinbarkeit von Beruf und Familie auf der Basis der Normalarbeitszeit möglich sein werde.

Heute ist unstrittig, daß diese Einschätzung und Perspektive in vielfacher Hinsicht unrealistisch war und die gewerkschaftliche Arbeitszeitpolitik zu einer Neubestimmung aufgefordert ist: Die Entwicklungsgeschwindigkeit der Arbeitszeitverkürzung ist schon allein aus beschäftigungspolitischen Gesichtspunkten viel zu langsam. Bei einer Fortsetzung der im Moment in Tarifverträgen eingeschlagenen Entwicklung der Arbeitszeitverkürzung wird die 35-Stunden-Woche im gesamtwirtschaftlichen Durchschnitt erst im Jahre 2005 erreicht (Bispinck, 1993). Die Fortschritte der Arbeitszeitverkürzung gehen teilweise mit erheblichen Zugeständnissen bei der Flexibilisierung der Arbeitszeiten einher. Der Nutzen an frei verfügbarer Zeit durch Arbeitszeitverkürzung kann durch eine ungünstige Lage der Arbeitszeit, durch eine wechselnde Verteilung oder auch durch eine Zerstückelung der Freizeit wieder zunichte gemacht werden. Die gesetzlichen und tariflichen Arbeitszeitnormen bieten weder einen ausreichenden Schutz gegen sozial unverträgliche Arbeitszeiten (wie Nacht- und Wochenendarbeit, geringfügige Beschäftigungsverhältnisse), noch bieten sie für individuelle Zeitbedarfe einen ausreichenden Gestaltungsrahmen.

In der Auseinandersetzung um die konkreten betrieblichen und tariflichen Regelungen zur Lage und Verteilung der Arbeitszeiten geriet die Geschlechterfrage zusehends ins Hintertreffen. Der Anspruch einer allgemeinen, auf Männer und Frauen gleichermaßen bezogenen und übergreifenden gesellschaftspolitischen Anliegen verpflichteten Arbeitszeitpolitik schwindet. In der Vielfalt betrieblicher Arbeitszeitsysteme und individueller Zeitpräferenzen scheint ein einheitliches Arbeitszeitinteresse nicht mehr identifizierbar. Unter den heute veränderten ökonomischen Rahmenbedingungen ist eine Bündelung der Tarifpolitik auf ein von der Mehrheit gewerkschaftlicher Mitglieder gemeinsam getragenes arbeitszeitpolitisches Ziel schwer vorstellbar. Wirksame Arbeitszeitreduzierungen können mit einem vollen Lohnausgleich kaum noch durchgesetzt werden. Eine Aufhebung der Blockade in dem Konflikt zwischen Arbeitszeitverkürzung und Reallohnsicherung ist nur dann zu erwarten, wenn die Tarifpolitik endgültig vom (implizit unterstellten) Familienlohn des Mannes Abschied nimmt. Das heißt, eine relative Besserstellung von Frauen und eine entsprechende relative Schlechterstellung von Männern in der Lohn- und Gehaltshierarchie nicht nur hinzunehmen, sondern ausdrücklich anzustreben.

5 Ansätze optionaler Arbeitszeiten in der Betriebs- und Tarifpolitik

Ansätze einer individuell bzw. gruppenspezifisch differierenden Gestaltung von Dauer, Lage und Verteilung der Arbeitszeit schieben sich heute stärker in den Vordergrund der Tarifpolitik. Die traditionelle tarifliche Arbeitszeitpolitik soll um den Aspekt der qualitativen Steuerung der Arbeitszeit erweitert werden; qualitativ heißt, daß die Erwerbsarbeitszeiten mit den nach Lebenslagen und -entwürfen unterschiedlichen Zeitbedürfnissen in Einklang zu bringen sind. Individuelle Zeitbedürfnisse sollen durch die Einführung kollektivvertraglicher (Rahmen-)Vereinbarungen real durchsetzbar werden, letztlich auch gegen die betrieblichen Interessen.

Elemente dieser Arbeitszeitpolitik einer „garantierten Optionalität" (Hinrichs, 1992; vgl. auch Seifert, in diesem Band) finden sich seit Ende der 80er Jahre, und zwar bezogen auf Maßnahmen zur Verbesserung der Vereinbarkeit von Beruf und Familie, die im Rahmen tariflicher und betrieblicher Frauenförderung und Eltern-Kind-Programmen vermehrt zum Regelungsgegenstand werden. Freistellungs- und Wiedereinstiegsregelungen nach einer Familienphase und qualifizierte Teilzeitarbeit sollen der besonderen Lebenssituation von Frauen Rechnung tragen. Mit diesen Ansätzen wird der Blickwinkel gewerkschaftlicher Politik zwar um die Berücksichtigung der außerhalb des Betriebes zu leistenden Arbeit erweitert. Die normative Grundlage der gewerkschaftlichen Betriebs- und Tarifpolitik, die ihren prototypischen Adressaten und Träger in dem kontinuierlich und vollzeitig beschäftigten männlichen Arbeitnehmer sieht, wird gleichwohl nicht grundsätzlich in Frage gestellt. Nach wie vor bleibt die elementare tarifliche Schutzfunktion hinsichtlich der Existenzsicherung, der Bestandsgarantie etc. an die Normalarbeitszeit und die Kontinuität der Beschäftigung gebunden. Arbeitsverhältnisse, die nach Dauer und Frist der Beschäftigung hiervon abweichen, garantieren kein existenzsicherndes Einkommen und konstituieren einen verminderten sozialen Schutz.

Wenn deshalb sowohl aus beschäftigungs- wie gleichstellungspolitischen Gründen einer allgemeinen, obligatorisch wirkenden Arbeitszeitverkürzung der Vorrang einzuräumen ist, so bleibt es doch eine gesellschaftspolitische Aufgabe, die Voraussetzungen dafür zu schaffen, daß sich Wünsche nach individueller Wenigerarbeit auch artikulieren und durchsetzen können (Bäcker & Stolz-Willig, 1994a). Eine qualifizierte Teilzeitpolitik steckt heute jedoch erst in den Anfängen: Soweit Teilzeitbeschäftigte in den bestehenden arbeits-, tarif- und sozialrechtlichen Regelungen diskriminiert werden, kommt es darauf an, die nach Rechtsprechung des Europäischen Gerichtshofs [EuGH] und des Bundesarbeitsgerichts [BAG] mehrfach angemahnte Gleichstellung zu verwirklichen. Die Tarifvertragsparteien sind aufgefordert, die Benachteiligungsverbote, auch von „geringfügig Beschäftigten", endlich nachzuvollziehen und zwar hinsichtlich der Bezahlung, der Behandlung von Überstunden, der Eingruppierung, der Aufstiegs- und Weiterbildungsmöglichkeiten, der Teilhabe an betrieblichen Sozial- und Altersversorgungseinrichtungen sowie beim Bestands-, Kündigungs- und Rationalisierungsschutz.

Nun bedeutet eine rechtliche Gleichbehandlung allerdings noch nicht, daß indirekte Benachteiligungen ausgeschlossen sind. Das Problem liegt darin, daß sich gleichwertige Berufs-, Aufstiegs- und Weiterbildungschancen nicht erzwingen lassen. Gefordert ist letztlich eine prinzipielle Umorientierung in der betrieblichen Personalpolitik, wenn „Leistung" nicht länger mit der Dauer der Arbeitszeit gleichgesetzt werden soll. Diese überfällige Revision traditioneller Bewertungskriterien in der Arbeitswelt steht wiederum im Zusammenhang mit der gesellschaftlichen Neubewertung von Erwerbs- und Lebensarbeit.

Die gegenwärtigen gesetzlichen und tariflichen Arbeitszeitnormen haben sich dieser Aufgabenstellung bislang weitgehend verschlossen. Eingeführt ist lediglich der Anspruch nach dem Bundeserziehungsgeldgesetz auf eine dreijährige Vollfreistellung wegen Kindererziehung mit Kündigungsschutz (einige Tarif- und Betriebsvereinbarungen gehen zeitlich noch darüber hinaus). Ansprüche auf (qualifizierte) Teilzeitarbeit wahlweise zur Vollfreistellung oder bei der Berufsrückkehr sind damit aber nicht verbunden. Dieses negative Bild wird durch Ausnahmen aufgehellt. Sie beziehen sich zum einen auf das in dieser Hinsicht vorbildliche Beamtenrecht (und seine Ergänzung durch das zweite Gleichberechtigungsgesetz) und zum anderen auf ausgewählte Kollektivvereinbarungen (im Überblick Bäcker & Stolz-Willig, 1994b). In einigen jüngeren Tarifabschlüssen zur Teilzeitarbeit (z.B. im Bankenbereich, in der Metallindustrie, in der Chemischen Industrie, im Öffentlichen Dienst, bei der Bahn AG) finden sich Formulierungen, nach denen Teilzeitwünsche der Beschäftigten - unter Berücksichtigung ihres Qualifikationsprofils und „im Rahmen der betrieblichen Gegebenheiten" - erfüllt werden sollen. Bevorzugungsregelungen für Teilzeitbeschäftigte bei der Besetzung von Vollzeitstellen sind ebenfalls erste Schritte, um Optionen auf einen Wechsel von Arbeitszeiten betrieblich umzusetzen.

Begrenzt finden sich Möglichkeiten einer wahlweisen Voll- oder Teilfreistellung auch in einzelnen betrieblichen Eltern-Kind-Programmen oder tariflichen Elternurlaubsregelungen. Obwohl die Zahl der Betriebsvereinbarungen mit familienfreundlichen Regelungen seit Mitte der 80er Jahre kontinuierlich gestiegen ist und entsprechende Regelungen inzwischen auch in Branchentarifverträgen aufgenommen wurden (Bäcker & Stolz-Willig, 1994b; Brumlop & Hornung, 1994; Richter & Stackelbeck, 1992; Stolz-Willig, 1991) werden von Unternehmen insgesamt nur in sehr begrenztem Umfang spezifische Maßnahmen sowohl hinsichtlich der Förderung des betrieblichen Aufstiegs als auch der verbesserten Vereinbarkeit von Beruf und Familie angeboten. Regelungen zur Vereinbarkeit von Beruf und Familie stehen häufig im Zusammenhang mit Maßnahmen betrieblicher Frauenförderung, noch häufiger aber ersetzen sie weiterreichende Überlegungen zur Frauenförderung. Nach einer Untersuchung von Brumlop und Hornung (1994) lagen Mitte 1992 in knapp 100 Unternehmen Frauenförderprogramme vor. Regelungen zur Vereinbarkeit von Beruf und Familie stehen dabei bei 90 von Hundert aller Programme im Vordergrund. Überwiegend wird dabei die Freistellung aus Gründen der Kindererziehung geregelt (Stolz-Willig, 1991). Wenig verbindliche Vorgaben enthalten die Programme indes da, wo es um Ausbildung, Stellenbesetzung und innerbetrieblichen Aufstieg geht. Die einzelnen Vereinbarungen sind rechtlich überwiegend unverbindlich formuliert.

Kernelemente der tariflichen Vereinbarungen bilden ebenfalls Maßnahmen zur Verlängerung der beruflichen Freistellung über den gesetzlichen Erziehungsurlaub hinaus. Branchentarifverträge zum Elternurlaub wurden bislang im Einzelhandel, Groß- und Außenhandel, dem Banken- und Versicherungsgewerbe, der Metallindustrie, Eisen- und Stahlindustrie sowie der Papier- und Kunststoffverarbeitenden Industrie und Druckindustrie vereinbart. Die tariflichen Regelungen knüpfen (eine Ausnahme bildet nur der Tarifvertrag der Papier- und Kunststoffverarbeitenden Industrie) zeitlich an den gesetzlichen Erziehungsurlaub an. Anspruchsberechtigt sind in der Regel festangestellte Arbeitnehmer/-innen mit mehrjähriger Betriebszugehörigkeit, die nach der Inanspruchnahme des gesetzlichen Erziehungsurlaubs einen verlängerten Betreuungsurlaub in Anspruch nehmen wollen. Grundsätzlich unterscheiden sich die Tarifregelungen nach der Qualität der Beschäftigungsgarantie. Die überwiegende Zahl der Tarifregelungen geht davon aus, daß der/die Beschäftigte nach der Inanspruchnahme des gesetzlichen Erziehungsurlaubs aus dem Betrieb ausscheidet, das heißt das Arbeitsverhältnis wird aufgelöst. Im Rahmen der tariflich fixierten Zeitdauer besteht ein Anrecht auf Wiedereinstellung.

Lediglich im Einzelhandel, der Papier- und Kunststoffverarbeitenden Industrie bleiben die Erziehungsurlauber/-innen Beschäftigte des Betriebes. Das Arbeitsverhältnis wird nicht aufgelöst, sondern ruht. Damit werden nur die Hauptpflichten des Arbeitsverhältnisses suspendiert, das heißt daß die Arbeitnehmer/-in nicht zur Arbeitsleistung verpflichtet ist und umgekehrt der Arbeitgeber nicht zur Lohnzahlung. Es ergibt sich aber kein Beschäftigungsrisiko für die betroffenen Arbeitnehmer/-innen. Allerdings müssen auch in diesen Fällen Risiken der sozialen Sicherung und Einkommenssicherung in Kauf genommen werden.

6 Frauenförderung kontra Familienförderung?

Verbreitung und erste Erfahrungen zur Umsetzung vorliegender Regelungen lassen ein selektives Interesse der Betriebe an der kontinuierlichen Nutzung und Betriebsbindung weiblicher Arbeitskräfte vermuten (Rudolph & Grüning, 1994). In Beschäftigungsbereichen mit zunehmendem Bedarf an qualifizierten Arbeitskräften wächst die Bereitschaft zu familienbezogenen Flexibilitätsregelungen. Allerdings reproduzieren sich auch in den als „familienfreundlich" zu klassifizierenden Betrieben die Konkurrenznachteile zu Lasten der weiblichen Beschäftigten, weil nur sie die entsprechenden Regelungen in Anspruch nehmen. Nach wie vor dominieren in typischen Frauenbranchen und -tätigkeitsbereichen Flexibilisierungsformen, die hinsichtlich der Qualifikationsanforderungen, der Belastungen und der tarif- und sozialrechtlichen Absicherung überwiegend negative Merkmale aufweisen.

Trotz Umdenkens in der Personalpolitik der Unternehmen hat die derzeitige Bilanz der betrieblichen Frauenförderung kaum nachweisbare Veränderungen in der Beschäftigtenstruktur von Unternehmen und Behörden bewirkt. Es läßt sich sogar vermuten, daß die bisherige Konzeptualisierung und Wirksamkeit betrieblicher und tariflicher Frauenförderung sich eher negativ auf die Zielsetzungen von Frauenförderung auswirken könnten (Brumlop & Hornung, 1994). Verstanden weniger als Förderung der Gleichberechtigung von Männern und Frauen im Arbeitsleben, sondern als Gewährung von Vergünstigungen für Frauen mit Familienpflichten, kann diese Form der Frauenförderung innerbetrieblich vorherrschende „männliche“ Machtstrukturen unterstützen und die geschlechtsspezifische Arbeitsteilung und Segregation im Berufsleben konservieren. Darüber hinaus steht zu befürchten, daß sich die Kluft zwischen den am männlichen Lebensmuster orientierten „Karrierefrauen“ und traditionellen Familienfrauen verstärkt.

Auch wenn die paternalistische Konstruktion der betrieblichen und tariflichen Frauenförderung unübersehbar ist, so ist doch die Dynamik nicht zu unterschätzen, die mit ihrer Institutionalisierung verbunden ist. Die Frage der Berücksichtigung familiärer Lebenslagen und -interessen ist zum unabweisbaren Gegenstand betrieblicher und tariflicher Auseinandersetzung geworden, in deren Rahmen sich auch Selbstbewußtsein, Engagement und Interessenvertretung von Frauen selbst verändern. Auch erlauben die noch relativ kurzen Umsetzungsperioden betrieblicher und tariflicher Vereinbarungen keine abschließende Bewertung darüber, in welcher Weise die Regelungen in Anspruch genommen werden und das Berufsverständnis und die Berufskontinuität erwerbstätiger Mütter einerseits und die Personalplanung und das -management der Betriebe andererseits beeinflussen.

Inbesondere bleibt offen, wie die in Zeiten von Hochkonjunktur und Beschäftigungsanstieg kodifizierten Regelungen greifen, wenn sich - wie gegenwärtig - die ökonomische Situation grundlegend wandelt, Branche und Firma sich in einer Krise befinden und der Belegschaftsabbau die betriebliche Personalpolitik bestimmt. Ob mit den vorhandenen „familienfreundlichen“ Regelungen den Unternehmen ein zusätzliches Instrument der Personalflexibilisierung und des Abbaus zu Lasten der Frauen zuwächst oder nicht im Gegenteil der klassische Verdrängungsprozeß von Frauen zumindest abgemildert werden kann, bedarf sicherlich weiterer Untersuchungen. Die tatsächlichen Effekte der Stabilisierung oder Destabilisierung der Beschäftigung von Frauen durch familienbedingte Freistellung und Teilzeitarbeit sowie zusätzlicher Beschäftigung durch vorübergehende Besetzung befristet freiwerdender Arbeitsplätze hängen von den spezifischen Voraussetzungen und der Struktur der Betriebe ab und können gegenwärtig kaum abgeschätzt werden.

7 Arbeitszeitpolitik und Antidiskriminierung

In der gewerkschaftlichen Tarifpolitik sind in den letzten Jahren Veränderungen und Perspektivenwechsel sichtbar geworden. Das traditionelle - gleichermaßen männliche wie erwerbsarbeitszentrierte - Verständnis wandelt und öffnet sich. Wenn auch zögerlich setzt sich die Auffassung durch, daß der durch ökonomische Interessen geprägte Umbau betrieblicher Zeitsysteme in Wechselwirkung auch zu Entwicklungen in Familien und Partnerschaften steht.

Mit der Verankerung von Individualrechten im Schutze kollektiver Regelungen soll der zunehmenden Entstandardisierung von Erwerbsbiographien Rechnung getragen werden. Allerdings tragen differenzierte Arbeitszeitregelungen die Gefahr in sich, bei anhaltend hoher und steigender Arbeitslosigkeit Segmentationstendenzen im Beschäftigungssystem zu verschärfen. Angesichts der Machtasymmetrie auf dem Arbeitsmarkt verfügen nur leistungsstarke Beschäftigte mit einer wichtigen betrieblichen Position über die Verhandlungsstärke, ihre Interessen auszuhandeln und gegen den Betrieb durchzusetzen. Vor allem wegen der Bedingungen auf dem Arbeitsmarkt kann die Durchsetzung individueller Arbeitszeitregelungen deshalb nicht in einen Gegensatz zu weiteren Schritten der Wochenarbeitszeitverkürzung gebracht werden. Der Verzicht auf eine Begrenzung und generelle Reduzierung des tariflichen Arbeitszeitstandards bedeutete den Verzicht auf einen nachhaltigen Effekt der Umverteilung des Erwerbsarbeitsvolumens auf mehr Personen und damit zugleich den Verzicht auf eine nachhaltige Veränderung des Machtungleichgewichtes auf dem Arbeitsmarkt zu Gunsten der abhängig Beschäftigten.

In der betrieblichen Realität setzen sich Rentabilitätsinteressen in der Regel gegen individuelle Zeitpräferenzen durch. Um die Zeitsouveränität im Interesse und nach den Bedürfnissen der Beschäftigten zu stärken, bedarf es kollektivrechtlicher Regelungen, die es den Arbeitnehmern/-innen erlauben, die Machtasymmetrie auf dem Arbeitsmarkt zumindest partiell zu ihren Gunsten zu verändern. Zeitautonomie verlangt insofern nicht - wie in der Arbeitszeitdebatte häufig angenommen wird - nach einer Deregulierung, sondern nach einer Stärkung gewerkschaftlicher Durchsetzungsmacht und einer erweiterten Regulierung der Anspruchsbedingungen und Rahmensetzungen (vgl. auch Garhammer; Seifert; alle in diesem Band).

Wie lassen sich problem- und lebenslagenbezogene Rechtsansprüche, also jeweilige Minderheiteninteressen, im Rahmen einer auf Mitgliedermobilisierung angewiesenen Tarifpolitik aber durchsetzen? Differenzierte Arbeitszeiten für einzelne Beschäftigtengruppen, insbesondere bei einem Bezug zu außerbetrieblichen Lebenslagen, bergen die Gefahr abnehmender Bereitschaft der Beschäftigten zu kollektiver Interessensvertretung und -durchsetzung. Eine über den Schutz unmittelbarer Beschäftigteninteressen hinausreichende Gestaltungskraft werden die Gewerkschaften aber nur dann gewinnen können, wenn die auch nicht direkt aus den betrieblichen Interessensgegensätzen resultierenden gesellschaftlichen Konfliktfelder in konkrete Tarifpolitik Eingang finden. Dies setzt voraus, daß auch die (zunehmenden) Teile der Beschäftigten auf die gewerkschaftliche Politik Einfluß nehmen können, die bislang, weil sie diskontinuierlich oder in atypischen Arbeitsverhältnissen beschäftigt sind, in der gewerkschaftlichen Interessensvertretung kaum vorkommen.

Darüber hinaus muß es für die tarifliche Arbeitszeitpolitik im Zusammenhang mit der Berücksichtigung individueller Arbeitszeitinteressen auch darum gehen, Strukturen der sozialen Ungleichheit zwischen Männern und Frauen und zwischen Beschäftigten mit unterschiedlicher Familienbindung abzubauen. Dabei stehen Gewerkschaften einerseits vor dem Problem, eine „Rangfolge von Schutzmaßnahmen" gerade auch unter Berücksichtigung außerberuflich zu bewältigender Anforderungen und Zeitzwänge zu definieren, andererseits aber zu verhindern, daß Schutzregelungen für besondere Arbeitnehmergruppen Arbeitsmarktdiskriminierung verschärfen.

Die Verknüpfung von Arbeitszeitpolitik mit dem Schutz vor Arbeitsmarktdiskriminierung wird in der arbeitszeitpolitischen Debatte nur vereinzelt thematisiert. Zum einen wird empfohlen, Anspruchsnormen nicht an definierte, eng eingegrenzte Lebenslagen zu binden, um die mit individuellen Rechten verknüpften Erwerbsrisiken potentiell allen Beschäftigtengruppen zuzuweisen (Kurz-Scherf, 1993; Stolz-Willig, 1993). Zum anderen wird darauf abgezielt, die Inanspruchnahme familienbezogener Regelungen grundsätzlich verbindlich auch für Männer bzw. Väter zu definieren. Dies schließt bewußt die Abkehr vom Freiwilligkeitsprinzip aus. So kann ein bloßes Verzichtsrecht auf Nachtarbeit aus familiären Gründen mittelbar diskriminierend wirken. Nur wer es in Anspruch nimmt, wird zum betriebswirtschaftlichen Risiko. Die Wahrscheinlichkeit, daß solche Schutzrechte vorrangig von Müttern in Anspruch genommen würden, ist zweifellos hoch (Pfarr, 1992). In der Konsequenz wird ein grundsätzliches Beschäftigungsverbot für Eltern - auch unabhängig von der tatsächlich praktizierten innerfamiliären Arbeitsteilung - gefordert.

In beiden Vorschlägen bleibt die Vermittlung von Arbeitszeitnormen und familienpolitischen Anliegen und Zielsetzungen jedoch problematisch. Im ersten Fall tragen allgemein definierte Ausstiegsrechte dem Umstand nicht Rechnung, daß Familienarbeit als gesellschaftlich gewünscht und notwendig in der Hierarchie individueller Ansprüche eines besonderen Schutzes bedarf. Im zweiten Fall soll ein Beschäftigungsverbot für beide Geschlechter die indirekte Diskriminierung des einen oder anderen Geschlechts verhindern. Beschäftigungsverbote im Bereich des Arbeitsschutzes bleiben aber auch dann problematisch, wenn sie geschlechtsneutral formuliert werden. In der Rangfolge zu definierender Schutzmaßnahmen im Arbeits- und Gesundheitsschutz sollten Maßnahmen des individuellen Arbeitsschutzes nur als Ergänzungsmaßnahmen zu gestaltungsbezogenen Arbeitsschutzbestimmungen in Frage kommen.

Unter Gesichtspunkten einer an Gleichberechtigung orientierten Arbeitszeitpolitik wären:

- der Standard der Normalarbeitszeit so zu definieren, daß er die Ausübung reproduktiver Funktionen einschließt;
- definierte Rechtsansprüche auf individuelle Arbeitszeitreduzierung (wahlweise Voll- und Teilfreistellung) mit Rückkehrrechten zu verankern;
- das Familienleben belastende Arbeitszeiten wie Nacht- und Wochenendarbeit, Mehrarbeit etc. zu beschränken und individuelle Weigerungs- und Ausstiegsnormen vorzusehen;
- obligatorische Freistellungsregelungen auf die Familienintegration der Männer auszurichten.

Es erscheint sinnvoll, familienbezogene Arbeitszeitregelungen so auszugestalten, daß deren Inanspruchnahme positiv sanktioniert wird. Dies schließt zuvorderst eine Kompensation der damit verbundenen Nachteile, insbesondere die Entschädigung für eventuelle Einkommenseinbußen ein. Damit stellt sich die Frage nach der systematischen Verknüpfung von Tarif- und Sozialpolitik. Vorstellungen, individuell reduzierte Arbeitszeiten durch eine soziale Grundsicherung abzufedern und attraktiv zu machen, sind aus finanz- und verteilungspolitischer Sicht undurchführbar (Bäcker, 1995; Meinhardt,

Teichmann & Wagner, 1994). Es bedarf vielmehr differenzierter Regelungen, die nach dem Grund der Erwerbseinschränkung unterscheiden und gezielt fördern, um die Benachteiligungen von Beschäftigten mit Familienpflichten auszugleichen (detailliert hierzu Bäcker & Stolz-Willig, 1994c).

8 Umsetzungsprobleme optionaler Arbeitszeiten

Betriebliche und tarifliche Regelungen zur Flexibilisierung der Arbeitszeiten nach Maßgabe der Interessen der Beschäftigten werfen in mehrfacher Hinsicht Fragen nach der betrieblichen Umsetzung auf: Zum einen ist nach den Auswirkungen individueller Gestaltungsmöglichkeiten auf die Leistungsbedingungen und Personalbemessung in den betroffenen Arbeitsbereichen zu fragen, zum anderen stellt sich die Frage nach der Qualität der Arbeitsverhältnisse und -bedingungen der Ersatzarbeitskräfte. Wenn eine Spaltung zwischen geschützter Stamm- und ungeschützter Randbelegschaft vermieden werden soll, dann dürfen optionale Arbeitszeiten nicht nur aus der Perspektive derjenigen bewertet werden, die aufgrund unter anderem ihrer langen Betriebszugehörigkeit und/oder Unersetzbarkeit Ansprüche vorbringen und durchsetzen können. Schützenswert sind auch die Interessen derjenigen, die befristet einspringen müssen, selbst aber keine entsprechenden Rechte haben.

Zweifellos werden in den Betrieben zukünftig der Bedarf für vorübergehenden Personalersatz ebenso wachsen wie die Anforderungen an eine Personalpolitik zu Gunsten einer verbesserten Integration von Berufsrückkehrer/-innen und ihres ausbildungsadäquaten Einsatzes. Arbeitskräftepools könnten hier einen möglichen Ansatz darstellen, um durch die Bildung einer überbetrieblichen Personalreserve den beteiligten Unternehmen personalpolitische Flexibilität in sozialverträglichen, die soziale Absicherung und Qualifizierungsbedarfe berücksichtigenden Regulationsformen zu ermöglichen. Dabei soll der kurzzeitige Personalbedarf der am Verbund beteiligten Unternehmen auf der überbetrieblichen Ebene zu dauerhaften Arbeitsverhältnissen gebündelt werden (Knuth & Weinkopf, 1992; Weg, 1994). Die Bereitschaft von Unternehmen, sich an solchen Konstruktionen zu beteiligen, dürfte in erheblichem Maße davon abhängig sein, ob der Arbeitsmarkt nicht mehr ohne Berufsrückkehrer/-innen auskommt, und sie dürfte umso größer sein, je differenzierter und branchenspezifischer Arbeits- und Qualifikationsanforderungen sind.

Literatur

Bäcker, G. (1995). Soziale Sicherung bei Arbeitslosigkeit - Soziale Ausgrenzung, Negativsteuer und Grundsicherung. In H. Seifert (Hrsg.), *Reform der Arbeitsmarktpolitik* (S. 241-276). Köln: Bund.

Bäcker, G. & Stolz-Willig, B. (1994a). *Mehr Teilzeitarbeit - aber wie? Zur Diskussion über Förderung und Soziale Absicherung optionaler Arbeitszeiten* (WSI-Diskussionspapier Nr. 20). Düsseldorf: Wirtschafts- und Sozialwissenschaftliches Institut des Deutschen Gewerkschaftsbundes [WSI].

Bäcker, G. & Stolz-Willig, B. (1994b). *Vorstellungen für eine familienorientierte Arbeitswelt der Zukunft - der Beitrag von Tarifvereinbarungen und Betriebsvereinbarungen* (Schriftenreihe des Bundesministeriums für Familie und Senioren [BMFuS] Nr. 30.2). Stuttgart: Kohlhammer.

Bäcker, G. & Stolz-Willig, B. (1994c). *Kind, Beruf, soziale Sicherung, Zukunftsaufgabe des Sozialstaats*. Köln: Bund.

Bäcker, G. & Stolz-Willig, B. (1995). *Zwischen Pflege und Beruf. Betriebliche Maßnahmen zur Unterstützung pflegender Arbeitnehmerinnen und Arbeitnehmer* [Unveröffentlichter Forschungsbericht des BMFuS]. Düsseldorf: WSI.

Bauer, F., Groß, H. & Schilling, G. (1994). *Arbeitszeit '93. Arbeitszeiten, Arbeitszeitwünsche, Zeitbewirtschaftung und Arbeitszeitgestaltung von abhängig Beschäftigten*. Düsseldorf: Ministerium für Arbeit, Gesundheit und Soziales des Landes Nordrhein-Westfalen [MAGS].

Bauer, F. & Schilling, G. (1993). Zur Reform des bestehenden Normalarbeitsverhältnisses. *Arbeit. Zeitschrift für Arbeitsforschung, Arbeitsgestaltung und Arbeitspolitik, 2*, 209-223.

Beck-Gernsheim, E. (1993). Vom „Dasein für andere“ zum Anspruch auf ein Stück „eigenes Leben“ - Individualisierungsprozesse im weiblichen Lebenszusammenhang. *Soziale Welt, 34*, 307-341.

Bispinck, R. (1993). Das Märchen vom starren Arbeitszeitkorsett. Zum Flexibilitätspotential tariflicher Arbeitszeitregelungen. In H. Seifert (Hrsg.), *Jenseits der Normalarbeitszeit. Perspektiven für eine bedürfnisgerechtere Arbeitszeitgestaltung* (S. 80-103). Köln: Bund.

Born, C. (1993). Familie als Arbeitgeberin - Ist die erwerbsförmig organisierte Dienstleistung in der Familie eine zukunftsweisende Antwort auf den familialen Strukturwandel? In L. Leisering, B. Geissler, U. Mergner & U. Rabe-Kleberg (Hrsg.), *Moderne Lebensläufe im Wandel* (S. 117-129). Weinheim: Deutscher Studien Verlag.

Brumlop, E. & Hornung, U. (1994). Betriebliche Frauenförderung, Aufbrechen von Arbeitsmarktbarrieren oder Verfestigung traditioneller Rollenmuster. In P. Beckmann & G. Engelbrech (Hrsg.), *Arbeitsmarkt für Frauen 2000 - Ein Schritt vor oder ein Schritt zurück* [Beiträge aus der Arbeitsmarkt- und Berufsforschung 179] (S. 836-837). Nürnberg: Institut für Arbeitsmarkt und Berufsforschung [IAB].

Funder, M. (1994). Zeiten und Probleme der Synchronisation betrieblicher und außerbetrieblicher Arbeits- und Lebenswelten. In Ministerium für Arbeit, Gesundheit und Soziales des Landes Nordrhein-Westfalen [MAGS] & Institut zur Erforschung sozialer Chancen [ISO] (Hrsg.), *Arbeitszeitpolitik 1994* (S. 125-134). Düsseldorf: MAGS.

Garhammer, M. (1994). Flexible Arbeitszeiten und Lebensführung. In Ministerium für Arbeit, Gesundheit und Sozialordnung des Landes Nordrhein-Westfalen [MAGS] & Institut zur Erforschung sozialer Chancen [ISO] (Hrsg.), *Arbeitszeitpolitik 1994* (S. 135-146). Düsseldorf: MAGS.

Hinrichs, K. (1992). Zur Zukunft der Arbeitszeitflexibilisierung. Arbeitnehmerpräferenzen, betriebliche Interessen und Beschäftigungswirkungen. *Soziale Welt, 43*, 313-331.

Keddi, B. & Seidenspinner, G. (1991). Arbeitsteilung und Partnerschaft. In H. Bertram (Hrsg.), *Die Familie in Westdeutschland* (S. 159-193). Opladen: Leske + Budrich.

Knuth, M. & Weinkopf, C. (1992). Vereinbarkeit von Einsatzflexibilität und sozialer Sicherheit durch Arbeitskräftepools? *Soziale Sicherheit, 41,* 101-104.

Kurz-Scherf, I. (1993). Normalarbeitszeit und Zeitsouveränität. Auf der Suche nach neuen Leitbildern für eine neue Arbeitszeitpolitik. In H. Seifert (Hrsg.), *Jenseits der Normalarbeitszeit. Perspektiven für eine bedürfnisgerechtere Arbeitszeitgestaltung* (S. 9-79). Köln: Bund.

Kurz-Scherf, I. & Breil, G. (Hrsg.). (1986). *Wem gehört die Zeit? - Lesebuch zum 6-Stunden-Tag.* Hamburg: VSA.

Maier, F. (1991). Geschlechterverhältnisse der DDR im Umbruch - Zur Bedeutung von Arbeitsmarkt und Sozialpolitik. *Zeitschrift für Sozialreform, 37,* 648-663.

Meinhardt, V., Teichmann, D. & Wagner, G. (1994). „Bürgergeld“: Kein sozial- und arbeitsmarktpolitischer deus ex machina. *WSI-Mitteilungen, 47,* 624-635.

Penrose, V. (1990). Vierzig Jahre SED-Frauenpolitik: Ziele, Strategien und Ergebnisse. *Ifg Frauenforschung, 8,* 60-78.

Pfarr, H. (1992). *Nachtarbeitsverbot für Arbeiterinnen aufgehoben. Welche Konsequenzen ergeben sich aus dem Urteil des Bundesverfassungsgerichts von Januar 1992?* [Reihe Frauenpolitik 5: Für eine humane Gestaltung der Nachtarbeit für Frauen und Männer]. Bonn: Friedrich-Ebert-Stiftung.

Richter, G. & Stackelbeck, M. (1992). *Beruf und Familie. Arbeitszeitpolitik für Eltern kleiner Kinder.* Köln: Bund.

Rudolph, H. & Grüning, M. (1994). Frauenförderung: Kampf oder Konsensstrategie? In P. Beckmann & G. Engelbrech (Hrsg.), *Arbeitsmarkt für Frauen 2000 - Ein Schritt vor oder ein Schritt zurück* [Beiträge aus der Arbeitsmarkt- und Berufsforschung Nr. 179] (S. 773-796). Nürnberg: IAB.

Stahn-Willig, B. & Bäcker, G. (1984). 35 Stunden sind immer noch zu viel - Arbeitszeitprobleme im Lebenszusammenhang von Frauen. *WSI-Mitteilungen, 37,* 14-23.

Stolz-Willig, B. (1991). *Tarifliche Elternurlaubsregelungen. Übersicht und Kommentar* (WSI-Arbeitsmaterial Nr. 28). Düsseldorf: WSI.

Stolz-Willig, B. (1993). Das vernachlässigte Politikfeld: Gesellschaftliche und berufliche Realitäten teilzeitarbeitender Frauen. In M. Klein (Hrsg.), *Nicht immer, aber immer öfter. Flexible Beschäftigung und ungeschützte Arbeitsverhältnisse* (S. 139-157). Marburg: Schüren.

Weg, M. (1994). Betriebliche Umsetzung optionaler Arbeitszeitmodelle. In G. Bäcker & B. Stolz-Willig (Hrsg.), *Kind, Beruf, Soziale Sicherung* (S. 103-118). Köln: Bund.

Perspektive der Beschäftigten

Hermann Groß

Sozialverträgliche Arbeitszeiten aus der Sicht der Beschäftigten

1 Problemstellung

Wenig untersucht ist die Frage, inwieweit die insbesondere von Seifert entwickelte Konzeption sozialverträglicher Arbeitszeitgestaltung (1989, 1991, 1993; vgl. auch Büssing, 1993, in diesem Band; Büssing, Natour & Glaser, in diesem Band) durch entsprechende Arbeitszeitinteressen der Beschäftigten gedeckt ist. Mit dieser Konzeption wird, kurz skizziert, der Versuch unternommen, kollektive und individuelle Arbeitszeitrationalitäten so zu vermitteln, daß die Schutzfunktionen einer Arbeitszeitnorm gewahrt und zugleich die individuellen Chancen der Arbeitszeitgestaltung gesteigert werden können. Sozialverträgliche Arbeitszeitgestaltung „mißt" sich an den Kriterien des subsistenzsichernden Einkommens, der Beschäftigungssicherheit, des Gesundheitsschutzes, der angemessenen Teilhabe am familialen, sozialen, kulturellen und politischen „Geschehen" sowie des Autonomieerhalts. Normative Bezugsgröße ist im Zweifelsfalle die Normalarbeitszeit, von der aber nach Maßgabe entsprechender Verweigerungs- und Dispositionsrechte abgewichen werden kann.

Die oben angeführte Frage führt zu der Folgefrage, was die Beschäftigten selbst unter sozialverträglichen Arbeitszeiten verstehen. Zur Klärung dieser Frage werden als Datengrundlage die repräsentativen Beschäftigtenbefragungen des Instituts zur Erfoschung sozialer Chancen [ISO] zu Arbeitszeitformen und -wünschen herangezogen (vgl. Bauer, Groß & Schilling, 1994; Groß, Pekruhl & Thoben, 1987; Groß, Thoben & Bauer, 1989). Dort wurden im Kontext allgemeiner Einstellungsfragen auch die Motive der Beschäftigten für ihre befürwortenden oder ablehnenden Haltungen zu den einzelnen Arbeitszeitformen ermittelt. An diesen Motiven lassen sich nun - im Falle von Befürwortungen direkt, im Falle von Ablehnungen indirekt, gleichsam ex negativo - die Kriterien ablesen, die die Beschäftigten selbst an eine sozialverträgliche Arbeitszeitgestaltung anlegen. Einer solchen „Sozialverträglichkeitsprüfung" werden im folgenden die wesentlichen Arbeitszeitformen unterzogen, das sind die Überstunden-, Schicht-, Nacht-, Samstags-, Sonntags-, Teilzeit- und Gleitzeitarbeit.

An dieser Stelle ist auf einige methodische Einschränkungen hinzuweisen. Zum einen beziehen sich die oben genannten Studien nur auf die abhängig Beschäftigten in der Bundesrepublik Deutschland in den alten Grenzen. Zum zweiten ist in den nachfolgenden Ausführungen häufiger von *den* Beschäftigten die Rede. Diese pauschalisierende Redeweise ist unscharf, weil sie wichtige geschlechts-, familienstands-, lebenslage- und/oder lebensphasenspezifische Differenzierungen verdeckt, auf die hier aus Darstellungsgründen nicht immer en détail eingegangen werden kann. Zum dritten sind jene Einstellungen und Motive, wie dies in „quantitativen" Studien üblich ist, mit Erhebungsverfahren ermittelt worden, die mit „Vorabkategorisierungen“ arbeiten. Dies birgt das Risiko in sich, daß die handlungsrelevanten „Gesetzlichkeiten“ und „Eigenlogiken“ der arbeitspolitischen Deutungsmuster der Beschäftigten nur verkürzt erfaßt werden, ja sogar verfehlt werden können.

Trotz dieser methodisch nicht unerheblichen Relativierungen spricht die relative Stabilität der entsprechenden Daten für den Versuch, auf dem Hintergrund der erwähnten („quantitativen“) Datenbasis die bei den Beschäftigten feststellbaren Verständnisweisen von sozialverträglicher Arbeitszeitgestaltung herauszuarbeiten; denn die in drei zeitlich auseinanderliegenden Arbeitszeitstudien (1987, 1989, 1993) jeweils bei den einzelnen Arbeitszeitformen ermittelten Befürwortungs- und Ablehnungswerte weichen kaum voneinander ab (vgl. Bauer et al., 1994).

2 Die einzelnen Arbeitszeitformen und ihre Akzeptanz bei den Beschäftigten

2.1 Überstundenarbeit

Der Anteil der Beschäftigten, die regelmäßig Überstunden leisten, hat sich trotz steigender Arbeitslosigkeit seit 1989 um drei Prozentpunkte auf 39% erhöht[1]. Nach unseren Berechnungen sind vier Zehntel aller Überstunden für die Betriebe kostensteigernd, sechs Zehntel dagegen konstenneutral oder kostensparend. Die verhältnismäßig geringen Zusatzkosten der Überstunden für die Betriebe dürften auch dafür verantwortlich sein, daß bislang weder beim Überstundenabbau noch bei der Etablierung der beschäftigungsneutralen Abgeltungsform des Freizeitausgleichs nennenswerte Fortschritte erzielt wurden. 1993 sind rund 1.4 Milliarden definitive (= überhaupt nicht abgegoltene oder bezahlte) Überstunden geleistet worden. Diesem Volumen an beschäftigungsmindernden Überstunden entspricht rein rechnerisch ein Arbeitsplatzäquivalent von rund 810.000 Vollzeitarbeitsplätzen.

Überstundenarbeit ist eine wenig akzeptierte Arbeitszeitform: 87% der Beschäftigten, die nicht regelmäßig Überstunden leisten, wollen auch in Zukunft keine Überstunden machen. Und 56% der Überstundenbeschäftigten wünschen sich eine Reduktion der Überstunden (von 43 Stunden tatsächlich auf 35 Stunden gewünschter Wochenarbeitszeit). Diesem Wunsch, dem in den meisten Fällen der Wunsch einer Angleichung der tatsächlichen an die vertraglichen Wochenarbeitszeiten entspricht, liegen außerberufliche Zeitzwänge zugrunde. Mehr Zeit für die Partnerin bzw. den Partner, für sich selbst oder für die Kinder zu gewinnen, sind die zentralen Motive für die Überstundenreduktion. Es sind also hauptsächlich familiäre Anforderungen oder Interessen, die den Wunsch nach einer Überstundenreduktion motivieren. Überstundenarbeit ist daher in den Augen der Beschäftigten, insbesondere solcher mit Kindern, eine kaum sozialverträgliche Arbeitszeitform, weil sie die Bewältigung familiärer und sozialer Erfordernisse behindert (Tabelle 1).

---

[1] Sofern nicht anders angegeben, entstammen alle im folgenden angeführten Daten unserer letzten Arbeitszeitstudie (Bauer et al., 1994).

Tabelle 1: Gründe für den Wunsch, weniger oder gar keine Überstunden mehr zu leisten, nach Familienstandsgruppen (Angaben in Prozent)

Gründe für Überstundenreduktion	Alleinstehend		Zusammenlebend ohne Kind		Zusammenlebend mit Kind		Beschäftigte insgesamt
	Männer	Frauen	Männer	Frauen	Männer	Frauen	
Mehr Zeit für Partner/-in	30	16	66	54	77	46	55
Mehr Zeit für mich	58	81	60	47	43	38	52
Mehr Zeit für Kinder	0	0	0	0	67	69	35
Überstunden sind gesundheitsbelastend	14	10	28	21	22	22	21
Mehr Zeit für Freunde und Bekannte	34	32	17	26	14	4	19
Zeit für Hausarbeit	14	27	4	34	8	44	17
Mehrverdienst wiegt Nachteile nicht auf	22	19	19	20	14	7	16
Überstunden hindern bei Terminwahrnehmung	19	18	11	3	7	6	10
Pflege, Betreuung von Haushaltsmitgliedern	0	1	1	5	2	6	2

Frage: Aus welchen Gründen würden Sie gerne weniger oder gar keine Überstunden mehr leisten? (Gestellt an alle Überstundenbeschäftigten, die gerne weniger oder gar keine Überstunden mehr leisten wollen; Mehrfachnennungen möglich)

Quelle: Bauer et al. (1994, S. 37).

2.2 Schicht- und Nachtarbeit[2]

Gegenüber 1989 ist ein leichter Rückgang der Schicht- und Nachtarbeit von 14% auf 12% zu verzeichnen. Diese kommen verstärkt im gewerblichen Bereich zum Einsatz. 18% der Arbeiter, 12% der Beamten und 7% der Angestellten leisten regelmäßig Schicht- und/oder Nachtarbeit; Männer (14%) häufiger als Frauen (9%). Schichtarbeit ist ein Großbetriebsphänomen. 42% der Schichtbeschäftigten arbeiten in einem Zweischichtsystem, 31% in einem Dreischichtsystem und 7% arbeiten in vollkontinuierlichen Wechselschichten. Die Schichtbeschäftigten erhalten im Durchschnitt einen Zuschlag in

2 1993 wurden Schicht- und Nachtarbeit nicht voneinander getrennt ermittelt (vgl. Bauer et al., 1994, S. 39).

Höhe von 30% auf den Stundenlohn. Zusätzlich bekommen sie noch einen Freizeitausgleich in Höhe von durchschnittlich 3.2 freien Tagen im Jahr.

Bei den Beschäftigten, die nicht in Schicht arbeiten, findet Schichtarbeit keinerlei Befürwortung. Fast alle (96%) dieser Beschäftigten lehnen Schichtarbeit ab. Für diese Ablehnung machen sie vornehmlich die Furcht vor gesundheitlichen Beeinträchtigungen geltend. Bei den Schichtbeschäftigten dagegen halten sich Befürwortung (49%) und Ablehnung (46%) in etwa die Waage. Die Einstellung zur Schichtarbeit hängt insbesondere vom Alter und der Dauer der Schichtarbeit ab. Ältere Schichtbeschäftigte möchten Schichtarbeit weitaus häufiger als ihre jüngeren Kollegen/-innen reduzieren. Damit korrespondiert die Dauer der Beschäftigung in Schichtarbeit. Je länger die Schichtbeschäftigten in Schicht arbeiten, desto stärker ist der Reduktionswunsch.

Die wesentlichen Motive für das Interesse an der Beibehaltung von Schichtarbeit sind Einkommenserhalt und die Verläßlichkeit eingespielter Zeitmuster. Letzteres unterscheidet die Schichtarbeit auch von der Überstundenarbeit, bei der immer auch ihr Zwangscharakter, ihre Unkalkulierbarkeit von den Beschäftigten als das Merkmal bezeichnet wird, das die Überstundenarbeit zur nicht-sozialverträglichen Arbeitszeitform „macht". Die dominierenden Gründe für den Wunsch nach Reduktion der Schichtarbeit sind die gesundheitlichen Beeinträchtigungen (66%) und die familiären sowie sozialen Restriktionen: Schichtarbeit beeinträchtigt also in den Augen der Beschäftigten die Gesundheit und die Chancen der Partizipation am familiären, sozialen und kulturellen „Geschehen".

2.3 Samstags- und Sonntagsarbeit

Der Anteil regelmäßig samstags Beschäftigter ist konstant geblieben und liegt 1993 bei 29%, was über sieben Millionen Samstagsbeschäftigten entspricht. Die Samstagsarbeit gehört in drei Viertel (75%) aller Fälle zur branchenüblichen (meist an den Beruf oder die Tätigkeit gekoppelten) Arbeitszeit. Auch die Sonntagsarbeit hat sich gegenüber den letzten Jahren nicht wesentlich ausgeweitet; der Anteil Sonntagsbeschäftigter ist mit 12% nahezu konstant geblieben, was rund drei Millionen Beschäftigten entspricht. Nahezu alle Beschäftigte, die Sonntagsarbeit leisten, arbeiten auch an Samstagen (93%).

Insgesamt betrachtet trifft Wochenendarbeit bei den Beschäftigten auf wenig Akzeptanz. Knapp zwei Drittel (64%) der Samstagsbeschäftigten würden gerne weniger (33%) bzw. gar nicht mehr (31%) an Samstagen arbeiten; 31% wollen genauso häufig wie bislang und nur 1% öfter Samstagsarbeit leisten. Besonders deutlich fällt die Ablehnung der Samstagsarbeit bei den derzeit nicht von dieser Arbeitszeitform betroffenen Beschäftigten aus: 86% wollen auch in Zukunft nicht an Samstagen arbeiten, selbst wenn sie dafür an einem anderen Tag in der Woche frei bekämen. Die hauptsächlichen Gründe für die insgesamt eindeutige Ablehnung der Samstagsarbeit liegen bei den Samstagsbeschäftigten vor allem in dem Interesse an einem freien Wochenende (70%) sowie in dem Interesse, den Samstag mit der Familie (67%) verbringen zu können. Von den derzeit nicht von Samstagsarbeit Betroffenen werden vergleichbare Gründe genannt: 64% sind prinzipiell gegen Samstagsarbeit, 61% wollen den Samstag mit ihrer Familie verbringen (Tabelle 2).

Tabelle 2: Beschäftigte mit Samstagsarbeit: Gründe für die Ablehnung von Samstagsarbeit nach Geschlecht (Angaben in Prozent)

Gründe gegen Samstagsarbeit	Beschäftigte mit Samstagsarbeit insgesamt	Frauen	Männer
Ich möchte ein *freies Wochenende* haben	70	69	71
Weil ich meinen *freien Samstag* gemeinsam *mit meiner Familie* bzw. meinem Partner/meiner Partnerin *verbringen* möchte	67	58	73
Weil ich meinen *freien Samstag* gemeinsam *mit Freunden* und Bekannten *verbringen* möchte	33	35	32
Weil für mich *wichtige Veranstaltungen häufig am Samstag* stattfinden	18	13	22
Ich bin *prinzipiell gegen Samstagsarbeit*	17	20	15

Frage: Warum wollen Sie *nicht* mehr an Samstagen arbeiten? (Mehrfachnennungen möglich; gestellt an Befragte mit regelmäßiger Samstagsarbeit, die gerne seltener oder nie samstags arbeiten würden).

Quelle: Bauer et al. (1994, S. 66).

Tabelle 3: Beschäftigte mit Sonntagsarbeit: Gründe für die Ablehnung der Sonntagsarbeit nach Geschlecht (Angaben in Prozent)

Gründe gegen Sonntagsarbeit	Beschäftigte mit Sonntagsarbeit insgesamt	Frauen	Männer
Weil ich den *Sonntag gemeinsam* mit meiner *Familie* bzw. meinem Partner/meiner Partnerin *verbringen möchte*	75	70	78
Ich möchte ein *freies Wochenende* haben	56	62	53
Weil ich den *Sonntag gemeinsam mit Freunden* und Bekannten *verbringen möchte*	41	38	42
Weil ich mich an Sonntagen *am besten ausruhen* und entspannen kann	24	29	21
Weil ich *prinzipiell gegen Sonntagsarbeit* bin	17	16	18
Weil für mich *wichtige Veranstaltungen häufig am Sonntag* stattfinden	15	16	15
Ich möchte *aus religiösen Gründen* nicht sonntags arbeiten	2	3	2

Frage: Warum wollen Sie nicht mehr an Sonntagen arbeiten? (Gestellt an Befragte, die regelmäßig sonntags arbeiten, aber die Sonntagsarbeit reduzieren oder aufgeben wollen; Mehrfachnennungen möglich).

Quelle: Bauer et al. (1994, S. 70).

Ein Drittel der Sonntagsbeschäftigten möchten weiterhin sonntags arbeiten, knapp zwei Drittel der Sonntagsbeschäftigten möchten die Sonntagsarbeit reduzieren oder ganz aufgeben. Für die Sonntagsbeschäftigten, die weiterhin sonntags arbeiten wollen, sind dafür im wesentlichen Routineargumente oder finanzielle Gründe ausschlaggebend. Für das Gros der Sonntagsbeschäftigten dagegen, die Sonntagsarbeit ablehnen, ist dies hauptsächlich lebensweltlich motiviert: sie möchten gern den Sonntag mit der Familie, den Kindern, Freunden oder Bekannten verbringen (siehe Tabelle 3). Auf totale Ablehnung stößt die Sonntagsarbeit bei den Beschäftigten, die nicht regelmäßig sonntags arbeiten: sie wollen dies nahezu alle nicht (95%).

Sonntagsarbeit zählt zusammen mit Überstundenarbeit und Samstagsarbeit zu den unbeliebtesten Arbeitszeitformen. Dabei scheint der Wunsch nach einer kollektiven Arbeitsruhe am Wochenende eher noch zugenommen zu haben. Es sind gar nicht so sehr religiöse Gründe, die für ein freies Wochenende ins Feld geführt werden, sondern lebensweltliche Motive. Der starke Wunsch nach einem freien Wochenende vor allem bei verheirateten Beschäftigten mit Kindern findet sicherlich auch darin eine Unterstützung, daß die öffentlichen Bildungs- und Kinderbetreuungseinrichtungen am Wochenende geschlossen sind. Aber es gibt noch weitere Gründe, die für den Wunsch nach einer kollektiven Arbeitsruhe am Sonntag sprechen. Diese Gründe sind gerade in dem Verlust von Religiosität, von stabilen Gewohnheiten und Traditionen zu suchen. Die Aufrechterhaltung von sozialen Kontakten, Beziehungen und Ehen ist heute schwieriger, zeitaufwendiger, belastender geworden, als das in der Vergangenheit der Fall war. Die Erziehungs- und Sozialisationsprozesse sind ebenfalls zeitaufwendiger geworden. Das verstärkte Bemühen um eine den kindlichen Bedürfnissen und Anspruchsniveaus gerechte Erziehung verdeutlicht dies. Dies sind die empirisch auffälligen Indikatoren dafür, daß die außerberuflichen Zeitanforderungen immens gestiegen sind. Angesichts dieser stärker zu Bewußtsein kommenden Zeitnot bei der Bewältigung des familiären, sozialen, kulturellen und politischen Geschehens verwundert es nicht, daß das freie Wochenende gleichsam eine Renaissance erlebt, jedenfalls ein hohes Ansehen genießt - und dies nicht wegen der Religiosität, sondern gerade wegen ihres Niedergangs, der einen Orientierungsverlust bedeutet, der durch autonome und kollektive Praxis kompensiert werden muß.

2.4 Teilzeitbeschäftigung

16% der abhängig Beschäftigten arbeiten in Teilzeit, 84% in Vollzeit. Teilzeitbeschäftigung ist eine frauenspezifische Form der Erwerbsbeteiligung; 90% der Teilzeitbeschäftigten sind Frauen. Acht Zehntel (79%) der Teilzeitbeschäftigten waren vorher schon einmal vollzeitbeschäftigt. Dies verweist auf erhebliche Brüche in der Erwerbsbeteiligung von Teilzeitbeschäftigten und damit wesentlich von Frauen. Ihr Wechsel von einer Vollzeit- in eine Teilzeitbeschäftigung ist hauptsächlich durch die Erfordernisse der Kinderbetreuung motiviert oder bedingt.

Teilzeitbeschäftigung ist überwiegend Erwerbsarbeit von Ehefrauen und konzentriert sich auf den Ehepaarhaushalt, dem meist mindestens ein Kind angehört und in dem der Ehemann fast ausschließlich erwerbstätig und vollzeitbeschäftigt ist. Unter dem Aspekt der Sicherung des Haushaltseinkommens hat Teilzeitbeschäftigung den Charakter eines Zuverdienstes. 10% der Teilzeitbeschäftigten möchten gerne in Vollzeit arbeiten, 87% dagegen weiterhin in Teilzeit bleiben.

9% der Vollzeitbeschäftigten möchten in Teilzeit, 88% weiterhin in Vollzeit tätig sein. Ein Teilzeitinteresse äußern 15% der vollzeitbeschäftigten Frauen, nur aber 6% der vollzeitbeschäftigten Männer. Dieses Reduktionspotential ist vom Volumen her beachtlich. Die teilzeitinteressierten Vollzeitbeschäftigten möchten ihre vertragliche Wochenarbeitszeit um elf Stunden reduzieren. Dem entspricht ein rein rechnerisches Arbeitsplatzäquivalent von rund 560.000 Vollzeitarbeitsplätzen. Motiviert ist das Interesse an Teilzeitbeschäftigung wesentlich durch den Wunsch, Beruf und Familie zu vereinbaren. Diesen Wunsch haben die Frauen weitaus stärker als die Männer; denn es sind hauptsächlich die Frauen, die von einer Vollzeit- in eine Teilzeitbeschäftigung wechseln, wenn Kleinkinder zu betreuen sind. Umgekehrt geben die befragten Männer, die ihre Arbeitszeiten nicht wegen der Kinderbetreuung geändert haben, als Hauptgrund dafür die Entlastung bei dieser Anforderung durch ihre Partnerinnen an.

Die Frauen, die in Teilzeitarbeit beschäftigt sind, haben sich mit dieser Arbeitszeitform arrangiert, obwohl diese keineswegs nur vorteilhaft ist: geringeres Einkommen, Qualifikationsentwertung, Prestige- und Statusverlust sowie geringere Altersabsicherung sind die bekannten Negativfaktoren, die gegen Teilzeitarbeit ins Feld zu führen sind. Auch werden dadurch, daß häufig die Frauen mit einer Teilzeitbeschäftigung die Hauptlast der Koordination von erwerbsarbeitsbedingten und familiären Anforderungen übernehmen, geschlechtsspezifische Rollenmuster perpetuiert. Daß dennoch jenes Arrangement mit dieser zumindest ambivalenten Arbeitszeitform eingegangen wird, vollzeitbeschäftigte Frauen sich zu nicht unerheblichen Teilen eine Teilzeitbeschäftigung wünschen und teilzeitbeschäftigte Frauen sich als arbeitszeitsouveräner erfahren als vollzeitbeschäftigte Frauen, sind nach unserem Verständnis Anhaltspunkte dafür, daß die Bewältigung lebensweltlicher Anforderungen einen erheblichen Problemdruck ausübt.

2.5 Gleitzeitarbeit

Die Gleitzeitarbeit nimmt unter den verschiedenen Formen der Arbeitszeitflexibilisierung eine Sonderstellung ein: Sie bietet sowohl den Beschäftigten als auch den Betrieben die Möglichkeit, die Zeitinteressen besser zu realisieren. Beschäftigte können im Rahmen von Gleitzeitregelungen die Lage und zumeist auch die Dauer ihrer Arbeitszeit an außerberufliche Verpflichtungen und Interessen anpassen; die Betriebe nutzen die Gleitzeit als ein Instrument der Entkopplung der Arbeits- und Betriebszeiten (Groß, Stille & Thoben, 1991). Im Unterschied zu Arbeitszeitformen wie etwa der Schicht- oder der Überstundenarbeit, die die Beschäftigten nötigen, ihren Zeitrhythmus an betriebliche Zeitansprüche anzupassen, enthält die Gleitzeitbeschäftigung die Möglichkeit einer aktiven Zeitgestaltung durch die Beschäftigten.

22% der abhängig Beschäftigten arbeiten in Gleitzeit. Nach wie vor arbeiten Angestellte überdurchschnittlich häufig (33%) in Gleitzeit, während die Gleitzeitquote bei Arbeitern (8%) deutlich unter dem Gesamtdurchschnitt liegt. Desweiteren ist Gleitzeitarbeit eher ein Privileg der Beschäftigten mit höherem beruflichen Status: Vorarbeiter/-innen und Meister/-innen arbeiten immerhin schon zu einem Anteil von 20%, mittlere und leitende Angestellte sogar zu 37% in gleitender Arbeitszeit.

75% der Gleitzeitbeschäftigten gehen annähernd jeden Tag zur gleichen Zeit zur Arbeit und nutzen die Variationsmöglichkeiten nur bei konkretem Bedarf. Nur ein Fünftel

(21%) der Gleitzeitbeschäftigten nimmt im Rahmen der Gleitzeitvereinbarung häufige Arbeitszeitveränderungen vor. Dieses Ergebnis erklärt, warum die Gleitzeitarbeit eine hohe Attraktivität besitzt: Für die Beschäftigten ist es möglich, verläßliche Zeitroutinen zu etablieren, von denen bedarfsorientiert abgewichen werden kann. Für die Betriebe ist entscheidend, daß von der faktischen Nutzung der Gleitzeitmodelle keine ernsthafte Störung der arbeitsteilig organisierten Produktionsprozesse zu erwarten ist. Die faktische Nutzung der Gleitzeit zeigt denn auch die hohe Verantwortung, welche die Beschäftigten für das Funktionieren arbeitsteiliger Kooperationsprozesse übernehmen.

Die Attraktivität der Gleitzeitbeschäftigung kommt in der Einschätzung der Gleitzeitbeschäftigten zum Ausdruck: 86% von ihnen schätzen die Gleitzeit als überwiegend vorteilhaft ein. Motiviert ist diese Bewertung durch die bessere Planbarkeit der Freizeit (44% der Befürworter), die Möglichkeit, ein Zeitguthaben ansparen (42%) oder Verkehrsspitzen umgehen zu können (41%). Für Gleitzeitbeschäftigte mit Kindern ist ein weiterer wichtiger Grund, daß sie ihre Arbeitszeiten an die Öffnungszeiten von Schule und Kindergarten anpassen können (Tabelle 4).

Etwas mehr als die Hälfte (52%) der Beschäftigten, die nicht in Gleitzeit arbeiten, möchten dies auch in Zukunft nicht. Interessanterweise liegen die Gründe für die Ablehnung nur sehr selten bei den insbesondere von Gewerkschaften vorgetragenen Befürchtungen von verschärfter Zeitkontrolle (nur 13% der Ablehner nennen diesen Aspekt) oder insgeheim abverlangten und zuschlagsfreien Überstunden (6%). Sehr viel häufiger werden für die Ablehnung die Bevorzugung täglich gleicher Arbeitszeiten (55%), Präferenzen für bereits eingespielte und nicht änderungsbedürftige Zeitrhythmen (53%) und die Erwartung, daß Gleitzeitbeschäftigung keine Vorteile für die Freizeitgestaltung bringe (24%), als wesentliche Gründe genannt (Tabelle 5).

Tabelle 4: Rangfolge der Gründe für die positive Bewertung der Gleitzeitarbeit (jeweils die drei häufigst genannten Vorgaben)

Gleitzeit-Beschäftigte insgesamt	Gleitzeitbeschäftigte *mit erwerbstätigem/r Partner/-in*	Gleitzeitbeschäftigte *mit Kind(ern)*	*Alleinstehende* Gleitzeitbeschäftigte
Freizeitaktivitäten sind mit Gleitzeit besser planbar 44%	Aufgrund von Gleitzeit können Verkehrsspitzen umgangen werden 41%	Aufgrund von Gleitzeit können Verkehrsspitzen umgangen werden 41%	Freizeitaktivitäten sind mit Gleitzeit besser planbar 56%
Mit Gleitzeit kann für später freie Zeit angespart werden 42%	Aufgrund von Gleitzeit kann Arbeitszeit an die des Partner anpaßt werden 39%	Mit Gleitzeit kann für später freie Zeit angespart werden 41%	Mit Gleitzeit kann für später freie Zeit angespart werden 45%
Aufgrund von Gleitzeit können Verkehrsspitzen umgangen werden 41%	Mit Gleitzeit kann für später freie Zeit angespart werden 39%	Aufgrund von Gleitzeit kann die Arbeitszeit an die Schul- und Kindergartenzeit angepaßt werden 36%	Aufgrund von Gleitzeit können Verkehrsspitzen umgangen werden 39%

Frage: Wählen Sie bitte aus der Ihnen vorgelegten Liste die aus Ihrer Sicht drei größten Vorteile der Gleitzeitarbeit aus:

Gleitende Arbeitszeit ist für mich von Vorteil, weil

1. ich dann auch mal lange schlafen kann;
2. der/die Vorgesetzte nicht mehr wie früher Pünktlichkeit kontrolliert;
3. ich meine Arbeitszeit dem Schul- und Kindergartenbeginn anpassen kann;
4. ich meine Arbeitszeit der Arbeitszeit meines Partners/meiner Partnerin anpassen kann;
5. ich Verkehrsspitzen umgehen kann;
6. ich in den frühen Morgenstunden bzw. am späten Nachmittag im Betrieb ungestört arbeiten kann, ohne Überstunden machen zu müssen;
7. ich im Rahmen der Gleitzeitregelung die Möglichkeit habe, Zeit anzusparen, um z.B. das Wochenende zu verlängern;
8. ich meine Freizeitaktivitäten so besser planen kann (Gestellt an Befragte mit gleitender Arbeitszeit; Mehrfachnennungen möglich)

Quelle: Bauer et al. (1994, S. 107).

Tabelle 5: Arbeitszeitwünsche im Vergleich (Angaben in Prozent)

	ISO 1987[3]	ISO 1989[4]	ISO 1993[5]
Vollzeit- und Teilzeitbeschäftigung			
Vollzeitbeschäftigte,			
die in Teilzeit arbeiten möchten	7	6	9
die in Vollzeit bleiben wollen	92	93	88
keine Angabe	1	1	3
Teilzeitbeschäftigte,			
die in Vollzeit arbeiten möchten	18	11	10
die in Teilzeit bleiben wollen	82	89	87
keine Angabe	-	-	3
Schicht- und Nachtarbeit			
regelmäßig Schichtbeschäftigte, die genauso viel oder noch häufiger Schichtarbeit leisten wollen	45	43	49
regelmäßig Schichtbeschäftigte, die weniger oder gar keine Schichtarbeit leisten wollen	49	57	46
keine Angabe	6	-	5
regelmäßig nachts Beschäftigte, die genauso viel oder noch häufiger nachts arbeiten wollen	35	31	44[6]
regelmäßig nachts Beschäftigte, die weniger oder gar keine Nachtarbeit mehr leisten wollen	53	69	52[6]
keine Angabe	12	-	4[6]
Beschäftigte, die nicht regelmäßig in Schicht- oder Nachtarbeit tätig sind, aber in Schicht- oder Nachtarbeit tätig sein möchten	nicht erhoben [n.e.]	n.e.	2
Beschäftigte, die nicht regelmäßig in Schicht- oder Nachtarbeit tätig sind und auch nicht Schicht- oder Nachtarbeit leisten wollen	n.e.	n.e.	96
keine Angabe	n.e.	n.e.	2
Wochenendarbeit			
regelmäßig samstags Beschäftigte, die genauso viel oder noch häufiger samstags arbeiten wollen	31	33	32
regelmäßig samstags Beschäftigte, die weniger oder gar nicht mehr an Samstagen arbeiten wollen	64	67	64
keine Angabe	5	0	4

3 Groß et al. (1987)
4 Groß et al. (1989)
5 Bauer et al. (1994)
6 Hierbei handelt es sich um Beschäftigte, die im Rahmen von Schichtarbeit regelmäßig nachts arbeiten müssen. 1990 und 1993 haben wir die Nachtarbeit als Arbeitszeitform nicht mehr gesondert erfaßt.

	ISO 1987	ISO 1989	ISO 1993
regelmäßig sonntags Beschäftigte, die genauso viel oder noch häufiger sonntags arbeiten wollen	35	28	36
regelmäßig sonntags Beschäftigte, die weniger oder gar nicht mehr an Sonntagen arbeiten wollen	63	71	59
keine Angabe	2	1	5
Beschäftigte, die nicht regelmäßig samstags arbeiten, aber samstags arbeiten möchten	n.e.	8	10
Beschäftigte, die nicht regelmäßig samstags arbeiten und auch nicht samstags arbeiten wollen	n.e.	89	86
keine Angabe	n.e.	3	4
Beschäftigte, die nicht regelmäßig sonntags arbeiten, aber sonntags arbeiten möchten	n.e.	4	n.e.
Beschäftigte, die nicht regelmäßig sonntags arbeiten und auch nicht sonntags arbeiten wollen	n.e.	95	n.e.
keine Angabe	n.e.	1	n.e.
Überstundenarbeit			
Beschäftigte mit regelmäßigen Überstunden, die genauso viel oder noch mehr Überstunden leisten wollen	39	34	32
Beschäftigte mit regelmäßigen Überstunden, die weniger oder gar keine Überstunden mehr leisten wollen	56	57	46
keine Angabe	5	9	22
Beschäftigte, die selten oder nie Überstunden leisten, aber gerne Überstunden leisten wollen	n.e.	n.e.	10
Beschäftigte, die selten oder nie Überstunden leisten und auch keine Überstunden leisten wollen	n.e.	n.e.	87
keine Angabe	n.e.	n.e.	3
Gleitzeitarbeit			
Gleitzeitbeschäftigte, die in Gleitzeit			
- eher Vorteile	n.e.	n.e.	86
- eher Nachteile	n.e.	n.e.	3
- weder Vor- noch Nachteile sehen	n.e.	n.e.	9
keine Angabe	n.e.	n.e.	2
Beschäftigte, die nicht in Gleitzeit arbeiten, aber darin arbeiten möchten	n.e.	39	39
Beschäftigte, die nicht in Gleitzeit arbeiten und auch nicht darin arbeiten möchten	n.e.	55	52
keine Angabe	n.e.	6	9

3 Schlußfolgerungen

Bei der „Sozialverträglichkeitsprüfung" fallen die Schichtarbeit mit Abstrichen und die Überstundenarbeit sowie die Wochenendarbeit glatt durch. Überstunden- und Wochenendarbeit werden wesentlich wegen den Restriktionen abgelehnt, die diese Arbeitszeitformen für die Bewältigung lebensweltlicher Anforderungen bedeuten. Diese scheinen, wie die starke Ablehnung vor allem der Sonntagsarbeit zeigt, wegen der Erosion von stabilen Gewohnheiten und Traditionen zeitaufwendiger zu werden. Mit der allmählichen Erosion der klassischen Versorgerehe gerät dieses Problem der Bewältigung lebensweltlicher Anforderungen auch stärker in die öffentliche Diskussion.

Bei der Schichtarbeit halten sich, wie gesagt, Befürwortung und Ablehnung die Waage. Sofern diese Arbeitszeitform abgelehnt wird, geschieht dies wegen gesundheitlicher Belastungen und überwiegend von älteren Schichtbeschäftigten. Die Beschäftigten, die Schichtarbeit akzeptieren, begründen dies vor allem mit dem höheren Einkommen und der entlastenden Regelförmigkeit.

Bei Teilzeitarbeit ist das Urteil höchst ambivalent. Zwar mögen sich insbesondere verheiratete Frauen mit Kindern und vollzeitbeschäftigten Partnern mit dieser Arbeitszeitform arrangieren; aber dieses Arrangement steht auf den letztlich schwachen Füßen eines nicht-egalitären geschlechtsspezischen Musters der Arbeitsteilung. Für die erwerbstätigen Männer kommt Teilzeitarbeit so gut wie gar nicht in Frage. Teilzeitarbeit schneidet vor allem unter den Aspekten des Einkommens, des Qualifikationserhalts, der Karriere und der Alterssicherung schlecht ab, vermag aber unter den gegenwärtigen Bedingungen mehr als die anderen Arbeitszeitformen die Problematik der Vereinbarkeit von Beruf und Familie zu minimieren.

Einzig Gleitzeitarbeit schneidet rundum positiv ab. Sie hat unter denen, die schon in ihr tätig sind, fast nur Befürworter; sie wird von denen, die nicht in ihr tätig sind, in einem Ausmaß gewünscht, das keine der anderen Arbeitszeitformen erreicht. Gleitzeit ist die Arbeitszeitform, die in den Augen der Beschäftigten die meiste Zeitsouveränität ermöglicht und damit viele Vorteile auf sich vereinigt: Man kann vollzeitig tätig sein, mithin ein angemessenes Einkommensniveau halten und zugleich bei Bedarf die Arbeitszeit gemäß den eigenen Interessen oder den familiären oder sozialen Anforderungen variieren. Man kann entlastende und für die innerbetrieblichen Kooperationsprozesse auch wichtige Zeit- und Arbeitsroutinen einrichten, ohne endgültig an solche Routinen gefesselt zu sein. Nicht von ungefähr korreliert nach unseren Daten die Beschäftigung in Gleitzeitarbeit sehr stark mit der Erfahrung von Zeitsouveränität - der Möglichkeit eines weitgehend selbstbestimmten Umgangs mit der Dauer, Lage und Verteilung der Arbeitszeit.

Subsistenzsicherndes Einkommen, Erhalt der Gesundheit, Zeitsouveränität und zeitliche Möglichkeiten für die Bewältigung lebensweltlicher Anforderungen sind die intuitiven Beurteilungskriterien der Beschäftigten für eine sozialverträgliche Arbeitszeitgestaltung. Insbesondere die Berücksichtigung außerberuflicher oder lebensweltlicher Anforderungen dürfte angesichts des Problemdrucks, den die Beschäftigten diesbezüglich artikulieren, bei der Einrichtung sozialverträglicher Arbeitszeiten zukünftig eine wichtige Rolle spielen. In einer sozialverträglichen Arbeitszeitgestaltung, die ihren Namen verdient, wird man immer weniger auf die Vereinbarung von Prozeduren und Optionen verzichten können, mit deren Hilfe auch der Bewältigung von lebensweltlichen Anforderungen Rechnung getragen werden kann.

Literatur

Bauer, F., Groß, H. & Schilling, G. (1994). *Arbeitszeit '93. Arbeitszeiten, Arbeitszeitwünsche, Zeitbewirtschaftung und Arbeitszeitgestaltung von abhängig Beschäftigten.* Düsseldorf: Ministerium für Arbeit, Gesundheit und Soziales des Landes Nordrhein-Westfalen [MAGS].

Büssing, A. (1993). Sozialverträglichkeit von Arbeitszeitstrukturen. Untersuchungen eines neuen Konzepts in der Krankenpflege. *WSI-Mitteilungen, 46*, 153-168.

Groß, H., Pekruhl, H. & Thoben, C. (1987). *Arbeitszeit '87. Ein Report zu den Arbeitszeiten und Arbeitspräferenzen der Beschäftigten in der Bundesrepublik (Teil II). Arbeitszeitstrukturen im Wandel.* Düsseldorf: MAGS.

Groß, H., Stille, F. & Thoben, C. (unter Mitarbeit von F. Bauer) (1991). *Arbeitszeiten und Betriebszeiten 1990. Ergebnisse einer aktuellen Betriebsbefragung zu Arbeitszeitformen und Betriebszeiten in der Bundesrepublik Deutschland.* Düsseldorf: MAGS.

Groß, H., Thoben, C. & Bauer, F. (1989). *Arbeitszeit '89. Ergebnisse einer aktuellen Repräsentativbefragung zu den Arbeitszeitstrukturen und Arbeitszeitwünschen der abhängig Beschäftigten in der Bundesrepublik Deutschland.* Düsseldorf: MAGS.

Seifert, H. (1989). Sozialverträgliche Arbeitszeitgestaltung - Ein neues Konzept der Arbeitszeitpolitik? *WSI-Mitteilungen, 42,* 670-681.

Seifert, H. (1991). Perspektiven tariflicher Arbeitszeitpolitik. *WSI-Mitteilungen, 44,* 164-171.

Seifert, H. (1993). Arbeitszeitgestaltung jenseits der Normalarbeitszeit. In H. Seifert (Hrsg.), *Jenseits der Normalarbeitszeit. Perspektiven für eine bedürfnisgerechtere Arbeitszeitgestaltung* (S. 271-288). Köln: Bund.

Arbeitszeit und Arbeitszeitwünsche in der Krankenpflege[1]

1 Einleitung

In der Diskussion um die Flexibilisierung von Arbeitszeitstrukturen wird in den letzten Jahren zunehmend die „Abkehr vom Normalarbeitstag" (vgl. Seifert, 1993) thematisiert. Die arbeitszeitpolitischen Vorstellungen der beiden Arbeitsmarktparteien gehen dabei jedoch von unterschiedlichen Voraussetzungen aus. Im Interesse der Unternehmen liegt es, Arbeitszeitrhythmen in stärkerem Ausmaß mit Markt- und Produktionsrhythmen zu koordinieren, um die Arbeitsproduktivität zu steigern, gleichzeitig aber Arbeits- und Kapitalkosten zu senken. Arbeitszeitflexibilisierung steht also in erster Linie im Dienste des betriebsökonomischen Kalküls, wobei neben den traditionellen Flexibilisierungsformen wie Überstunden, Kurzarbeit, Schicht- und Wochenendarbeit die neueren Formen Teilzeit- und Gleitzeitarbeit oder kapazitätsorientierte variable Arbeitszeit [KAPOVAZ] immer mehr an Bedeutung gewinnen. Auf seiten der Arbeitnehmer/-innen und Gewerkschaften stehen dagegen beschäftigungs- und gesellschaftspolitische Anliegen im Mittelpunkt. So soll einerseits eine weitere Verkürzung der tariflichen Wochenarbeitszeit zum Erhalt bzw. zur Schaffung von Arbeitsplätzen beitragen. Andererseits sollen durch eine arbeitnehmerorientierte Flexibilisierung von Lage und Verteilung von Arbeitszeitstrukturen Gestaltungsspielräume geschaffen werden, die entscheidend zur Verbesserung der Lebensqualität beitragen.

Es darf jedoch nicht voreilig geschlossen werden, daß die Interessen der Unternehmer/-innen und die Bedürfnisse der Arbeitnehmer/-innen bezüglich der Arbeitszeitflexibilisierung deckungsgleich seien. Vielmehr muß - und das wird mit dem Konzept der Sozialverträglichkeit im Sinne von Seifert (1989) beabsichtigt - genau geprüft werden, in welchem Ausmaß Beschäftigteninteressen wie lebensgemeinschaftliche Beziehungen, soziale Teilhabe oder Gesundheit berücksichtigt werden. Es ist offensichtlich, daß die Zeitsouveränität der Beschäftigten, also der Grad der Autonomie zur Arbeitszeitgestaltung hier eine besondere Rolle spielt (vgl. dazu Büssing, 1993, in diesem Band). Von ihren Verfechtern als Chance zur Selbstbestimmung und Eigenverantwortung, zur Erweiterung des individuellen Handlungsspielraums propagiert, kann die Deregulierung von Arbeitszeit im Sinne einer zunehmenden gesetzlichen Aushöhlung von Rahmenbedingungen zum Beispiel für Tarifverträge in einem Abbau von Schutzstandards resultieren (vgl. Smentek, 1991). Darüber hinaus stellt sich die Frage, inwieweit

[1] Die Untersuchungen, auf die in diesem Beitrag Bezug genommen wird, werden vom Bundesminister für Bildung, Wissenschaft, Forschung und Technologie [BMBF] unter 01 HK 493 gefördert (Projektleiter: Prof. Dr. A. Büssing).

„autonome Entscheidungen“ von Individuen überhaupt getroffen werden können, welchen Einfluß vielmehr strukturelle Zwänge und soziale Vermittlung auf die Konstitution vermeintlich individueller Wünsche haben (vgl. dazu Büssing; Garhammer; alle in diesem Band).

Welche Bedeutung hat die Auseinandersetzung um eine Flexibilisierung von Arbeitszeitstrukturen für die Bereiche, in denen die sogenannte Normalarbeitszeit schon aus strukturellen Gründen eine untergeordnete Rolle spielt? Vor allem in weiten Bereichen des Dienstleistungssektors sind ja beispielsweise Schicht-, Nacht- und Wochenendarbeit von je her unverzichtbare Bestandteile der Arbeitszeitgestaltung. Und gerade deshalb besteht die Gefahr, daß diese Berufszweige in der Debatte um sozialverträgliche Arbeitszeitstrukturen vernachlässigt werden; Berufe, in denen zunehmend negative gesundheitliche Konsequenzen dieser Arbeitszeitformen zu beobachten sind (vgl. z.B. Haider, Koller & Cervinka, 1986; Thierry & Meijman, 1994). Der vorliegende Beitrag wird nun exemplarisch für den Bereich der Krankenpflege die tatsächlichen Arbeitszeitstrukturen mit den Arbeitszeitwünschen der Beschäftigten kontrastieren. Dieses Vorgehen wird als konkrete Umsetzung des Konzepts der Sozialverträglichkeit von Arbeitszeitgestaltung aus der Sicht der Beschäftigten verstanden.

Bei den Daten handelt es sich um ausgewählte Ergebnisse einer noch laufenden Längsschnittuntersuchung an drei Krankenhäusern der Regelversorgung (vgl. Büssing, Eisenhofer, Glaser, Natour & Theis, 1995). Die Ergebnisse werden zudem den Daten aus einer Repräsentativuntersuchung zu Arbeitszeit und Arbeitszeitwünschen von abhängig Beschäftigten in Deutschland West in 1993 gegenübergestellt (vgl. Bauer, Groß & Schilling, 1994; Groß, in diesem Band).

Es folgen zunächst Anmerkungen zu arbeitszeitrelevanten Spezifika des Berufs „Krankenschwester/-pfleger“. Nach einigen Angaben zu Methoden und Stichproben der Untersuchung werden Arbeitszeitwirklichkeit und Arbeitszeitwünsche von Krankenpflegekräften dargestellt und diskutiert. Dabei werden die drei grundlegenden Dimensionen von Arbeitszeitstrukturen berücksichtigt: *Überstundenarbeit* als Flexibilisierungsform der *Dauer* von Arbeitszeit, *Schicht-, Nacht- und Wochenendarbeit* als Varianten hinsichtlich der *Lage* von Arbeitszeit und schließlich *Teilzeitbeschäftigungsverhältnisse* sowie *Gleitzeitarbeit* als verschiedene Formen der *Verteilung* von Arbeitszeit (vgl. zu den grundlegenden Dimensionen von Arbeitszeitstrukturen Büssing; Rinderspacher; Seifert; alle in diesem Band).

2 Arbeitszeitrelevante Besonderheiten der Krankenpflege

„Das dienende Element hat abgewirtschaftet. Pflegen ist professionell“ (ÖTV-Report, Dezember 1989, zitiert nach Betz, 1992, S. 194): Diese pointiert formulierte Beschreibung steht für den tiefgreifenden Wandel, den Berufsbild und Selbstverständnis der Krankenpflege in den letzten Jahrzehnten erfahren haben. Die Pflege kranker Menschen, die „Dienst-Leistung“ schlechthin, soll nun nicht mehr als ein „Dienen“ im Sinne von Selbstaufopferung und Hingabe - ursprünglich fast ausschließlich im Einklang mit dem Geschlechtsstereotyp durch Frauen und vielfach für „Gotteslohn“ ausgeübt - verstanden werden. Vielmehr wurden im Zuge der Professionalisierung der Pflegeberufe Aufgabengebiete klar abgesteckt, sogenannte Pflegestandards eingeführt, Erweiterungen von

Eigenständigkeit und Kompetenz durch Beteiligung an Pflegeplanung, -dokumentation und -evaluation erwirkt, und so ein neues Selbstbewußtsein für Angehörige von Pflegeberufen ermöglicht. Diese Entwicklung ist jedoch nicht unumstritten und verläuft auch nicht widerspruchsfrei, wie zum Beispiel die Diskussion um die „Funktionspflege“ zeigt. Entwickelt als rationelle und ökonomische Form der Organisation von Pflege, zeigt sich nun, daß dieses Konzept in vielerlei Hinsicht an den Bedürfnissen von Patienten/-innen, aber auch von Krankenpflegekräften vorbeigeht; mit der praktischen wie auch - im Rahmen des noch jungen Gebiets „Pflegewissenschaft“ - theoretischen Erarbeitung des Konzepts der „ganzheitlichen Pflege“ wird der Versuch einer Lösung dieses Dilemmas unternommen.

Was nun die Arbeitszeitstruktur betrifft, so steht die Krankenpflege im Spannungsfeld zwischen unverzichtbaren Arbeitszeiten einerseits, und tariflicher Regulierung und Absicherung andererseits. Die Normalarbeitszeit, in der Lage zwischen 6.00 und 19.00 Uhr, ausgeübt im Rahmen einer Vollzeitbeschäftigung von montags bis freitags, hat im Bereich der Krankenpflege nur marginale Bedeutung. Die Arbeitszeitstrukturen von Krankenpflegepersonal sind geprägt durch Flexibilisierungsformen bezüglich aller Dimensionen.

Infolgedessen sind die Krankenpflegekräfte all den Risiken ausgesetzt, die mit den verschiedenen Flexibilisierungsformen verbundenen sind. Beträchtlich können zum Beispiel die gesundheitlichen Belastungen sein, die durch längerfristige Schicht- oder Nachtarbeit entstehen. Der Circadianrhythmus des menschlichen Organismus stellt eine äußerst komplexe und daher störungsanfällige Kopplung der Tagesrhythmen einzelner Organe dar, die sowohl durch soziale als auch durch umweltbedingte (Hell-Dunkel-Wechsel) Faktoren gesteuert werden. Die vielfältigen gesundheitlichen Folgen langandauernder Schicht- und Nachtarbeit, die von Schlafstörungen bis hin zu Magengeschwüren reichen können, sind in der Arbeitswissenschaft gut dokumentiert (vgl. z.B. Elsner, 1992; Haider et al., 1986). Darüber hinaus bringen Schicht- und Nachtarbeit im sozialen Kontext erhebliche Einschränkungen in sozialer Handlungsfreiheit und sozialer Teilhabe mit sich (vgl. Frese & Okonek, 1987). Menschen, die in Schichtsystemen beschäftigt sind, regelmäßig am Wochenende oder gar dauerhaft nachts arbeiten, sind nicht selten zu beträchtlichem Zusatzaufwand bei der Organisation und Gestaltung von Freizeit, sozialer Interaktion, aber auch von Hausarbeit und Kinderbetreuung gezwungen. Die Abstimmung von Arbeitszeiten mit Kindergarten- oder Schulzeiten, Arbeitszeiten des/der Partners/-in, Geschäftsöffnungszeiten usw. kann ein kompliziertes logistisches Problem darstellen, das in unserer Gesellschaft nach wie vor in erster Linie von Frauen bewältigt werden muß. Wenn man sich mit der Sozialverträglichkeit von Arbeitszeitgestaltung im Bereich der Krankenpflege beschäftigt, so sollte man hierauf ein besonderes Augenmerk richten, denn die Krankenpflege ist ein typischer Frauenberuf - rund 90% des Krankenpflegepersonals im Allgemeinkrankenhaus sind Frauen.

Damit läßt sich zu einer weiteren Besonderheit der Arbeitszeitstrukturen in der Krankenpflege überleiten, dem relativ hohen Anteil von Teilzeitbeschäftigten. Teilzeitarbeit ist eine frauenspezifische Beschäftigungsform, die dementsprechend bei Krankenpflegepersonal wesentlich häufiger vorkommt als beim Durchschnitt der abhängig Beschäftigten. Keineswegs unumstritten ist die Argumentation ihrer Befürworter, daß Teilzeitarbeit für alle Beschäftigten eine Möglichkeit zur optimalen Integration von Einkommenssicherung, Hausarbeit und Kinderbetreuung sowie Freizeitinteressen und sozialer Teilhabe darstellt, und damit Flexibilisierungsinteressen von Arbeitgebern/-

innen und Arbeitnehmern/-innen in Einklang bringt. Es muß vielmehr berücksichtigt werden, daß Teilzeitarbeit als typische Form der Frauenerwerbstätigkeit häufig der ökonomischen Notwendigkeit eines Zuverdienstes zum Einkommen des vollzeitbeschäftigten Ehemannes entspringt, bei gleichzeitigem Fortbestand der Zuständigkeit für Hausarbeit und Kinderbetreuung (vgl. Quack, 1993). Nicht selten sind mit einer Teilzeitbeschäftigung mangelnde Aufstiegschancen, unvollständige soziale Integration bedingt durch die seltenere Präsenz am Arbeitsplatz sowie geringe Partizipationsmöglichkeiten verbunden. Unter Umständen kann Teilzeitarbeit auch Instabilität im Hinblick auf die soziale Absicherung bedeuten, ein Aspekt, der vor dem Hintergrund steigender Scheidungsraten nicht zu vernachlässigen ist.

Typisch für den Krankenpflegebereich ist außerdem ein überdurchschnittlich hohes Überstundenaufkommen. Gerade im Dienstleistungssektor treten oft unvorhersehbare Arbeitsspitzen durch schwankende Nachfrage auf. Überstunden, als ein äußerst flexibles Instrument zur betrieblichen Handhabung solcher kurzfristigen Schwankungen des Arbeitsanfalls, sind daher für die Krankenpflegekräfte nur schwer einkalkulierbar; oft wird ihre Notwendigkeit erst am selben Tag offensichtlich, eine Verschiebung von Terminen fast unmöglich. Dieser Verlust an Autonomie macht Überstunden unabhängig davon, ob sie abgegolten werden oder nicht, zu einer besonders unbeliebten Form der Flexibilisierung von Arbeitszeit.

3 Untersuchung und Methode

Die in diesem Beitrag vorgestellten Ergebnisse zu Arbeitszeiten und Arbeitszeitwünschen von Krankenpflegekräften entstammen der ersten Datenerhebungsphase einer Längsschnittuntersuchung von drei westdeutschen öffentlich-rechtlichen Krankenhäusern der Regelversorgung. Die insgesamt 482 Krankenpflegekräfte, fast 90% davon Frauen, wurden mittels eines umfangreichen Fragebogens unter anderem auch ausführlich zu ihrer Arbeitszeitstruktur und ihren Arbeitszeitwünschen befragt, aber auch zu ihrer Autonomie bei der Arbeitszeitgestaltung (vgl. zur Autonomie Büssing, in diesem Band). Einzelheiten zur Stichprobe können der Tabelle 1 entnommen werden. Für die Auswertungen im Rahmen des vorliegenden Beitrags wurden die Krankenpflegekräfte aus den drei untersuchten Häusern zusammengefaßt. Die Teilnahmequoten lagen in allen drei Häusern über 80%.

Der Fragebogenteil zu Arbeitszeiten und Arbeitszeitwünschen orientierte sich an der 1993 im Auftrag des nordrhein-westfälischen Ministeriums für Arbeit, Gesundheit und Soziales vom Institut zur Erfassung sozialer Chancen [ISO] durchgeführten Repräsentativbefragung von 2.577 abhängig Beschäftigten in Deutschland West (vgl. Bauer et al., 1994; Groß, in diesem Band), wurde jedoch zum Teil für den Krankenpflegebereich modifiziert. Gleichwohl ist es dadurch möglich, die Ergebnisse für die Krankenpflegekräfte mit denen für den repräsentativen Querschnitt der abhängig Beschäftigten zu kontrastieren.

4 Arbeitszeiten und Arbeitszeitwünsche in der Krankenpflege

4.1 Überstundenarbeit

Unter den Flexibilisierungsformen der Arbeitszeitdimension *Dauer* stellt der Einsatz von Überstunden das im Krankenhaus wichtigste Instrument für das betriebliche Zeitmanagement dar (vgl. Priester, 1993). Mittels Überstundenarbeit können vor allem kurz- und mittelfristig schwankender Arbeitsanfall oder unerwartete, durch Krankheit und Urlaub bedingte Personalengpässe kompensiert werden. Die Möglichkeit, mit Überstundeneinsatz zum Beispiel saisonal oder konjunkturell bedingte Nachfragespitzen zu bewältigen, enthebt vielfach die Betriebe der Notwendigkeit von Neueinstellungen. Kritiker der Überstundenarbeit argumentieren in diesem Zusammenhang, daß durch Reduktion von Überstunden das auf diese Weise freiwerdende Arbeitsvolumen für die Beschäftigung von Arbeitslosen genutzt werden könne. Dies gilt insbesondere für diejenigen Überstunden, die finanziell oder überhaupt nicht abgegolten werden. In Anlehnung an Bauer et al. (1994) können diese als *definitive* Überstunden bezeichnet werden. Im Unterschied dazu werden *transitorische* Überstunden in Freizeit abgegolten und können damit als beschäftigungsneutral angesehen werden.

Tabelle 1: Stichprobe der Befragung in drei Krankenhäusern

Anzahl Krankenpflegekräfte	482
Anteil weiblicher Krankenpflegekräfte	87.5%
∅ Alter **Range Alter**	36 Jahre, 1 Monat [20J; 59J]
∅ Dienstalter **Range Dienstalter**	15 Jahre, 6 Monate [1J; 41J]
Altersverteilung (in %)	
20 - 24 Jahre	12.3
25 - 29 Jahre	17.6
30 - 34 Jahre	17.5
35 - 39 Jahre	18.4
40 - 44 Jahre	14.0
45 - 49 Jahre	9.5
≥ 50 Jahre	10.7
Dienststellung (in %)	
Krankenschwester/-pfleger	83.3
stellv. Stationsleitung	7.8
Stationsleitung	8.9

Krankenpflegekräfte leisten doppelt so häufig Überstunden wie der Durchschnitt aller abhängig Beschäftigten. Rund 80% gaben an, regelmäßig, das heißt mindestens ein- bis zweimal im Monat, Überstunden zu leisten, in der ISO-Untersuchung waren es 39%. Bemerkenswert ist, daß in den untersuchten Krankenhäusern die Vollzeitkräfte mit Abstand am häufigsten Überstunden leisteten (89.8%). Die Teilzeitbeschäftigten, bei denen man eigentlich einen größeren Zeitspielraum vermuten könnte, gaben hingegen nur zu 60.6% regelmäßige Überstunden an. Von den ausschließlich nachts arbeitenden Krankenpflegekräften („Dauernachtwachen“) leistete nur rund ein Viertel (26.5%) regelmäßig Überstunden[2].

[2] Wenn hier wie im folgenden auf die vier Gruppen „Vollzeitkräfte“, „Teilzeitkräfte“, „ausschließlich nachts Beschäftigte“ und „Beschäftigte in anderen Schichtsystemen“ Bezug genommen wird, so handelt es sich dabei natürlich nicht um vier disjunkte Gruppen. Vielmehr werden einerseits Vollzeit- mit Teilzeitbeschäftigten, andererseits Dauernachtwachen mit den Beschäftigten aller anderen Schichtsysteme kontrastiert.

Die Überstunden wurden bei den Krankenpflegekräften zu 86.6% in Freizeit abgegolten, 11.9% wurden bezahlt und nur 1.5% überhaupt nicht ausgeglichen. In der Repräsentativstichprobe der ISO-Studie überwiegt zwar die finanzielle Abgeltung (34%) gegenüber dem Freizeitausgleich (29%), dies gilt jedoch nicht mehr, wenn man die geschlechtsspezifische Auswertung betrachtet. Bei den Frauen werden Überstunden wesentlich häufiger in Freizeit als in Geld abgegolten. Dieses Verhältnis scheint demjenigen bei den Krankenpflegekräften - ganz überwiegend Frauen - zu entsprechen. Ein gravierender Unterschied zeigt sich jedoch bei den Überstunden, die überhaupt nicht abgegolten werden. Hier waren die Krankenpflegekräfte mit nur 1.5% deutlich im Vorteil gegenüber den Frauen der Repräsentativstichprobe, von denen 44% angaben, Überstunden ohne jeden Ausgleich zu leisten - bei den Männern waren es 34% (vgl. Tabelle 2).

Die Abgeltung von Überstunden in Freizeit scheint bei den befragten Krankenpflegekräften nicht nur die häufigste, sondern auch die beliebteste Form des Ausgleichs gewesen zu sein. 88.6% nannten den Freizeitausgleich als bevorzugte Abgeltungsform. Der Verlust an Zeit durch die Überstunden scheint als zu gravierend empfunden zu werden, als daß er durch Zuverdienst, einschließlich Zulagen, ausgeglichen werden könnte. Dabei muß jedoch berücksichtigt werden, daß das gesamte monatliche Haushaltsnettoeinkommen, also das Nettoeinkommen aller im Haushalt lebender erwerbstätiger Personen, bei den Krankenpflegekräften in den untersuchten Häusern vergleichsweise hoch ausfiel - für die Vollzeitkräfte lag es bei durchschnittlich rund 4.000 DM, für die Teilzeitkräfte sogar bei durchschnittlich rund 4.400 DM. Man kann also mit großer Sicherheit davon ausgehen, daß sie auf den Zuverdienst nicht existentiell angewiesen waren - Zeit war für sie „kostbarer" als Geld.

Dafür spricht auch, daß bei der Begründung ihrer Überstundenarbeit die Möglichkeit eines Zuverdienstes bei den Krankenpflegekräften kaum eine Rolle spielte (2.3% der Nennungen), ebensowenig wie intrinsische Motivationen („Arbeit macht Spaß", 4.9%). Ausschlaggebend waren in erster Linie arbeitsorganisatorische Zwänge („Arbeit nicht ohne Überstunden zu bewältigen", 39.7%) und betriebliche Notwendigkeiten („kann mich Überstunden schlecht entziehen", 36.5%).

Von den Krankenpflegekräften, die Überstunden leisteten, war nur ein Viertel (25.2%) mit dieser Situation zufrieden; denn nur so wenige gaben an, gerne öfter oder genauso häufig Überstunden leisten zu wollen. In der ISO-Studie waren es immerhin 40% der Überstundenbeschäftigten, die keine Änderung wünschten. Dennoch drückt sich darin deutlich die mangelnde Akzeptanz von Überstundenarbeit bei den Beschäftigten aus, insbesondere bei den Krankenpflegekräften mit vielen Überstunden, bei denen die Diskrepanz zwischen Wunsch und Wirklichkeit geradezu eklatant ist. Als Grund für ihre positive Einstellung zu Überstunden gaben die Krankenpflegekräfte mit Überstundenwunsch mehrheitlich die Möglichkeit zur Vorarbeit für spätere Freizeit an (66.7% der Nennungen).

Bei den Gründen für eine negative Einstellung zu Überstunden gaben die Krankenpflegekräfte, die keine oder seltener Überstunden wünschten, in erster Linie soziale, und hier insbesondere familiäre Gründe an (vgl. Tabellen 3 und 4). Auffällig ist, daß sowohl die Krankenpflegekräfte, die ausschließlich nachts arbeiteten, als auch die Teilzeitbeschäftigten jeweils fast doppelt so häufig ihre Kinder als Grund gegen Überstundenarbeit nannten, wie ihre Kollegen/-innen, die auch tagsüber bzw. in Vollzeit beschäftigt waren. In den von uns untersuchten Krankenhäusern hatten Teilzeit- wie Nachtbeschäftigte im Durchschnitt deutlich mehr Kinder - die im übrigen auch etwas jünger waren -, als ihre vollzeit- bzw. in den anderen Schichtsystemen beschäftigten Kollegen/-innen. Während die durchschnittliche Anzahl von Kindern bei den Vollzeitbeschäftigten mit 0.8 bzw. bei den nicht nur nachts arbeitenden Krankenpflegekräften mit 1.0 deutlich unter dem Wert für die Durchschnittsbevölkerung (1.6) lag, hatten die Teilzeitkräfte im Schnitt 1.6, die Dauernachtwachen 1.8 Kinder.

Ein weiterer Gesichtspunkt, der zur geringen Sozialverträglichkeit von Überstunden beiträgt, und mit dem eine Brücke zum Konzept der Autonomie in der Arbeitszeitgestaltung geschlagen werden kann, liegt in ihrer oftmals mangelnden Vorhersehbarkeit. So gaben mehr als zwei Drittel (68.6%) der Krankenpflegekräfte an, sich erst am Vortag oder gar am selben Tag auf notwendige Überstunden einstellen zu können; die Umorganisierung von Terminen, Erledigungen usw. wird dadurch erschwert, wenn nicht gar unmöglich. Dieser Mangel an Autonomie zur Arbeitszeitgestaltung, der in Betrieben mit hohem Überstundenaufkommen wie in den von uns untersuchten Krankenhäusern ein besonderes Ausmaß annimmt, läßt die Überstundenarbeit hinsichtlich ihrer Sozialverträglichkeit noch wesentlich unattraktiver erscheinen als die Flexibilisierungsformen der Lage von Arbeitszeit, wie Schicht- oder Wochenendarbeit, auf die sich die Beschäftigten immerhin langfristig einstellen können.

Tabelle 2: Abgeltung von Überstunden (in Prozent)

	Kranken-pflegekräfte	**ISO-Stichprobe**	
		Männer	**Frauen**
Freizeit	86.6	25.0	37.0
bezahlt	11.9	41.0	19.0
überhaupt nicht	1.5	34.0	44.0

Tabelle 3: Gründe für negative Einstellung zu Überstunden bei Krankenpflegekräften nach Vertragsumfang (in Prozent)

Grund	**Teilzeit-beschäftigte**	**Vollzeit-beschäftigte**
mehr Zeit für mich	19.6	23.8
mehr Zeit für Partner/-in	18.6	21.6
mehr Zeit für Kinder	20.9	10.5
mehr Zeit für Freunde/-innen und Verwandte	10.1	13.4
Mehrverdienst wiegt Nachteile nicht auf	9.7	9.1
brauche Zeit für Hausarbeit	10.0	6.7
Überstunden gesundheitsbelastend	6.2	6.7
Überstunden hindern bei der Wahrnehmung geschäftlicher Termine	4.1	6.8
Pflege/Betreuung von Haushaltsmitgliedern	0.8	1.4

Tabelle 4: Gründe für negative Einstellung zu Überstunden bei Krankenpflegekräften nach Schichtsystem (in Prozent)

Grund	**Dauernacht-wachen**	**andere Schichtsysteme**
mehr Zeit für mich	16.5	22.2
mehr Zeit für Partner/-in	19.5	21.8
mehr Zeit für Kinder	23.5	12.9
mehr Zeit für Freunde/-innen und Verwandte	10.5	12.5
Mehrverdienst wiegt Nachteile nicht auf	11.5	9.1
brauche Zeit für Hausarbeit	7.0	8.0
Überstunden gesundheitsbelastend	8.5	6.2
Überstunden hindern bei der Wahrnehmung geschäftlicher Termine	2.0	6.1
Pflege/Betreuung von Haushaltsmitgliedern	1.0	1.2

4.2 Schicht- und Nachtdienst

Die normale Tagarbeitszeit in der Lage zwischen 6.00 und 19.00 Uhr spielt in der Krankenpflege eine untergeordnete Rolle. Handelt es sich doch bei der Pflege kranker Menschen um unverzichtbare Arbeitszeiten, die von der normalen Tagarbeitszeit bei weitem nicht abgedeckt werden. Vielmehr arbeitet die überwiegende Mehrheit der Krankenpflegekräfte im Schichtdienst; in den von uns untersuchten Häusern waren dies 87.5%, in der ISO-Stichprobe waren es nur 12%. Schichtarbeit läßt sich wiederum in verschiedene Schichtsysteme differenzieren. Zum einen wären die Einschichtsysteme zu nennen, die jeweils nur Früh-, Spät- oder Nachtdienste umfassen. Zweischichtsysteme bestehen dagegen im Wechsel von jeweils zwei, Dreischichtsysteme im Wechsel aller drei genannten Dienste. Und schließlich spricht man von vollkontinuierlichem Wechseldienst („Kontischicht"), wenn Früh-, Spät- und Nachtdienste auch über das Wochenende durchlaufen, eine Dienstform, die in der Krankenpflege so gut wie nie anzutreffen ist.

Tabelle 5: Häufigkeit und Beliebtheit von Schichtsystemen bei Krankenpflegekräften (in Prozent)

Schichtsystem	**tatsächlich**	**gewünscht**
nur Frühdienst	6.5	28.1
nur Spätdienst	0	0.7
nur Nachtdienst	15.5	14.4
Wechsel von Früh- und Spätdienst	43.9	37.4
Wechsel von Früh- und Nachtdienst	0.5	1.4
Wechsel von Spät- und Nachtdienst	0	0.5
Wechsel von Früh-, Spät- und Nachtdienst	29.6	12.8
Vollkontinuierlicher Wechseldienst	4.0	4.2
Reiner Wochenenddienst	0	0.5

In den von uns untersuchten Häusern war die Mehrheit der befragten Krankenpflegekräfte in einem Zweischichtsystem im Wechsel von Früh- und Spätdienst oder im Dreischichtsystem beschäftigt (vgl. Tabelle 5). Diese Befunde decken sich weitgehend mit denen der ISO-Untersuchung; hier arbeiteten 42% der Schicht-/Nachtbeschäftigten in einem Zweischichtsystem und 31% in einem Dreischichtsystem. 15.5% der Krankenpflegekräfte arbeiteten als „Dauernachtwachen" nur im Nachtdienst.

Von den im Schichtdienst beschäftigten Krankenpflegekräften äußerte rund die Hälfte (47.4%) Zufriedenheit mit dieser Situation, die andere Hälfte würde lieber nicht im Schichtdienst arbeiten. Zwei Drittel der Dauernachtwachen (66%) waren mit der Nachtarbeit zufrieden. Bei den im normalen Tagdienst angestellten Krankenpflegekräften fand die Schichtarbeit keine Befürwortung. Nur 7.3% gaben an, im Schichtdienst arbeiten zu wollen.

Die Gründe für den Wunsch nach Beibehaltung der Schicht- bzw. Nachtarbeit waren bei den Vollzeitkräften bzw. den nicht nur nachts Beschäftigten in erster Linie organisatorischer Natur. Erledigungen seien besser durchführbar, öffentliche Einrichtungen besser nutzbar, und vor allem Freizeitinteressen seien besser organisierbar. Wichtig war aber auch der finanzielle Aspekt; insbesondere die Vollzeitbeschäftigten wollten auf die Schichtzulage nicht verzichten. Ganz andere Motivationen hatten Teilzeitkräfte bzw. Dauernachtwachen für die Beibehaltung von Schicht- bzw. Nachtdienst. Hier lag die bessere Möglichkeit der Kinderbetreuung mit Abstand an der Spitze. Ein bedeutsamer Gesichtspunkt war für beide Gruppen auch, daß sich ihre speziellen Zeitstrukturen gut eingespielt hatten. Eher gering veranschlagten sie für sich die Bedeutung der finanziellen Zulage (vgl. Tabellen 6 und 7); besonders interessant ist dieser Befund für die Dauernachtwachen, bei denen die Zulagen ja am höchsten ausfallen. Die Diskrepanz zwischen Vollzeit- und Teilzeitkräften im Hinblick auf die Bedeutung der finanziellen Zulage läßt sich wohl dadurch erklären, daß, wie bereits erwähnt, für die Vollzeitkräfte das gesamte Haushaltsnettoeinkommen mit monatlich durchschnittlich rund 4.000 DM niedriger lag als das der Teilzeitkräfte, und übrigens auch der Dauernachtwachen, mit durchschnittlich rund 4.400 DM.

Tabelle 6: Gründe für positive Einstellung zur Schicht-/Nachtarbeit bei Krankenpflegekräften nach Vertragsumfang (in Prozent)

Grund	**Teilzeit-beschäftigte**	**Vollzeit-beschäftigte**
will auf Zulage nicht verzichten	7.5	13.6
bin auf Schichtzulage angewiesen	1.9	5.4
Erledigungen so besser durchführbar	16.7	20.1
öffentliche Einrichtungen besser nutzbar	6.8	10.3
Partner/-in besser von Hausarbeit entlasten	5.3	4.7
Partner/-in arbeitet auch Schicht/nachts	4.5	2.6
kommt meinen Freizeitinteressen entgegen	14.7	16.4
weil Schichttausch möglich ist	3.4	8.8
hat sich eingespielt/möchte es nicht ändern	10.2	6.4
kann Kinder besser betreuen	27.5	7.8
kann besser an Weiterbildung teilnehmen	1.5	3.9

Tabelle 7: Gründe für positive Einstellung zur Schicht-/Nachtarbeit bei Krankenpflegekräften nach Schichtsystem (in Prozent)

Grund	Dauernachtwachen	andere Schichtsysteme
will auf Zulage nicht verzichten	7.9	12.3
bin auf Schichtzulage angewiesen	3.9	4.0
Erledigungen so besser durchführbar	12.6	20.4
öffentliche Einrichtungen besser nutzbar	2.4	10.8
Partner/-in besser von Hausarbeit entlasten	6.3	4.8
Partner/-in arbeitet auch Schicht/nachts	3.1	3.3
kommt meinen Freizeitinteressen entgegen	9.4	16.6
weil Schichttausch möglich ist	0.8	8.1
hat sich eingespielt/möchte es nicht ändern	15.0	6.5
kann Kinder besser betreuen	38.6	9.9
kann besser an Weiterbildung teilnehmen	0	3.3

An der Spitze der Gründe für eine negative Einstellung zur Schicht- bzw. Nachtarbeit standen gesundheitliche Belastungen, die wiederum von den Dauernachtwachen häufiger genannt wurden als von den Beschäftigten in den übrigen Schichtsystemen; ebenso gaben Teilzeitkräfte diesen Grund häufiger an als Vollzeitbeschäftigte. Als stark beeinträchtigend wurden außerdem die Einschränkungen im sozialen und familiären Bereich empfunden (vgl. Tabellen 8 und 9; dazu auch Frese & Okonek, 1987).

Tabelle 8: Gründe für negative Einstellung zur Schicht-/Nachtarbeit bei Krankenpflegekräften nach Vertragsumfang (in Prozent)

Grund	Teilzeitbeschäftigte	Vollzeitbeschäftigte
zu wenig Zeit für Veranstaltungen, Weiterbildung	8.7	9.6
Partner/-in unzufrieden	12.1	13.8
gesundheitliche Belastungen zu groß	21.5	14.7
zu alt für Schicht-/Nachtarbeit	5.6	2.9
Arbeit strengt mich zu sehr an	4.7	4.1
verträgt sich schlecht mit familiären Verpflichtungen	16.3	11.7
nicht genug gesellschaftlicher Einfluß	0	1.5
kann Freunde/Bekannte kaum noch sehen	8.7	14.3
verdiene genug/auf Zulagen nicht angewiesen	1.9	2.0
Freizeitinteressen nicht realisierbar	11.5	15.1
kulturelle Interessen nicht wahrnehmbar	5.0	7.7
kommt für mich generell nicht (mehr) in Frage	4.0	2.6

Was die einzelnen Schichtsysteme betrifft, so fand das Zweischichtsystem im Wechsel von Früh- und Spätdienst bei den Krankenpflegekräften relativ hohe Akzeptanz, es wurde von 37.4% der Befragten als gewünschte Dienstform genannt. Hier stimmten Wunsch und Wirklichkeit also relativ gut überein, im Gegensatz zu der zweithäufigsten Dienstform, dem Dreischichtsystem, das nur 12.8% allen anderen Dienstformen vorzogen. Mit 28.1% der Nennungen lag der reine Frühdienst an zweiter Stelle der gewünschten Dienstformen, während tatsächlich nur 6.5% im reinen Frühdienst arbeiteten (vgl. Tabelle 5).

Tabelle 9: Gründe für negative Einstellung zur Schicht-/Nachtarbeit bei Krankenpflegekräften nach Schichtsystem (in Prozent)

Grund	Dauernachtwachen	andere Schichtsysteme
zu wenig Zeit für Veranstaltungen, Weiterbildung	8.5	9.5
Partner/-in unzufrieden	13.3	13.4
gesundheitliche Belastungen zu groß	25.3	16.3
zu alt für Schicht-/Nachtarbeit	4.8	3.6
Arbeit strengt mich zu sehr an	6.0	4.0
verträgt sich schlecht mit familiären Verpflichtungen	16.9	12.9
nicht genug gesellschaftlicher Einfluß	0	1.2
kann Freunde/Bekannte kaum noch sehen	8.4	12.6
verdiene genug/auf Zulagen nicht angewiesen	0	1.9
Freizeitinteressen nicht realisierbar	9.6	13.8
kulturelle Interessen nicht wahrnehmbar	4.8	7.2
kommt für mich generell nicht (mehr) in Frage	2.4	3.6

4.3 Wochenendarbeit

Während der tägliche Feierabend meist nur geringen Spielraum zu sozialen Aktivitäten und damit zum Abbau von Belastungsfolgen wie auch zur Schaffung persönlicher Ressourcen bietet, schafft das freie Wochenende längere zusammenhängende Zeiträume - eine „selbstbestimmte Zeitoase" (Baillod, Holenweger, Ley & Saxenhofer, 1993, S. 272) -, die es erst ermöglichen, aktiv und selbstbestimmt bedürfnisorientierte Formen der Freizeitnutzung zu entwickeln. Für Familien mit schulpflichtigen Kindern stellt das freie Wochenende oft die einzige Möglichkeit zu gemeinsamen Aktivitäten dar; doch auch vor dem Hintergrund, daß die traditionellen Familienstrukturen in den westlichen Industrieländern im Wandel begriffen sind, bietet das institutionalisierte freie Wochenende für die Beschäftigten die Chance zu sozialer Interaktion, sei es privat oder in Gestalt von Vereins- oder kirchlichen Aktivitäten usw., in der Gewißheit, daß die Mehrheit der Mitmenschen ebenfalls Zeit zur freien Verfügung hat. Von daher sind Bestrebungen nach einer Entstandardisierung des freien Wochenendes und einer flexiblen Streuung von Freizeitblöcken über die ganze Woche kritisch zu betrachten. Mag dadurch auch eine infrastrukturelle wie ökologische Entlastung von Freizeit- und Kultureinrichtungen ermöglicht werden, so würde eine solche Auflösung gesellschaftlich verbindlicher „Frei-Zeiträume" doch in vom Einzelnen schwer zu bewältigenden Koordinations- und Organisationsanforderungen resultieren (vgl. Smentek, 1991; Garhammer; Rinderspacher; Stolz-Willig; alle in diesem Band).

Wie Schicht- und Nachtarbeit ist allerdings auch die Wochenendarbeit für den Bereich der Krankenpflege unverzichtbarer Bestandteil von Arbeitszeitstrukturen. So arbeiteten in den untersuchten Krankenhäusern 95.7% der befragten Krankenpflegekräfte regelmäßig, also mindestens ein- bis zweimal im Monat, am Wochenende. Damit liegen sie auch hier wieder weit über dem Durchschnitt der abhängig Beschäftigten, von denen 41% regelmäßig samstags oder sonntags arbeiten. Die weitaus häufigste Begründung (92.4% der Nennungen) für Wochendarbeit war betriebliche Notwendigkeit („kann mich der Wochenendarbeit schlecht entziehen").

Tabelle 10: Gründe für positive Einstellung zur Wochenendarbeit bei Krankenpflegekräften nach Vertragsumfang (in Prozent)

Grund	Teilzeit-beschäftigte	Vollzeit-beschäftigte
ist so eingespielt/möchte es nicht verändern	24.5	15.7
persönliche Erledigungen besser während der Woche	29.5	27.7
öffentliche Einrichtungen besser nutzbar während der Woche	11.5	10.9
Partner/-in arbeitet auch an Wochenenden	12.9	8.5
Wochenendarbeit wird besser bezahlt	10.8	18.8
Geschäfte/Einrichtungen wochentags nicht so voll	7.9	15.0
Freunde/-innen und Bekannte arbeiten auch am Wochenende	2.9	3.4

Tabelle 11: Gründe für positive Einstellung zur Wochenendarbeit bei Krankenpflegekräften nach Schichtsystem (in Prozent)

Grund	Dauernacht-wachen	andere Schichtsysteme
ist so eingespielt/möchte es nicht verändern	33.3	17.4
persönliche Erledigungen besser während der Woche	29.6	27.5
öffentliche Einrichtungen besser nutzbar während der Woche	9.3	11.0
Partner/-in arbeitet auch an Wochenenden	9.3	10.7
Wochenendarbeit wird besser bezahlt	7.4	16.8
Geschäfte/Einrichtungen wochentags nicht so voll	11.1	12.8
Freunde/-innen und Bekannte arbeiten auch am Wochenende	0	3.8

Wochenendarbeit ist bei den Beschäftigten ähnlich unbeliebt wie Überstundenarbeit. Nur 29% der Krankenpflegekräfte, die regelmäßig am Wochenende arbeiteten, waren mit dieser Situation zufrieden und wollten weiterhin oder sogar noch öfter Wochenendarbeit leisten. Von den Befragten, die kaum am Wochenende arbeiteten, wollten nur 15% dies gerne öfter tun. Diese Minderheit begründete ihre positive Haltung zur Wochenendarbeit vor allem mit besseren Möglichkeiten zur Erledigung von Geschäften und Nutzung von öffentlichen Einrichtungen während der Woche, aber auch mit finanziellen Vorteilen (vgl. Tabellen 10 und 11). Ein wichtiger Gesichtspunkt war, wie schon bei der Schicht-/Nachtarbeit, der Umstand, daß sich diese Zeitstruktur gut eingespielt hatte und kein Bedürfnis nach Veränderung bestand. In besonders hohem Maße galt dies für die

Dauernachtwachen (vgl. Tabelle 11), die sich ohnehin auf ungewöhnliche und belastende Arbeitszeiten einzustellen hatten, mit denen sie die gesamte Organisation von Haushalt, gegebenenfalls Familie und Freizeit in Einklang bringen mußten. Im Falle einer Änderung ihrer Arbeitszeitstrukturen wäre vermutlich ein ausgeklügeltes System der Zeiteinteilung und Delegation zum Beispiel von Kinderbetreuung zusammengebrochen. Im Vergleich zu den übrigen Krankenpflegekräften nannten die Dauernachtwachen den Grund „ist so eingespielt" fast doppelt so häufig. Ähnlich verhält es sich, wenn man Teilzeitbeschäftigte und Vollzeitbeschäftigte gegenüberstellt (vgl. Tabelle 10). Eine vergleichbare Motivationsstruktur ließ sich ja bereits bei der Begründung der positiven Einstellung zur Schicht-/Nachtarbeit erkennen; im Zusammenhang mit der Überstundenarbeit wurde außerdem schon auf die vergleichsweise hohe Anzahl von Kindern bei Teilzeitbeschäftigten gegenüber Vollzeitkräften, bzw. Dauernachtwachen gegenüber vor allem tagsüber arbeitenden Krankenpflegekräften hingewiesen.

Wie schon angesprochen, zeigte jedoch die Mehrheit der Befragten eine ablehnende Haltung zur Wochenendarbeit und begründete dies in erster Linie mit dem Wunsch nach sozialer Teilhabe am Wochenende, sei es mit Familie oder Partner/-in (35.3% der Nennungen) oder mit Freunden/-innen und Bekannten (21.7% der Nennungen). Prinzipielle (3.8%) oder religiöse (2.3%) Motive spielten hingegen nur eine nachgeordnete Rolle.

4.4 Teilzeitbeschäftigung

Teilzeitbeschäftigung ist eine frauenspezifische Form der Verteilung von Arbeitszeit. Während in der ISO-Stichprobe 34% der befragten Frauen in einem Teilzeitarbeitsverhältnis standen, traf dies nur für 3% der Männer zu. Infolgedessen rekrutierte sich die Gruppe der Teilzeitbeschäftigten in der ISO-Stichprobe zu 90% aus Frauen. Entsprechend haben im Bereich der Krankenpflege, einem typischen Frauenberuf, mehr als doppelt so viele Beschäftigte - Frauen oder Männer - einen Teilzeitarbeitsvertrag wie im Querschnitt der abhängig Beschäftigten (35.7% in den von uns untersuchten Häusern gegenüber 16% in der ISO-Stichprobe). Am häufigsten waren dabei Halbtagsverträge, kaum eine Rolle spielten in den untersuchten Häusern Verträge mit weniger als 19.25 Stunden, die nur noch eingeschränkte oder gar keine Sozialversicherung bieten (vgl. Tabelle 12).

Wie Querschnittsanalysen zeigen, sind immer mehr Frauen mit Kindern erwerbstätig (vgl. z.B. Figge, Quack & Schäfgen, 1991). Dies kann zum einen durch ökonomische Notwendigkeit begründet sein, zum anderen durch das gewandelte Selbstverständnis von Frauen, welches die traditionelle „Ernährerehe" mit dem Ehemann als alleinigem „Ernährer" der Familie in Frage stellt. Freilich bleibt die Hauptlast von Hausarbeit und Kinderbetreuung weiterhin auf Seiten der Mütter, die deshalb häufig ein Teilzeitarbeitsverhältnis wählen. Teilzeitbeschäftigte Frauen kommen unter Einberechnung von Hausarbeit, Besorgungen usw. oft auf Wochenarbeitsstundenzahlen, die nur wenig unter denen vollzeitbeschäftigter Männer liegen; bezieht man aber

Tabelle 12: Vertraglich festgelegte Wochenstundenzahl von Krankenpflegekräften (Angaben in Prozent)

Vertragsumfang	Häufigkeit
100%	64.3
75%	7.9
66.6%	3.0
50%	21.9
33.3%	2.7
20%	0.2

die Kinderbetreuungszeiten in die Berechnung ein, können sich sogar wesentlich höhere Werte ergeben (vgl. Bauer et al., 1994).

Für die teilzeitbeschäftigten Krankenpflegekräfte in den von uns untersuchten Häusern trifft es wohl nicht zu, daß sie ausschließlich aus ökonomischer Notwendigkeit heraus neben Hausarbeit und Kinderbetreuung noch eine Teilzeitbeschäftigung angenommen hatten. Dagegen spricht das bereits erwähnte relativ hohe gesamte Haushaltsnettoeinkommen, welches sogar höher liegt als das der Vollzeitkräfte. Das jeweils relativ gute Einkommen des Ehepartners ermöglichte den Teilzeitkräften vielmehr, diese mit der Familie wesentlich besser zu vereinbarende Beschäftigungsform zu wählen. Infolgedessen wollten sie größtenteils auch in dauerhafter Teilzeitanstellung verbleiben. Nur 4.6% äußerten den Wunsch nach Vollzeitbeschäftigung.

Im Einklang mit den obigen Ausführungen lagen die Gründe für den Teilzeitwunsch in erster Linie in der Notwendigkeit, genügend Zeit für Familie (18.1% der Nennungen), Hausarbeit (13.8%) und Kinder in betreuungsintensivem Alter (14.4%) aufzubringen. Dieses Interesse, Beruf und Familie zu vereinbaren, haben sie mit den Teilzeitbeschäftigten der ISO-Stichprobe gemeinsam (vgl. Groß, in diesem Band).

Tabelle 13: Gründe für positive Einstellung zur Teilzeitarbeit bei Krankenpflegekräften nach Vertragsumfang (in Prozent)

Grund	**Vollzeitkräfte**	**Teilzeitkräfte**
mehr Zeit für persönliche Hobbies	21.3	14.4
mehr um Familie kümmern	15.5	18.1
Zeit mit Partner/-in wichtiger als mehr Geld	18.4	15.5
Berufsbelastungen besser aushalten	15.5	14.7
Hausarbeit bewältigen	8.5	13.8
Kinder in betreuungsintensivem Alter	7.3	14.4
lieber Zeit für kulturelle Interessen	10.5	6.0
lieber Zeit für politische Interessen	2.1	1.6
Kein Kindergarten-/Hortplatz	0.9	1.5

Von den Vollzeitkräften äußerten 35.7% den Wunsch nach vorübergehender oder dauerhafter Teilzeitbeschäftigung, das sind wesentlich mehr als in der ISO-Studie (9%). Bemerkenswert ist, daß bei den Vollzeitkräften dieser Wunsch häufiger durch das Bedürfnis nach persönlicher Freizeit motiviert ist als bei den Teilzeitkräften (vgl. Tabelle 13). Wie bereits zuvor erwähnt, ist bei den Vollzeitkräften die familiäre Zusatzbelastung geringer. Ein weiterer Aspekt, der beiden Gruppen für eine Teilzeitbeschäftigung spricht, ist die bessere Verarbeitung von Berufsbelastungen. Dies deutet auf die hohen psychischen wie physischen Belastungen hin, die die Krankenpflegetätigkeit selbst, aber auch zum Beispiel die belastenden Arbeitszeitstrukturen der Schicht- oder Nachtarbeit mit sich bringen (vgl. zu den Beanspruchungsfolgen bei Krankenpflegekräften Büssing et al., 1995). Andererseits ist hier auch ein Indiz dafür zu erkennen, daß trotz der starken Mehrfachbelastung ein Abbau von Belastungsfolgen in der Freizeit, die ja oft keine wirklich freie Zeit ist, dennoch zum Teil möglich ist. Eine sicherlich nicht unbedeutende Rolle spielen dabei Partner/-in und Familie, die ja nicht nur Verursacher von zusätzlicher Belastung, sondern gerade auch Quellen sozialer Unterstützung sind (vgl. z.B. Cohen & Syme, 1985).

Das Interesse an Vollzeitbeschäftigung war sowohl bei den Teilzeit- als auch bei den Vollzeitkräften mit Vollzeitwunsch in erster Linie finanziell motiviert (55.2% der Nennungen durch Vollzeit- und 38.9% durch Teilzeitkräfte). Es wird also deutlich, daß zahlreiche Vollzeitkräfte entgegen ihrem Wunsch nach einer Teilzeitbeschäftigung aus ökonomischer Notwendigkeit in der Vollzeitbeschäftigung verbleiben, um das verglichen mit den „Teilzeithaushalten" niedrigere Haushaltsnettoeinkommen aufrechtzuerhalten.

Sorgen machte den Teilzeitkräften allerdings die Gefahr, den beruflichen Anschluß zu verpassen (12.2% gegenüber 7.5% bei den Vollzeitkräften); sie schrieben ihrer Teilzeitbeschäftigung geringeres gesellschaftliches Prestige zu, was von den Vollzeitkräften nicht nachempfunden wurde (6.1% gegenüber 0%).

4.5 Gleitzeitarbeit

Als Gleitzeitarbeit bezeichnet man eine Arbeitszeitform, die den Beschäftigten zwar Anwesenheit während bestimmter Kernarbeitszeiten abverlangt, jedoch können Beginn und Ende der täglichen Arbeitszeit im Rahmen von vereinbarten Gleitzeitspannen von den Beschäftigten selbst festgelegt werden. Von den bislang erörterten Flexibilisierungstypen von Arbeitszeitstrukturen bietet diese Arbeitszeitform den Beschäftigten die weitestgehende Möglichkeit zur konkreten und selbstbestimmten Flexibilisierung ihrer Arbeitszeit.

Tabelle 14: Gründe für positive Einstellung zur Gleitzeitarbeit bei Krankenpflegekräften (in Prozent)

Grund	Häufigkeit
Freizeit besser planen	28.7
Anpassung an Arbeitszeit von Partner/-in	22.5
Anpassung an Schul-/Kindergartenzeiten	16.4
morgens länger schlafen	12.6
früh morgens bzw. spät abends arbeiten	8.0
Zeit ansparen	6.6
Verkehrsspitzen besser umgehen	3.5
Pünktlichkeit wird nicht so kontrolliert	1.7

In Krankenhäusern ist Gleitzeitarbeit nicht sehr verbreitet. In der von uns untersuchten Stichprobe waren nur 5.8% der Krankenpflegekräfte in dieser Arbeitszeitform beschäftigt, gegenüber 22% - gleich verteilt auf Männer und Frauen - in der ISO-Studie. Dabei stellt Gleitzeitarbeit ein für die Beschäftigten äußerst attraktives Arbeitszeitmodell dar. Über 60% der Krankenpflegekräfte, und damit mehr als in der ISO-Stichprobe (39%), äußerten den Wunsch, in Gleitzeit zu arbeiten - Teilzeitkräfte in höherem Ausmaß als Vollzeitkräfte (67.9% gegenüber 58.6%). Erwartungsgemäß wurde dieser Wunsch in erster Linie mit der besseren Organisierbarkeit von Freizeit und Kinderbetreuung sowie der Koordination mit der Arbeitszeit von Partner/-in begründet (vgl. Tabelle 14).

Gleichzeitig waren sich die Pflegekräfte jedoch der strukturellen Besonderheiten der Krankenpflegetätigkeit bewußt, die feste Arbeitszeiten erfordert und Gleitzeitsysteme nur in stark eingeschränkter Form zulassen würde (vgl. Tabelle 15).

Tabelle 15: Gründe für Nichtrealisierung des Gleitzeitwunsches bei Krankenpflegekräften (in Prozent)

Grund	**Häufigkeit**
Arbeit erfordert feste Anwesenheitszeiten	36.1
Arbeitsorganisation läßt Gleitzeit nicht zu	29.2
keine Initiative zur Einführung in diesem Krankenhaus	27.7
Kollegen/-innen dagegen	3.8
Arbeitgeber dagegen	2.6
Personalrat/Betriebsrat/Mitarbeitervertretung dagegen	0.7

5 Schlußbetrachtung

Die Flexibilisierung von Arbeitszeit schreitet voran. Vor- und Nachteile werden auf Arbeitgeber- wie auf gewerkschaftlicher Seite heftig diskutiert. Krankenpflegekräfte jedoch sind schon immer in Arbeitszeitstrukturen eingebunden, die stark von der Normalarbeitszeit abweichen. Überstunden sind für sie keine Seltenheit, Schichtdienst ist für sie normal, Nacht- und Wochenenddienst nichts Ungewöhnliches. Viele von ihnen sind teilzeitbeschäftigt - in einem „Frauenberuf" ist das nicht unüblich. Was ist über die Arbeitszeitstrukturen von Krankenpflegekräften im Hinblick auf ihre Sozialverträglichkeit zu sagen? Entspricht ihre Arbeitszeitwirklichkeit ihren Wünschen, kommt der relativ hohe Grad an Flexibilisierungsanforderungen ihren Bedürfnissen entgegen, oder haben sie sich einfach nur mit der Unumgänglichkeit flexibler Arbeitszeitformen in der Krankenpflege abgefunden?

Schicht- bzw. Dauernachtdienst empfinden die Krankenpflegekräfte als gesundheitlich sehr belastend, dennoch haben sich die meisten damit arrangiert. Sie wissen die Vorteile, die ein solches System bietet, zu nützen und haben Haushalt, Familie, Freizeit und soziale Beziehungen darauf abgestimmt.

Äußerst unbeliebt ist jedoch die Notwendigkeit, regelmäßig Wochenendarbeit leisten zu müssen. Wochenendarbeit schränkt die Möglichkeiten der sozialen Teilhabe empfindlich ein, die für die Krankenpflegekräfte einen hohen Stellenwert besitzt. Gleichwohl können sich die Krankenpflegekräfte auch darauf einrichten; sie nutzen die arbeitsfreien Werktage für Erledigungen. Leicht im Vorteil sind dabei Teilzeitkräfte bzw. Dauernachtwachen, die im Koordinieren von Arbeit, Familie und Freizeit bedingt durch ihre ohnehin außergewöhnlichen Arbeitszeitformen bzw. ihre spezielle familiäre Situation besondere Erfahrung und Übung haben.

Die regelmäßig anfallenden Überstunden sind bei den Krankenpflegekräften ebenfalls ausgesprochen unbeliebt; sie beanspruchen zusätzlich wertvolle Zeit, die der Familie, dem/der Partner/-in und der persönlichen Erholung und Regenerierung verloren geht. Da ihre Notwendigkeit oft erst sehr kurzfristig bekannt wird, schränken Überstunden darüber hinaus die Autonomie der Krankenpflegekräfte hinsichtlich ihres Zeitmanagements empfindlich ein.

Eine Arbeitszeitform, die in Krankenhäusern nur selten eingeführt ist, die Gleitzeitarbeit, würde bei den Krankenpflegekräften durchaus Anklang finden. Gleitzeitarbeit würde ihnen eine wesentlich höhere Flexibilität bei der Koordination ihrer verschiedenen Lebensbereiche ermöglichen. Es scheint den Pflegekräften jedoch durchaus bewußt zu sein, daß den Möglichkeiten zur Einführung dieser Arbeitszeitform in der Krankenpflege aus strukturellen Gründen Grenzen gesetzt sind.

Teilzeitarbeit ist bei den Krankenpflegekräften eine sehr häufige und auch recht beliebte Arbeitszeitform. Sie ermöglicht es den Krankenpflegekräften, Familie und Beruf in Einklang zu bringen und Berufsbelastungen besser zu verarbeiten, vorausgesetzt, das Einkommen des Partners ist hoch genug. Sie nehmen damit allerdings Einbußen vor allem hinsichtlich der sozialen Teilhabe und der Partizipation am Arbeitsplatz in Kauf. Eine Vollzeitbeschäftigung wählen viele Krankenpflegekräfte in erster Linie aus finanzieller Motivation, wobei der Umstand, daß sie im Durchschnitt weniger Kinder haben, eine Erleichterung darstellen mag.

Bei all dem darf nicht übersehen werden, daß selbst bei einer Teilzeitbeschäftigung die Krankenpflegekräfte mit Familie einer erheblichen Mehrfachbelastung ausgesetzt sind, insbesondere vor dem Hintergrund, daß ihnen in bezug auf ihre Arbeitszeitstrukturen große Flexibilität abverlangt wird, die aber nur wenig Vorteile für sie bietet.

Wirkliche Entlastung, aber auch soziale Integration und Partizipation am Arbeitsplatz kann nur durch eine generelle Verkürzung der Arbeitszeiten aller Beschäftigten, also auch der Ehepartner, erreicht werden. Gleichzeitig müssen in viel stärkerem Maße, als dies bisher der Fall war, die traditionellen Geschlechterrollen in Frage gestellt und die Männer an Hausarbeit und Kinderbetreuung beteiligt sind. Dies ist besonders in einem Beruf wichtig, der so stark von überkommenen Geschlechtsstereotypen geprägt ist, wie die Krankenpflege.

Literatur

Baillod, J., Holenweger, T., Ley, K. & Saxenhofer, P. (1993). *Handbuch Arbeitszeit* (2. Aufl.). Zürich: Verlag der Fachvereine .

Bauer, F., Groß, H. & Schilling, G. (1994). *Arbeitszeit '93. Arbeitszeiten, Arbeitszeitwünsche, Zeitbewirtschaftung und Arbeitszeitgestaltung von abhängig Beschäftigten.* Düsseldorf: Ministerium für Arbeit, Gesundheit und Soziales des Landes Nordrhein-Westfalen [MAGS].

Betz, G. (1992). Krankenpflege im Wandel. In Prognos AG (Hrsg.), *Auf dem Weg aus der Pflegekrise? Neue Ideen und Lösungsansätze in der Krankenpflege* (S. 193-208). Berlin: Edition Sigma.

Büssing, A. (1993). Sozialverträglichkeit von Arbeitszeitstrukturen. Untersuchungen eines neuen Konzepts in der Krankenpflege. *WSI-Mitteilungen, 46*, 154-163.

Büssing, A., Eisenhofer, J., Glaser, J., Natour, N. & Theis, U. (1995). *Psychischer Streß und Burnout in der Krankenpflege. Untersuchungen zum Einfluß von Anforderungen, Hindernissen und Spielräumen* (Bericht Nr. 21). München: Technische Universität, Lehrstuhl für Psychologie.

Cohen, S. & Syme, S.L. (Eds.). (1985). *Social support and health.* Orlando: Academic Press.

Elsner, G. (1992). *Risiko Nachtarbeit.* Bonn: Dietz.

Figge, K., Quack, S. & Schäfgen, K. (1991). *Position der Frauen auf dem Arbeitsmarkt. Entwicklungen zwischen 1983 und 1989/90 in der BRD und der ehemaligen DDR* [Bericht für die Kommission der Europäischen Gemeinschaften, Generaldirektorat V - Gleichstellungsbüro]. Berlin.

Frese, M. & Okonek, K. (1987). Reasons to leave shiftwork and psychological and psychosomatic complaints of former shiftworkers. *Journal of Applied Psychology, 69*, 309-314.

Haider, M., Koller, M. & Cervinka, R. (Eds). (1986). *Night and shiftwork: Longterm effects and their prevention.* Frankfurt a. M.: Campus.

Priester, K. (1993). *Neue Arbeitszeitmodelle in Krankenhäusern* (HLT Report Nr. 371). Wiesbaden: HLT Gesellschaft für Forschung, Planung und Entwicklung GmbH.

Quack, S. (1993). *Dynamik der Teilzeitarbeit. Implikationen für die soziale Sicherung von Frauen.* Berlin: Edition Sigma.

Seifert, H. (1989). Sozialverträgliche Arbeitszeitgestaltung - Ein neues Konzept der Arbeitszeitpolitik? *WSI-Mitteilungen, 42*, 670-681.

Seifert, H. (1993). Ausmaß und Effekte der Arbeitszeitverkürzung. In P. Hampe (Hrsg.), *Zwischenbilanz der Arbeitszeitverkürzung* (S. 11-28). München: von Haase und Koehler.

Smentek, M. (1991). *Arbeitszeit-Flexibilisierung.* Hamburg: VSA.

Thierry, H. & Meijman, T. (1994). Time and behavior at work. In H.C. Triandis, M.D. Dunnette & L.M. Hough (Eds.), *Handbook of Industrial and Organizational Psychology* (Vol. 4, pp. 341-414). Palo Alto, Cal.: Consulting Psychologists.

Ingrid Kurz-Scherf

WENIGER ARBEITEN? - ODER: DIE PHANTASIE VOM BESSEREN LEBEN

1 „Chronokratie" oder „Das Ende der starren Zeiten"?

„Chronokratie" nennt der Philosoph Christoph Wulf (1987) das System der „starren Zeiten", das die Vielfalt und Dynamik des Lebens in das Korsett von Arbeitszeiten, Öffnungszeiten, Fristen und Terminen zwingt. Streß, Hektik, permanenter Zeitdruck haben ein neues Armutsrisiko hervorgebracht: die Zeit-Not, an der hierzulande bedeutend mehr Menschen erkranken und sterben als an materieller Not. Getrieben von der Zauberformel der modernen Wohlstandsgesellschaften - „Zeit ist Geld" - pervertiert Muße zum allseits geächteten Müßiggang. Aber die modernen Zeiten produzieren nicht nur permanente Überbeschäftigung, Überforderung und Überlastung, sondern auch Arbeitslosigkeit, Unterforderung und die brachliegende Zeit der Monotonie, der Langeweile und des Überdrusses (Müller-Wichmann, 1984). Die „Balance der Zeit", der Ausgleich zwischen Langsamkeit und Beschleunigung, der Wechsel von Ruhe und Bewegung, von Anspannung und Entspannung, das Gleichgewicht zwischen Arbeit und Muße ist so empfindlich gestört, daß Zeit-Forschung und Publikationen zum Thema Zeit ins Zentrum der zivilisationskritischen Aufmerksamkeit gerückt sind.

Die Kritik an der modernen Chronokratie konzentriert sich auf die Arbeitszeiten, und die aller Orten empfohlene Abhilfe gegen die Reglementierung des Lebens durch das Regime der Arbeitszeiten ist Arbeitszeitflexibilisierung. „Laßt tausend Flexi-Blumen blühen" - so titelte schon vor Jahren das Handelsblatt, und seit langem propagieren auch eher wirtschaftsferne Sozialwissenschaftler das „Ende der starren (Arbeits-)Zeiten" (Schmid, 1985) und den Übergang zur „individuellen Zeitsouveränität". Arbeitszeitflexibilisierung - und nicht nur das Leben wird sich in all seinem Reichtum und seiner Spontaneität zu ungeahnter Fülle entfalten, auch die Ökonomie wird neuen Auftrieb in der immer härteren Standortkonkurrenz erhalten.

„Laßt tausend Flexi-Blumen blühen" - und selbst die Probleme am Arbeitsmarkt werden sich - jedenfalls leichter als im System der ohnehin längst zur Fiktion verkommenen „Normalarbeitszeit" - lösen lassen. Die arbeitsmarktpolitisch motivierten Hoffnungen in die Flexibilisierung der Arbeitszeiten richten sich insbesondere auf die Ausweitung der Teilzeitarbeit und auf betriebliche Modelle der Arbeitszeitverkürzung, wie beispielsweise die Einführung der Vier-Tage-Woche beim VW-Konzern, durch die dort vor eineinhalb Jahren eine Massenentlassung verhindert wurde, oder das BMW-Modell einer Kombination aus Verlängerung der Betriebszeiten und Verkürzung der individuellen Arbeitszeiten der Beschäftigen - bei „vollem Lohnausgleich" im Unterschied zur VW-Variante der betrieblichen Arbeitszeitverkürzung mit proportionaler Absenkung des Bruttojahreseinkommens.

Als nicht nur ideellen sondern auch realen, allerdings neuerdings sichtlich geschwächten „Hauptfeind" der Arbeitszeitflexibilisierung haben deren Protagonisten die Gewerkschaften ausgemacht. Deren langjährige Ignoranz gegenüber der Teilzeitarbeit, die nur sehr zögerlich korrigierte, gewerkschaftliche Skepsis gegenüber der Gleitzeitarbeit, der Widerstand der Gewerkschaften gegen die Verlängerung der Ladenöffnungszeiten, ihre Fixierung auf das sogenannte Normalarbeitsverhältnis und die Normalarbeitszeit, die - so wird argumentiert - längst nicht mehr den Anforderungen einer modernen und flexiblen Gestaltung von Arbeit und Arbeitszeit entsprechen, und schließlich die Fetischisierung des „vollen Lohnausgleichs" bei Arbeitszeitverkürzungen haben die Gewerkschaften als Statthalter der Chronokratie diskreditiert.

Am ersten Oktober diesen Jahres tritt in der westdeutschen Metallindustrie die 35-Stunden-Woche in Kraft. Sie gilt international als Visitenkarte der nach wie vor vergleichsweise starken deutschen Gewerkschaften, aber der Glanz der gewerkschaftlichen Sonne über diesem Symbol des „Jahrhundertkampfes um die Zeit" - wie die IG Metall den großen Streik um die 35-Stunden-Woche im Frühjahr 1984 annoncierte - ist verblaßt. Die Beschäftigungseffekte der tariflichen Arbeitszeitverkürzung sind unstrittig, aber zu einer spürbaren Entlastung des Arbeitsmarktes haben die stundenweisen Absenkungen der tariflichen Regelarbeitszeit nicht gereicht. Selbst in den beiden Vorreiterbranchen - der Metall- und Druckindustrie - blieben das Ausmaß und das Tempo der Arbeitszeitverkürzungen weit hinter dem Ausmaß und dem Tempo des Arbeitsplatzabbaus zurück. Und in den neuen Bundesländern hängt die tarifliche Arbeitszeit auch in diesen beiden Bereichen immer noch bei 38.5 Stunden pro Woche; in vielen anderen Tarifbereichen - nicht nur in Ost- sondern auch in Westdeutschland - ist man noch so weit von der 35 entfernt, daß inzwischen fraglich geworden ist, ob sie dort denn in absehbarer Zeit überhaupt noch erreicht werden wird. Erst recht ist ein neues „Großprojekt" gewerkschaftlicher Arbeitszeitpolitik - wie beispielsweise die 25-Stunden-Woche, von der DGB-Bundesvorsitzende Dieter Schulte gelegentlich spricht - nicht in Sicht.

Stattdessen bahnt sich auch bei den Gewerkschaften ein - „Themenwechsel der Arbeitszeitpolitik" (Hinrichs, 1992) von der Arbeitszeitverkürzung zur Arbeitszeitflexibilisierung an, der allerdings mehr den Geist des Rückzugs aus verlorenem Terrain als den der Entfaltung einer neuen Strategie der „befreiten Zeit" (Gorz, 1989) atmet. In den diversen Abkommen zur stufenweisen Absenkung der tariflichen Arbeitszeit haben die Gewerkschaften regelmäßig unterschiedliche „Flexi-Komponenten" akzeptiert, ihre Skepsis gegenüber der Teilzeitarbeit und der Gleitzeitarbeit und selbst das ehemals hartnäckig verteidigte Prinzip des vollen Lohnausgleichs wurden inzwischen aufgegeben oder zumindest relativiert. Tarifverträge zur Teilzeitarbeit, zur Differenzierung und Variabilisierung der Arbeitszeiten im Rahmen der tariflichen Regelarbeitszeit, zur individuellen Arbeitszeitverkürzung für besondere Arbeitnehmergruppen und zur betrieblichen Arbeitszeitverkürzung mit dem Ziel der Beschäftigungssicherung - in beiden Fällen in der Regel ohne vollen Lohnausgleich - signalisieren die Abkehr der Gewerkschaften vom Prinzip einer einheitlichen Normalarbeitszeit und von anderen tradierten Grundprinzipien gewerkschaftlicher Arbeitszeitpolitik.

Die Initiative in Arbeitszeitfragen - die die Gewerkschaften mit dem Streik um die 35-Stunden-Woche noch eindrucksvoll behaupteten - haben sie damit allerdings nicht zurückgewonnen. Zumindest die öffentlichkeitswirksamen Initiativen für neue Formen der Arbeitszeitgestaltung - wie beispielsweise bei VW oder BMW oder bei den Maßnahmen zur Ausweitung der Teilzeitarbeit im öffentlichen Dienst - gehen fast immer von der Arbeitgeberseite aus; Gewerkschaften und Betriebsräte wehren oder wiegeln ab - und hecheln letztendlich hinterher. Die Notwendigkeit einer konzeptionellen und strategischen Revision der Arbeitszeitpolitik wird auch bei den Gewerkschaften nicht mehr bestritten, aber weder haben sie bisher dazu ein eigenständiges Konzept vorgelegt, noch ist erkennbar, wie die Gewerkschaften den weitreichenden Konsequenzen der „Erosion" des Normalarbeitsverhältnisses und der Normalarbeitszeit in anderen Kernbereichen gewerkschaftlicher Interessensvertretung - wie insbesondere der Lohn- und Leistungspolitik und der sozialen Sicherung - zu begegnen gedenken. Der Kompetenz- und Funktionsverlust der Gewerkschaften in Arbeitszeitfragen könnte sich damit leicht auch auf andere, von den Gewerkschaften zur Zeit ohnehin nur noch mühsam behauptete Felder der kollektiven Interessensvertretung ausweiten.

Die 35-Stunden-Woche tritt im Herbst diesen Jahres in Kraft, den „Jahrhundertkampf um die Zeit" - so scheint es - haben die Gewerkschaften dennoch verloren. 1984 kommentierte der wirtschaftsliberale Arbeitsrechtler Adomeit den Arbeitskampf in der Metall- und Druckindustrie unter der Überschrift „Es ist Zeit für den Abschied von der Tarifautonomie" - eine damals noch allenthalben als polemische Provokation zurückgewiesene Position. Heute, 11 Jahre später, spricht einiges dafür, daß sich aus der Retrospektive der Zukunft die 35-Stunden-Woche tatsächlich als das Ende der tarifvertraglichen Regulierung der Arbeitszeiten darstellen könnte.

Die in der Arbeitszeitpolitik an die „Deregulierung" geknüpften Hoffnungen auf die daraus erwachsende individuelle Zeitautonomie und die davon ausgehenden neuen Impulse für die Lösung der drängenden Probleme am Arbeitsmarkt haben sich allerdings bisher nicht bestätigt: Die Innovationsfreudigkeit der Betriebe in punkto Arbeitszeitgestaltung hält sich in engen Grenzen, was sich unter anderem daran ablesen läßt, daß auf den zahllosen Tagungen und Kongressen zur Arbeitszeit der Zukunft seit Jahren die immer gleichen Vorzeigemodelle (z.B. das inzwischen zu arbeitszeitpolitischer Berühmtheit gelangte Kaufhaus Beck) präsentiert werden, die allem Anschein nach nur wenig und nur sehr zögerlich Nachahmer finden. Auch der von dem VW-Modell der betrieblichen Arbeitszeitverkürzung zur Vermeidung von Massenentlassungen erwartete Schneeballeffekt ist bisher ausgeblieben. Und die groß angelegte „Teilzeitoffensive" der Bundesregierung hat der individuellen Arbeitszeitverkürzung bisher auch noch nicht den erhofften Aufschwung verschafft: Weiterhin verweigern sich vor allem Männer dem immer wieder beschworenen Reiz der Teilzeitarbeit, die im übrigen in Ostdeutschland in den letzten Jahren auch bei Frauen nicht mehr, sondern weniger Anklang findet - selbst im Vergleich zu den eher „teilzeitabstinenten" DDR-Zeiten. Die praktischen Möglichkeiten zur Teilzeitarbeit in qualifizierten und erst recht in leitenden Funktionen sind weiterhin dürftig; und auch sonst erschöpft sich in punkto Arbeitszeitflexibilisierung die Praxis betrieblicher Arbeitszeitgestaltung weitgehend in der Einführung relativ phantasieloser Formen von Gleitzeitarbeit und vor allem in ausgiebiger Anordnung von Mehrarbeit und Überstunden. Betriebliche Modelle zur Freistellung und/oder Arbeitszeitreduktion von Eltern, zum gleitenden Einstieg in bzw. zum gleitenden Ausstieg aus der Erwerbstätigkeit haben immer noch Seltenheitswert, die Vereinbarkeit von Familie und Beruf ist vor allem für die meisten Frauen weiterhin ein uneingelöstes Versprechen; und nach wie vor steht die Popularität des Prinzips der individuellen Zeitsouveränität in der arbeitszeitpolitischen Literatur in bemerkenswertem Kontrast zu dessen Relevanz in der arbeitszeitpolitischen Praxis. Mit der „Verbetrieblichung" der Arbeitszeitpolitik verkehrt sich die Arbeitszeitverkürzung von einem Instrument zur Sicherung und Schaffung von Arbeitsplätzen in eine Methode des betrieblichen Personalabbaus und der Lohnsenkung. Die Rücknahme kollektiv bindender Arbeitszeitnormen entfesselt vor allem den Zugriff der Betriebe auf die Lebenszeit der Menschen mit der Folge einer eher ver- als entschärften Chronokratie der bewirtschafteten gegenüber der gelebten Zeit. Vor allem scheint die Flexibilisierung der Arbeitszeiten, jedenfalls in den zur Zeit praktizierten Formen, die Abschottung des Beschäftigungssystems gegenüber den Problemen am Arbeitsmarkt eher zu verfestigen als aufzubrechen.

Der „Paradigmenwechsel" der Arbeitszeitpolitik von der Arbeitszeitverkürzung zur Arbeitszeitflexibilisierung hat die daran geknüpften Hoffnungen in bezug auf die Erweiterung individueller Zeitsouveränität und die Entlastung des Arbeitsmarktes nicht nur bisher enttäuscht, er beinhaltet diesbezüglich auch für die Zukunft mehr Risiken als Chancen. Die Rückorientierung auf „altbewährte Konzepte" bietet dennoch keinen gangbaren Ausweg aus der hier möglicherweise überzeichneten, aber in jedem Fall eher unerfreulichen Lage. Diese „altbewährten Konzepte" sind schon in der Vergangenheit nicht zuletzt an ihrer Ignoranz gegenüber den gesellschaftlichen Differenzierungs- und Individualisierungsprozessen gescheitert, sie taugen um so weniger für die Zukunft. Andererseits leiden die Konzepte zur Arbeitszeitflexibilisierung - soweit sie nicht ohnehin vorrangig als rentabilitätsorientierte Rationalisierungsstrategien entworfen wurden - an der spiegelbildlich verkehrten Ignoranz gegenüber den gesellschaftlichen Machtverhältnissen. Ute Meier vom Deutschen Jugendinstitut in München hat dafür den sehr treffenden Begriff der „Individualisierungsverzückung" geprägt. Einen Ausweg aus dem Dilemma zwischen Individualisierungsignoranz und Individualisierungsverzückung kann nur über die Öffnung „kollektivistischer" Konzepte der Arbeitszeitpolitik gegenüber den gesellschaftlichen Individualisierungsprozessen bzw. über die Rückbindung „individualistischer" Konzepte der Arbeitszeitpolitik an die gesellschaftlichen Machtverhältnisse gefunden werden. Dazu sollen im folgenden zunächst einige theoretische Überlegungen angestellt und daran anschließend einige neuere empirische Befunde einer Arbeitszeitstudie in Berlin (Kurz-Scherf, 1995) präsentiert werden.

2 Systemzeiten und Lebenszeiten

Die Komplexität und Dynamik moderner Gesellschaften spiegelt sich vor allem auch in der Dimension Zeit: Politik hat eine andere Zeitstruktur als die Wirtschaft und in der Ökonomie bilden die unterschiedlichen Sparten sehr verschiedene Zeitmuster aus; das öffentliche Leben hat einen anderen Rhythmus als das private und die individuellen Lebensphasen und persönlichen Lebensstile unterscheiden sich nicht zuletzt durch ihr Zeitmaß. Das Spannungsverhältnis zwischen ökologischen und ökonomischen Belangen, zwischen der kulturellen und der materiellen Reproduktion der Gesellschaft, zwischen demokratischer Willensbildung und politischer Effizienz konstituiert sich nicht zuletzt auch über die Inkompatibilität und Asynchronität der diesen Sphären jeweils eigentümlichen Tempi, Rhythmen und Zeitmuster. Die ökologische Zeit, die kulturelle Zeit, die ökonomische Zeit, die soziale Zeit, die politische Zeit, die Zeit der zwischenmenschlichen Beziehungen, der Identitätsbildung der Individuen, die Zeitmuster persönlicher Lebenskonzepte folgen aber nicht nur einem unterschiedlichen Maßstab, Rhythmus und Tempo, sondern diese Zeiten stehen auch in Konkurrenz zueinander, im Konflikt um gesellschaftliche Akzeptanz und Relevanz, um gesellschaftliche Hegemonie.

Mit der Ausdifferenzierung der Zeiten wird „die Zeit" zu einer Angelegenheit von Macht und Herrschaft, und damit zum Gegenstand von Politik. „Zeit ist Geld" - diese Metapher des modernen Zeitverständnisses - akzentuiert auf treffende Weise die Dominanz der ökonomischen Zeit gegenüber allen anderen Zeiten in kapitalistischen Industriegesellschaften. Die Unterwerfung der Zeit - diesem „Stoff aus dem das Leben ist" - unter den ökonomischen Imperativ der Beschleunigung (weniger Zeit = mehr Geld) wirft allerdings inzwischen ähnliche Probleme wie die Ausbeutung aller anderen Lebensressourcen auf - daß nämlich deren ungebremste Fortdauer die Qualität des Lebens erheblich beeinträchtigt und die Gewährleistung gesellschaftlicher Grundfunktionen (wie z.B. die generative Reproduktion und die soziale Integration) gefährdet. Die politische Frage, die das Stichwort „Chronokratie" daher in erster Linie aufgeworfen hat, lautet also, ob und wie der Vielfalt der Zeiten gegenüber der Einfalt des Geldes zu ihrem Recht verholfen werden kann.

Die Kritik an der Monetarisierung der Zeit richtet sich gegen die damit einhergehende Linearisierung von Zeitverläufen und Zeitmustern, die nicht nur den Arbeitszeiten, sondern auch dem Lebensrhythmus den stupiden Takt der Stechuhr, den eintönigen Rhythmus des Fließbands aufprägt. Der in der ökonomischen Zeit enthaltene und auf alle anderen Zeiten ausstrahlende Imperativ der Beschleunigung vermittelt sich allerdings nicht einfach nur über Geld als Wertmaßstab und Tauschmedium, sondern über Geld in seiner spezifischen Funktion als Kapital, das eben nicht einfach nur Geld ist, sondern die Option auf mehr Geld. Das ökonomische Kalkül der Rentabilität unterwirft die Zeit einer „Verwertungslogik", die die Vielfalt der Eigenzeiten tendenziell eliminiert oder zumindest verstümmelt. „Chronokratie" beschreibt insofern die Hegemonie der „kapitalisierten Zeit" gegenüber der „lebendigen Zeit".

In Anlehnung an die Habermas'schen Begrifflichkeiten der Entkopplung von „System" und „Lebenswelt" kann die Unterscheidung zwischen kapitalisierter und lebendiger Zeit auch in den Begriffen „Systemzeit" und „Lebenszeit" gefaßt werden (Habermas, 1981). Die Dominanz der Verwertung von Zeit gegenüber allen anderen Bestimmungen und Sinngebungen der Lebenszeit wäre dann als ein Ausdruck der von Habermas als „Kolonialisierung der Lebenswelt" bezeichneten Asymmetrie zwischen der systemischen und der sozialen Integration bzw. zwischen der materiellen und der kulturellen Reproduktion der modernen Gesellschaften zu interpretieren. Die „Kolonialisierung der Lebenszeit durch die Systemzeit" drückt sich dabei nicht nur aus in der kulturellen Prägung der Lebensweise durch den in der Metapher „Zeit ist Geld" enthaltenen Imperativ der ständigen Beschleunigung, sondern vollzieht sich auch als unmittelbar wirksame Reglementierung individueller Lebensführung, beispielsweise durch die Okkupation der besten Lebenszeit durch Erwerbstätigkeit (sowohl im Tages- wie auch im Lebensverlauf), durch die Degradierung von Freizeit zur Restzeit, durch die Strukturierung des alltäglichen Lebens über die Zeitmuster der Erwerbstätigkeit etc.

Mit ihrer doppelten Verankerung in der Systemzeit der Erwerbssphäre und in der Lebenszeit der arbeitenden Menschen bilden die Arbeitszeiten quasi ein Scharnier zwischen System und Lebenswelt. Diese doppelte Verankerung ist allerdings keineswegs gleichgewichtig, denn die Dominanz der systemischen Regulation der Gesellschaft gegenüber ihrer kulturellen, ökologischen und sozialen Reproduktion spiegelt sich auch in der prioritär systemischen und eben nicht gleichermaßen lebensweltlichen Prägung der Arbeitszeiten wider. In diesem kategorialen Rahmen läßt sich der Kampf der Arbeiterbewegung um Arbeitszeitverkürzung, Begrenzung von Schicht- und Nachtarbeit, um das freie Wochenende, Urlaub usw. als eine soziale Bewegung zur „Entkolonialisierung" der Lebenszeit interpretieren, die nur durch die Kompensation der Dominanz systemischer Belange durch die Kollektivierung lebensweltlicher Interessen erfolgreich sein konnte. Allerdings wurde die Durchsetzung von mehr „disponibler Zeit" (Marx & Engels, 1971) aber auch durch das sogenannte „fordistische Regulationsmodell" der Ökonomie erleichtert, das nicht nur auf der Erkenntnis beruhte, daß Autos keine Autos kaufen können, sondern auch auf der Einsicht, daß diejenigen, die die Autos kaufen sollen, auch Zeit brauchen, um damit zu fahren. Es liegt auf der Hand, daß die Kolonialisierung der Lebenswelt über das Medium „Zeit" damit nicht unbedingt aufgehoben, sondern zumindest teilweise auf andere Medien wie Geld und Konsum übertragen wurde.

Während in den Frühzeiten der Arbeiterbewegung deren Arbeitszeitpolitik noch inhaltlich bestimmte Ziele eines besseren Lebens - vor allem Bildung, Kultur, politische Partizipation - verfolgte, überließen die Gewerkschaften die Sinngebung und Gestaltung der von ihnen durchgesetzten Freizeit im Laufe der Zeit immer mehr der expandierenden Freizeitindustrie. Arbeitszeitpolitik reduzierte sich auf Verteilungspolitik mit anderen Mitteln. Dem entspricht auch, daß Arbeitszeitverkürzungen stets als „Zugabe in Zeit" auf die davon unabhängigen Lohnerhöhungen - eben bei vollem Lohnausgleich - gefordert wurden.

Arbeitszeitpolitik war damit nicht nur eingespannt in die Logik des sogenannten „Verteilungsspielraums" (Produktivität + Preise + Umverteilung), sondern auch als eine „Residualgröße" definiert. Das heißt ihr Spielraum ergab sich als Restgröße aus dem vorhandenen Verteilungsspielraum minus den quasi vorab zu befriedigenden Erwartungen der Beschäftigen an eine angemessene Lohnerhöhung. Das heißt aber auch, daß die Arbeitszeitpolitik wie die Lohnpolitik in ihren Erfolgsbedingungen konzeptionell gebunden war an den „Traum der ewig währenden Prosperität" (Lutz, 1984), und damit vor allem an grenzenloses Wachstum und permanente Vollbeschäftigung. Mit dem Wegfall dieser Voraussetzungen verschob sich das Schwergewicht des ehemals freizeitpolitisch dominierten Begründungszusammenhangs der Arbeitszeitpolitik auf beschäftigungspolitische Argumente. Die Sicherung, vor allem aber die Schaffung von Arbeitsplätzen auf dem Wege der Arbeitszeitverkürzung lassen sich jedoch in der Logik des „vollen Lohnausgleichs" jedenfalls dann nicht bewerkstelligen, wenn das volkswirtschaftliche Wachstum hinter der Produktivitätsentwicklung in den Betrieben zurückbleibt. Vor allem geraten die an der alten Verteilungsformel orientierten Lohnerwartungen in Konflikt mit dem Interesse an der Sicherung der Arbeitsplätze und noch mehr mit dem am Abbau bereits bestehender Arbeitslosigkeit.

Unter den Bedingungen von Arbeitslosigkeit, gebremster Wachstumsdynamik und beschleunigter Produktivitätsentwicklung gerät die Arbeitszeitpolitik in eine doppelte Produktivitätsfalle, weil einerseits der Anspruch der Beschäftigten auf volle Beteiligung an den Produktivitätszuwächsen ihrer Arbeit in Form entsprechender Lohnerhöhungen unvereinbar ist mit der Lösung des zum Teil durch diese Produktivitätszuwächse erzeugten Problems der Arbeitslosigkeit, und weil andererseits Arbeitszeitverkürzungen, mit denen die Lücke zwischen Produktivitätsentwicklung und Wachstum geschlossen werden soll, in den Unternehmen jedenfalls zum Teil mit Leistungsintensivierungen aufgefangen werden, die die Schere zwischen Produktivität und Wachstum weiter auseinandertreiben. Der ohnehin asymmetrische Kompromiß zwischen kapitalisierter und lebendiger Zeit verwandelt sich unter diesen Bedingungen in eine Quelle von toter Zeit, sprich: von Arbeitslosigkeit. Für die Lösung dieses Problems hat die traditionelle Arbeitszeitpolitik nicht nur kein Konzept, sondern sie hat es mit ihrer unreflektierten Verstrickung in den Produktivismus der kapitalisierten Zeit selbst mit hervorgebracht.

Verschärft wird das Problem der doppelten Produktivitätsfalle der Arbeitszeitpolitik durch die zunehmenden ökologischen Risiken wachstums- und produktivitätsorientierter Verteilungspolitik, die von den Gewerkschaften folglich auch nur sehr widerwillig und zögerlich zur Kenntnis genommen werden. Ähnlich verhält es sich mit der zunehmenden internationalen Verflechtung der Wirtschaft, die von den Gewerkschaften sehr viel leichter in den Kategorien der „Standortkonkurrenz" als unter dem Gesichtspunkt einer gerechten Weltwirtschaftsordnung aufgenommen wird. Während forcierte Arbeitszeitverkürzungen in den Metropolen der Weltwirtschaft, also auch in der Bundesrepublik Deutschland, einen wichtigen Beitrag sowohl zur Verringerung des Ressourcenverbrauchs und der Müllproduktion also auch zur Reduktion der Disparitäten am Weltmarkt - vor allem zulasten der sogenannten Dritten Welt und der ehemaligen Ostblockstaaten - leisten könnten, sind sie in den Kategorien der Standortkonkurrenz kaum darstellbar. Aber auch mit Blick auf die dritte Welt und die ökologische Herausforderung lassen sich Arbeitszeitverkürzungen nicht mehr in der Logik von Produktivität und Wachstum begründen und durchsetzen.

Die Dilemmata der Arbeitszeitpolitik auf der Grundlage eines stets prekären und asymmetrischen Kompromisses zwischen kapitalisierter und lebendiger Zeit versuchte die Arbeiterbewegung seit jeher durch die Rückbindung der Systemzeit an lebensweltliche Rhythmen, Tempi und Zeitstrukturen wenn nicht aufzulösen so doch zumindest zu entschärfen. Dabei ist es ihr jedoch nie gelungen, die beiden Strategien der „Befreiung von der Arbeit" durch Arbeitszeitverkürzung und der „Befreiung in der Arbeit" - beispielsweise durch den Widerstand gegen die immer kleinteiligere Fragmentierung der Zeit in Akkordsystemen oder durch den Kampf um Pausen und Erholzeiten - in ein in sich konsistentes Konzept zu integrieren. Letztendlich dominierte die an die permanente Steigerung der Arbeitsproduktivität gekoppelte Verteilungspolitik die auf die Humanisierung der Arbeit im weitesten Sinne orientierte Arbeitspolitik. Dabei wurden Arbeitszeitverkürzungen phasenweise - beispielsweise bei der Durchsetzung der 40-Stunden-Woche - sogar explizit als Methode zur Erhöhung der Leistungsintensität propagiert. Die Parole „Samstags gehört Vati mir", unter der die 40-Stunden-Woche durchgesetzt wurde, enthielt das stillschweigende Einverständnis, daß Papi von Montag bis Freitag irgend jemand anderem, auf jeden Fall aber nicht sich selbst gehört, und daß im übrigen der kleine Junge, der auf dem berühmten Plakat seinen Papi am Samstag für sich reklamiert, in der übrigen Zeit selbstverständlich von Mami betreut wird.

3 Differenzierung und Individualisierung von Arbeits- und Lebenszeiten

Der „schiefe Kompromiß" zwischen System- und Lebenszeit im traditionellen Reglement der Arbeitszeiten entfaltet nach beiden Seiten einen Selektions- und Normierungsmechanismus. Zur Sphäre des „Systems" hin ist er auf den industriellen Großbetrieb ausgerichtet; zur Sphäre der Lebenswelt hin fungiert der männliche Alleinverdiener - verheiratet, zwei Kinder - als „Bezugsperson" der Arbeitszeitpolitik. Konzeptionell reflektiert das Arbeitszeitregime damit nicht nur reale Dominanzstrukturen des ökonomischen Sektors und in der Sphäre der Lebensweisen, sondern es wirkt auch verstärkend auf diese zurück, indem der industrielle Großbetrieb einerseits und der männliche Alleinverdiener mit dem diesem typischerweise unterstellten Lebensstil andererseits zur Norm erhoben werden. Die Arbeitszeit- und Lebensmuster, die sich dieser Norm nicht fügen, werden entweder direkt oder indirekt auf dem Wege der Nicht-Beachtung mit zum Teil massiven negativen Sanktionen belegt. Beispiele sind in der Sphäre der Ökonomie Klein- und Mittelbetriebe sowie der Dienstleistungssektor, auf welche die an der industriellen Zeit-Ökonomie orientierten Normen und Regeln der Arbeitszeitgestaltung einfach nicht passen, woraus sich für die dort Beschäftigten allerdings keineswegs in erster Linie ein Autonomiegewinn, sondern eine vergleichsweise defizitäre Schutzfunktion der tariflichen Arbeitszeitregulierung ableitet.

Noch erheblich brisantere Folgen hat die autoritäre Struktur des Arbeitszeitregimes allerdings in der Sphäre der Lebenswelt: Wer sich nicht den darin enthaltenen Verhaltenserwartungen und Werthierarchien fügt, fällt tendenziell aus der Schutzzone des gesamten auf der sogenannten Normalarbeitszeit aufgebauten Systems der sozialen Sicherheit heraus oder muß zumindest gravierende Benachteiligungen hinnehmen. Dies betrifft vor allem Frauen, denen im Reglement der Arbeitszeiten implizit die Rolle der nichterwerbstätigen Hausfrau zugewiesen wird. Wenn sie aus dieser Rolle heraustreten, sehen sie sich mit der Alternative konfrontiert, entweder den Lebensstil des männlichen Alleinverdieners zu übernehmen, was ihnen aber in der Regel allenfalls teilweise gelingen kann, da sie über die darin unterstellte Ehe- und Hausfrau nicht verfügen, oder unbis mindergeschützte Beschäftigungs- und Lebensverhältnisse in Kauf zu nehmen. Die Reglementierung der Lebensweisen betrifft allerdings auch Männer, die beispielsweise dem kleinfamiliären Lebenskonzept nicht folgen wollen oder können, die nicht über eine finanziell abhängige Ehefrau verfügen wollen oder können, oder die der Erwartung kontinuierlicher und stets vollzeitiger Erwerbstätigkeit vom Abschluß der Ausbildung bis zur Rente nicht genügen wollen oder können.

Die Bindungs- und Gestaltungskraft der bestehenden, vorrangig in Tarifverträgen verankerten Normen betrieblicher und individueller Arbeitszeitgestaltung schrumpft in dem Maße, in dem die ihnen zugrunde liegenden Leitbilder ihre strukturbildende Leitfunktion in der Realität einbüßen. Sowohl der klassische industrielle Großbetrieb mit Massenfertigung und militaristisch/tayloristischer Arbeitsorganisation als auch der klassische männliche Alleinverdiener mit kleinbürgerlichem Lebensstil sind heute eher Auslaufmodelle als Prototypen der Gestaltung von Arbeit und Leben. Im Zuge der De-Industrialisierung der ökonomischen Strukturen einerseits und der Individualisierung der Lebensweisen andererseits werden die traditionellen Leitbilder der Arbeitszeitpolitik zu einer immer realitätsferneren Fiktion und das von ihnen geprägte Reglement der Arbeitszeit verflüchtigt sich zu einer Schimäre - ein Prozeß, der seit langem unter dem Stichwort „Krise des Normalarbeitsverhältnisses“ oder „Erosion der Normalarbeitszeit“ diskutiert wird (Mückenberger, 1985).

In diesem Prozeß überlagern sich eher lebensweltlich geprägte Tendenzen der Differenzierung und Dynamisierung der Arbeitszeiten mit systemisch bedingten Entwicklungen in den Betrieben. Erstere ergeben sich insbesondere aus der zunehmenden Beteiligung von Frauen an der erwerbswirtschaftlich organisierten Arbeit, die vor allem mit einem Bedeutungszuwachs von *Teilzeitarbeit* einhergeht. Auch die männlichen Arbeitszeitmuster und -präferenzen verändern sich vor allem im Zuge der Auflösung traditioneller Geschlechterrollen. Die intensiv beforschten männlichen „Arbeitszeitpioniere“, die sich nicht nur um eine neue, gleichgewichtigere Arbeitsteilung zwischen den Geschlechtern, sondern auch um ein neues Arrangement zwischen Arbeit und Leben bemühen, sind allerdings immer noch seltene Ausnahmefälle. Insgesamt dominieren die systemischen Rationalisierungs- und Restrukturierungsprozesse bei weitem die im Wandel der Lebensverhältnisse und -orientierungen begründeten Veränderungen der Arbeitszeiten und Arbeitszeitpräferenzen:

- Die im Zuge der Globalisierung verschärfte internationale Konkurrenz bewirkt einen zunehmenden Druck vor allem auf die *Verlängerung der Betriebszeiten*, die entweder mit einer entsprechenden Verlängerung der Arbeitszeiten oder mit einer zunehmenden Entkopplung von Betriebs- und Arbeitszeiten einhergeht;
- Neue Technologien, neue Produktionskonzepte und veränderte Konstellationen an den Absatzmärkten wirken in Richtung auf eine zunehmende *Variabilisierung der Arbeitszeiten* im Rhythmus der Schwankungen von Beschaffungs- und Absatzmärkten;
- Neue Konzepte der betrieblichen Arbeitsorganisation enthalten die Tendenz zur *Verkleinerung der Betriebs- bzw. Arbeitseinheiten* mit der Konsequenz einer Annäherung ehemals großbetrieblich regulierter Arbeitszeitsysteme an klein- oder mittelbetrieblich strukturierte Arbeitszeitmuster;
- Im Wandel der Beschäftigtenstruktur erhöht sich der relative Anteil qualifizierter Angestelltentätigkeiten und damit das Gewicht *stärker projekt- als prozeßbezogener Arbeitszeitmuster*;
- Die Tertiarisierung des ökonomischen Profils geht mit der *Ausweitung von ehemals als „atypisch" apostrophierten Arbeitszeitmustern* mit hohen Anteilen von Abend-, Nacht- und Wochenendarbeit einher;
- Unterschiedliche Modelle von Heimarbeit, von Verselbständigung ehemals abhängiger Beschäftigung durch den Übergang von Arbeitsverträgen auf Werkverträge etc. *lösen die individuellen Arbeitszeitmuster tendenziell aus dem Kontext der betrieblichen Arbeitszeitorganisation* bzw. binden sie darin auf grundlegend veränderte Weise ein.

Diese sehr unterschiedlichen Entwicklungen beinhalten für einzelne Beschäftigte und auch für größere Arbeitnehmergruppen durchaus auch Chancen, die im Sinne erweiterter Möglichkeiten autonomer Lebensgestaltung auch hinsichtlich der individuellen Arbeitszeiten genutzt werden können. Insgesamt dominiert allerdings eine Tendenz zur Entgrenzung und Entstrukturierung der Arbeitszeiten, und die gesellschaftlichen Individualisierungsprozesse werden zur Zeit weit weniger geprägt von Entwicklungen, wie sie beispielsweise unter dem Stichwort „Wertewandel" oder in der Lebensstilforschung analysiert wurden, als von den Auswirkungen der Massenarbeitslosigkeit, der Zunahme geringfügiger Beschäftigung oder der Ausweitung von Mehrarbeit - also, um in der hier gebrauchten Terminologie zu bleiben, sehr viel mehr von systemisch bedingten Prozessen zunehmender sozialer Ungleichheit als von der lebensweltlich verankerten Entfaltung gesellschaftlicher Vielfalt. Der groben Tendenz nach nivelliert die endlose Vielfalt individueller und betrieblicher Arbeitszeitmuster die sozialen und kulturellen Rhythmen in der Monotonie einer „Rund-um-die-Uhr-Gesellschaft" (Rinderspacher, 1985) und verwandelt die sozialen und zwischenmenschlichen Beziehungen in ein technisches Problem der permanenten Terminabstimmung.

4 Von der Normierung der Arbeitszeiten zur Ausweitung individueller Rechte?

Die skizzierten Entwicklungen vollziehen sich zum größten Teil auf der Grundlage der geltenden tariflichen und gesetzlichen Arbeitszeitbestimmungen, deren unmittelbar wirksame Normierungssubstanz sich allerdings in den letzten Jahren zugunsten der betrieblichen Gestaltungsspielräume deutlich verflüssigt hat. Während dies auf der gesetzlichen Ebene auch die erklärte Absicht des im Jahre 1993 verabschiedeten Arbeitszeitgesetzes (vgl. Roggendorff, 1994) war, vollzieht sich der Prozeß der Deregulierung der Arbeitszeiten auf tariflicher Ebene gegen den Widerstand der Gewerkschaften, die ihn mit ihrer Strategie der „Verteidigung des Normalarbeitsverhältnisses" allerdings - so scheint es jedenfalls zur Zeit - nicht aufhalten können. Dies umso weniger, als der Deregulierungsdruck der Arbeitgeberverbände in Tarifvertragsverhandlungen massiv verstärkt wird durch die sogenannte Verbandsflucht, durch die die Unternehmen sich insbesondere der Tarifbindung entziehen, und durch die vor allem in Ostdeutschland verbreitete Mißachtung tariflicher Bestimmungen, der die Betriebsräte unter dem Druck der ökonomischen Lage keinen wirksamen Widerstand entgegensetzen können oder wollen.

Die gewerkschaftliche Strategie der Verteidigung der Normalarbeitszeit wird von Vertretern des Prinzips der individuellen Zeitsouveränität massiv kritisiert. Abgesehen von den auch hier formulierten Kritikpunkten an der selektiven und autoritären Funktion dieser Institution in der traditionellen gewerkschaftlichen Arbeitszeitpolitik wird vor allem auch auf die Aussichtslosigkeit des Bemühens um die Verteidigung einer längst zum Anachronismus verkommenen Fiktion hingewiesen. Diese Fiktion sei vielmehr selbst eine der Ursachen der von den Gewerkschaften beklagten Entwicklungen.

Als Alternative zur weder erstrebenswerten noch aussichtsreichen Verteidigung der Normalarbeitszeit wird von den Protagonisten der individuellen Zeitsouveränität die Stärkung der Rechtsposition der Individuen gegenüber dem erweiterten Zugriff der Betriebe auf die Lebenszeit der Menschen und zugleich auch gegenüber dem weiterhin auch in den tariflichen Arbeitszeitnormen enthaltenen, kollektivistischen „Zeit-Diktat" empfohlen. Grundsätzlich ist die Stärkung individueller Rechte zweifellos eine Grundbedingung für die Entfaltung eines selbstbestimmten Lebens und die Stärkung individueller Autonomie sowohl gegenüber „systemischen Zwängen" als auch gegenüber kollektivistischer Reglementierung. Im programmatischen Entwurf der individuellen Zeitsouveränität bleiben dabei allerdings mehrere Probleme konzeptionell „unterbelichtet" und zwar zunächst insbesondere

- erstens, die Frage der Durchsetzbarkeit individueller Rechte gegenüber systemischen Zwängen, und
- zweitens, das Problem der sozialen Integration der zum Teil eben nicht nur unterschiedlichen, sondern auch konfligierenden individuellen Arbeitszeitpräferenzen.

Weiter oben wurde darauf hingewiesen, daß die Strategie der Entkolonialisierung der Lebenswelt auf dem Wege der traditionellen Arbeitszeitpolitik selbst in ihren begrenzten und zum Teil zwiespältigen Erfolgen nur erfolgreich sein konnte durch die kollektive Bündelung individueller, lebensweltlich orientierter Interessen gegenüber den systemisch verankerten Interessen an einer möglichst weitgehenden und intensiven Verwertung des Produktionsfaktors Zeit. Gerade die Tatsache, daß dabei relevante Interessenssphären und Interessensgruppen ausgegrenzt oder marginalisiert wurden, zeigt, daß ein Konzept zur Absicherung individueller Autonomie, das gerade auch diese „verdrängten“ Belange und Gruppen integrieren will, in einem noch schärferen Konflikt zum Herrschaftsanspruch der systemischen Verwertungslogik steht. Ob aber für die relativ abstrakte Option auf mehr individuelle Zeitsouveränität das nötige Gegengewicht zu den ganz konkreten Interessen der Arbeitgeber an einer möglichst uneingeschränkten Dispositionsgewalt mobilisiert werden kann, ist einigermaßen fraglich. Dies unter anderem auch deshalb, weil die konkreten Interessen in Bezug auf die persönliche Arbeitszeitgestaltung erheblich heterogener sind, als die Interessen der Arbeitgeber, die bei aller Binnendifferenzierung „der Wirtschaft“ doch auf einen Maßstab - nämlich Geld - bezogen bleiben. Demgegenüber läßt sich die Vielfalt lebensweltlicher Interessen nicht so ohne weiteres auf einen gemeinsamen Nenner bringen - zumal diese lebensweltlichen Belange auch noch individuell höchst unterschiedlich ausgeprägt sind, und auch bei den einzelnen Individuen einem lebensbiografischen Wandel unterliegen. Darüber hinaus sind die sogenannten lebensweltlichen Interessen selbst verfilzt mit den systemischen Imperativen der Verwertung von Zeit - und auch dies wiederum in individuell höchst unterschiedlicher Weise, wie sich vor allem an der breiten Streuung individueller Werthaltungen in der Abwägung der sogenannten Opportunitätskosten von Zeit versus Geld oder auch von Zeit versus Macht ablesen läßt.

So besteht beispielsweise keineswegs nur ein durch das bestehende Reglement der Arbeitszeiten behindertes (oder jedenfalls nicht ausreichend gestütztes und gefördertes) Interesse an „individueller Wenigerarbeit“ (Wiesenthal, 1985), sondern in Zeiten stagnierender oder sinkender Reallöhne bzw. auf der Grundlage der Einkommensdifferentiale zwischen Ost- und Westdeutschland existiert auch ein nicht unerhebliches Interesse an „individueller Mehrarbeit“, das allerdings zum Beispiel dem Interesse der Arbeitslosen an einer Reintegration in die Erwerbssphäre diametral entgegengesetzt ist.

Selbst wenn es also gelingen könnte, die individuelle Rechtsposition der arbeitenden Menschen bezüglich der ihnen abverlangten Arbeitszeit zu stärken, stellt sich die Frage, wie diese individuellen Rechte von denjenigen geltend gemacht werden können, denen das „Recht auf Arbeit“ überhaupt verweigert wird. Grundsätzlich bleibt im Konzept der individuellen Rechte offen, ob und wie die „systemisch“ bedingten - also über die Medien Geld und Macht vermittelten - unterschiedlichen Artikulations- und Durchsetzungschancen individueller Interessen und Präferenzen kompensiert werden können bzw. sollen. Solange aber dieses Problem nicht gelöst wird, besteht die Gefahr, daß die Stärkung individueller Rechte auch und gerade gegenüber ehemals kollektiv verbindlichen Normen und Regeln die „systemische“ Strukturierung der Lebenswelt nach dem Prinzip der sozialen Ungleichheit eher verstärkt, als daß es dem Prinzip der gesellschaftlichen Vielfalt zum Durchbruch verhelfen könnte.

Mit anderen Worten: Das Konzept der individuellen Zeitsouveränität löst nicht das Problem der sozialen Integration in Zeiten systemisch bedingter Des-Integration, sondern es wirft es unter anderen Voraussetzungen neu auf. Das heißt: Arbeitszeitpolitik kann sich gerade dann, wenn sie sich auf den Prozeß der Individualisierung der Gesellschaft positiv beziehen will, nicht darauf beschränken, individuelle Rechte zu kodifizieren; sie muß darüber hinaus auch Wege und Formen der sozialen Integration von differentiellen, partiell konfligierenden und mit unterschiedlichen Machtpotentialen ausgestatteten Interessen im Hinblick auf gesellschaftlich akzeptierte Ziele, Normen und

Werte finden - wobei diese der Politik im Allgemeinen und der Arbeitspolitik im Besonderen allerdings nicht quasi extern vorausgesetzt sind oder aus abstrakten Einsichten abgeleitet werden können, sondern ebenfalls politisch hervorgebracht werden müssen. Mit dem Differenzierungs- und Individualisierungsgrad einer Gesellschaft wachsen die Anforderungen an die Politik insbesondere hinsichtlich der sozialen Integration und hinsichtlich der Bestimmung sozial verbindlicher Ziele, Normen und Werte; zugleich erschweren sich allerdings auch die Bedingungen einer Politik, die diesen Herausforderungen gerecht werden will. In diesem Dilemma befindet sich auch die Arbeitszeitpolitik.

Die von den Protagonisten der individuellen Zeitsouveränität auf der Basis individueller Rechte empfohlene Schwerpunktverlagerung der Arbeitszeitpolitik von der kollektiv verbindlichen Normierung der Arbeitszeiten auf die Erweiterung individueller Optionen löst dieses Dilemma nicht auf, sondern verlagert es nur auf eine andere Ebene. Vor allem stellt sich bei diesem Konzept auch die Frage, ob gesellschaftliche Anliegen - wie beispielsweise der Abbau der Arbeitslosigkeit, die Sicherung des freien Wochenendes, die Ökologisierung der Ökonomie, deren Einbindung in eine solidarische Weltwirtschaftsordnung und vor allem auch die Überwindung der geschlechtshierarchischen Arbeitsteilung - als Zielkomponenten der Arbeitszeitpolitik nicht endgültig aufgegeben werden müssen. Denn auch in der individualisierten Gesellschaft ergeben sich die gemeinschaftlichen Anliegen nicht aus der bloßen Addition individueller Interessen oder als deren gemeinsamer Nenner (vgl. auch Garhammer, in diesem Band).

Die hier genannten gemeinschaftlichen Anliegen spielten allerdings auch in der traditionellen Arbeitszeitpolitik keine oder nur eine sehr untergeordnete Rolle - so wie auch insgesamt die Schwächen und Gefahren des Konzepts der individuellen Rechte die oben geäußerte Kritik an der traditionellen Arbeitszeitpolitik selbstverständlich nicht außer Kraft setzt. Deren ökonomischen, politischen, sozialen und normativen Voraussetzungen sind unwiederbringlich entfallen, und sofern es den Gewerkschaften nicht gelingt, sich konzeptionell und strategisch auf grundlegend veränderte Bedingungen und Herausforderungen der Arbeitszeitpolitik einzustellen, ist der sich ja schon seit einiger Zeit abzeichnende Funktions- und Kompetenzverlust kollektiver Arbeitszeitpolitik unabwendbar. Ob die darin enthaltene Gefahr einer Entpolitisierung der Arbeitszeitgestaltung im Sinne einer vollständigen Verdrängung lebensweltlicher Belange durch systemische Zwänge bzw. die in diesen „Zwängen“ manifestierten Interessen durch die Neuorientierung der Arbeitszeitpolitik am Konzept der individuellen Rechte gebannt werden kann, ist allerdings auch einigermaßen fraglich. Implizit oder explizit richten sich die Hoffnungen auf die Kodifizierung individueller Rechte zumindest bei einem Teil deren Verfechter weniger auf die Gewerkschaften als auf den Staat, wie sich beispielsweise an vorliegenden Gesetzesentwürfen ablesen läßt, die sich zentral auf das Prinzip der Stärkung individueller Rechtspositionen beziehen. Mit dem Paradigmenwechsel der Arbeitszeitpolitik ginge demnach auch eine Rückverlagerung arbeitszeitpolitischer Handlungskompetenz von der Tarifautonomie an den Staat einher. Damit trägt das Konzept zwar der tiefgreifenden Krise der Tarifautonomie, die sich ja nicht nur in arbeitszeitpolitischen Fragen bemerkbar macht, Rechnung. Weniger reflektiert wird dabei allerdings die Tatsache, daß diese Krise der Tarifautonomie nur eine Dimension einer allgemeinen Krise sozialstaatlicher Regulation und Integration ist, die die Hoffnung auf den Gesetzgeber doch als eher illusionär erscheinen lassen. Die Frage bleibt also, ob nicht genau der Prozeß, an dem das Konzept der individuellen Zeitsouveränität anknüpft, also die gesellschaftliche Differenzierung und Individualisierung, dessen

Realisierungschancen genauso untergräbt wie die Zukunftsfähigkeit der traditionellen Arbeitszeitpolitik.

5 Kollektive Befindlichkeiten und partikulare Interessen

Ob und inwieweit Arbeitszeitpolitik überhaupt noch eine Basis in den individuellen Einstellungen und Interessen derjenigen hat, die sie in erster Linie mobilisieren müßte, um gegen systemisch verankerte Machtstrukturen wirksam werden zu können, war die zentrale, forschungsleitende Fragestellung einer im Herbst vergangenen Jahres in Berlin durchgeführten Befragung (Kurz-Scherf, 1995) zu den dort bestehenden Arbeitszeiten und Arbeitszeitpräferenzen.

Die Berliner Arbeitszeitstudie hat zunächst einmal erneut bestätigt, daß die sogenannte Normalarbeitszeit im Sinne einer allgemein verbindlichen Einheitsnorm hinsichtlich Dauer, Lage und Verteilung der Arbeitszeiten keine praktische Relevanz mehr hat: Nur noch 20% der Arbeitszeitmuster in Berlin entsprechen den Kriterien der Normalarbeitszeit in diesem Sinn, also: 35-40 Arbeitsstunden pro Woche, Montag bis Freitag, üblicherweise ohne Nachtarbeit und in einem gleichbleibenden Rhythmus von Arbeitswoche zu Arbeitswoche. Bei der Interpretation dieses Befundes ist allerdings zu beachten, daß die einzelnen Komponenten der Normalarbeitszeit jeweils für sich genommen durchaus immer noch einen Status von „Normalität“ haben, insofern als sie jeweils für zum Teil deutlich mehr als die Hälfte der Arbeitszeitmuster gelten. Oder anders ausgedrückt: Arbeitszeiten unter 35 Arbeitsstunden pro Woche, Samstags-, Sonntags-, Nacht- und Schichtarbeit sowie Arbeitszeitmuster mit einem sehr unregelmäßigen Rhythmus hinsichtlich der Lage und Dauer der Arbeitszeiten haben immer noch einen minoritären, auf keinen Fall normbildenden Status.

Auch in den subjektiven Orientierungen der Menschen existiert nach wie vor eine weitgehend von den Bestimmungen der sogenannten Normalarbeitszeit geprägte Vorstellung, was „normal“ und was „nicht normal“ ist und sein sollte. Dies läßt sich beispielsweise daran ablesen, daß auf die Frage nach dem Volumen der vereinbarten Arbeitszeit in der Berliner Arbeitszeitstudie 16% der Befragten angaben, es sei diesbezüglich keine Vereinbarung getroffen worden. Über 80% dieses Personenkreises machten jedoch exakte Angaben zur Anzahl der von ihnen geleisteten Überstunden. Aus dem Vergleich mit den Angaben zum Volumen der tatsächlich geleisteten Arbeitszeit insgesamt ergibt sich, daß die Überstunden auf der Grundlage einer unterstellten Normalarbeitszeit von der Regel 38 bis 40 Wochenstunden beziffert wurden.

Die normative Orientierungsfunktion der Normalarbeitszeit vor allem hinsichtlich deren Dauer läßt sich darüber hinaus an der überraschend starken Kritik an dem in Berlin geleisteten Volumen an Mehrarbeit ablesen: Deren Abbau hat gemeinsam mit dem Interesse an flexibleren Arbeitszeiten eine weit herausgehobene Priorität in den Präferenzen zur Arbeitszeitgestaltung und in den Erwartungen an die Arbeitszeitpolitik. Daß es auch hinsichtlich der Lage und Verteilung der Arbeitszeit weiterhin an der Normalarbeitszeit orientierte Vorstellungen von Normalität gibt, läßt sich unter anderem daran ablesen, daß auf die Frage „welche Bedingungen würden Sie akzeptieren, um im Falle von Arbeitslosigkeit wieder erwerbstätig sein zu können?“ - jeweils nur weniger als 15% sich ohne Umschweife zur Wochenend- und Nachtarbeit sowie zur „Arbeit auf

Abruf" bereit erklärten. Lediglich der Wechsel auf Teilzeitarbeit zur Vermeidung von Arbeitslosigkeit hat demgegenüber eine deutlich höhere Akzeptanz.

Generell läßt sich feststellen, daß die Teilzeitarbeit - wie im übrigen auch Gleitzeitarbeit - auf der Ebene der Einstellungen inzwischen in den Status von Normalität aufgerückt ist; bei den persönlichen Arbeitszeitpräferenzen ist der Teilzeit-Wunsch bei den vollzeitbeschäftigten Männern allerdings weiterhin eine Rarität und bei den vollzeitbeschäftigten Frauen eher die Ausnahme. Sie ist zwar immerhin quantitativ bedeutsamer als der Wunsch von Teilzeitbeschäftigten, auf Vollzeitarbeit zu wechseln - so lange aber in der Praxis Teilzeitarbeit fast ausschließlich von Frauen geleistet und gewünscht wird, und so lange auch bei den Frauen die überwiegende Mehrheit vollzeitbeschäftigt ist bzw. sein will, hat die Vollzeitbeschäftigung weiterhin eine normbildende Funktion für die Gestaltung von Arbeitsverhältnissen und Arbeitszeiten. Die Tatsache, daß die Normalarbeitszeit als eine zum Paket verschnürte Einheitsnorm, die alle Dimensionen der Arbeitszeitgestaltung umfaßt, keine praktische Gültigkeit mehr hat, kann also nicht im Sinne einer vollständigen Auflösung dieser Institution interpretiert werden, denn in ihren einzelnen Komponenten hat die Normalarbeitszeit nach wie vor erhebliche Relevanz - und zwar sowohl für die Praxis der Arbeitszeitgestaltung wie auch als Orientierungsmuster individueller Arbeitszeitpräferenzen.

Nun kann allerdings dieser Befund auch nicht umgekehrt in dem Sinne interpretiert werden, daß das bestehende Reglement der Arbeitszeiten entgegen der von den Protagonisten der Arbeitszeitflexibilisierung geäußerten Kritik doch noch weitgehend in Takt und allgemein akzeptiert sei, und daher kein grundlegender Revisionsbedarf in der Arbeitszeitpolitik bestünde. Gegen ersteres spricht vor allem das gigantische Volumen an Mehrarbeit in Höhe von 2.1 Überstunden pro Woche, die nicht in Freizeit abgegolten werden; und gegen zweiteres spricht die hohe Akzeptanz des Konzepts der Arbeitszeitflexibilisierung bei 85% der in der Berliner Arbeitszeitstudie befragten Personen, die nur als - wenn auch diffuse - Unzufriedenheit mit den bestehenden Arbeitszeiten zu interpretieren ist. Bemerkenswert an der hohen Akzeptanz der Arbeitszeitflexibilisierung ist dabei vor allem, daß deren Ambivalenz durchaus realistisch eingeschätzt wird: nur 14% der Befragten meinten, bei flexiblen Arbeitszeiten dominierten die Wünsche der Beschäftigten - gegenüber 40%, die flexible Arbeitszeiten vorrangig durch Unternehmensinteressen bestimmt sehen. 43% meinen, beide Seiten kämen in etwa gleichgewichtig zum Zuge. Das heißt Strategien zur Flexibilisierung der Arbeitszeiten können selbst dann mit einer relativ hohen Akzeptanz rechnen, wenn sie vorrangig auf betriebliche Belange orientiert sind.

Insgesamt sind die Erwartungen bezüglich der künftigen Arbeitszeitgestaltung nach der hier referierten Studie eher pessimistisch eingefärbt. Obwohl beispielsweise 81% der Befragten einen Abbau der Überstunden für wünschenswert halten, rechnen über 50% mit deren Ausweitung; und obwohl nur 4% eine allgemeine Arbeitszeitverlängerung begrüßen würden, rechnen immerhin knapp 20% mit einer solchen Entwicklung. Eine allgemeine Verkürzung der Arbeitszeit halten demgegenüber 56% für wünschenswert bzw. notwendig, aber nur knapp 25% für wahrscheinlich.

Sowohl die latente Unzufriedenheit mit den bestehenden Arbeitszeiten als auch die hohe Akzeptanz flexibler Arbeitszeiten spiegelt sich auch in den persönlichen Wünschen der Befragten wider: „Wenn es nach Ihren Wünschen ginge - wie würden Sie Ihre Arbeitszeit gern gestalten?" - auf diese Frage äußerten weniger als 24% der Befragten keine Veränderungswünsche; knapp 30% würden flexiblere Arbeitszeiten bevorzugen. Allerdings würden auch über 25% gern generell und 15% gern zeitweise weniger arbeiten. Demgegenüber wollen nur knapp 3% generell und 7% zeitweise länger arbeiten, wobei es sich dabei ausschließlich um Teilzeitbeschäftigte handelt. Immerhin etwas mehr als 10% würden ihre Arbeitszeiten gern regelmäßiger gestalten.

Die tatsächlich geleisteten Arbeitszeiten lagen im Herbst 1994 in Berlin bei 41.5 Arbeitsstunden pro Woche; die vereinbarten Arbeitszeiten betrugen knapp 37 Arbeitsstunden pro Woche. Die Arbeitszeitwünsche der Erwerbstätigen wurden mit zwei Fragen ermittelt

1. „Bitte stellen Sie sich einmal vor: Sie könnten selbst wählen, wieviele Stunden Sie in der Woche arbeiten möchten und Ihr Arbeitseinkommen würde sich entsprechend verändern - wieviele Stunden pro Woche würden Sie dann gern arbeiten?“
2. „Bitte stellen Sie sich nun einmal vor: Sie hätten plötzlich soviel Geld, daß Ihr Arbeitseinkommen finanziell praktisch keine Rolle mehr spielt. Wieviele Stunden pro Woche würden Sie dann gern arbeiten?“

Auf die erste Frage ergab sich eine gewünschte Arbeitszeit von durchschnittlich 34 Arbeitsstunden pro Woche und auf die zweite Frage eine gewünschte Arbeitszeit von durchschnittlich 25 Arbeitsstunden pro Woche. Das Ergebnis einer starken Einkommensabhängigkeit der Arbeitszeitwünsche einerseits, einer aber auch einkommensunabhängig vorhandenen Arbeitsmotivation andererseits wurde durch den Befund zu folgender Frage bestätigt: „Wenn Geld keine Rolle mehr spielen würde - würden Sie dann überhaupt noch erwerbstätig sein wollen?“ Nur 13% aller Befragten würde in dem Fall, daß sie es finanziell nicht mehr nötig hätten, gar nicht mehr erwerbstätig sein wollen. Fast 70% würden für diesen Fall Teilzeit- oder „immer mal für eine bestimmte Zeit“ erwerbstätig sein wollen. Und immerhin 14% wollten auch unter diesen Umständen vollzeitbeschäftigt sein.

Bei empirischen Befunden zu hypothetischen Fragestellungen ist deren Aussagekraft für tatsächlich zu erwartendes Verhalten immer zweifelhaft. Die Ergebnisse der Berliner Arbeitszeitstudie in Bezug auf die Arbeitszeitwünsche zeigen jedoch zweifelsfrei, daß immerhin die Phantasie eines besseren Lebens auf der Grundlage von weniger Arbeit durchaus vorhanden ist, und sie legen die Hypothese nahe, daß das Interesse an bzw. die Bereitschaft zu einem anderen, neuen Mischungsverhältnis zwischen materiellem Wohlstand und Zeit-Wohlstand weiter verbreitet ist, als von der aktuellen Arbeitszeitpolitik angenommen wird.

Eines der überraschendsten Ergebnisse erbrachte in diesem Zusammenhang die repräsentative Befragung zu dem folgenden Punkt: „Kommen bei Ihnen einzelne Lebensbereiche aus Zeitmangel zu kurz?“ Zu einer Liste mit insgesamt 15 Items waren die Antwortalternativen „kommt nicht zu kurz“, „kommt etwas zu kurz“, „kommt viel zu kurz“ und „trifft nicht zu“ vorgegeben. Das Ergebnis dieser Abfrage von zeitlich bedingten Mangelerscheinungen bzw. Defiziterfahrungen war verblüffend: Außer „Beruf und Karriere“ kommt bei den Berlinern/-innen fast alles zu kurz, was sie selbst zu einem erfüllten Leben zählen. An erster Stelle der Defiziterfahrungen rangieren kulturelle Interessen, an zweiter Stelle die persönliche Muße, Reisen und Sport und an dritter Stelle die zwischenmenschlichen Beziehungen.

Selbstverständlich sind die Arbeitszeiten nicht die einzige Ursache für Defizitempfindungen in der individuellen Lebensgestaltung. Andererseits hat aber die Analyse der Daten einen eindeutigen Zusammenhang zwischen dem Ausmaß und der Intensität der Defiziterfahrungen und der Dauer der Arbeitszeiten ergeben. Insgesamt vermitteln die Daten der Berliner Arbeitszeitstudie den Eindruck einer im allgemeinen sehr weitgehend auf Arbeit konzentrierten und im übrigen allseits reduzierten Lebensführung unter erheblichem Zeitdruck: Zwei Drittel der befragen Erwerbstätigen leidet mindestens gelegentlich unter Zeitdruck, und fast die Hälfte empfindet häufig oder ständig Streß.

Um den Anteil der Arbeit an der allgemeinen Zeitnot genauer analysieren zu können, wurden in der Berliner Arbeitszeitstudie für die zeitliche Belastung durch Erwerbstätigkeit und durch außerbetriebliche Arbeitsanforderungen jeweils drei Klassen gebildet. Aus der Kombination ergaben sich folgende Zeitmuster mit den in Klammern angegebenen prozentualen Besetzungen:

- Doppelstreß (über 45 Arbeitsstunden pro Woche in der Erwerbstätigkeit und hohe häusliche Belastung, Ostberlin: 28%, Westberlin: 15%);
- Häuslich entlasteter Erwerbsstreß (über 45 Arbeitsstunden pro Woche in der Erwerbstätigkeit, mittlere oder geringe häusliche Belastung, Ostberlin: 35%, Westberlin: 26%);
- Erwerbsentlasteter häuslicher Streß (weniger als 45 Arbeitsstunden in der Erwerbstätigkeit, hohe häusliche Belastung, Ostberlin: 20%, Westberlin: 26%);
- Streßgemilderte Arbeitszeitmuster (mittlere oder geringe häusliche Belastung und weniger als 45 Arbeitsstunden pro Woche, Ostberlin: 17%, Westberlin: 33%).

In dieser Typologie der Arbeitszeitmuster in Berlin war auch ein „freizeitdominiertes Lebensmuster" vorgesehen, dem diejenigen Erwerbstätigen mit einer durchschnittlichen Wochenarbeitszeit von unter 30 Stunden und geringer häuslicher Belastung zugeordnet wurden. Auf dieses Lebensmuster entfielen allerdings in Ostberlin nur 1% und in Westberlin nur 2% der Befragten.

Schon die Differenzierung der Arbeitszeitmuster unter Berücksichtigung der außerbetrieblichen Belastung für Ost- und Westberlin zeigt beträchtliche Unterschiede, die bei geschlechtsspezifischer Betrachtung noch einmal verstärkt werden. Vor allem unterscheiden sich die Arbeitszeitmuster von Männern und Frauen in Ostberlin wie in West-Berlin hinsichtlich der relativen Anteile des „häuslich entlasteten Erwerbsstresses", der bei Männern sehr viel häufiger auftritt, und des „erwerbsentlasteten häuslichen Stresses", der bei Frauen viel verbreiteter ist. Allerdings werden die Ost-West-Differenzen und die Unterschiede zwischen Männern und Frauen sowohl hinsichtlich der realisierten Arbeitszeitmuster, als auch hinsichtlich von Defiziterfahrungen und Arbeitszeitpräferenzen von einer Vielzahl anderer Faktoren überlagert, so daß sich die individuellen Profile hinsichtlich dieser drei Variablen kaum noch zu klar abgrenzbaren Clustern gruppieren lassen. Sozioökonomische Merkmale, wie Geschlecht, Alter, Beruf, Bildungsstand, betriebliche Position und Einkommenshöhe werden überlagert von individuellen Werthaltungen, Neigungen und Präferenzen, so daß keineswegs von einer homogenen oder auch nur klar strukturierten Interessenslage in Bezug auf die Arbeitszeitgestaltung ausgegangen werden kann.

Dieser Befund bestätigt sich auch in Bezug auf die Bereitschaft, durch befristeten Lohnverzicht einen Beitrag zum Abbau der Arbeitslosigkeit zu leisten. Auf die Frage „auf wieviel Prozent Ihres Einkommens könnten Sie persönlich für eine Dauer von zwei Jahren verzichten, wenn gewährleistet wäre, daß durch eine allgemeine Arbeitszeitverkürzung die Arbeitslosigkeit abgebaut würde?" gaben zwar 40% der Befragten an, ihnen sei überhaupt kein Verzicht möglich; fast die Hälfte der Befragten signalisierte allerdings nicht nur eine abstrakte Bereitschaft, zugunsten von Arbeitszeitverkürzungen, wenn diese dem Abbau der Arbeitslosigkeit dienen, einen quantitativ begrenzten und zeitlich befristeten Lohnverzicht zu leisten, sondern sie bezifferten diesen mit konkreten Prozentangaben. Dabei ist die Verzichtsbereitschaft allerdings sowohl dem Tatbestand als auch dem Volumen nach vor allem bestimmt durch die Einkommensposition in Verbindung mit dem Familienstand der Befragten. Insgesamt allerdings scheint das Solidaritätspotential mit den Arbeitslosen größer zu sein, als es von den arbeitszeitpolitischen Akteuren zur Zeit ausgeschöpft wird.

Sowohl für die Phantasie vom besseren Leben auf der Grundlage von weniger Arbeit, als auch für die Bereitschaft, einen eigenen Beitrag zum Abbau der Arbeitslosigkeit zu leisten, spielt die Option auf Teilzeitarbeit eine relativ untergeordnete Rolle - jedenfalls bei Männern: Gegenüber rund 40% der Befragten, die ein persönliches Interesse an dauerhaft oder phasenweise kürzeren Arbeitszeiten äußerten, haben nur rund 10% der befragten vollzeitbeschäftigten Männer ein Interesse an dauerhafter oder vorübergehender Teilzeitarbeit. Bei den vollzeitbeschäftigten Frauen besteht zwar ein erheblich höheres Interesse an dauerhafter oder vorübergehender Teilzeitarbeit (jeweils rund 20%), und bei ihnen spielen dafür „lebensweltliche" Motive wie „Hobbys", „Familie" und „Zeit ist mir wichtiger als Geld" auch eine bedeutende Rolle. Bei den tatsächlich teilzeitbeschäftigten Frauen war allerdings die „Kindererziehung" der mit Abstand wichtigste Grund für die Aufnahme einer Teilzeitbeschäftigung, so daß diese wohl in den seltensten Fällen „weniger Arbeit", sondern in der Regel wohl eher „andere Arbeit" ermöglichte. Bei beiden Geschlechtern hat das Motiv, durch den Wechsel auf Teilzeitarbeit einen Beitrag zum Abbau der Arbeitslosigkeit zu leisten, einen vergleichsweise niedrigen Stellenwert (Rang 7 in einer Liste von 10 Akzeptanzbedingungen von Teilzeitarbeit).

Das Interesse an kürzeren Arbeitszeiten richtet sich nach den Befunden der Berliner Arbeitszeitstudie vorrangig auf den Abbau der Mehrarbeit; die darüber hinausgehenden Verkürzungswünsche lassen sich nicht in dem bipolaren Schema von Vollzeit- und Teilzeitarbeit abbilden. Die gewünschten Arbeitszeiten variieren viel mehr in einem Kontinuum unterschiedlicher Wochenarbeitszeiten, in dem sich die klare Unterscheidung von Vollzeit- und Teilzeitarbeit nicht wiederfindet. Dieses Kontinuum der gewünschten Arbeitszeiten hat allerdings keine größere Bandbreite und keine größere Streuung als die zur Zeit tatsächlich geleisteten Arbeitszeiten. Arbeitszeitpolitisch heißt dies, daß die politisch zu überbrückende Diskrepanz zwischen dem status quo und den individuellen Präferenzen der Menschen sich vorrangig auf das Niveau der Arbeitszeiten und nicht auf deren Bandbreite bezieht.

6 Die Phantasie vom besseren Leben und das konkrete Interesse an Geld und Macht

Die Befunde der Berliner Arbeitszeitstudie legen eine Auflösung des Paradigmenstreits zwischen genereller Arbeitszeitverkürzung und Ausweitung der individuellen Zeitsouveränität im Sinne einer Kombination beider Ansätze nahe. Die potentielle Akzeptanz einer integrierten Arbeitszeitpolitik wird allerdings durch zwei Faktoren erheblich gemindert, die sowohl der generellen Arbeitszeitverkürzung als auch der individuellen Zeitsouveränität entgegenstehen: Geld und Macht. Diese beiden „intervenierenden Variablen“ drosseln sowohl die Phantasie vom besseren Leben als auch die Solidarität mit den Arbeitslosen. Und zwar in einer hierarchisch strukturierten Weise: im unteren Bereich der Einkommens- und Machthierarchie blockiert vorrangig der Faktor Geld und im oberen Bereich blockiert vorrangig der Faktor Macht die Handlungspotentiale der Arbeitszeitpolitik.

Die Wirksamkeit beider Blockaden ist bei Männern deutlich stärker ausgeprägt als bei Frauen. Der Tendenz nach gilt jedoch für beide Geschlechter, daß sowohl die Akzeptanz genereller Arbeitszeitverkürzungen als auch die potentielle Inanspruchnahme individueller Rechte auf individuelle Arbeitszeitgestaltung im Sinne „individueller Wenigerarbeit“ in den unteren Einkommensbereichen vorrangig an der Kopplung von Arbeitszeit und Lohn und in den höheren Positionen vorrangig an der Verbindung von Arbeitszeit und Macht scheitert. Auch auf der Seite der Betriebe gibt es einen annähernd gleich ausgeprägten Widerstand gegen generelle Arbeitszeitverkürzung und gegen das Prinzip der individuellen Zeitsouveränität. Daß nach den Ergebnissen der Betriebsbefragung die weitere Absenkung der Normalarbeitszeit bei den Betriebsleitungen kaum Akzeptanz findet, ist wenig überraschend. Einigermaßen ernüchternd waren allerdings auch die Befunde zur betrieblichen Akzeptanz individueller Zeitsouveränität. So hielten es beispielsweise nur 3% der befragten Geschäftsführungen Berliner Betriebe für möglich, in qualifizierten und leitenden Funktionen „in erheblichem Umfang“ die Möglichkeit der Teilzeitarbeit einzuräumen; 32% halten dies nur in geringem Umfang für möglich, 25% nur in Ausnahmefällen und 40% gar nicht. Nur 22% der Geschäftsführungen und Personalvertretungen meinen, es sei „in der Regel“ möglich, Teilzeitbeschäftigten die gleichen Aufstiegs- und Weiterbildungschancen einzuräumen; 28% meinten, dies sei nur eingeschränkt und 50% gehen davon aus, daß dies entweder nur in Ausnahmefällen (33%) oder gar nicht (17%) möglich sei.

Eine Übereinstimmung zwischen den persönlichen Präferenzen und den betrieblichen Optionen in Bezug auf die Arbeitszeitgestaltung gibt es nach der Berliner Arbeitszeitstudie in der jeweils relativ hohen Akzeptanz einer flexiblen Absenkung der Altersgrenze für den Ruhestand. Die Motive dafür dürften allerdings sehr unterschiedlich sein: während die Attraktivität der Möglichkeit eines frühzeitigen Ausscheidens aus der Erwerbstätigkeit bei den Arbeitenden durchaus der Phantasie vom besseren Leben zuzuordnen ist, das allerdings aufs Alter verschoben wird, dürfte sie sich bei den Betrieben vorrangig aus personalpolitischen Überlegungen ableiten, wie sie mit dem Stichwort „olympiareife Belegschaften“ charakterisiert werden - auf daß diese „Hochleistungsträger“ ihren Traum vom besseren Leben dann umso mehr aufs Alter verlagern müssen, welches sie aber möglicherweise umso weniger erreichen.

Eine der gravierendsten Diskrepanzen zwischen den in der Berliner Arbeitszeitstudie befragten Geschäftsführungen und Personalvertretungen ergab sich hinsichtlich der jeweiligen Einschätzungen der Akteure und Akteursebenen in der Arbeitszeitpolitik: während die Geschäftsführungen überwiegend für einen noch weitergehenden Rückzug sowohl der staatlichen als auch der tarifvertraglichen Regulierung der Arbeitszeiten plädierten, wünschen sich die betrieblichen Interessensvertreter/-innen der Beschäftigten zu über 70% eine Stärkung der tariflichen Handlungsebene. Dieser Befund ist insofern erstaunlich, als die „Verbetrieblichung" der Arbeitszeitpolitik unter anderem auch mit einem Machtzuwachs der Betriebs- und Personalräte beispielsweise auch innerhalb der Gewerkschaften einhergeht, und ihnen auch innerhalb der Betriebe erweiterte Handlungschancen eröffnet. Die Rückdelegation arbeitszeitpolitischer Handlungskompetenz an die Tarifvertragsparteien erfolgt aber wohl aus der Einsicht, daß auf betrieblicher Ebene den Belangen der Beschäftigten weniger Rechnung getragen werden kann als im Rahmen der Tarifautonomie, und daß die Betriebs- und Personalräte als „Ausfallbürge" tariflicher Arbeitszeitpolitik bei weitem überfordert sind.

7 “Kapital versus Arbeit“ oder „System versus Lebenswelt“?

Gegen die Empfehlung, die generelle Arbeitszeitverkürzung zu forcieren und dies mit der Stärkung individueller Rechte zu verknüpfen, könnte der Einwand erhoben werden, daß sich gegen diese Strategie die gegen die traditionelle Arbeitszeitpolitik und das Konzept der individuellen Zeitsouveränität wirksamen Widerstände quasi verdoppeln. Tatsächlich kann eine strategische Neuorientierung der Arbeitszeitpolitik auch nicht im Anbauverfahren unterschiedlicher Ansätze, sondern nur im Neuaufbau der Argumente und Strategien bewerkstelligt werden - und zwar nicht nur aus Gründen der Durchsetzbarkeit, sondern auch im Hinblick auf die argumentative und politische Stringenz eines neuen arbeitszeitpolitischen Konzepts. Die Inkompatibilität kollektivistischer und individualistischer Konzepte der Arbeitszeitpolitik in dem Sinne, daß sie sich jedenfalls nicht im einfachen Additionsverfahren wechselseitig ergänzen lassen, zeigt sich auch in der lähmenden Konsequenzlosigkeit der unzähligen arbeitszeitpolitischen Debatten, Tagungen und Kongresse: zwar sind die meisten Beteiligten sich „irgendwie" einig, daß sowohl eine weitere generelle Absenkung der Arbeitszeiten als auch die Stärkung individueller Rechte wünschenswert wären, aber unter der Oberfläche wirken die alten Kontroversen über das pro und kontra der Teilzeitarbeit einerseits und einheitlicher Arbeitszeitstandards andererseits, über die Frage des Lohnausgleichs und über Grundprobleme kollektiver Interessensvertretung usw. weiter fort und blockieren eine handlungsleitende und -motivierende Strategiebildung.

Die Unvereinbarkeit der vorliegenden arbeitszeitpolitischen Konzepte wurzelt in der Inkompatibilität der Diskurse, denen sie jeweils entstammen: nämlich dem Konflikt zwischen Kapital und Arbeit und der diesen Konflikt dominierenden Kategorie der Ausbeutung einerseits und der Entkopplung von System und Lebenswelt und der darin dominanten Kategorie der Kolonialisierung andererseits. Im Diskurs um die Entkopplung von System und Lebenswelt erscheint der Konflikt zwischen Kapital und Arbeit als eine „innersystemische" Angelegenheit, während die eigentlich relevanten und zukunftsweisenden Impulse in der Sphäre der Lebenswelt verortet werden. Im Diskurs um den Widerspruch zwischen Kapital und Arbeit erscheint die Kolonialisierung der Lebenswelt als immanente Eigenschaft des Kapitals, dem gegenüber die Interessen der arbeitenden Menschen zu vertreten sind. Während sich in den Diskurs um den „Grundwiderspruch" zwischen Kapital und Arbeit alle nicht unmittelbar daraus abzuleitenden lebensweltlichen Belange und vor allem auch die Heterogenität individueller Interessen nur schwer oder gar nicht integrieren lassen, externalisiert der Diskurs um System und Lebenswelt ökonomische und politische Dimensionen lebensweltlicher Interessen und damit auch deren hierarchische Strukturierung durch Faktoren wie Geld, Macht und Geschlecht.

Die wechselseitigen Sperren gegen die Denk- und Argumentationsmuster des jeweils anderen Diskurses resultieren dabei allerdings durchaus nicht nur aus „Übersetzungsproblemen" der jeweils gültigen „codes", sondern aus handfesten Interessen, die sich dahinter verbergen. Die Thematisierung der geschlechtshierarchischen Arbeitsteilung in den Privathaushalten widerspricht beispielsweise dem Interesse derjenigen, die auf dieser Basis einen für sie durchaus vorteilhaften Kompromiß im Interessenskonflikt zwischen Kapital und Arbeit bewerkstelligt haben. Die Thematisierung von Geld und Macht als strukturbildende Kategorien der Lebenswelt und eben nicht nur des von der Lebenswelt abgekoppelten „Systems" widerspricht dem Interesse derjenigen, denen nicht nur im Prozeß der „Kolonialisierung der Lebenswelt" vorrangig Privilegien „zugewachsen" sind, sondern die sich diese auch aus ihrer lebensweltlich verankerten Machtposition heraus sichern konnten, welche sie in einer Strategie zur „Entkolonialisierung der Lebenswelt" ungern zur Disposition stellen würden.

So unverträglich sich beide Diskurse hinsichtlich der in ihnen geltenden „codes", der in ihnen dominierenden Interessen und des sie prägenden Habitus ihrer Exponenten darstellen - in ihrer inneren Struktur weisen beide dennoch deutliche Ähnlichkeiten auf. Diese Ähnlichkeiten wirken aber gerade nicht als Verständigungsbrücken, sondern eher als Abgrenzungszwänge wie unter „feindlichen Brüdern":

- *Erstens*: beide Diskurse reduzieren die Komplexität der Realität auf ein dualistisches Modell der die modernen Gesellschaften strukturierenden Kräfte. Dualistische Deutungsmuster der Realität sind aber zwangsläufig exklusiv, das heißt inkompatibel mit anderen Deutungsmustern, die auf einem anderen Dualismus basieren, oder auch mit multifaktoriellen Deutungsmustern der Realität, die die Bedeutung dualistischer Grundkategorien relativieren.
- *Zweitens*: beide übertragen analytische Unterscheidungen zwischen strukturierenden Prinzipien gesellschaftlicher Realität auf die in dieser Realität wirksamen Institutionen und Interessen. In dem einen Fall entsteht daraus die Mythologisierung der Arbeit und die Dämonisierung des Kapitals. Im anderen Fall wird die Lebenswelt zum Hort des authentischen Eigensinns, des von allen systemischen Zwängen unverdorbenen Freiheitsdrangs der Individuen stilisiert, während Staat und Ökonomie - und der Tendenz nach auch die Gewerkschaften - sich in Geld- und Machtmaschinen verwandeln, die sich gegen jeden menschlichen Einfluß immunisiert haben.
- *Drittens*: beide basieren auf einem in gleicher Weise auf industrielle Tätigkeit verkürzten Arbeitsbegriff und einem in Bezug auf Arbeit allerdings in entgegengesetzter Weise verkürzten Interessensbegriff. Während Arbeit als industrielle Lohnarbeit im Diskurs um System und Lebenswelt als ein den eigentlich relevanten lebensweltli-

chen Interessen äußerlicher Zwang erscheint, fungiert sie im Diskurs um Kapital und Arbeit als absolutes Zentrum individueller und gesellschaftlicher Lebensinteressen.

- *Viertens*: der verkürzte Arbeits- und Interessensbegriff korrespondiert mit einem beiden Diskursen „unterlegten Geschlechtertext" (Fraser, 1994), der die patriarchalen Dominanzstrukturen moderner Gesellschaften widerspiegelt und „diskursiv" befestigt. Während die sogenannte Frauenfrage im Diskurs um Kapital und Arbeit ausgegrenzt und damit der Reflektion entzogen wird, erscheint die geschlechtshierarchische Arbeitsteilung in den Privathaushalten im Diskurs um System und Lebenswelt in der Verklärung eines letzten Refugiums autonomer „Eigenarbeit".

Vor allem die Decodierung des in beiden Diskursen enthaltenen Geschlechtercodes vermittelt eine über die spezifischen Beschränkungen beider Ansätze hinausweisende Perspektive der Arbeitszeitpolitik, in der die Heterogenität und Ambiguität der Interessen sich nicht zu einer Blockade, sondern ganz im Gegenteil zu der zentralen Herausforderung politischer Intervention verdichten. Analytisch und strategisch bewegt sich eine „entpatriarchalisierte" Arbeitszeitpolitik nicht in einem zweidimensionalen Raum von Kapital und Arbeit oder von System und Lebenswelt, sondern in einem multifaktoriellen Modell der modernen Gesellschaften, in dem vor allem die Spaltung von Arbeit und Leben und damit auch von Arbeitszeit und Lebenszeit konzeptionell aufgehoben ist.

In einer ersten Annäherung ergibt sich daraus der folgende kategoriale Rahmen, in dem eine strategische Neuorientierung der Arbeitszeitpolitik erfolgen müßte:

Ökonomie	Eigentum (persönlich, privat)	Arbeit
Öffentlichkeit	Geld (Tauschmedium, Kapital)	Zeit
Politik	Macht (demokratisch, herrschaftlich)	Kommunikation
Privatsphäre	Geschlecht (individuell, sozial)	Liebe

Dieser kategoriale Rahmen kann hier nicht im einzelnen entwickelt werden, erst recht nicht die daraus im einzelnen folgenden inhaltlichen und strategischen Konsequenzen für die Arbeitszeitpolitik. Es sollte jedoch aus den hier im Anschluß an die empirischen Befunde der Berliner Arbeitszeitstudie angestellten Überlegungen klar geworden sein, daß die Auflösung der dualistischen Vereinfachung der Komplexität der Realität die Perspektive der Arbeitszeitpolitik sowohl für erweiterte Herausforderungen als auch für erweiterte Optionen öffnet.

Entscheidende Voraussetzung dafür, daß diese Herausforderungen angenommen und die Optionen genutzt werden, ist allerdings, daß die arbeitszeitpolitischen Akteure sich nicht nur ein realistischeres Bild vom status quo der Gesellschaft, in der sie zunächst einmal wirksam werden muß, machen, sondern auch ihre in die Zukunft gerichteten Leitbilder gesellschaftlicher Entwicklung und persönlicher Entfaltung einer gründlichen Re-Vision unterziehen, aus der sich dann auch Handlungs- und Mobilisierungspotentiale für ein neues Verhältnis zwischen den Geschlechtern, eine neue Verbindung von Arbeit und Leben, ein neues Arrangement zwischen Zeit und Geld, zwischen Lebensstandard und Lebensqualität, zwischen kollektiv verbindlichen Normen und individueller Autonomie ergeben. Nur aus der Überzeugungs- und Aktivierungskraft eines umfassenden gesellschaftlichen Reformprojekts kann eine Strategie der forcierten Arbeitszeitverkürzung in Verbindung mit der Stärkung individueller Rechte die zur Überwindung der dagegen wirksamen Widerstände notwendige Schubkraft entfalten. Umgekehrt käme ein

Verzicht auf Arbeitszeitpolitik in diesem Sinne dem Verzicht auf Politik schlechthin in diesem Feld gleich, und damit auch dem Verzicht auf soziale Integration nicht nur der zeitlichen Dimensionen von Arbeit und Leben. Vielmehr würde sich die Politik auch eines der entscheidenden Parameter zur Regulation des Arbeitsmarktes, zum Abbau der Geschlechterhierarchie und zur Kompensation sozialer Ungleichheit begeben, und die soziale Integration insgesamt den systemischen Imperativen von Geld und Macht überantworten.

Literatur

Fraser, N. (1994). *Widerspenstige Praktiken.* Frankfurt a. M.: Suhrkamp.

Gorz, A. (1989). *Kritik der ökonomischen Vernunft.* Berlin: Rotbuch.

Habermas, J. (1981). *Theorie des Kommunikativen Handelns, Zur Kritik der funktionalistischen Vernunft* (Bd. 2). Frankfurt a. M.: Suhrkamp.

Hinrichs, K. (1992). Zur Zukunft der Arbeitszeitflexibilisierung. Arbeitnehmerinteressen, betriebliche Interessen und Beschäftigungswirkungen. *Soziale Welt, 43,* 313-330.

Kurz-Scherf, I. (1995). *Zeit der Vielfalt - Vielfalt der Zeiten. Individuelle und betriebliche Arbeitszeitpräferenzen in Berlin* (Schriftenreihe der Senatsverwaltung für Arbeit und Frauen 11). Berlin: BBJ.

Lutz, B. (1984). *Der kurze Traum immerwährender Prosperität.* Frankfurt a. M.: Campus.

Marx, K. & Engels, F. (1971). Das Kapital. Kritik der politischen Ökonomie (Bd. 1, [nach der 4. Aufl. von 1890]). Berlin: Dietz.

Mückenberger, U. (1985). Die Krise des Normalarbeitsverhältnisses - hat das Arbeitsrecht noch Zukunft? *Zeitschrift für Sozialreform, 31, 415-434* [Teil I], *457-475* [Teil II].

Müller-Wichmann, Ch. (1984). *Zeitnot - Untersuchungen zum „Freizeitproblem" und seiner pädagogischen Zugänglichkeit.* Weinheim: Beltz.

Rinderspacher, J.P. (1985). *Gesellschaft ohne Zeit - Individuelle Zeitverwendung und soziale Organisation der Arbeit.* Frankfurt a. M.: Campus.

Roggendorff, P. (1994). *Arbeitszeitgesetz.* München: Rehm.

Schmid, Th. (Hrsg.). (1985). *Das Ende der starren Zeit. Vorschläge zur flexiblen Arbeitszeit.* Berlin: Wagenbach.

Wiesenthal, H. (1985). Themenraub und falsche Allgemeinheiten. In Th. Schmid (Hrsg.), *Das Ende der starren Zeit. Vorschläge zur flexiblen Arbeitszeit* (S. 9 ff.). Berlin: Wagenbach.

Wulf, Ch. (1987). Lebenszeit - Zeit zu leben? Chronokratie versus Pluralität der Zeiten. In D. Kamper & Ch. Wulf (Hrsg.), *Die sterbende Zeit - 20 Diagnosen* (S. 266-275). Darmstadt: Luchterhand.

Gerd Wenninger

Arbeitssicherheit und Arbeitszeitgestaltung

1 Einleitung

Die Sozialverträglichkeit der Arbeitszeit ist neben den Auswirkungen auf Beschäftigungssicherheit, Einkommen, sozialer Teilhabe, lebensgemeinschaftliche Beziehungen und Autonomiegrad auch am Kriterium „Gesundheit" zu bemessen (Seifert, 1989). Schutz der Gesundheit bedeutet aus Sicht der Unfall- und Sicherheitspsychologie den Schutz vor kurz- und langfristigen Schädigungen als Folge von plötzlichen Ereignissen (Arbeitsunfälle) und langfristigen Schädigungen (arbeitsbedingte Krankheiten bzw. Berufskrankheiten). Gesundheitsschutz und Sicherheit im Arbeitsleben sind sowohl durch motivationale, auf die Person gerichtete, als auch durch technische sowie vor allem auch arbeitsorganisatorische Maßnahmen anzustreben. Maßnahmen der Arbeitsorganisation umfassen neben der Stellenbildung, der Festlegung der Arbeitsteilung und anderes mehr auch das Zeitregime, das heißt die Regelung der Arbeitszeiten und Arbeitspausen.

In diesem Beitrag wird zuerst thematisiert, welchen Stellenwert *organisatorische Bedingungen* – und somit auch Arbeitszeitregelungen – für gesundheitliche bzw. Sicherheits-Beeinträchtigungen haben können. Im Falle von Schichtarbeit, aber auch bei Nichteinhalten von Pausen als sozialem Bestandteil der Arbeitszeit oder bei Überstunden, wird ein möglicher Zusammenhang mit langfristig in Erscheinung tretenden *Gesundheitsbeeinträchtigungen* aufgrund hoher, einseitiger Belastungen kaum noch bezweifelt. Ein Beispiel dafür sind Diskussion und Ergebnisse zum Arbeits- und Gesundheitsschutz im Krankenhaus (Behörde für Arbeit, Gesundheit und Soziales der Freien und Hansestadt Hamburg, 1994).

Nur wenige empirische Belege gibt es allerdings für Zusammenhänge zwischen Arbeitszeitbedingungen bzw. Varianten der Flexibilisierung der Arbeitszeit und *Unfallbelastungen* (im Überblick Hein, 1995; Knauth & Rutenfranz, 1987; Marr, 1993a). So müssen an den Beispielen Dauer der Arbeitszeit, Pausenregelungen, Leistungslohn und Einsatz von Fremdfirmen (als betriebliche Reaktion auf Schwankungen des Arbeitsanfalls im Zeitverlauf) eher spekulative Überlegungen angestellt werden, inwiefern das Unfallgeschehen mit neuen Formen der Arbeitszeitorganisation – der Abkehr von starren Formen und der Öffnung von Freiräumen – zusammenhängen kann. Ansatzpunkte dafür sind die präventiven Aufgaben, die Beschäftigte vor und bei der Arbeit verfolgen sollten, um die Wahrscheinlichkeit von Gefährdungen und Unfällen zu verringern. Je nach Arbeitszeitregelung dürfte dies mehr oder weniger erschwert sein.

2 Arbeitssicherheit und Arbeitsorganisation

Im Vergleich zur Situation in den Jahren nach dem Zweiten Weltkrieg haben sich Arbeitssicherheit und Gesundheitsschutz in Deutschland beträchtlich verbessert. Gegenwärtig allerdings ist ein starker Anstieg der tödlichen Arbeits- und Wegeunfälle, der erstmals entschädigten (und somit schweren) Unfälle und der erstmals entschädigten Berufskrankheiten sowie auch ein geringer Anstieg der meldepflichtigen Unfälle zu verzeichnen. In der betrieblichen Praxis wird die Ursache dieser Entwicklung gerne in „menschlichen Versäumnissen" gesehen. Doch statt den Beschäftigten allein die Schuld am Zustandekommen von Unfällen zuzuschreiben und falsche Maßnahmen ins Auge zu fassen, sind zuerst Überlegungen notwendig, welche organisatorischen und technischen Bedingungen zur Zunahme von Arbeitsunfällen und Berufskrankheiten beitragen. Damit wird einer Abkehr von der lange Zeit vorherrschenden personorientierten Betrachtung des Unfallgeschehens Rechnung getragen. Das Hauptziel einer präventiven Sicherheitsarbeit wird von der „neuen" Unfall- und Sicherheitspsychologie darin gesehen, sicherheitsrelevante Verhaltensanforderungen zu ermitteln und die Bedingungen zu erfassen, unter denen ein Beschäftigter den Anforderungen an sicheres Handeln präventiv und kompensatorisch entsprechen muß (Hoyos, 1987; Hoyos & Ruppert, 1993; Hoyos & Wenninger, 1995; Wenninger, 1991, 1992).

Im einzelnen verstehen wir unter organisatorischen Bedingungen alle *räumlich-zeitlichen Ist-Zustände, organisierten Anstrengungen* und *koordinierten Tätigkeiten*, um die betrieblich gesetzten Ziele und Zwecke zu erreichen und dabei das Zusammenwirken von Mensch-Maschine-Umwelt-Systemen zu optimieren (im einzelnen Wenninger, in Druck; Wenninger & Gstalter, 1995). Der organisatorisch bedingten Entstehung von sicherheitswidrigem und gesundheitsschädigendem Verhalten liegen drei Annahmen zugrunde: Organisatorische Bedingungen

- lassen es zu, in den Einwirkbereich von Gefahren zu geraten (z.B. bei unklarer Wegeführung);
- erschweren es, Gefahren zu antizipieren und zu erkennen (z.B. bei hohem Zeitdruck);
- erleichtern bzw. erfordern es, die Gefahrenkontrolle zu vernachlässigen (z.B. bei fehlender Unterstützung der Führungskräfte).

Beispiele – mit unterschiedlichen Ergebnissen allerdings – über den empirisch untersuchten Zusammenhang zwischen der Arbeitsorganisation und Arbeitssicherheit aus dem Bereich der Stellenbildung verdeutlichen dies. So weisen ältere empirische Befunde (hierzu vgl. Wenninger & Gstalter, 1995, S. 118) darauf hin, daß Beschäftigte mit „bereicherten" Tätigkeiten mehr Unfälle haben. Der wahrscheinliche Grund: Ein Teil der untersuchten Beschäftigten wurde neben ihren eigentlichen Arbeiten auch mit Wartungstätigkeiten betraut. Zusätzliche Wartung exponiert sie aber mit neuen, zusätzlichen Gefahren. Die Koordinierung von Arbeitstätigkeit und Gefahrenkontrolle ist durch Doppelaufgaben erschwert. Nach empirischen Befunden von Kasparek (1986) hingegen wird insgesamt durch Arbeitsstrukturierung die Möglichkeit der sicherheitsgerechten organisatorischen Gestaltung und Kontrolle der Arbeit verbessert, wird ein höherer technischer Sicherheitsstandard erreicht, wird das Arbeitsverhalten der Beschäftigten – und damit auch sein Sicherheits- und Gesundheitsverhalten – positiv beeinflußt.

Nach Zülch (1992) umfaßt der Gegenstandskatalog der Arbeitsorganisation neben der Stellenbildung, der Ermittlung des Kapazitätsbedarfs für personelle Aufgaben, der Technisierung bzw. Festlegung der Arbeitsteilung und anderes mehr auch das *Zeitregime*, das heißt die *Regelung der Arbeitszeiten und Arbeitspausen*. Im folgenden wird das Hauptaugenmerk auf *arbeitszeitbezogene* Aspekte der Arbeitsorganisation gelegt und überlegt, ob sich Zusammenhänge mit der Arbeitssicherheit aufzeigen lassen. Freilich: Die vielfältigen Möglichkeiten, die Arbeitszeit zu organisieren bzw. zu flexibilisieren – befristete Beschäftigung, „sabbatical", Kurzarbeit, Mehrarbeit, Teilzeitarbeit, Arbeit auf Abruf (Kapazitätsorientierte variable Arbeitszeit – KAPOVAZ), Gleitzeit, Leiharbeit (auch: Zeitarbeit, Personalleasing) und „neue Selbständigkeit" über Werkverträge, „job sharing", Schichtarbeit, Arbeitszeitverkürzung für ältere Arbeitnehmer, Freistellung für persönliche und gesellschaftliche Bildungszwecke, Mindestfreizeit und Pausen (z.B. Fischer, 1991; Garhammer, 1994; Henckel, 1988; Joachim & Seifert, 1991; Knauth & Rutenfranz, 1987; Marr, 1993b; Metz, 1994; Quack, 1993) –, verweisen bereits auf die Schwierigkeit, solche Zusammenhänge herzustellen. Es ist im folgenden nicht möglich, auf jede Variante der Arbeitszeitorganisation einzugehen und zu analysieren, welche Gefährdungen und Risiken jeweils mit ihr einhergehen. Es kann nur relativ allgemein bzw. beispielhaft auf vermutete Zusammenhänge hingewiesen werden.

3 Arbeitssicherheit und Arbeitszeit: Berührungspunkte

Im vorigen Jahrhundert (und davor) stand bei Maßnahmen der Arbeitszeitgestaltung in erster Linie der *Gesundheitsschutz* der Beschäftigten im Vordergrund (Valentin, 1983). Vor allem die unmenschlichen *Arbeitszeiten von Kindern* wurden angeprangert. Kinder hatten ab dem fünften Lebensjahr bis zu 15 Stunden pro Tag zu arbeiten. Erst als Verschleiß und Verstümmelungen überhand nahmen und sich die Militärs Sorgen um die Wehrfähigkeit des Landes machten, wurden *Gesetze* zum Schutz der Kinder erlassen, wie zum Beispiel im Jahr 1839 das Preußische Regulativ: Kinder unter neun Jahren wird die Arbeit bei Bergwerken verboten, Kindern über neun Jahren wird nur noch (!) eine zehnstündige Arbeitszeit erlaubt. Nach dem Ersten Weltkrieg waren für die gesetzlichen Regelungen sowie für die Bemühungen der Gewerkschaften um den Achtstundentag und die 40-Stunden-Woche vor allem auch *soziale Gesichtspunkte* ausschlaggebend (Knauth & Rutenfranz, 1987). Inzwischen nimmt die Regelung der Arbeitszeit in Gesetzen und Vorschriften einen zentralen Stellenwert ein. So gehören zu den *19 Grundlegenden und ermächtigenden Gesetzen* (Bundesministerium für Arbeit und Sozialordnung [BMA], 1993, Anhang) neben unter anderem der Reichsversicherungsordnung, der Gewerbeordnung, dem Gerätesicherheitsgesetz und dem Gesetz über Betriebsärzte, Sicherheitsingenieure und andere Fachkräfte für Arbeitssicherheit auch

- die Arbeitszeitordnung,
- das Gesetz über den Ladenschluß,
- das Gesetz zur Einführung eines Dienstleistungsabends und
- das Gesetz über die Arbeitszeit in Bäckereien und Konditoreien.

In den Vorschriften des Bundes finden wir immerhin 13 Vorschriften bzw. Verordnungen und Ausführungsbestimmungen, die zum Beispiel die Arbeitszeit in Bäckereien und Konditoreien, Krankenpflegeanstalten, Kokereien und Hochofenwerken, Gaswerken, Metallhütten, Stahl- und Walzwerken, in der Zementindustrie, in Gast- und Schankwirtschaften und von Fahrpersonal betreffen. Außerdem finden wir noch die zeitlichen Arbeitsbeschränkungen bzw. Beschäftigungsverbote für Jugendliche und Frauen sowie einzelne Verordnungen zum Ladenschluß sowie zur Arbeit an Sonn- und Feiertagen.

Ob diese – und andere – Gesetze und Vorschriften eingehalten werden, überprüfen *innerbetrieblich* die Führungskräfte, Fachkräfte für Arbeitssicherheit (Sicherheitsingenieure, -techniker und -meister), Sicherheitsbeauftragte, Betriebsärzte, Betriebs- und Personalräte sowie Ausbilder und *betriebsextern* vor allem die Technischen Aufsichtsbeamten und Gewerbeaufsichtsbeamten (zu den Schwierigkeiten der Aufgabenerfüllung siehe im einzelnen die Beiträge in Wenninger & Hoyos, in Druck). Bei solchen Kontrollen durch die Gewerbeaufsichtsbeamten stellt sich zum Beispiel heraus: Etwa 10% aller Beanstandungen, in Bayern waren es im Jahr 1990 exakt 37.672, betreffen den *Arbeitszeitschutz*, hier vor allem Verstöße gegen „Sozialvorschriften im Straßenverkehr" (insgesamt 30.863): Mängel bei den Arbeitszeitnachweisen (Schaublätter) und dem Betrieb des Kontrollgerätes, Dauer der täglichen Ruhezeit, täglichen Lenkzeit, ununterbrochenen Lenkzeit und Lenkzeitunterbrechungen. Die Verstöße gegen die übrigen Verordnungen sind demgegenüber vergleichsweise geringfügig (Bayerisches Staatsministerium für Arbeit und Sozialordnung, 1991).

Die Verstöße im *Schwerkraftverkehr* haben in den letzten Jahren erheblich zugenommen und dürften vor allem auch mit der *„just-in-time"-Produktion* zusammenhängen. In allen EG-Staaten häufen sich Klagen über den risikoreichen Transport auf der Straße. Um die für ein Produkt nötigen Einzelteile möglichst so zeitgenau zu produzieren, daß sich der Aufwand an Lagerung im Produktionsbetrieb auf ein Minimum beschränken läßt, ist ein „reibungslos" funktionierender Transport vom Zulieferer zum Abnehmer die Voraussetzung. Der Transport übernimmt für die Zulieferer die Funktion eines „rollenden Lagers". Für die im Transport Beschäftigten bedeuten die „flexiblen Transportanforderungen" vor allem Streß aufgrund von *extremem Termindruck* und langen und unregelmäßigen Arbeitszeiten, mit der Folge von *Gesundheitsverschleiß*, aber auch ein häufiges Überschreiten ihrer Leistungsfähigkeit am Steuer, um die Zeitvorgaben einzuhalten, und damit erhöhtes *Unfallrisiko* (Angermaier, 1993).

4 Ausgewählte Zusammenhänge zwischen Arbeitszeitgestaltung und Arbeitssicherheit

4.1 Befundlage und Bewertungskriterien

Das Thema Arbeitszeitregelungen in Zusammenhang mit Arbeitssicherheit zu bringen, dürfte bei den Verstößen gegen die Sozialvorschriften im Straßenverkehr ohne weiteres nachvollziehbar sein. Gibt es weitere Zusammenhänge in der Form, daß sich bestimmte Formen der Arbeitszeitgestaltung mit höherer Wahrscheinlichkeit auf Unfälle und gesundheitliche Beeinträchtigungen auswirken? In der einschlägigen Literatur finden sich nur knappe, globale Hinweise auf solche Auswirkungen von Arbeitszeitformen und Varianten der Arbeitswoche, der gleitenden Arbeitszeit und der Dauer der Arbeitszeit (vgl. z.B. Beyer, 1986; Joachim & Seifert, 1991; Rationalisierungs-Kuratorium der Deutschen Wirtschaft, 1981). Ein Beispiel: Hartung (1989) sieht die besonderen Gefährdungen des Instandhaltungspersonals neben Gefahren durch unter anderem mangelnde organisatorische und technische Vorbereitung, mangelnde Schutzkleidung, Improvisationen, fehlende Unterweisung, unbeabsichtigtes Auslösen von Steuerelementen sowie Arbeiten bei schlechten Licht- und Arbeitsverhältnissen und unter schlechten Umweltbedingungen vor allem auch durch Arbeiten über die normale Arbeitszeit hinaus.

Die Befundlage der psychologischen Unfall- und Sicherheitsforschung über Zusammenhänge zwischen Arbeitssicherheit und Arbeitszeit ist insgesamt spärlich. Auf der Grundlage von empirischen Befunden der Sicherheitsforschung sind allgemeine „eingeschränkte Gesetzesaussagen" oder „technologische Regeln" (in Anlehnung an Bunge, 1967; vgl. diesbezügliche Diskussion in Bungard & Herrmann, 1993) nur unter großem Vorbehalt möglich, und zwar sowohl im Falle von

- Effizienz-Aussagen, wie zum Beispiel: „Sind die alten oder neuen Arbeitszeitformen unfallträchtiger?", als auch
- Konsequenz-Aussagen, wie zum Beispiel „Welche Auswirkungen hat die Einführung von flexiblen Arbeitszeitmodellen auf die Unfallbelastung?"

Wir finden wohl differenzierte zeitbezogene statistische Angaben über die Häufigkeit von Unfällen je nach Monaten und Wochentagen oder bei gestaffelter Arbeitszeit in den jährlich erscheinenden Unfallstatistiken der Berufsgenossenschaften bzw. der Bundesregierung (z.B. Hoffmann, 1991). Die Ursachen von Unterschieden je nach Monat liegen in erster Linie in den unterschiedlichen Expositionszeiten (bedingt durch Schlechtwetterperioden, Auftragsschwankungen, Ferienzeiten), das heißt den Zeiten, in denen die Beschäftigten im Laufe eines Monats dem Risiko eines Arbeitsunfalls ausgesetzt sind. Die Statistiken zeigen auch recht einheitlich den („Blauen") Montag als Spitzenreiter in der relativen Zahl der meldepflichtigen Unfälle. Ziehen wir jedoch die Entschädigungsfälle als Maßstab hinzu, so entfallen auf 1.000 meldepflichtige Arbeitsunfälle am Montag deutlich am wenigsten Entschädigungsfälle (21) – mit steigender Tendenz bis Samstag (32!) wie auch Sonntag (26). Wenig überraschen dürften die Auswirkungen von gestaffelter Arbeitszeit, die zum Beispiel jeweils um eine halbe Stunde verschoben ist. Erste Versuche wurden 1955-1958 in Metz und Straßburg unternommen – mit der Folge einer deutlichen Abnahme der Verkehrs- bzw. Wegeunfälle.

Weiterführende Anhaltspunkte über den Stellenwert von Zeitvariablen liefern Systematiken der Arbeitswissenschaft über organisatorische Bedingungen für sicheres und gesundheitsbewußtes Arbeitsverhalten, wie zum Beispiel die Systematik von Nohl (1989):

- *Arbeitszeit*
  Nachtarbeit: regelmäßig, in Ausnahmefällen
  Überstunden: regelmäßig, in Ausnahmefällen
  Pausengestaltung: in welcher Form bzw. nicht existierend
- *Pensumsdruck*
  Zeitdruck: Enge der Zeit- und Terminvorgaben
  Planbarkeit: Größe des planbaren Zeitraums
  Störungen: Einfluß von Störungen auf den zeitlichen Ablauf
  Komplexität von Entscheidungen: Alternativen und Eindeutigkeit von Kriterien
- *Formalisierung*
  Beschaffung bzw. Ersatz von Werkzeugen, Schutzmitteln
  Vertretungsregelungen: angelernte Arbeiter, Leiharbeitnehmer?
  Verfügbarkeit der Arbeitsmittel: wo vorhanden – wenn überhaupt?

Zustand der Arbeitsmittel: der Aufgabe wie angepaßt?
Vollständigkeit der Informationen und Anweisungen zur Tätigkeit
Schriftliche Unterlagen zur Ausführung der Tätigkeit und Betriebsanweisungen

- *Arbeitsaufgabe*
  Koordinationserfordernisse: Maß der Abstimmung mit anderen Personen
  Ungewohnte Umgebung: wechselnde Arbeitsstellen
  Abweichungen vom Normalbetrieb: Was hat Stelleninhaber zu tun?
  Stereotyper Arbeitsablauf oder Abwechslungsreichtum?
  Daueraufmerksamkeit: Häufigkeit und Dauer
  Konsequenzen bei Fehlhandlung: möglich, korrigierbar, nicht korrigierbar?

Demnach nehmen Arbeitszeitvariablen, vor allem *Nachtarbeit*, *Überstunden* und *Pausengestaltung*, sowie der Pensumsdruck, bedingt zum Beispiel durch die *Enge von Terminvorgaben* oder den *Einfluß von Störungen auf den Zeitablauf*, neben der Formalisierung der Arbeit und der Arbeitsaufgabe einen zentralen Stellenwert ein. Im Fragebogen zur Sicherheitsdiagnose [FSD] werden ähnliche organisatorische Bedingungen für sicheres Verhalten in Gefährdungssituationen aufgeführt, wie zum Beispiel *regelmäßige Überstunden*, *Nachtarbeit*, *Leistungslohn* und *Zeitdruck* (Hoyos & Ruppert, 1993).

Vorrangige Ziele der Prävention und somit die Hauptaufgaben der Beschäftigten sind, Gefahren und Gegenmaßnahmen mental vorwegzunehmen, Gefahren im konkreten Fall rechtzeitig abzubauen und bei Gefahrenexposition die richtigen Entscheidungen zu treffen (Hoyos, 1987; Hoyos & Ruppert, 1993; Wenninger, 1992). Die Beschäftigten können je nach Arbeitszeitregelungen diesen Aufgaben mehr oder weniger gewachsen sein und nachkommen. Im einzelnen bedeutet dies:

- *Vorsorgeverhalten*: Wie beeinflußt die Arbeitszeitregelung die dem Handeln vorauszugehende Gefahrenkontrolle, das heißt die mentale Vorwegnahme von Gefahren und eventuellen Gegenmaßnahmen? Wird es beispielsweise dem Beschäftigten durch die Arbeitszeitorganisation erschwert oder erleichtert, Maßnahmen des Prüfens, Planens, Sicherns, Wartens und Instandhaltens auszuführen, um Gefahren zu vermeiden oder frühzeitig zu entdecken?
- *Abbau von akutem Gefährdungspotential*: Wie beeinflußt die Arbeitszeitregelung die Gefahrenkontrolle im Wechsel mit der Arbeitstätigkeit – wenn sich Gefahrenpotentiale aufbauen und es notwendig ist, die Arbeit zur Kontrolle und zum Abbau des akuten Gefährdungspotentials zu unterbrechen? Wird es beispielsweise dem Beschäftigten durch die Arbeitszeitorganisation erschwert oder erleichtert, den Arbeitsvorgang (z.B. Bohren) zu unterbrechen, um ein Gefährdungspotential (sich ansammelnde Bohrspäne) zu entfernen (Zeitverlust!), und dann erst mit dem Bohren fortzufahren?
- *Gefahrenexposition und Gefahrenmanagement*: Wie beeinflußt die Arbeitszeitregelung die Gefahrenkontrolle parallel zur Arbeitstätigkeit, wenn also die Arbeit unter Gefährdung durchgeführt werden muß – was nicht immer zu vermeiden ist? Wird es beispielsweise dem Beschäftigten durch die Arbeitszeitorganisation erschwert oder erleichtert, während des Arbeitens mit der Kettensäge die unmittelbare und weiter weg liegende Umgebung zu beachten, die in der wahrscheinlichen Fallrichtung des Baumes liegt?

Auf diese drei Gesichtspunkte soll im folgenden jeweils Bezug genommen werden, um zu einer Einschätzung zu gelangen, wie sich einzelne Arbeitszeitregelungen auf das Unfallgeschehen auswirken könnten.

4.2 Dauer der Arbeitszeit

Deutliche statistische Zusammenhänge zwischen der Dauer der Arbeitszeit und Unfällen zeigen Analysen der *Überstunden*. Nicht nur der Grad der Belastung steigt mit den Überstunden, sondern die Unfälle häufen sich am Ende des Arbeitstages und bei langen Arbeitszeiten. Hoyos und Ruppert (1993) ermittelten mit Hilfe des Fragebogens zur Sicherheitsdiagnose [FSD], daß an 2% der insgesamt 390 untersuchten Arbeitsplätze die Anzahl der Überstunden bis zu 10% der Normalarbeitszeit überschritten wurde, und werteten dies als sicherheitskritische „organisatorische Rahmenbedingung". In manchen Berufen gehören Überstunden zur alltäglichen Wirklichkeit. Sie fallen regelmäßig an und nicht nur bei unvorhersehbaren Notfällen. So leisten in der Kranken- und Altenpflege „zwischen 65% und fast 90% aller Pflegepersonen" Mehrarbeit, „teilweise sogar im Anschluß an die ohnehin schon überlangen Nachtdienste" (Priester, 1994).

Mit anderen Worten: Wenn Überstunden abgeleistet werden, dürften das Vorsorgeverhalten (z.B. Sichern einer Leiter), der Abbau eines akuten Gefährdungspotentials, das beim Arbeiten entsteht (z.B. Funkenflug), wie auch das Gefahrenmanagement (z.B. gleichzeitiges Beachten der Schnittrichtung und des Abstands vom Sägeblatt beim Arbeiten mit einer Kreissäge) für den Beschäftigten an Wichtigkeit verlieren. Müdigkeit und daraus folgende erschwerte Konzentration auf die Arbeitsaufgabe sind plausible und gut nachvollziehbare Erklärungen für ein Nachlassen im Sicherheitsverhalten, das ja in der Regel zusätzlichen Aufwand an Zeit und Anstrengung erfordert. Je nach Beruf ergeben sich daraus Unfallrisiken, die nicht nur den Überstundenleistenden betreffen, sondern – wie bei den Pflegeberufen – auch und vor allem einen Personenkreis, deren Leben und Gesundheit vom sorgfältigen, fehlerfreien Arbeiten anderer abhängt (vgl. auch Büssing, Natour & Glaser, in diesem Band).

Die Fünftagewoche ist bis heute die allgemein gültige Form der Gestaltung der Arbeitswoche in den Industriestaaten. Die *gestauchte Arbeitswoche* auf weniger als fünf Arbeitstage wurde in den siebziger Jahren vor allem in den USA und in Kanada entwikkelt, in Europa wenig später in Großbritannien und Frankreich versuchsweise eingeführt (vgl. im Überblick in Rationalisierungs-Kuratorium der Deutschen Wirtschaft, 1981). In Australien sowie in Kanada wurde zu dieser Zeit die 4-Tage-Woche, die 9-Tage-Doppelwoche oder der 19-Tage-Monat ausprobiert. Unter den Ergebnissen finden sich widersprüchliche Angaben über Produktivitätssteigerungen, Wegezeiteneinsparungen, Anhebung der Arbeitsmoral und Senkung der Abwesenheitsrate. Vor allem ältere Arbeitnehmer klagten aber über Ermüdungserscheinungen bei längeren Arbeitstagen, es kam auch zu Desintegrationserscheinungen der Beziehungen zwischen einzelnen Abteilungen.

Die meisten Beschäftigten (mit Ausnahme der älteren Arbeitnehmer) hielten die kurze Arbeitswoche und die damit verbundene Verlängerung des Wochenendes anfangs für eine Verbesserung. Nach einigen Jahren allerdings, nachdem in den USA die Einführung der Viertagewoche als Beginn einer neuen Freizeitära begrüßt worden war, arbeiteten lediglich 2% der Beschäftigten noch weniger als fünf Tage in der Woche. Die Nachteile, von denen die Beschäftigten berichteten bzw. die sich vermuten lassen, sind doch recht zahlreich, wie zum Beispiel:

- erschwerte Arbeitsaufnahme zu Beginn der Woche nach einem verlängerten Wochenende;

- erhöhte Arbeitsbelastung durch die Verschiebung des Verhältnisses zwischen der Zeit, in der tatsächlich gearbeitet wird, und der arbeitsfreien Zeit während des Arbeitstages, ohne die Wochenarbeitsstunden zu verringern;
- Gefährdung des sozialen Klimas im Betrieb und erschwerte Kommunikation zwischen Betriebsleitung und Belegschaft;
- Aufnahme einer zweiten Tätigkeit am Wochenende mit damit verbundenen negativen körperlichen und sozialen Folgen.

Auch hier dürfte die Annahme plausibel sein (Unfalldaten liegen nicht vor), daß es bei „gestauchten Arbeitswochen" wie im Falle von Überstunden, zum Nachlassen im Sicherheitsverhalten der Beschäftigten kommt. Vor allem auch die zusätzlich zur körperlichen Belastung berichteten Kommunikationsprobleme und Verschlechterungen im sozialen Klima, wie auch immer sie im einzelnen begründet sein mögen, sind recht gut gesicherte und nachvollziehbare Bedingungen für Handlungsfehler, die Unfälle wahrscheinlicher machen als im Falle eines guten Betriebsklimas und bei optimalen Kommunikationsstrukturen. Kommunikationsprobleme sind nicht nur Ausdruck von Mängeln in der Organisations- bzw. Unternehmenskultur, sondern auch ein Indikator für die vorherrschende „Sicherheitskultur" – dem Resultat wie auch der Voraussetzung von Arbeitssicherheit (im einzelnen Ruppert, 1995, in Anlehnung an Peters & Waterman, 1982).

4.3 Pausenregelungen und Unfallstunde

Ziel einer physiologisch begründeten Arbeitszeitregelung ist es, „Leistungsanforderungen und individuelle Leistungsvoraussetzungen in Einklang zu bringen" (Knauth & Rutenfranz, 1987, S. 535) und dadurch Überforderungen zu vermeiden. Zur Realisierung gibt es prinzipiell unterschiedliche Wege. Neben Einregeln der energetischen Belastung, so daß allen Personen die gleiche Arbeitsdauer zugemutet werden kann (z.B. kein Überschreiten der Dauerleistungsgrenze von etwa 30% der individuellen maximalen Sauerstoffaufnahme bei achtstündiger Arbeitsdauer), Arbeitszeitverkürzung, Berücksichtigen von Einflüssen der Tagesperiodik physiologischer Funktionen wird durch Pausen bzw. zusätzliche Pausen versucht, den Ermüdungsanstieg physiologischer Funktionen zu vermeiden (zu unterschiedlichen Pausenformen in der Praxis vgl. Knauth & Rutenfranz, 1987). Das Thema Pause wurde bereits ausführlich in den Hawthorne-Studien in den 30er Jahren untersucht und es finden sich in der Zwischenzeit sehr detaillierte Angaben über Zusammenhänge mit der Arbeitsleistung, mit Belastungen und – in der Folge – Gesundheitsbeeinträchtigungen.

Feststehen dürfte, daß der Erholungswert einer Pause mit zunehmender Dauer der Arbeit überproportional sinkt und fehlende Pausen körperliche und psychische Überforderungen zur Folge haben können. Die Schlußfolgerungen sind naheliegend, bei Nichteinhalten von Pausen sei nicht nur ein Nachlassen der Leistung zu erwarten, sondern auch die Wahrscheinlichkeit erhöht, das Vorsorgeverhalten zu vernachlässigen, akuten Gefährdungen zu spät zu begegnen und im Gefahrenmanagement nachzulassen. Vor diesem Hintergrund sei wiederum auf die prekäre Situation in der stationären Krankenpflege verwiesen, wo die regelmäßige Inanspruchnahme von Arbeitspausen vielfach nicht möglich ist. Pausen sind (natürlich) zwar vorgesehen. Aufgrund zum Teil sehr knapper Personalbesetzungen ist ein Entfernen von der Station aber nicht möglich, oder häufige Störungen der zur Regeneration vorgesehenen Zeit durch unvorhergesehenen

Arbeitsanfall sind die Regel (vgl. Büssing, Eisenhofer, Glaser, Natour & Theis, 1995; Priester, 1994). Wir können hier freilich nur spekulieren, daß diese Arbeitszeitsituation „Fehler“ und „Unfälle“ bei der Patientenpflege begünstigt.

Ein weiteres Beispiel ist der *kontinuierliche Arbeitstag*. Die Mittagspausen werden hierbei auf ein Minimum beschränkt, und zwar gerade so lange, wie für die Einnahme einer leichten Mahlzeit oder eines Imbisses im Betrieb oder in dessen unmittelbarer Nähe erforderlich ist. Die Arbeit kann gewissermaßen ohne (wesentliche) Unterbrechung weitergeführt werden. Der Arbeitstag beginnt in der Regel um sieben oder acht und endet um 15 oder 16 Uhr – eine Praxis, die in vielen Ländern, vor allem skandinavischen und angelsächsischen Ländern, üblich ist (Rationalisierungs-Kuratorium der Deutschen Wirtschaft, 1981). Die Vorteile auf Seiten der Arbeitgeber und regionalen Wirtschaft (Staffelung der Arbeitszeit, höhere Produktivität) könnten durch ein Mehr an Freizeit und einer geringeren Zahl der Wege von und zu der Arbeitsstätte auch mit einer individuellen Verbesserung der Lebensbedingungen (Privat-, Familien-, Gesellschaftsleben) und natürlich auch einem geringeren Unfallrisiko der Beschäftigten einhergehen. Diesen Vorteilen eines kontinuierlichen Arbeitstages stehen freilich Nachteile vor allem bei Tätigkeiten entgegen, die besondere physische und psychische Anstrengungen erfordern, oder bei denen junge Arbeitnehmer eingesetzt sind.

Auf der Grundlage der betrieblichen Unfallanzeigen ergeben sich exakte Hinweise auf die *Unfallstunde*. Demnach entfallen auf die 10. und 11. Tagesstunde (von 10 bis 11 Uhr und von 11 bis 12 Uhr) jeweils rund 11% aller meldepflichtigen und rund 10% der erstmals entschädigten Unfälle. In den beiden auf die Mittagszeit folgenden Stunden ist zwar ein erneutes Ansteigen der Unfallzahlen zu verzeichnen; allerdings wird das hohe Niveau der Vormittagsstunden in der 14. und 15. Stunde deutlich unterschritten (Hoffmann, 1991). Freilich kann daraus nicht abgeleitet werden, daß es ein tageszeitlich abgestuftes Gefährdungsmaß gibt. Dazu müßten die absoluten Unfallzahlen den Arbeitsstunden gegenübergestellt werden, die in der jeweiligen Tageszeit geleistet werden. Diese Zahlen mögen für einzelne Betriebe vorliegen, nicht jedoch für den Gesamtbereich der gewerblichen Wirtschaft. Flexible Arbeitszeiten, der Einsatz von Teilzeitkräften, Schichtarbeit sowie Pausen sind Gründe dafür, daß es an einzelnen Arbeitsplätzen zu unterschiedlichen Arbeitszeitverläufen kommt und eine übergreifende Schätzung der nach Tageszeit geschichteten Arbeitsstunden nur schwer möglich ist.

4.4 Schichtarbeit

Schichtarbeit, vor allem der wöchentliche Wechsel von Früh- und Spätschicht (Zweischichtarbeit), galt in den Reihen von Wissenschaft und Praxis lange Jahre als relativ harmlos. Doch spätestens in den 70er und verstärkt in den 80er Jahren wurde die Bereitschaft unter den Beschäftigten geringer, in Schichten zu arbeiten. Immer mehr Unternehmen begannen, für Zweischichtarbeit finanzielle Anreize zu schaffen. Es stellte sich vermehrt die Frage, ob Zweischichtarbeit den Kriterien von „Freiheit von gesundheitlichen Schädigungen und psychosozialen Beeinträchtigungen“ gerecht wird (Ulich, 1989, S. 9).

Fest steht heute für die meisten Arbeitsexperten, daß mit Schichtarbeit eine erhöhte gesundheitliche Gefährdung einhergeht. Auch im Fragebogen zur Sicherheitsdiagnose [FSD] wird „regelmäßige Nachtarbeit“ (zwischen 18 Uhr und sechs Uhr morgens), in der Regel Schichtarbeit, als sicherheitskritische Bedingung bewertet. Für 44.8% der mit Hilfe des FSD untersuchten Arbeitsplätze traf dies zu. Das Gefahrenbild bei Nacht- und Schichtarbeiten unterscheidet sich, wie die Befragungen ergaben, nicht wesentlich von der Tagarbeit. Die gefährdungsbezogenen Anforderungen bestehen in vollem Umfang auch in den Nachtstunden, gleichzeitig aber ist die menschliche Leistungsfähigkeit durch den gegenläufigen Biorhythmus, dessen Anpassungsfähigkeit begrenzt ist, nicht unerheblich reduziert (Hoyos & Ruppert, 1993; Joachim & Seifert, 1991).

Zur Beantwortung der Frage über die Ursachen der schwindenden Akzeptanz von Schichtarbeit wurden von Unternehmen drei große Forschungsaufträge vergeben. Deren Ergebnisse sind in Betschart (1989), der wohl umfassendsten Materialsammlung zu diesem Thema, zusammengefaßt (vgl. auch PROSA-Studie der IG Chemie-Papier-Keramik, 1981). Die Auswirkungen von Schichtarbeit auf die Gesundheit standen dabei im Vordergrund der Untersuchungen. Über Arbeitsunfälle als Folge von Schichtarbeit finden sich hier keine Hinweise. Gleichwohl drängt sich die Schlußfolgerung auf, daß als Folge von Schichtarbeit die gesundheitlichen Beeinträchtigungen – zum Beispiel Nervosität, Schlafstörungen, Magenschmerzen, Appetitstörungen – natürlich auch zu Beeinträchtigungen der Leistung, zu Mängeln in der Gefahrenkontrolle und im Gefahrenmanagement, das heißt zum Vermeiden der Zusatzaufwendungen für Sicherheit und Gesundheitsschutz führen, und damit unfallfördernd wirken können.

4.5 Zeitdruck, Streß und Leistungslohn

Seit langem wird von Seiten der Gewerkschaften auf die Verdichtung der Arbeitszeit hingewiesen, die mit Arbeitszeitverkürzungen einhergeht. Nicht jede Form flexibilisierter Arbeitszeit dürfte zu diesem Ergebnis führen. Immer dann aber geht mit der Arbeitszeitverkürzung eine Verdichtung einher, wenn bisher in der Arbeitszeit enthaltene Entspannungsvorgänge (Gespräche mit Kollegen, Pausen) entfallen. Verdichtung der Arbeitszeit und damit gleichzeitig der Stressor „Zeitdruck" können außerdem ganz unterschiedlich entstehen: durch personelle Unterbesetzung, Fehler in der Arbeitsorganisation und Terminplanung, nicht ausreichende fachliche Kompetenz, ständig hohe Arbeitsgeschwindigkeit – wodurch die Regulationsfähigkeit des einzelnen überfordert wird. Kurz- wie langfristig können aufgrund von Zeitdruck und Überforderung nachteilige Folgen für die Arbeitsleistung und für die Sicherheit des Arbeitsprozesses resultieren (Frese, 1991; Semmer & Dunckel, 1991; Semmer & Udris, 1993; Udris & Frese, 1992):

- verfrühter Abbruch der Suche nach Fehlern bei einer Störung im Arbeitsablauf;
- falsches bzw. schlechtes Einprägen von Informationen und zeitraubende Kompensation der ungenügend gespeicherten Informationen;
- schnelles, aber weniger sorgfältiges Arbeiten mit Verzicht auf Ergebnisüberprüfungen und gehäufte Risikohandlungen;
- Zunahme der Fehlerhäufigkeit (doppelt so viele wie ohne Zeitdruck);
- Umgehen von Sicherheitsvorschriften und -vorkehrungen (z.B. bei Reparaturtätigkeiten an laufender Maschine).

Bereits Gardell (1978) hat den Einfluß von Akkordlohn näher untersucht und einige Ergebnisse über die unfallfördernde Wirkung von Akkordarbeit zusammengetragen, die nach wie vor Gültigkeit haben dürften. Die Beeinträchtigungen des Vorsorgeverhaltens und Gefahrenmanagements durch Zeitdruck und Streß liegen auf der Hand.

Aus der schon erwähnten Studie von Hoyos und Ruppert (1993) geht hervor, daß bei jedem vierten Arbeitsplatz der Stichprobe eine Form des Stück- oder Zeitakkords bestand. Vor allem Studien der 70er Jahre in Schweden, Dänemark und Finnland haben den Zusammenhang zwischen Akkordlohn und riskantem Verhalten bzw. Unfällen im einzelnen aufgeklärt. Beim Übergang von Zeitlohn in Monatslohn wurde vor allem bei Holzfällerarbeiten (Hale, 1984; Sundström-Frisk, 1984) ein erheblicher Rückgang von schweren Unfällen und damit von Ausfalltagen – bei gleichzeitigem Ansteigen von leichten Unfällen – verzeichnet. Der Anstieg von leichten Unfällen ist damit zu erklären, daß nun deren Meldung erfolgte, da kein Lohnverlust mehr drohte. Die Holzfäller fühlten sich geringerem Streß ausgesetzt, hatten den Eindruck, daß die Arbeit leichter von der Hand ging und gaben ein verstärktes Gefühl von Sicherheit und Zufriedenheit an. Diese Ergebnisse konnten über längere Zeit hinweg bestätigt werden. Allerdings sank durch den Übergang auf Zeitlohn die Produktivität – die Anzahl der geschlagenen Bäume – um 10%. Die Situation von Forstarbeitern in der Bundesrepublik spiegelt den Zusammenhang von Leistungslohn und Unfällen wider; sie stehen eindeutig "an der Spitze" der Unfallstatistiken: Etwa jeder vierte Forstarbeiter erleidet pro Jahr einen meldepflichtigen Unfall (Kuratorium für Waldarbeit und Forsttechnik, 1991).

4.6 Exkurs: Schwankungen des Arbeitsanfalls im Zeitablauf und Einsatz von Fremdfirmen

Auf prognostizierbare Schwankungen des Arbeitsanfalls im Zeitablauf kann ein Unternehmen mit Teilzeitkonzepten oder mit Leiharbeitsverhältnissen reagieren (Marr, 1993b). Die organisatorische Ausgliederung von betriebsinternen (Teil-)Aufgaben und die Vergabe an andere Firmen gelten allgemein als Versuch, eine Steigerung der Flexibilität zu erreichen. Insofern handelt es sich bei Leiharbeitsverhältnissen nur um Flexibilisierung der Arbeitszeit im weiteren Sinne. Stammbelegschaften werden abgebaut und durch Arbeitnehmer mit befristetem Arbeitsverhältnis oder Leiharbeitsverhältnissen ersetzt, die über Verleihfirmen vermittelt werden. Hinzu kommt eine Vielzahl von Dienstleistungsfirmen, die „ureigenste" innerbetriebliche Aufgaben des Unternehmens wahrnehmen, wie zum Beispiel Buchführung, Instandhaltung, Reinigungsarbeiten, vor allem auch Bauarbeiten. Im Produktionsbereich werden häufig ganze Produktionsanlagen mit Fachpersonal gemietet oder geleast. Die Unternehmen sind dazu übergegangen, nicht nur eigene Aufgaben durch Fremdfirmen erledigen zu lassen, sondern sich für diese Aufgaben „fremdes" Personal zu beschaffen, das wie eigenes Personal eingesetzt wird. Die Rede ist von „Kontraktoren", „Arbeitnehmerüberlassung", „Leiharbeitnehmern", „Zeitarbeit" oder „Personalleasing".

Verantwortung und *Pflichten*, um sicheres Arbeiten der Leiharbeitnehmer zu gewährleisten, sind für Verleiher und Entleiher bzw. Auftraggeber – die Firma, in der Leiharbeitnehmer zum Einsatz kommen – sowie für die Leiharbeitnehmer selbst grundsätzlich im Arbeitnehmerüberlassungsgesetz [AÜG] geregelt. Die Pflichten des Entleihers sind, die erforderlichen Maßnahmen der Arbeitssicherheit, die mit dem Verleiher schriftlich vereinbart wurden, und vor allem auch die sicherheitsbezogene Einweisung am Tätigkeitsort sicherzustellen. Zu den Pflichten des Verleihers zählt vor allem die Ausstattung mit persönlichen Schutzausrüstungen. Der Verleiher bleibt überdies für die Durchführung von Arbeitsschutzbestimmungen und Einhaltung der Unfallverhütungsvorschriften [UVV] stets hauptverantwortlich, wenn seine Mitarbeiter in Fremdbetrieben beschäftigt sind, und er hat die Einhaltung aller vom Auftraggeber übernommenen Pflichten zu überwachen, in dessen Betrieb seine Mitarbeiter sich aufhalten. Der Leiharbeitnehmer hat selbstverständlich - wie andere Arbeitnehmer auch – den Entleiher oder Verleiher sofort von auftretenden sicherheitstechnischen Mängeln jedweder Art zu unterrichten (Wettberg, in Druck).

Nicht erst seit Wallraff (1985) ist bekannt, daß Leiharbeiter wissentlich oder unwissentlich häufig gegen gesetzliche Bestimmungen verstoßen. Doch kaum ein anderes Buch hat eine breitere Diskussion über skandalöse betriebliche Zustände beim Einsatz vor allem von *ausländischen Arbeitern* entfacht. Wallraff hatte erstmals in das Sklavenhalter-Milieu dubioser Leihfirmen geleuchtet, die Ausländer von der Straße weg anheuern und an Firmen vermitteln, in deren Produktionsstätten sie unter sicherheits- und gesundheitswidrigen Verhältnissen arbeiten müssen. Nur wenige Verleiher wie auch Entleiher kommen dabei ihrer gesetzlichen Verantwortung voll nach und stellen die Schutzausrüstung in erforderlichem Maße zur Verfügung, sorgen für eine ausreichende Unterweisung, Kontrolle und ärztliche Betreuung. Auf die nach wie vor besondere Unfallgefahr bei ausländischen Arbeitern verweist auch eine neuere Studie über tödliche Arbeitsunfälle in Bayern durch die Staatliche Gewerbeaufsicht. Danach waren unter den von Arbeitsunfällen im Jahre 1991 Betroffenen in Bayern 23% ausländische Arbeitnehmer; ihr Anteil an den sozialversicherungspflichtigen Arbeitnehmern hingegen liegt nur bei etwa 9%.

Hoyos (1980) verweist auf diverse Studien in anderen Ländern, wonach Betriebe mit hoher Stammbelegschaft signifikant weniger Unfälle haben als Betriebe mit einem geringen Anteil von Stammbelegschaft. Die im eigenen Unternehmen ohnehin nicht immer transparente Abgrenzung von Zuständigkeits- und Verantwortungsbereichen wird durch die Anwesenheit von fremden Firmen und Mitarbeitern noch mehr beeinträchtigt. Unfälle sind deshalb auch häufig in solchen Unternehmen vorprogrammiert, die „ihre eigenen Unfallgefahren“ sonst recht gut kontrollieren, wenn sie auf Leiharbeitnehmer zurückgreifen. Die Konsequenz kann nun aber nicht die (kaum durchsetzbare) Forderung sein, auf prognostizierbare *Schwankungen des Arbeitsanfalls im Zeitablauf* nicht mehr mit *Leiharbeitsverhältnissen* zu reagieren und Fremdarbeitnehmer (aber auch *jugendliche Ferienarbeiter* oder *Aushilfen*) überhaupt nicht mehr einzustellen. Vielmehr bieten sich ganz unterschiedliche Maßnahmen an, die sicherstellen sollen, daß auch ihnen die Antizipation und Kontrolle der Gefahren in ausreichendem Maße gelingt. Verbindliche Rahmenbedingungen sind zum Beispiel in der *EG-Richtlinie 91/383 EWG vom 25. Juni 1991* enthalten. Diese Richtlinie enthält *Mindestvorschriften*, die die Verbesserung insbesondere der *Arbeitsumwelt* fördern, um die Sicherheit und die Gesundheit der Leiharbeitnehmer verstärkt zu schützen. Die besondere Lage der Arbeitnehmer mit befristetem Arbeitsverhältnis oder Leiharbeitsverhältnis und die besonderen Risiken, denen sie in einigen Bereichen ausgesetzt sind, erfordern besondere ergänzende Vorschriften, die im Arbeitsvertrag zu fixieren sind. Siller (1988; vgl. auch Kohlschütter, 1990) fordert vom Stammbetrieb bzw. Auftraggeber, eine Reihe von Kriterien bei der Auswahl der Fremdfirmen und Durchführung der Projektarbeit zu beachten, wie zum Beispiel Anforderungs-, Kompetenz -und Vertragsklarheit, Verkehrssicherung, Transparenz durch Absprachen und *Zeiteinteilungen*, Projektbetreuung bei der praktischen Abwicklung und Projektkontrolle, Abstimmung der Koordination. Auf Verleiher und/oder Entleiher bezogene Maßnahmen sind zum Beispiel:

- Unterweisung: ausführliche Einführung in die betriebliche Organisation = grundlegende Unterweisung vor Beginn der Tätigkeit in der Gruppe (mit eventueller Zuweisung eines „Paten“) mit Übergabe von Broschüren mit Verhaltensvorschriften vor

Antritt der Arbeit, arbeitsplatzbezogener Unterweisung im Einzelgespräch, den Merkmalen des Arbeitsplatzes entsprechender Unterweisung unter Berücksichtigung von Qualifikation und Erfahrung, laufender Unterweisung in Abhängigkeit von Arbeit und Verhalten;

- Unterrichtung über Risiken mit Aufschluß über notwendige Qualifikationen bzw. notwendige ärztliche Überwachung sowie etwaige erhöhte spezifische Risiken des zu besetzenden Arbeitsplatzes vom entleihenden Unternehmen.
- ärztliche Überwachung der betreffenden Arbeitnehmer.
- Beschäftigungsbeschränkungen (z.B. bezogen auf Ferienarbeit): Jugendlichen unter 18 Jahren ist zum Beispiel grundsätzlich verboten, an Pressen, Spritzgießmaschinen, Säge-, Hobel- und Fräsmaschinen zu arbeiten, unter Akkord zu arbeiten und flurgesteuerte Kräne und Flurförderzeuge mit Fahrersitz oder -stand zu führen und zu warten.

Die aufgeführten Maßnahmenbeispiele lassen sich sicherlich nicht direkt auf die übrigen Arbeitszeit- und Flexibilisierungsvarianten übertragen. Sie enthalten aber Grundforderungen, die dem Tenor des neuen Arbeitszeitgesetzes entsprechen, das seit dem ersten Juli 1994 gilt. Zweck des Gesetzes ist es nach §1 ArbZG, „die Arbeitssicherheit und den Gesundheitsschutz der Arbeitnehmer bei der Arbeitszeitgestaltung zu gewährleisten und die Rahmenbedingungen für flexible Arbeitszeiten zu verbessern sowie den Sonntag und die staaatlich anerkannten Feiertage als Tage der Arbeitsruhe und der seelischen Erhebung der Arbeitnehmer zu schützen“ (Schelter, 1994, S. 537).

5 Schlußfolgerungen

Wir müssen organisatorischen Bedingungen – und damit auch Arbeitszeitvariablen – grundsätzlich einen wichtigen Stellenwert zuschreiben, wenn Unfälle erklärt und Gegenmaßnahmen entwickelt werden sollen. Doch wie schon ausgeführt sind keine eindeutigen Antworten auf die Fragen zu erwarten, ob denn nun alte oder neue Arbeitszeitformen unfallträchtiger sind und ob sich die Einführung eines bestimmten flexiblen Arbeitszeitmodells positiv oder negativ auf die Unfallstatistik auswirkt. Um zumindest Anhaltspunkte zu gewinnen, wie sich einzelne Arbeitszeitformen auf das Unfallgeschehen auswirken könnten, sind Überlegungen anzustellen, welche Wirkungen die mit diesen Arbeitszeitformen in der Praxis verbundenen Verdichtungen der Arbeitszeit sowie Pausen auf das Präventionsverhalten haben können. Wird das Präventionsverhalten erschwert oder erleichtert?

Wenn wir die Ergebnisse zusammenfassen, kommen wir zu keinen allzu überraschenden Schlußfolgerungen. Liegen lange und unregelmäßige Arbeitszeiten, Überstunden (Mehrarbeit), Termindruck, Schichtarbeit – und damit verbunden Streß bzw. kurz- und langfristig resultierende Überforderungen der körperlichen und geistigen Leistungsfähigkeit – vor, so dürfte sich nicht nur die Wahrscheinlichkeit von Mängeln im Bewältigungsverhalten und damit auch von gesundheitlichen Beeinträchtigungen und die Wahrscheinlichkeit von Unfällen erhöhen (vgl. hierzu auch das Beschreibungsmodell für Streßfolgen von Kaufmann, Pornschlegel & Udris, 1982). Nach einem Unfall freilich der Arbeitszeit – wie auch immer gestaltet – eindeutig die Schuld zuzuschreiben und andere begünstigende Einflußgrößen im personalen Bereich (private Probleme) und im technischen Bereich (Mängel in der Sicherheitstechnik) auszuklammern, ist nicht zulässig. Jeder Unfall hat eine multikausale Erklärung – aber die Arbeitszeit ist eine wichtige Einflußgröße unter mehreren.

Es dürfte aus meiner Sicht schwer sein, ein Flexibilisierungsmodell unter Rückgriff auf Ergebnisse der Unfall- und Sicherheitspsychologie zurückzuweisen, weil damit die Unfallbelastungen ersichtlich steigen. Wir können nur bei genauer Analyse der damit verbundenen Belastungen und Veränderungen des Arbeitsverhaltens spekulieren, inwiefern das *präventive Verhalten* Einschränkungen unterworfen sein könnte. Gegen vermutliche Einschränkungen sind dann Maßnahmen zu entwickeln, die das Präventionsverhalten fördern.

Die Bestrebungen zur Flexibilisierung der Arbeitszeit haben sich den primären Zielen der Arbeitssicherheit und des Gesundheitsschutzes der Beschäftigten unterzuordnen. Die im Arbeitszeitgesetz enthaltenen Forderungen nach Höchstgrenzen der werktäglichen Arbeit und Regelungen für ihre Verlängerung, die Vorschriften zu Ruhepausen und zur Ruhezeit sowie die besonderen Regelungen zur Nacht- und Schichtarbeit (z.B. arbeitsmedizinische Untersuchungen vor Beginn der Tätigkeit und in regelmäßigen Zeitabständen) versuchen im Prinzip, den mehr oder weniger empirisch gesicherten arbeitswissenschaftlichen Erkenntnissen über die menschengerechte Gestaltung der Arbeit Rechnung zu tragen und damit auch Arbeitssicherheit und Gesundheitsschutz zu gewährleisten.

Literatur

Angermaier, M. (1993). Just-in-time: Das Lager auf der Straße – Konsequenzen für Arbeitsbedingungen und Arbeitsschutz. *Arbeit & Ökologie-Briefe (2)*, 7-10.

Bayerisches Staatsministerium für Arbeit und Sozialordnung (1991). *Jahresbericht der Gewerbeaufsicht des Freistaates Bayern*. München.

Behörde für Arbeit, Gesundheit und Soziales der Freien und Hansestadt Hamburg (Hrsg.). (1994). *Arbeits- und Gesundheitsschutz im Krankenhaus*. Bremen: Edition Temmen.

Betschart, H. (1989). *Zweischichtarbeit. Psychosoziale und gesundheitliche Auswirkungen*. Bern: Huber.

Beyer, H.-T. (1986). *Betriebliche Arbeitszeitflexibilisierung*. München: Vahlen.

Büssing, A., Eisenhofer, J., Glaser, J., Natour, N. & Theis, U. (1995). *Psychischer Streß und Burnout in der Krankenpflege. Untersuchungen zum Einfluß von Anforderungen, Hindernissen und Spielräumen* (Bericht Nr. 21). München: Technische Universität, Lehrstuhl für Psychologie.

Bundesministerium für Arbeit und Sozialordnung [BMA] (Hrsg.). (1993). *Arbeitssicherheit '93. Unfallverhütungsbericht*. Bonn: BMA.

Bungard, W. & Herrmann, T. (Hrsg.). (1993). *Arbeits- und Organisationspsychologie im Spannungsfeld zwischen Grundlagenorientierung und Anwendung*. Bern: Huber.

Bunge, M. (1967). *Scientific research*. New York: Wiley.

Fischer, U. (1991). *Tele-Heimarbeit und Schutz der Arbeitskraft. Zur kritischen Einschätzung einer flexiblen Beschäftigungsform*. München: Hampp.

Frese, M. (1991). Streßbedingungen in der Arbeit und psychosomatische Beschwerden: eine kausale Interpretation. In S. Greif, E. Bamberg & N. Semmer (Hrsg.), *Psychischer Streß am Arbeitsplatz* (S.120-134). Göttingen: Hogrefe.

Gardell, B. (1978). Arbeitsgestaltung, intrinsische Arbeitszufriedenheit und Gesundheit. In M. Frese, S. Greif & N. Semmer (Hrsg.), *Industrielle Psychopathologie* (S. 52-111). Bern: Huber.

Garhammer, M. (1994). *Balanceakt Zeit. Auswirkungen flexibler Arbeitszeiten auf Alltag, Freizeit und Familie*. Berlin: Edition Sigma.

Hale, A.R. (1984). Is safety training worthwhile? In U. Kjellen (Ed.), *Occupational accident research* (pp. 17-33). Amsterdam: Elsevier.

Hartung, P. (1989). Eine gut organisierte Instandhaltung bedeutet eine hohe Sicherheit für die Instandhalter. *Die BG (9)*, 575-578.

Hein, H.-J. (1995). Arbeitszeitflexibilisierung als Anreizsystem. In Ch. Scholz & M. Djarrahzadeh (Hrsg.), *Strategisches Personalmanagement. Konzeptionen und Realisationen* (S. 217-228). Stuttgart: Schäffer-Poeschel.

Henckel, D. (Hrsg.). (1988*). Arbeitszeit, Betriebszeit, Freizeit. Auswirkungen auf die Raumentwicklung*. Stuttgart: Kohlhammer.

Hoffmann, B. (1991). *Arbeitsschutz und Unfallstatistik*. Sankt Augustin: HVBG.

Hoyos, C.G. (1980). *Psychologische Unfall- und Sicherheitsforschung*. Stuttgart: Kohlhammer.

Hoyos, C.G. (1987). Verhalten in gefährlichen Situationen. In U. Kleinbeck & J. Rutenfranz (Hrsg.), *Arbeitspsychologie. Enzyklopädie der Psychologie* (D, III, Bd. 1) (S. 577-627). Göttingen: Hogrefe.

Hoyos, C.G. & Ruppert, F. (1993). *Der Fragebogen zur Sicherheitsdiagnose – FSD*. Bern: Huber.

Hoyos, C.G. & Wenninger, G. (1995). Die organisationspsychologische Fragestellung in der Sicherheitsarbeit. In C.G. Hoyos & G. Wenninger (Hrsg.), *Arbeitssicherheit und Gesundheitsschutz in Organisationen* (S. 3-16). Göttingen: Hogrefe.

IG Chemie-Papier-Keramik (Hrsg.). (1981). *Projekt Schichtarbeit (PROSA). Gesamtergebnis der Problemanalyse – Langfassung*. Hannover: Buchdruckwerkstätten.

Joachim, P. & Seifert, H. (1991). *Neue Technik und Arbeitszeitgestaltung. Sozialverträgliche Technikgestaltung* (Bd. 25). Opladen: Westdeutscher Verlag.

Kasparek, B. (1986). *Der Einfluß von Arbeitsstrukturen auf die Arbeitssicherheit* (Forschungsbericht Nr. 471 der Bundesanstalt für Arbeitsschutz). Bremerhaven: Wirtschaftsverlag NW.

Kaufmann, I., Pornschlegel, H. & Udris, I. (1982). Arbeitsbelastung und Beanspruchung. In L. Zimmermann (Hrsg.), *Humane Arbeit – Leitfaden für Arbeitnehmer* (Bd. 5) (S. 13-48). Reinbek: Rowohlt.

Knauth, P. & Rutenfranz, J. (1987). Arbeitszeitgestaltung. In U. Kleinbeck & J. Rutenfranz (Hrsg.), *Arbeitspsychologie. Enzyklopädie der Psychologie (D, III, Bd. 1)* (S. 533-576). Göttingen: Hogrefe.

Kohlschütter, E. (1990). Erfahrungen bei der Erstellung, Einführung und Durchsetzung von firmeninternen Sicherheitsvorschriften und Arbeitsanweisungen. In C.G. Hoyos (Hrsg.), *Psychologie der Arbeitssicherheit. 5. Workshop 1989.* (S. 156-159). Heidelberg: Asanger.

Kuratorium für Waldarbeit und Forsttechnik [KWF] e.V. (Hrsg.). (1991). *Forstunfälle – Schwerpunkte, Ursachen, Vorsorge* (KWF-Bericht Nr. 14). Gross-Umstadt: KWF.

Marr, R. (Hrsg.). (1993a). *Arbeitszeitmanagement.* Berlin: Erich Schmidt.

Marr, R. (1993b). Arbeitszeitmanagement: Die Nutzung der Ressource Zeit – Zur Legitimation einer bislang vernachlässigten Managementaufgabe. In R. Marr (Hrsg.), *Arbeitszeitmanagement* (S. 16-38). Berlin: Erich Schmidt.

Metz, P. (1994). Fast total normal – Das Kasseler Modell. Neue Arbeitszeiten in der Krankenpflege. In Behörde für Arbeit, Gesundheit und Soziales der Freien und Hansestadt Hamburg (Hrsg.), *Arbeits- und Gesundheitsschutz im Krankenhaus* (S. 67-75). Bremen: Edition Temmen.

Nohl, J. (1989). *Verfahren zur Sicherheitsanalyse. Eine prospektive Methode zur Analyse und Bewertung von Gefährdungen.* Wiesbaden: Deutscher Universitäts Verlag.

Peters, T. & Waterman, R. (1982). *In search of excellence.* New York: Harper & Row.

Priester, K. (1994). Arbeitswissenschaftliche und präventiv-gesundheitspolitische Anforderungen an die Arbeitszeitgestaltung in der stationären Krankenpflege. In Behörde für Arbeit, Gesundheit und Soziales der Freien und Hansestadt Hamburg (Hrsg.), *Arbeits- und Gesundheitsschutz im Krankenhaus* (S. 54-66). Bremen: Edition Temmen.

Quack, S. (1993). *Dynamik der Teilzeitarbeit. Implikationen für die soziale Sicherung von Frauen.* Berlin: Edition Sigma.

Rationalisierungs-Kuratorium der Deutschen Wirtschaft (Hrsg.). (1981). *Gestaltung der Arbeitszeit in ausgewählten Ländern.* Heidelberg: Brausdruck.

Ruppert, F. (1995). Arbeitssicherheit und Gesundheitsschutz als Organisationsaufgabe. In C.G. Hoyos & G. Wenninger (Hrsg.), *Arbeitssicherheit und Gesundheitsschutz in Organisationen* (S. 41-61). Göttingen: Hogrefe.

Schelter, W. (1994). Das neue Arbeitszeitgesetz – Anwendungsbeispiele und Besonderheiten im öffentlichen Dienst. *Der Personalrat, 11*, 537-541.

Seifert, H. (1989). Sozialverträgliche Arbeitszeitgestaltung – ein neues Konzept der Arbeitszeitpolitik? *WSI-Mitteilungen, 42,* 670-681.

Semmer, N. & Dunckel, H. (1991). Streßbezogene Arbeitsanalyse. In S. Greif, E. Bamberg & N. Semmer (Hrsg.), *Psychischer Streß am Arbeitsplatz* (S. 57-90). Göttingen: Hogrefe.

Semmer, N. & Udris, I. (1993). Bedeutung und Wirkung von Arbeit. In H. Schuler (Hrsg.), *Lehrbuch Organisationspsychologie* (S. 133-165). Bern: Huber.

Siller, E. (1988). Arbeitssicherheits-Erfordernisse beim Umgang mit Fremdfirmen. *Die BG (6),* 393-400.

Sundström-Frisk, C. (1984). Behavioral control through piece-rate wages. In U. Kjellen (Ed.), *Occupational accident research* (pp. 49-60). Amsterdam: Elsevier.

Udris, I. & Frese, M. (1992). Belastung, Streß, Beanspruchung und ihre Folgen. In D. Frey, C.G. Hoyos & D. Stahlberg (Hrsg.), *Angewandte Psychologie. Ein Lehrbuch* (2. Aufl.) (S. 427-447). Weinheim: Psychologie Verlags Union.

Ulich, E. (1989). Vorwort des Reihen-Herausgebers. In H. Betschart (Hrsg.), *Zweischichtarbeit. Psychosoziale und gesundheitliche Auswirkungen* (S. 9). Bern: Huber.

Valentin, M. (1983). Geschichte der Arbeitsmedizin. In J.Ch. Toellner (Hrsg.), *Illustrierte Geschichte der Medizin* (S. 2361-2387). Salzburg: Andreas & Andreas.

Wallraff, G. (1985). *Ganz unten.* Köln: Kiepenheuer & Witsch.

Wenninger, G. (1991). *Arbeitssicherheit und Gesundheit. Psychologisches Grundwissen für betriebliche Sicherheitsexperten und Führungskräfte.* Heidelberg: Asanger.

Wenninger, G. (1992). Arbeitsschutz. In D. Frey, C.G. Hoyos & D. Stahlberg (Hrsg.), *Angewandte Psychologie. Ein Lehrbuch* (2. Aufl.) (S. 147-168). München: Psychologie Verlags Union.

Wenninger, G. (in Druck). Organisation. In G. Wenninger & C.G. Hoyos (Hrsg.), *Arbeits-, Gesundheits- und Umweltschutz. Handwörterbuch verhaltenswissenschaftlicher Grundbegriffe.* Heidelberg: Asanger.

Wenninger, G. & Gstalter, H. (1995). Organisatorische Bedingungen für sicheres, gesundheits- und umweltbewußtes Arbeiten. In C.G. Hoyos & G. Wenninger (Hrsg.), *Arbeitssicherheit und Gesundheitsschutz in Organisationen* (S. 107-147). Göttingen: Hogrefe.

Wenninger, G. & Hoyos, C.G. (Hrsg.). (in Druck). *Arbeits-, Gesundheits- und Umweltschutz. Handwörterbuch verhaltenswissenschaftlicher Grundbegriffe.* Heidelberg: Asanger.

Wettberg, W. (in Druck). Leiharbeit. In W. Wenninger & C.G. Hoyos (Hrsg.), *Arbeits-, Gesundheits- und Umweltschutz. Handwörterbuch verhaltenswissenschaftlicher Grundbegriffe.* Heidelberg: Asanger.

Zülch, G. (1992). Ansätze und Defizite einer arbeitsorganisatorischen Methodenlehre – Teil 1. *Zeitschrift für Arbeitswissenschaft, 46*, 133-138.

Arbeitszeitmanagement und betriebliche Umsetzung

Peter Knauth

Was kann das betriebliche Zeitmanagement zur sozialverträglichen Gestaltung von Arbeitszeiten beitragen?

1 Einleitung

Die Arbeitswissenschaft ist zwei Hauptzielen, die vereinfachend mit „Humanität" und „Wirtschaftlichkeit" umschrieben werden können, gleichermaßen verpflichtet. Bei betrieblichen Gestaltungsaufgaben kann sich die völlige Vernachlässigung eines der beiden Ziele negativ auf die Erreichung des zweiten Zieles auswirken.

Unsere Erfahrungen aus vielen betrieblichen Umsetzungsprojekten haben gezeigt, daß die erfolgreichsten Arbeitszeitmodelle maßgeschneiderte Kompromisse waren, die sowohl die betrieblichen Ziele eines bestimmten Betriebes oder einer Betriebsabteilung als auch die spezifischen Wünsche der betroffenen Mitarbeitergruppe berücksichtigten.

Im letzten Teil des Beitrages soll die Frage, welche Vorgehensweise für die Erreichung solcher maßgeschneiderter Arbeitszeitmodelle empfehlenswert ist, beantwortet werden. Zunächst sollen jedoch die Dimensionen der Arbeitszeitgestaltung, das Konzept der Sozialverträglichkeit sowie einige Praxisbeispiele für „relativ sozialverträgliche" Arbeitszeitsysteme dargestellt werden.

2 Was sind „sozialverträgliche" Arbeitszeitsysteme?

2.1 Dimensionen der Arbeitszeitgestaltung

Es wäre denkbar, die „Normalarbeitszeit" als Referenzmodell für die Bewertung von Arbeitszeitmodellen in bezug auf die Sozialverträglichkeit zu betrachten (vgl. Seifert, in diesem Band). Als „Normalarbeitszeit" könnte dabei in Deutschland eine Arbeitszeit etwa im Zeitraum zwischen 7.00 Uhr und 17.00 Uhr, auf der Grundlage der 5-Tage-Woche und der tariflichen Wochenarbeitszeit, bezeichnet werden. Das Beispiel einer ganztägig berufstätigen Mutter, deren Kind von 8.00 Uhr bis 12.00 Uhr in den Kindergarten geht und der sonst keine Möglichkeiten der Kinderbetreuung zur Verfügung stehen, zeigt allerdings, daß die Normalarbeitszeit in diesem Fall nicht sozialverträglich ist. Auf der anderen Seite verdeutlicht das Beispiel eines unfreiwillig Arbeitslosen, daß auch die Extremsituation „keine berufliche Arbeit" nicht als sozialverträglichstes Arbeitszeitsystem eingestuft werden kann.

Versucht man die vielen praktizierten Arbeitszeitsysteme zu beschreiben, so sind zunächst die Dimensionen Dauer, Lage und Verteilung zu bestimmen. Mit der Dimension Dauer wird gefragt: Wie lange wird pro Tag, Woche, Monat, Jahr bzw. im Leben gearbeitet? Bei der Dauer wird in Teilzeit- und Vollzeitarbeit unterschieden. Eine Vielzahl von Arbeitszeitsystemen weichen in ihrer Lage - bezogen auf die Tageszeit, den Wochentag, die Jahreszeit oder den Lebensabschnitt von der „Normalarbeitszeit" ab. Beispiele hierfür sind Nachtarbeit, Wochenendarbeit oder Unterbrechungen der Arbeit in bestimmten Lebensabschnitten. Weiterhin kann die Arbeit gleichmäßig (starr) oder ungleichmäßig (flexibel) verteilt sein.

Je größer die Flexibilität eines Arbeitszeitsystems, desto wichtiger ist auch die Dimension der *Zeitsouveränität*, das heißt die Frage, wer entscheidet wann und wie lange gearbeitet wird. Die Spanne der Möglichkeiten bei der *Entscheidungskompetenz* reicht dabei von der durch den Vorgesetzten bestimmten kapazitätsorientierten variablen Arbeitszeit [KAPOVAZ] bis hin zur zeitautonomen Gruppe, die Ihre Arbeitszeit selbständig gestalten darf.

Die Dimension der *Kurzfristigkeit von Änderungen* der Arbeitszeit war früher hauptsächlich ein Problem des Dienstleistungsbereiches. In Zukunft wird dieser Aspekt auch in der Industrie an Bedeutung gewinnen.

Nur wenige Firmen bieten ihren Mitarbeitern eine freie *Wahl zwischen Arbeitszeitmodellen*. Dabei kann es sich zum Beispiel um die Entscheidungen „Tagarbeit oder Schichtarbeit", „Anzahl der Wochenarbeitsstunden" oder um eine Wahl zwischen zum Beispiel 10 verschiedenen Arbeitszeitmodellen (siehe Abschnitt 3.3) handeln. Auf der ganzen Welt werden 10.000 verschiedene Arbeitszeitmodelle praktiziert. Da sowohl die betrieblichen Anforderungen an ein Arbeitszeitmodell als auch die speziellen Wünsche der betroffenen Mitarbeiter von Betrieb zu Betrieb bzw. von Mitarbeitergruppe zu Mitarbeitergruppe erheblich variieren können, kann es „das" sozialverträgliche Arbeitszeitsystem nicht geben. Statt einer globalen Einstufung eines Arbeitszeitmodells auf einer eindimensionalen Skala der Sozialverträglichkeit scheint eine differenzierte Bewertung anhand einzelner Kriterien sinnvoller zu sein.

2.2 Kriterien der Sozialverträglichkeit

Aufbauend auf bereits veröffentlichten Überlegungen zur Sozialverträglichkeit von Arbeitszeitmodellen (z.B. Seifert, 1989; Knauth & Hornberger, 1992; Büssing, 1993; vgl. auch Seifert, in diesem Band) wurde der Versuch unternommen, wichtige Kriterien der Sozialverträglichkeit zu bestimmen:

(a) Beschäftigungssicherheit, Zugang zum Arbeitsmarkt;
(b) Einkommen, Sozialversicherungen;
(c) Wohlbefinden, Gesundheit;
(d) Freizeitaktivitäten
  - Zeit für sich selbst,
  - Zeit für Partner und Familie,
  - Zeit für Freunde, Verwandte und Bekannte,
  - Zeit für regelmäßige Teilnahme an Veranstaltungen;
(e) Zeit für außerberufliche Verpflichtungen,

(f) Entwicklungsmöglichkeiten.

Die Aufzählung der Kriterien ist nicht erschöpfend und die Gewichtung der Kriterien muß nicht der dargestellten Reihenfolge entsprechen. Betrachtet man in einem konkreten betrieblichen Fall zwei Alternativen der Arbeitszeitgestaltung, so kann, gemessen an diesen Kriterien, eine Alternative nur „relativ sozialverträglicher" als die andere Alternative sein. Wenn zum Beispiel ein Betrieb vor der Alternative steht, einige Vollzeitkräfte zu entlassen oder für alle vorhandenen Mitarbeiter Teilzeit (z.B. 90% der tariflichen Wochenarbeitszeit) einzuführen, so ist die zweite Lösung für die von der Kündigung bedrohten Mitarbeiter sozialverträglicher. Ebenso kann Teilzeitarbeit für eine Frau, die nach dem Erziehungsurlaub wieder in den Beruf einsteigen will und keinen Vollzeitarbeitsplatz findet, die kurzfristig sozialverträglichere Lösung sein. Allerdings wirkt sich Teilzeitarbeit negativ sowohl auf den aktuellen Lohn als auch auf die Höhe der Altersversorgung aus. Die Kriterien „Wohlbefinden" und „Gesundheit" spielen zum Beispiel bei der arbeitswissenschaftlichen Beurteilung verschiedener Schichtarbeitssysteme eine wichtige Rolle (z.B. Knauth, 1993). Die Beeinträchtigung von Freizeitaktivitäten als Kriterium für die Sozialverträglichkeit spielt vor allem bei Spätschichten, Nachtschichten, Wochenendschichten und kurzfristig von betrieblicher Seite angeordneten Änderungen der Arbeitszeit eine Rolle. Das Kriterium „Zeit für sich selbst" umschließt sowohl die Zeit für innere Besinnung oder Zu-sich-selbst-Kommen als auch Zeiten für körperliche Erholung, Training und persönliche Hobbys. Die Bedeutung der Kriterien „Zeit für Partner und Familie" sowie „Zeit für Freunde, Verwandte und Bekannte" ist aus der umfangreichen Schichtarbeitsliteratur bekannt (z.B. Beermann, 1993; Büssing, 1993; Knauth, 1983; Mott, Mann, Meloughlin & Warwick, 1965). Eines der Hauptprobleme ist dabei die Unregelmäßigkeit der sozialen Kontakte. Vergleicht man die Freizeitaktivitäten von Tagarbeitern und Schichtarbeitern, so wird deutlich, daß letztere in der Regel keine Zeit für die regelmäßige Teilnahme an Veranstaltungen haben. Veranstaltungen können dabei sportlich, politisch, kulturell, weiterbildend, kirchlich, karitativ oder unterhaltend sein. Unter dem Kriterium „Zeit für außerberufliche Verpflichtungen" werden Zeiten für Kinderbetreuung, Haushaltsführung, Einkaufen, aber auch für Konsultationen beim Arzt, bei Behörden oder beim Steuerberater verstanden.

Beispiele für ungenügende Entwicklungsmöglichkeiten findet man bei Schichtarbeitern, die nicht regelmäßig an Weiterbildungskursen teilnehmen können oder bei Teilzeitarbeitern, denen häufig nur Arbeiten mit geringen Anforderungen an die Qualifikation ohne Aufstiegschancen angeboten werden.

3 Ausgewählte Beispiele für „relativ sozialverträgliche" Arbeitszeitmodelle

Es gibt zahlreiche betriebliche Beispiele, die Nachtarbeit, Wochenendarbeit oder ein Reagieren auf starke kurzfristige Nachfrageschwankungen erfordern. Nehmen wir an, daß in einem konkreten Fall (z.B. im Krankenhaus) Wochenendarbeit unumgänglich ist, dann könnte pauschal jedes Modell, das diese unbeliebten Arbeitszeiten einschließt, als „nicht sozialverträglich" eingestuft werden. Es scheint allerdings sinnvoller zu sein, je nach Art der Gestaltung von „relativ mehr oder weniger sozialverträglichen" Modellen zu sprechen.

3.1 Variable Arbeitszeit

Das folgende Arbeitszeitmodell wird in einem Maschinenbaubetrieb praktiziert. Der Betrieb muß kurzfristig auf einen stark schwankenden Auftragseingang reagieren. Verglichen mit einer theoretisch denkbaren KAPOVAZ-Lösung, in der nur der Arbeitgeber relativ kurzfristig bestimmt, wann und wie lange gearbeitet wird, ist die in diesem Betrieb praktizierte Lösung wesentlich sozialverträglicher. Innerhalb der Betriebsöffnungszeit von 6.30 Uhr bis 19.00 Uhr muß der Mitarbeiter mindestens vier Stunden anwesend sein. Ansonsten kann er im Prinzip kommen und gehen, wann er will, und auch die vier Stunden stückeln. Allerdings haben sich die Mitarbeiter verpflichtet, für die Einhaltung vereinbarter Lieferfristen zu sorgen. Maximal darf die Arbeitszeit 10 Stunden pro Tag und 46 Stunden pro Woche nicht überschreiten. Auf dem Zeitkonto jedes Beschäftigten dürfen im Monat ein Fehlbetrag oder ein Guthaben von maximal 72 Stunden anlaufen. Der jeweilige Zeitsaldo muß innerhalb eines halben Jahres ausgeglichen werden. Das Gleitzeitsystem gestattet, daß vier Wochen an einem Stück abgefeiert werden. Auf der anderen Seite können aber auch bei einem großen Auftragsausfall negative Zeitkonten aufgebaut werden.

Der geschilderte Kompromiß aus betriebs- und mitarbeiterbezogenen Anforderungen paßt sicher nicht in jede Unternehmenskultur. Einige Schlagworte wie Marktorientierung, Selbststeuerung, Eigenverantwortlichkeit, Funktionsintegration, offene Kommunikation und Vertrauensorganisation können nur einen vagen Eindruck von dieser Unternehmenskultur vermitteln. Da das Modell sicherstellt, daß jeder Mitarbeiter die Arbeitszeit in Grenzen selbst bestimmen darf, ist es sehr viel sozialverträglicher als andere flexible Modelle, die dem Arbeitnehmer keine Einflußmöglichkeiten bieten.

3.2 Schichtarbeit

Es gibt Betriebe, deren Anlagen 144 Stunden pro Woche laufen müssen. Einige Betriebe lösen diese Aufgabe mit Hilfe des folgenden Schichtplanes:

1. Woche: sechs Nachtschichten, Sonntag frei;
2. Woche: sechs Spätschichten, Sonntag frei;
3. Woche: sechs Frühschichten, Sonntag frei;
4. Woche: sieben Tage frei.

Möchte sich ein Schichtarbeiter in relativ kurzen Abständen mit Freunden treffen, so hat er in diesem Schichtplan große Probleme. Die ersten beiden Wochen sind - mit Ausnahme des Sonntags - hierfür ungeeignet. Aber auch in der Frühschichtwoche wird er abends nicht lange mit Freunden zusammen etwas unternehmen, da er am nächsten Morgen sehr früh aufstehen muß. Es bleibt also für soziale Kontakte nur jede vierte Woche übrig. Die Erfahrung hat aber gezeigt, daß die Ermüdung nach den 18 Arbeitstagen so groß war, daß die ersten Tage der Freiwoche zur Regenerierung notwendig waren und nicht für Freizeitaktivitäten genutzt wurden. Daher blieben für soziale Kontakte nur die letzten Tage jeder vierten Woche übrig.

Eine Lösung, die erstens sozialverträglicher ist und die zweitens eher unserer biologischen Tagesrhythmik entspricht, ist in Abbildung 1 dargestellt. Diesen sogenannten „kurz rotierenden“ Schichtplan haben wir in einem Betrieb der Stahlindustrie eingeführt. In drei von vier Wochen kommen nun freie Abende, einige sogar mit Ausschlafmöglichkeit am nächsten Morgen vor. Alle Schichtarbeiter stimmten nach der einjährigen Probezeit für die Beibehaltung dieses neuen Planes, in dem sie sich weniger müde fühlten und in dem sie ihre Freizeit nach eigenen Angaben besser nutzen konnten. In einem Betrieb der chemischen Industrie wurde ein anderer kurz rotierender Plan eingeführt (Abbildung 2). Diese Schichtarbeiter sagten, daß Ihnen die Freizeit am Samstagabend wichtiger sei als am Sonntagabend. Deshalb wurde die Nachtschicht von Samstag auf Sonntag verschoben.

Abbildung 1: Schnell rotierendes diskontiuierliches Schichtsystem in der Stahlindustrie

Woche	Mo	Di	Mi	Do	Fr	Sa	So
1				F	F	F	
2	F	F	F	S	S	S	
3	N	N	N				
4	S	S	S	N	N	N	

F = Frühschicht
S = Spätschicht
N = Nachtschicht
[ ] = frei

Abbildung 2: Schnell rotierendes diskontiuierliches Schichtsystem in der chemischen Industrie

Woche	Mo	Di	Mi	Do	Fr	Sa	So
1	F	F	S	S	N		
2			F	F	S	S	N
3	N	N			F	F	
4	S	S	N	N			

F = Frühschicht
S = Spätschicht
N = Nachtschicht
[ ] = frei

In 26 weiteren Schichtarbeitergruppen wurde von wöchentlich wechselnden auf unterschiedlich gestaltete, kürzer rotierende Schichtsysteme umgestellt. In allen Fällen votierte die Mehrheit der Schichtarbeiter, nachdem sie sowohl einen traditionellen als auch einen kurz rotierenden Schichtplan kennengelernt hatten, mehrheitlich für den letzteren. In der deutschen Industrie wechseln die Schichten meistens um 6.00, 14.00 und 22.00 Uhr und eine Flexibilisierung wird nicht in Betracht gezogen. Wir haben allerdings in zwei Dreischichtbetrieben flexible Schichtwechselzeiten mit Absprachen eingeführt, die sozialverträglicher sind als Systeme mit fixen Zeiten (Knauth, Ernst, Schwarzenau & Rutenfranz, 1981; Knauth, Kiesswetter & Schwarzenau, 1984).

3.3 Wahl zwischen Arbeitszeitsystemen

Die Wünsche der Arbeitnehmer/-innen in bezug auf Arbeitszeitmodelle bleiben nicht über das gesamte Berufsleben gleich. Idealerweise müßte man die Arbeitszeit den geänderten Bedürfnissen in verschiedenen Lebensphasen anpassen. Manche Firmen bieten daher ihren Mitarbeitern in regelmäßigen Abständen Wahlmöglichkeiten an. In einigen Firmen können die Mitarbeiter zwischen verschiedenen Wochen-, Monats- oder Jahresarbeitszeiten mit entsprechender Einkommensanpassung wählen, zum Beispiel bei

- Landert Motoren AG (Fiedler-Winter, 1994);
- Beck (Redl, 1994);
- Lufthansa Informationstechnik und Software GmbH.

Ein vermutlich weniger bekanntes Beispiel von Wahlarbeitszeiten ist in Abbildung 3 dargestellt. Die Firma Volvo, Komponenter AB, die diese Lösung seit vielen Jahren praktiziert, spricht von einem „Arbeitszeitbouquet". Es wurden früher acht (inzwischen sogar zehn) verschiedene Arbeitszeitmodelle angeboten, zum Beispiel Vollzeitarbeit, Teilzeitarbeit, Wechselschichtsysteme, permanente Schichtsysteme oder Wochenendarbeitszeitsysteme. Aus arbeitswissenschaftlicher Sicht ist allerdings die Tatsache, daß auch Dauernachtschicht angeboten wird, als kritisch zu bewerten (Knauth, 1993).

Abbildung 3: „Arbeitszeitbouquet" einer schwedischen Firma der Automobilindustrie (Knauth, 1992)

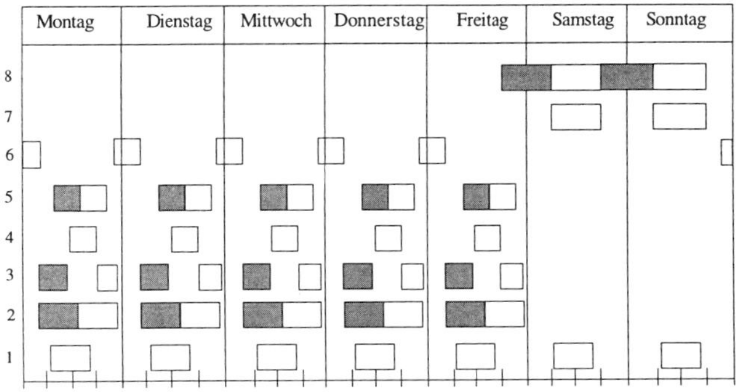

8. Wochenend - Zweischichtsystem	18.00 - 06.00 Uhr / 06.00 - 18.00 Uhr	Wechselschichtsysteme
7. Wochenend - Tagschicht	06.00 - 18.00 Uhr	
6. Dauernachtschicht	22.00 - 05.18 Uhr	permanente Systeme
5. Teilzeit - Zweischichtsystem	08.00 - 14.00 Uhr / 14.00 - 20.00 Uhr	
4. Teilzeit - Tagschicht	11.30 - 17.30 Uhr	
3. Teilzeit - Zweischichtsystem	05.18 - 11.30 Uhr / 17.30 - 23.00 Uhr	
2. Vollzeit - Zweischichtsystem	05.18 - 14.00 Uhr / 14.00 - 23.00 Uhr	
1. Vollzeit - Tagschicht	07.00 - 16.00 Uhr	

Diese Firma versucht regelmäßig, die betrieblichen Anforderungen und die Wünsche der Mitarbeiter in einem Optimierungsprozeß in Einklang zu bringen. Natürlich hat das System Grenzen, zum Beispiel in bezug auf unterschiedliche Qualifikationen an verschiedenen Arbeitsplätzen oder wenn viel mehr Mitarbeiter in ein Arbeitszeitsystem wechseln möchten als benötigt werden.

Nach Aussagen der Firmenleitung hat sich das Arbeitszeitbouquet über viele Jahre bewährt, weil

- die Arbeitsplatzattraktivität im Vergleich zu anderen Firmen erhöht wurde,
- die Arbeitszufriedenheit der Mitarbeiter verbessert wurde und
- die komplexeren betrieblichen Betriebszeitanforderungen besser erfüllt werden konnten.

Wie oben bereits angedeutet, ist die Einführungsstrategie neben der Konstruktion des Arbeitszeitmodells von mindestens gleichrangiger Bedeutung für eine hohe Akzeptanz bei den Mitarbeitern.

4 Wie können sozialverträglichere Arbeitszeitsysteme erreicht werden?

4.1 Hindernisse

Auf dem Weg von wenig sozialverträglichen zu besseren Arbeitszeitsystemen ist mit zahlreichen Hindernissen zu rechnen. Es kann bei allen Beteiligten, das heißt bei Mitarbeitern, Führungskräften und Betriebsräten, Befürchtungen und Widerstände vor, während und nach der Einführung neuer Arbeitszeitmodelle geben. Wenn betriebliche Anforderungen und Wünsche der Arbeitnehmer soweit auseinanderklaffen, daß keine Lösung möglich ist, muß auf die Einstellung der Mitarbeiter Rücksicht genommen werden. Ein Chemieunternehmen konnte zum Beispiel keine Nachwuchskräfte für Schichtarbeit mehr gewinnen. Nur durch Eingehen auf den Wunsch vieler junger Menschen nach mehr Freizeit („Wertewandel"), das heißt durch das Angebot eines Teilzeitarbeitsvertrages über 33.6 Stunden pro Woche, konnte dieses Problem gelöst werden. Mit Widerständen ist auch immer bei der Einführung regulärer Samstags- und Sonntagsarbeit zu rechnen. Bei allen arbeitsorganisatorischen Veränderungen kann bekanntlich die Angst vor Neuem zu erheblichen Akzeptanzproblemen führen.

Arbeitnehmergruppen, die sich durch Alter, Geschlecht und familiäre Verpflichtungen unterscheiden, haben unterschiedliche Arbeitszeitpräferenzen. Wenn neue Arbeitszeitsysteme geplant werden, fragen sich die Mitarbeiter zum Beispiel

- Wie wird meine Freizeitplanung durch flexible Arbeitszeitsysteme beeinträchtigt?
- Kann ich die Kinderbetreuung im neuen Arbeitszeitmodell noch sicherstellen?

Auch die Angst vor Lohneinbußen, zum Beispiel beim Abbau von Überstunden durch Arbeitszeitflexibilisierung oder die Angst vor Lohn- und Renteneinbußen bei Einführung von Teilzeitarbeit sind sehr ernst zu nehmende Faktoren.

In Betrieben, in denen häufig Neuerungen „von oben" durchgesetzt werden, über deren Sinn die Betroffenen nicht ausreichend informiert werden, bildet sich ein starkes

Mißtrauen gegen weitere „von oben“ verordnete Veränderungen der Arbeitsorganisation. Obwohl es eine Fülle verschiedener Arbeitszeitmodelle auf der ganzen Welt gibt, ist der Informationsstand bei allen Beteiligten von geplanten Veränderungsprozessen nach unseren Erfahrungen - vorsichtig ausgedrückt - suboptimal. Arbeitswissenschaftlichen Empfehlungen zur Arbeitszeitgestaltung, die stark von traditionellen Erfahrungen abweichen, wird mit großer Skepsis begegnet. Erst nach Selbsterfahrungen in der Probezeit kann diese Skepsis im allgemeinen überwunden werden. Auch auf seiten der Führungskräfte - vor allem in den mittleren Ebenen - kann es zu erheblichen Ängsten, Befürchtungen und Zweifeln vor der Einführung neuer Arbeitszeitmodelle kommen. So wird zum Beispiel bei der Einführung flexibler Arbeitszeitmodelle oder vermehrter Teilzeitarbeit von vielen Führungskräften ein zusätzlicher Organisations-, Verwaltungs- und Betreuungsaufwand befürchtet.

Bei Arbeitszeitmodellen, die den Mitarbeitern mehr Verantwortung übertragen, fürchten viele Führungskräfte mit traditionellem Führungsstil Kontrollverluste und die Gefahr, vorgegebene Leistungsziele nicht mehr zu erreichen. Auch die Vorstellung, man brauche nur ein in der Presse hochgelobtes Arbeitszeitmodell zu übernehmen, Vorurteile gegen Teilzeitarbeit, mangelnde Kreativität oder fehlender Mut zu Experimenten verhindern die Einführung maßgeschneiderter, innovativer Arbeitszeitmodelle. Außerdem können Befürchtungen, daß die eigene Freiheit eingeschränkt oder daß die eigene Arbeitszeit ebenfalls angepaßt werden muß, als Bremse für Veränderungsprozesse wirken. Generell scheint das Arbeitszeitmanagement keinen hohen Stellenwert bei Führungskräften zu haben, obwohl die Arbeitszeitgestaltung in einigen Fällen durchaus als strategische Unternehmensaufgabe verstanden wird.

Auch auf seiten der Betriebsräte kann es natürlich Befürchtungen in bezug auf die Arbeitszeitflexibilisierung geben, zum Beispiel bei der Einführung von Schichtarbeit, Wochenendarbeit oder bei extremen Forderungen der Arbeitgeber in bezug auf kurzfristige Flexibilität. In einer Studie von Schmidt (1993) wurden als Haupthindernisse bei der Einführung neuer Arbeitszeitmodelle an vorderster Stelle „Widerstand des Betriebsrats“ (61%) und „Widerstand der Gewerkschaften“ (39%) vor „ablehnender Haltung der Vorgesetzten“ (35%), „mangelnder Kenntnis betriebswirtschaftlicher und personeller Wirkungen“ (30%) und „ Problemen bei der Bewertung flexibler Arbeits- und Betriebszeiten“ (30%) genannt. Als weitere Hindernisse wurden „mangelnde/fehlende Planungs- und Einführungssystematik“ und „ungeeignete Organisationsstruktur in der Produktion“ (jeweils 20%) sowie „fehlende Kompatibilität zwischen flexibler Arbeitszeit und Personalsystem“ (13%) angeführt.

Die Ergebnisse dieser Untersuchung entsprechen mit Blick auf die Betriebsräte und Gewerkschaften jedoch nicht unseren Erfahrungen. Die Aufgeschlossenheit der Gewerkschaften gegenüber innovativen Arbeitszeitmodellen ist in verschiedenen Branchen sehr unterschiedlich ausgeprägt. Bei individueller Gestaltung von Arbeitsverträgen befürchten Gewerkschaften natürlich einen Verlust an Einfluß auf die betriebliche Arbeitszeitpolitik und einen reduzierten Schutz des einzelnen Arbeitnehmers. Betriebsräte, die die Situation vor Ort besser kennen, können sehr viel dazu beitragen, betriebsspezifische und mitarbeitergruppenspezifische Lösungen zu erarbeiten. Es gibt allerdings Betriebe, in denen die Vertreter der Geschäftsleitung und der Arbeitnehmer grundsätzlich auf Konfrontationskurs sind. In diesen Fällen ist die Chance, innovative und sozialverträgliche Arbeitszeitmodelle zu entwickeln und umzusetzen, extrem gering. Nach unseren Erfahrungen konnten nur bei sachlichem und offenem Umgang der Vertreter des Betriebsrates und zum Beispiel des Personalwesens für den Betrieb sinnvolle und für die Mitarbeiter sozialverträgliche Lösungen gefunden werden.

4.2 Systematische Vorgehensweise

Wir haben für das systematische Vorgehen bei der Einführung neuer Arbeitszeitmodelle eine Art Checkliste zusammengestellt, die alle wichtigen Schritte umfaßt (Tabelle 1). Im Einzelfall muß natürlich die Vorgehensweise an die jeweilige Situation angepaßt werden. Die Erfahrung aus vielen Pilotprojekten zeigt, daß es lohnt, vor der Einführung eines neuen Arbeitszeitmodells viel Zeit für die Information und Beteiligung aller Betroffenen zu investieren.

Wenn neuartige Arbeitszeitmodelle ohne eine ausreichende Vorbereitung und ohne Partizipation der Betroffenen bei der Planung kurzfristig von der Betriebsleitung durchgesetzt werden, kann es zu erheblichen Akzeptanzproblemen kommen. Bei vorgegebenen betrieblichen Rahmenbedingungen kann man das „relativ sozialverträglichste" Arbeitszeitmodell am ehesten entwickeln, wenn man die Alternativen in Workshops mit den Betroffenen bzw. Vertretern dieser Gruppe erarbeitet. Die Fragebogenerhebungen im alten und neuen Arbeitszeitsystem dienen zur Quantifizierung der Effekte des neuen Systems auf die in Abschnitt 2.2 aufgelisteten Aspekte der Sozialverträglichkeit. Während der Einführungsphase ergeben sich fast immer organisatorische Probleme. Um nicht das gesamte Projekt zu gefährden, sollten die Schwachstellen in Diskussionsrunden erörtert und schnell beseitigt werden. Die vor der Einführung eines neuen Arbeitszeitsystems bestehenden Ängste der Betroffenen können durch die Zusicherung, daß nach der Probezeit bei Nichtgefallen zum alten System zurückgekehrt werden darf, erheblich reduziert werden.

5 Schlußbemerkung

Wenn die Arbeitszeitregelung in einem Unternehmen geändert werden soll, zum Beispiel wenn die Betriebszeit ausgedehnt oder der Personaleinsatz an eine variable Nachfrage angepaßt werden soll, gibt es immer mehrere Möglichkeiten, diese Ziele zu erreichen. Nur die betroffenen Mitarbeiter, die mit der neuen Arbeitszeitregelung leben müssen, können beurteilen, welche Alternative für sie persönlich bzw. für die Mehrheit ihrer Arbeitsgruppe die „relativ sozialverträglichere" ist. Da Diskussionen über neue Arbeitszeitsysteme häufig stark emotional oder mit Pauschalurteilen geführt werden, ist es empfehlenswert, die Vor- und Nachteile von Arbeitszeitalternativen anhand von Einzelkriterien (vgl. Abschnitt 2.2) in Informationsveranstaltungen und Workshops ausführlich zu besprechen.

Generell wird der notwendige Vorbereitungsaufwand für eine Arbeitszeitumstellung unterschätzt. Wenn betriebliche Ziele und Rahmenbedingungen erfüllt und gleichzeitig die relativ sozialverträglichste Lösung gefunden werden sollen, ist ein systematisches Vorgehen erforderlich (vgl. Abschnitt 4.2), mit dessen Hilfe Vorurteile, Wissenslücken, Ängste und Befürchtungen auf seiten der Führungskräfte, der Arbeitnehmervertreter und der Arbeitnehmer abgebaut werden können. In Deutschland fehlt es zur Zeit allerdings noch an Mut und Bereitschaft zu kontrollierten Experimenten mit neuen sozialverträglicheren Arbeitszeitmodellen.

Tabelle 1: Systematisches Vorgehen bei der Einführung eines neuen Arbeitszeitmodells (Knauth & Hornberger, 1994)

Projektphasen	**Einzelschritte**
Planung	1. Zukünftigen Bedarf ermitteln 2. Ziele und Rahmenbedingungen festlegen 3. Projektteam einsetzen
Analyse	4. Auswahl einer Test- und einer Kontrollgruppe 5. Einbeziehen von Vertretern der betroffenen Mitarbeiter/-innen und der entsprechenden Betriebsleitung in das Projektteam 6. Information aller betroffenen Mitarbeiter/-innen 7. Analyse der Ist-Situation und erste Fragebogenerhebung bei betroffenen Mitarbeiter/-innen und bei Kontrollgruppen
Ausarbeitung	8. Ausarbeitung und Bewertung von alternativen Arbeitszeitmodellen - wenn möglich in Workshops mit betroffenen Arbeitnehmer/-innen - sowie Vorauswahl von zwei bis drei Alternativen 9. Abstimmung aller betroffenen Mitarbeiter/-innen, welches Arbeitszeitmodell probeweise eingeführt werden soll
Test	10. Probelauf über einen vereinbarten Zeitraum (6-12 Monate) 11. Diskussionsrunden 12. Zweite Fragebogenerhebung bei betroffenen Mitarbeiter/-innen und bei Kontrollgruppe
Realisation	13. Je nach Abstimmungsergebnis: a) Beibehaltung des neuen Arbeitszeitmodells b) Verbesserung des Arbeitszeitmodells c) Rückkehr zum alten Arbeitszeitmodell bei mehrheitlicher Ablehnung bzw. Suche einer neuen Alternative 14. Betriebsvereinbarung 15. Endgültige Einführung

Literatur

Beermann, B. (1993). *Frauen und Männer im Wechselschichtdienst.* Frankfurt a. M.: Lang.

Büssing, A. (1993). Sozialverträglichkeit von Arbeitszeitstrukturen. Untersuchungen eines neuen Konzeptes in der Krankenpflege. *WSI-Mitteilungen, 46*, 154-163.

Fiedler-Winter, R. (1994). Arbeitszeitflexibilisierung - das Thema des Jahres. *Personal, 46*, 309-311.

Knauth, P. (1983). *Ergonomische Beiträge zu Sicherheitsaspekten der Arbeitszeitorganisation* (VDI-Z Reihe 17, Nr. 18). Düsseldorf: Verein Deutscher Ingenieure [VDI].

Knauth, P. (1993). The design of shift systems. *Ergonomics, 36*, 15-28.

Knauth, P., Ernst, G., Schwarzenau, P. & Rutenfranz, J. (1981). Möglichkeiten der Kompensation negativer Auswirkungen der Schichtarbeit. *Zeitschrift für Arbeitswissenschaften, 35*, 1-7.

Knauth, P. & Hornberger, S. (1992). Sozialverträglichere Schichtpläne? *Forumarbeit, 11*, 28-33.

Knauth, P. & Hornberger, S. (1994). Probleme und Wege der Einführung neuer Arbeitszeitmodelle. In K.J. Zink (Hrsg.), *Wettbewerbsfähigkeit durch innovative Strukturen und Konzepte* (S. 131-150). München: Carl Hanser.

Knauth, P., Kiesswetter, E. & Schwarzenau, P. (1984). Erfahrungen mit einer flexiblen Arbeitsregelung bei Dreischichtarbeitern. *Zeitschrift für Arbeitswissenschaften, 38*, 96-99.

Mott, P.E., Mann, F.C., Meloughlin, Q. & Warwick, D.P. (1965). *Shift work: The social, psychological and physical consequences.* Ann Arbor: The University of Michigan Press.

Redl, J.M. (1994). Variable Teilzeitarbeit im Dienstleistungsbereich. In Bundesvereinigung der Deutschen Arbeitgeberverbände (Hrsg.), *Teilzeitarbeit - Praxisbeispiele, Möglichkeiten und Grenzen* (Personal und Unternehmen, Bd. 4) (S. 40-64). Köln: Bachem.

Schmidt, K.-F. (1993). Grundlagen einer erfolgreichen Modellimplementierung. In R. Marr (Hrsg.), *Arbeitszeitmanagement* (S. 478-495). Berlin: Erich Schmidt.

Seifert, H. (1989). Sozialverträgliche Arbeitszeitgestaltung - Ein neues Konzept der Arbeitszeitpolitik? *WSI-Mitteilungen, 42*, 670-681.

Rainer Marr

SOZIALVERTRÄGLICHE ARBEITSZEITGESTALTUNG

Konzeptionelle Überlegungen für ein betriebliches Arbeitszeitmanagement

1 Elemente eines Hintergrundszenarios

Erst mit dem tarifhistorischen „Leberkompromiß", der im Jahre 1984 den Streik in der deutschen Metallindustrie über die Einführung der 35-Stunden-Woche beendete, wurde in der deutschen Wirtschaft das Augenmerk auf die Arbeitszeit als Gestaltungsvariable gerichtet. Frühere innovative Ansätze zur Arbeitszeitgestaltung, sowohl in der Schweiz (z.B. bei Landert) wie auch in Deutschland (z.B. bei Beck), waren bis dahin weitgehend unbeachtet geblieben.

Auch wenn in der Zwischenzeit zahlreiche Arbeitszeitmodelle entwickelt wurden, setzt sich in der deutschen Wirtschaft ein bewußtes Arbeitszeit"management" im Sinne einer aktiven und situationsangemessenen Gestaltung von Arbeitszeit nur langsam durch. Die meisten in den Unternehmen entwickelten Modelle zielen auf eine Kompensation der tariflich vereinbarten Arbeitszeitverkürzung ab und suchen eine konsensorientierte längere Betriebsnutzungszeit zu realisieren. Eine wirkliche Arbeitszeitflexibilisierung durch Nutzung chronometrischer und chronologischer Spielräume stellt auch heute noch für die meisten Unternehmen eine große Herausforderung dar.

Der Druck, solche Spielräume zu nutzen, wird in den nächsten Jahren kontinuierlich wachsen. Ausschlaggebend hierfür sind

1) die Intensivierung des nationalen wie globalen Wettbewerbs,
2) die technologische Entwicklung insbesondere im Bereich der Informationsverarbeitung,
3) die gesellschaftspolitische Dynamik und
4) die demographische Entwicklung in allen westeuropäischen Ländern.

Ad 1) Die *Wettbewerbsintensivierung*, die durch die Globalisierung des Wettbewerbs verstärkt wird, zwingt die Unternehmen zu ständiger Rationalisierung der Leistungsstrukturen und -prozesse, um konkurrenzfähig zu bleiben. Das hohe deutsche Arbeitskostenniveau gibt dabei die Richtung von Rationalisierungsüberlegungen vor:

- einerseits *Substitution von Arbeit* (als Einsatzfaktor) und andererseits Förderung der Produktivität von Arbeit durch erhöhten Kapitaleinsatz;
- *Erhöhung der Produktivität* von Arbeit durch Restrukturierung der Leistungsprozesse, um Qualifikationspotentiale zu erschließen, Leerzeiten zu vermeiden etc.;

- *Verlagerung von Arbeit* innerhalb des globalen Netzwerkes in Regionen mit geringeren Arbeitskosten.

Ad 2) Die technologische Entwicklung beschleunigt zum einen den Prozeß der Rationalisierung, zum anderen verbessert sie die Voraussetzungen für die Erhöhung der Produktivität von Arbeit. Sie zwingt die Unternehmen, den Nutzen von Arbeit pro Zeiteinheit ständig im Auge zu behalten.

Ad 3) Aus den komplexen Zusammenhängen der gesellschaftspolitischen Dynamik sind aus arbeitszeitbezogener Perspektive zum einen die Konsequenzen der oben genannten Entwicklungstendenzen, zum anderen „autonome" Veränderungen von Werten, Einstellungen, Bedürfnissen etc. in der Gesellschaft von Interesse. Besonders besorgniserregend ist die sich auch für die 90er Jahre abzeichnende Erhöhung und Verfestigung der Sockelarbeitslosigkeit („strukturelle" Arbeitslosigkeit), die in den 70er Jahren noch bei 2% bis 3% lag und heute - unter Einbeziehung der neuen Bundesländer auf über 10% geschätzt wird. Sie erfordert dringend das Bemühen um Entwicklung von Arbeitszeitmodellen, die zu einer Entlastung des Arbeitsmarktes führen können. Dies kann aber keine staatliche, sondern muß eine betriebliche Aufgabe sein, bei deren Wahrnehmung der Staat nur fördernd tätig werden kann. Eine aktuelle Studie schätzt den Arbeitsmarkteffekt der Einrichtung von Teilzeitarbeitsplätzen, deren Inhalt und Umfang sowohl den betrieblichen wie den Mitarbeiterinteressen entspricht, allein in den alten Bundesländern auf 1.4 Millionen neue Vollzeit- oder 1.9 Millionen neue Teilzeitstellen (McKinsey & Co., 1994). Die Umsetzung solcher Vorstellungen erfordert eine für viele Unternehmen völlig neuartige Kooperationskultur und eine unternehmenspolitisch motivierte Partnerschaft mit dem Betriebsrat.

„Autonome" Veränderungstendenzen von gesellschaftspolitischer Bedeutung stellen zum einen die unter dem Schlagwort des „Wertewandels" subsumierten Veränderungen in der Einstellung zur Arbeit, zum Verlauf von Berufsbiographien, zum Verhältnis von Familie und Beruf etc. dar, zum anderen führt der damit zusammenhängende Trend zu verstärkter Erwerbsarbeit bei Frauen zu einer Veränderung innerfamiliärer Zeitbedarfe.

Ad 4) Die *demographische Entwicklung* unterstützt das Streben von Frauen nach qualifizierter beruflicher Tätigkeit, denn sie führt in den kommenden Jahren zu einem drastischen Absinken des verfügbaren Potentials an Arbeitskräften. Dabei erscheint die Mengenentwicklung an sich noch weniger problematisch als die der verfügbaren Qualität, da an die Mitarbeiter immer höhere Qualifikationsanforderungen gestellt werden. Um das Qualifikationspotential von Frauen erschließen zu können, wird es erforderlich sein, belastungsadäquate und attraktive Arbeitszeitkonzepte zu entwickeln. Dies gilt auch, um ältere Mitarbeiter dazu zu bewegen, ihre Lebensarbeitszeit freiwillig zu verlängern.

Diese externen Einflußfaktoren werden die Unternehmen zu verstärkten Bemühungen um

- eine flexible *Anpassung der quantitativen Kapazität ihres Mitarbeiterpotentials*,
- eine stärkere *Sicherung imitationsgeschützter Wettbewerbsvorteile durch qualitative Anpassung des Mitarbeiterpotentials* und

- eine *größere Identifikation der Mitarbeiter* mit den Zielen des Unternehmens und die Entwicklung eines Bewußtseins für „intrapreneurship“

zwingen. Die Arbeitszeit spielt dabei die Rolle einer wichtigen Gestaltungsvariable. Sie wird in immer stärkerem Maße vom „passiven“, für alle Unternehmen in gleicher Weise geltenden Begrenzungsfaktor ökonomischer Prozesse, zum Gegenstand innovatorischer Überlegungen, der es möglich macht, Wettbewerbsvorteile zu erzielen, der aber auch verstärkter Beachtung bedarf, um Wettbewerbsnachteile zu vermeiden.

Arbeitszeit in diesem Sinne als Wettbewerbsfaktor verstanden, erfordert aber auch, sie strategisch, das heißt zunächst situationsbezogen, gestalten zu können. Auf der Ebene der Tarifparteien vereinbarte generelle Arbeitszeitverkürzungen würden dem nicht entsprechen, weil sie den Handlungsspielraum des einzelnen Unternehmens verengen. Wenn Arbeitszeitgestaltung Wettbewerbsvorteile bringen soll, muß sie den spezifischen Unternehmensgegebenheiten angepaßt sein - was nicht heißt, daß diese Gestaltung ausschließlich ökonomischen Kriterien folgen muß. Das Rationalisierungspotential - aber viel mehr noch das Innovationspotential - flexibler Arbeitszeitgestaltung wird sich nur erschließen lassen, wenn den Mitarbeiterinteressen in einer von den Mitarbeitern als ausgewogen betrachteten Art und Weise Rechnung getragen wird. Die oben genannten Entwicklungstendenzen und die dafür geeignet erscheinenden Reaktionsformen machen deutlich, daß der Erfolg von Unternehmen in der Zukunft immer stärker davon abhängt, daß sich die Mitarbeiter als Partner im Unternehmen begreifen und von den Entscheidungsträgern auch so gesehen und behandelt werden.

Für die Arbeitszeitgestaltung bedeutet dies, daß sie immer sozialverträglich erfolgen muß, wenn sie einer strategischen Zwecksetzung dienen soll. Was dies inhaltlich konkret bedeutet, läßt sich ebensowenig allgemeingültig festlegen wie sich bestimmte Arbeitszeitmodelle allgemeingültig als effizienzverbessernd bewerten lassen. Ausgehend von allgemeinen Kriterien der sozialen Effizienz (vgl. hierzu im Folgenden) kann auch Sozialverträglichkeit bezogen auf Arbeitszeitgestaltung nur situationsspezifisch definiert werden. Es handelt sich also um eine relative Qualität, über deren Ausfüllung ein Interessenausgleich herbeizuführen ist (vgl. auch Kurz-Scherf; Rinderspacher; Seifert;.alle in diesem Band).

2 Zeit als betriebliche Gestaltungsvariable

2.1 Bedarfsorientierte Zeitgestaltung

Die aktuelle Arbeitszeitdiskussion konzentriert sich auf eine naheliegende Gestaltungsebene, die hier als bedarfsorientierte Zeitgestaltung bezeichnet werden soll. Gemeint ist damit die flexible Anpassung der Personalkapazität an den durch die Marktdynamik schwankenden Kapazitätsbedarf, wobei sich die verschiedenen Möglichkeiten der Zeitallokation nach Teilzeit- und Gleitzeitmodellen unterscheiden lassen. Die bedarfsbezogene Nutzung von *Gleitzeit* beschränkt sich auf den Rahmen des vereinbarten bzw. zulässigen Mehrarbeitsspielraums, wobei das System um so flexibler wird, je größere Übertragungsmöglichkeiten für Zeitpolster eingeräumt werden, die dann im Einverständnis mit dem Vorgesetzten auch zu Lasten von Kernzeiten aufgebraucht werden können.

Auf prognostizierbare Schwankungen des Arbeitsanfalls im Zeitablauf kann ein Unternehmen - neben der immer häufiger genutzten Möglichkeit der *Leiharbeit* (vgl. auch Wenninger, in diesem Band)- vor allem mit Teilzeitkonzepten reagieren. Typische bedarfsorientierte Teilzeitkonzepte sind zum Beispiel die *variable Arbeitszeit* (vgl. Fauth & Willenegger, 1993) oder auch der *Jahresarbeitszeitvertrag* (vgl. Schuh, Schultes-Jaskolla & Stitzel, 1993). Dabei wird Teilzeit nicht allein als typische Halbtagsarbeit verstanden, sondern beinhaltet jede regelmäßige, freiwillige Arbeit, die sich durch eine wesentlich kürzere als die allgemein übliche Arbeitszeit auszeichnet.

Auf die Chancen einer strukturellen Verbesserung der Reaktionsfähigkeit von Unternehmen auf Über- und Unterauslastungen des betrieblichen Arbeitszeitpotentials durch eine *Erhöhung des Anteils von Teilzeitstellen* hat erst kürzlich die Teilzeitstudie von McKinsey (1994) wieder einmal nachdrücklich aufmerksam gemacht. Zwar erfordert die dadurch bedingte Stellen"mehrung" naturgemäß einen höheren Koordinationsaufwand, dem stehen allerdings Leistungsverbesserungen und ein nicht unerheblicher Flexibilitätsgewinn gegenüber. McKinsey schätzt die den laufenden Zusatzaufwand übersteigenden Einsparungen auf ca. 20% der Personalkosten der in Teilzeit wechselnden Mitarbeiter (McKinsey & Co., 1994). Voraussetzung ist allerdings, daß das Angebot von Teilzeitarbeit nicht ein grundsätzlich anderes Arbeitsmarktpotential erschließt als das Angebot von Vollzeitarbeit, das heißt daß die benötigten Qualifikationen auf dem Arbeitsmarkt für Teilzeitarbeit auch angeboten werden. Ohne spezifische Maßnahmen der Marktentwicklung von seiten der Unternehmungen kann davon vorerst aber nicht ausgegangen werden. Der Arbeitsmarkt für Teilzeitarbeit stellt sich gegenwärtig vornehmlich als Randarbeitsmarkt für weibliche Arbeitnehmer dar. Ausschlaggebend hierfür sind neben der Grundsatzfrage des benötigten Mindesteinkommens die gegenwärtig nicht voll befriedigende sozialversicherungsrechtliche Absicherung (vgl. hierzu Landenberger, 1993), aber auch innerbetriebliche Barrieren, seien sie faktischer oder psychologischer Art (z.B. verminderte Karrierechancen oder Stigma der nicht vollwertigen Arbeit). Während der Abbau der erstgenannten Barrieren politische Initiativen erfordert, die gerade mit Blick auf die kritische Arbeitsmarktlage von höchster Dringlichkeit erscheinen, bietet der zweitgenannte Problembereich Ansatzpunkte für innerbetriebliche Maßnahmen der Arbeitsmarktentwicklung. Erst wenn es gelingt, eine größere Durchlässigkeit zwischen den Arbeitsmärkten für Voll- und für Teilzeitarbeit zu erreichen, können Teilzeitarbeitsmodelle ihr volles Potential entfalten.

Von besonderer Bedeutung erscheint dabei die verstärkte Einführung von *qualifizierter* Teilzeitarbeit, und zwar auch bei Funktionen mit Führungsaufgaben. Hier liegt noch ein erhebliches Innovations- und Effizienzpotential. Im allgemeinen gilt heute noch der Einsatz von Teilzeit-Führungskräften als weitgehend unvereinbar mit betrieblichen Belangen. Art und Inhalt der Führung stehen aber ohnehin aufgrund der Erkenntnis, daß für viele Unternehmen ein weitreichendes „reengineering" notwendig sein wird, auf dem Prüfstand. Dabei ist auch zu prüfen, ob sich die Qualität von Führung nicht durch neue Arbeitszeitmuster verbessern ließe.

Von seinen theoretischen Möglichkeiten her erscheint das „*job-sharing*"-Konzept ähnlich attraktiv wie das organisatorische Konzept der (teil-)autonomen Gruppen, insbesondere, wenn man für die Erfüllung komplexer Aufgaben die Verkopplung von Mitarbeitern mit unterschiedlichen Qualifikationsprofilen und mehr als eine Vollzeitarbeitsstelle als Bezugseinheit berücksichtigt. Es wirft aber zweifellos auch dem Konzept der autonomen Gruppen vergleichbare Probleme auf (vgl. z.B. Marr, 1982), über deren Lösungsmöglichkeiten nur Praxisexperimente Aufschluß geben können.

Ein weiteres Teilzeitkonzept verdient größere Aufmerksamkeit als es bislang in der Praxis gefunden hat: der *gleitende Übergang in das Berufsleben* und aus dem Berufsleben *in den Ruhestand*, wie auch, nach größeren Unterbrechungsphasen, zur *Rückkehr in das Berufsleben*. Gleitende Übergänge in das Berufsleben können zum einen zweifellos den Belastungsschock, der mitunter nach Abschluß der Ausbildungssituation eintritt, vermindern helfen, wichtiger erscheint aber ihre gegenwärtig besonders bedeutungsvolle gesellschaftspolitische Funktion, ausgebildeten jungen Menschen zu einer Erwerbstätigkeit zu verhelfen, wenn insgesamt (zunächst) zu wenig Stellen für eine Vollzeitübernahme zur Verfügung stehen. Auch betrieblicherseits kann eine solche Personalpolitik nicht als ausschließlich altruistisch gesehen werden, da sie das Personalpotential, aus dem der Betrieb schöpfen kann, erhöht.

Deutliche bedarfsorientierte Züge trägt das Management des gleitenden Übergangs in den Ruhestand. Zunächst als sowohl unter dem Gesichtspunkt der ökonomischen wie der sozialen Effizienz positiv zu wertende Personalabbaumaßnahme konzipiert, beinhaltet dieses Modell erhebliche Flexibilitätsvorteile hinsichtlich der bedarfsbezogenen Nutzung personaler Qualifikationen (zu einer ausführlicheren Wertung des Konzeptes des gleitenden Übergangs in den Ruhestand vgl. Stitzel, 1987).

Bei der Einführung solcher Arbeitszeitmodelle zeigt sich zumeist, daß sie nicht nur den Unternehmen eine bessere Bedarfsanpassung ermöglichen, sondern auch den Mitarbeitern größere Optionsspielräume und damit mehr Zeitsouveränität gewähren. Aufgrund des Mitbestimmungsrechtes bei Maßnahmen der Arbeitszeitgestaltung nach §87 Abs. 1 Betriebsverfassungsgesetz [BetrVG] kann davon ausgegangen werden, daß unter der Vielzahl der Modellvarianten jene ausgewählt wird, die auch den Interessen der Mitarbeiter weitestgehend entgegen kommt. Auch wenn volle Zeitsouveränität - im Sinne des Rechtes des Einzelnen zu „eigener verantwortlicher Bewirtschaftung seiner Zeitbereiche sowohl in quantitativer als auch in qualitativer Hinsicht, so daß er oder sie Umfang und Lage in der Zeit nach individuellen Gesichtspunkten und Erfordernissen abstimmen kann“ (Teriet, 1978, S. 113) - in betriebswirtschaftlichen Organisationen von ihrer Zwecksetzung her nicht erreichbar ist, kann doch durch ein breit gefächertes Angebot an Arbeitszeitmodellen der Freiheitsraum des einzelnen Mitarbeiters für eine bedürfnis- und interessengerechte individuelle Lebensplanung erheblich verbessert werden.

Dieser die allgemeine Diskussion dominierende Gestaltungsebene der bedarfsorientierten Zeitgestaltung kann eine zweite, bislang vernachlässigte zeitbezogene Gestaltungsebene gegenübergestellt werden, auf der es um die Konzeption personenbezogener Aufgabenbündel geht.

2.2 Zeitorientierte Arbeitsgestaltung

Im Vordergrund dieser Gestaltungsebene steht die Grundsatzfrage, ob ein Arbeitszeitmodell auf eine gegebene Aufgaben- und Stellenstruktur „aufgepfropft“ oder ob eine Anpassung der Aufgabenstruktur an das veränderte, modellimmanente Zeitraster vorgenommen werden soll. Ein effektives (im Sinne ökonomischer *und* sozialer Effizienz)

Arbeitszeitmanagement kann nur auf der Basis eines *arbeitszeit- und arbeitsinhaltsorientierte Aspekte integrierenden Konzeptes der Arbeitsorganisation* realisiert werden (vgl. Marr, 1984).

Die zentrale Frage zeitorientierter Arbeitsgestaltung lautet: Wie lassen sich die einzelnen Aufgabenelemente im Hinblick auf das Ziel der ökonomischen und sozialen Effizienz unter Berücksichtigung von personellen und/oder zeitlichen Teilbarkeitsaspekten zu stellenbezogenen Aufgabenkomplexen zusammenfassen?

Grundgedanke hierbei ist, Aufgabenelemente derart zu Teilaufgaben zusammenzufassen, daß nach Erfüllung bestimmter Teilaufgaben der Vollzug der Gesamtaufgabe unterbrochen werden kann. *Zeitliche Teilbarkeit* bedeutet, daß die der Teilaufgabe (n) im Sinne der Ablauflogik folgende Teilaufgabe (n + 1) auch nach einer zeitlichen Unterbrechung zielgerecht erfüllt werden kann; *personelle Teilbarkeit* heißt, daß die Teilaufgabe (n + 1) ohne Effizienzeinbuße einem anderen als dem mit der Erfüllung der Teilaufgabe (n) beauftragten Mitarbeiter übertragen werden kann.

Die Zwecksetzung zeitorientierter Arbeitsgestaltung (und der Unterschied gegenüber traditionellen Arbeitsstrukturierungsprinzipien) liegt zum einen in einer sowohl ökonomisch (Vermeidung von Leerzeiten oder Doppelarbeit) wie sozial effizienteren Zeitnutzung (Zusammenstellung inhaltlich befriedigenderer Arbeits"pakete") und zum anderen darin, bei Anpassungserfordernissen nicht erst prüfen zu müssen, welche Aufgabenkomplexe teilbar sind, sondern auf die mit der Modulzusammenstellung von vornherein eingebauten Teilungspunkte zurückgreifen zu können.

Auch bei veränderter Auslastung des betrieblichen Arbeitszeitpotentials läßt sich durch situationsgerechte Zusammenfassung verschiedener Aufgabenmodule das Zeitbudget optimal ausfüllen. Durch flexibel einsetzbare Module kann insbesondere die mit der Arbeitszeitflexibilisierung im Regelfall einhergehende Entkopplung von individueller Arbeits- und Betriebszeit wesentlich erleichtert werden.

Die Relevanz des hier angesprochenen Problems wird deutlich, wenn man die arbeits*organisatorischen* Konsequenzen bedenkt, welche die Unternehmen zu bewältigen gehabt hätten, wenn sich die Gewerkschaften mit der von ihnen verfolgten Zielsetzung der 35-Stunden-Woche in einer einzigen Tarifverhandlung durchgesetzt hätten.

Ohne Zweifel beinhaltet das hier vorgeschlagene Arbeitsgestaltungsprinzip erhebliche, bislang noch kaum analysierte Probleme. Die Konsequenz einer Dynamisierung des Arbeitszeitvolumens im oben angedeuteten Sinne ist

- zum einen, daß auch der *Stellenplan flexibel* sein muß, was neben Qualifikations- auch Kompetenzprobleme zur Folge haben kann;
- zum anderen, daß die herkömmliche *feste Zuordnung von Person und Stelle bzw. von Person und Funktion tendenziell aufgelöst wird.*

Diese durch die Dynamisierung verursachten Probleme dürften sich aber als lösbar erweisen, unter anderem auch, weil durch die Entwicklung neuer Kommunikationstechnologien die erforderlichen Abstimmungsprozesse künftig wesentlich erleichtert werden. Gelingt diese Problemlösung, so bietet die Modultechnik gegenüber der traditionellen, dem Spezialisierungsprinzip folgenden Ausfüllung eines starren Zeitrasters erheblich erweiterte Spielräume für ein flexibles Arbeitszeitmanagement.

3 Kriterien des Arbeitszeitmanagements

Das Management flexibler Arbeitszeiten berührt zwangsläufig ein breites Spektrum von Interessen sowohl auf seiten der Mitarbeiter als auch auf seiten des Betriebes. Dabei läßt sich zwischen solchen Interessen unterscheiden, die direkt im Gestaltungsziel der Arbeitszeitflexibilisierung angesprochen sind (z.B. Kostensenkung), und solchen, die durch spezifische Realisierungsformen der Arbeitszeitflexibilisierung berührt werden (z.B. Verminderung von Aufstiegschancen bei Teilzeitarbeit).

3.1 Bewertungskriterien der ökonomischen Effizienz

Die im Zusammenhang mit der Arbeitszeitflexibilisierung aus ökonomischer Perspektive bisher nahezu ausschließlich diskutierte Interessenkategorie ist *die Rationalisierung des Produktionsfaktors Arbeit durch dessen maßgerechte Anpassung an Kapazitätsauslastungsschwankungen*. Da Flexibilisierung keinen Selbstzweck darstellt, handelt es sich letztendlich um die Einsparung von Personalkosten. Prototyp einer Arbeitszeitflexibilisierung im so verstandenen ökonomischen Interesse ist das Konzept der „kapazitätsorientierten variablen Arbeitszeit“ [KOPAVAZ].

Als primäre ökonomische Beurteilungskriterien für Modelle der Arbeitszeitflexibilisierung gelten einerseits das dadurch gewonnene *Flexibilitätspotential* und andererseits die damit verbundenen *Kosten- und Produktivitätswirkungen*. Das Flexibilitätspotential eines Arbeitszeitmodells wird bestimmt durch seine

- *Reichweite* hinsichtlich einer erwünschten Verminderung oder Erhöhung des Arbeitsvolumens sowie seine
- *Steuerbarkeit und Reversibilität*, das heißt die Möglichkeit einer präzisen Anpassung in beide Richtungen.

Bezüglich der *Reichweite* ist zu unterscheiden zwischen der einmaligen und der schrittweisen Reduzierung des Arbeitsvolumens bei Einführung eines Teilzeitsystems und der Möglichkeit der Anpassung an den im Zeitablauf schwankenden Arbeitszeitbedarf.

Die Einführung eines größeren Anteils von Teilzeitstellen ohne ergänzende Individualvereinbarungen bewirkt zwar je nach Umfang der Arbeitszeitverkürzung eine mehr oder weniger große (einmalige) Anpassung des Arbeitszeitvolumens, beinhaltet aber kein zusätzliches, für flexible Reaktionen benötigtes Anpassungspotential. Dieses ist nur bei einem dynamischen, auf Einzelvereinbarungen beruhenden Konzept gegeben, das eine bedarfsgerechte und zeitgenaue Veränderung der Arbeitskapazität erlaubt.

Auch die Kriterien der *Steuerbarkeit und Reversibilität*, das heißt der Gestaltung des Anpassungsprozesses nach den durch die Marktgegebenheiten definierten Beschäftigungsbedingungen, sprechen für den Weg der Einzelvereinbarung. Zwar ist auch bei der Einführung von Teilzeitsystemen ein hohes Maß an Steuerbarkeit im Sinne marktbezogener Kapazitätsreduzierung gegeben; allerdings ist die Reversibilität sehr beschränkt. Im Rahmen eines Teilzeitsystems positiv einzuschätzen ist die Möglichkeit, den durch die dauerhafte Verringerung des Arbeitsvolumens geschaffenen Spielraum für die qualitative Regeneration über den externen Arbeitsmarkt zu nutzen. Negativ kann sich die beschränkte Selektivität solcher Modelle auswirken. Reversibilität bezeichnet die Eignung eines Konzepts zur späteren Wiederherstellung der Ausgangslage (z.B. um einen später erhöhten Bedarf an Arbeitsvolumen zu decken). Bei Teilzeitsystemen mit deutlich gegenüber der Vollarbeitszeit vermindertem Zeitbudget wird dies in den meisten Fällen nur durch Neueinstellungen möglich sein, es sei denn, die mit den Arbeitnehmern geschlossene Teilzeitvereinbarung enthält eine Öffnungsklausel. Soweit Mitarbeiter die Übernahme von Teilzeitarbeit mit dem Bedarf an Nicht-Arbeitszeit begründen, sind einvernehmliche Erhöhungen der Arbeitszeit in größerem Umfang häufig nicht zu erreichen. Bei einem dynamischen Modell ist dagegen konzeptbedingte Reversibilität gegeben.

Über die *Kosten- und Produktivitätswirkungen* von Konzepten flexibler Arbeitszeit im Vergleich zu starrer Vollzeitarbeit lassen sich aufgrund des Mangels an theoretischen Erklärungsmodellen wie an ausreichenden empirischen Untersuchungen nur erfahrungsgestützte Schätzwerte abgeben. Bereits 1980 wurde von Unilever eine Studie über die Effekte der Umwandlung von Vollzeitstellen in „klassische" Halbtagsstellen veröffentlicht, die zu dem Ergebnis gelangte, daß einer geringen Kostenmehrbelastung nicht unerhebliche Produktivitätsgewinne gegenüberstünden (vgl. Unilever, 1980). Mutiger in ihrer Wirkungsabschätzung ist die hier mehrfach zitierte McKinsey-Studie, die Produktivitätsgewinne von ca. 20 % für möglich hält (McKinsey & Co., 1994).

Die Akzeptanz eines Konzepts flexibler Arbeitszeitgestaltung setzt bei den betroffenen Mitarbeitern die (subjektive) Einschätzung voraus, daß die individuellen Vorteile des Konzeptes seine Nachteile überwiegen oder ihnen zumindest äquivalent sind. Ist die Akzeptanz nicht gegeben, entstehen zusätzliche Implementierungs- bzw. Durchsetzungskosten. Für die Promotoren eines Modells flexibler Arbeitszeitgestaltung ist daher die Kenntnis der arbeitszeitbezogenen Interessen der Mitarbeiter von besonderer Bedeutung.

3.2 Bewertungskriterien der sozialen Effizienz

Im Vordergrund der Diskussion über das mögliche Interesse der Mitarbeiter an einer Arbeitszeitvariation steht das Schlagwort der „Zeitsouveränität", wenn auch der durch den Begriff der Souveränität im eigentlichen Sinne implizierte Anspruch selbst durch das fortschrittlichste Arbeitszeitmodell nicht zu erfüllen ist. Gemeint ist mit Zeitsouveränität ein Aspekt erweiterter Humanisierung des Arbeitslebens durch Abbau von Fremdbestimmung und Schaffung neuer Freiheitsgrade für die Mitarbeiter bei ihrer Arbeitszeitentscheidung (vgl. Büssing, in diesem Band).

Erhöhung der individuellen Zeitsouveränität als Leitkriterium für Arbeitszeitgestaltung zielt damit in die gleiche Richtung, wie das in der gewerkschaftlichen Diskussion vorherrschende Leitkriterium der Sozialverträglichkeit. Die hinter beiden Kriterien stehenden Gestaltungsphilosophien können aber nicht als identisch gelten. „Zeitsouveränität" rückt das Handlungspotential der Mitarbeiter, „Sozialverträglichkeit" die Betroffenheit von Interessen in den Vordergrund. Arbeitszeitmodelle, welche die Zeitsouveränität der Mitarbeiter erhöhen, können durchaus mit Folgen verbunden sein, deren Bewertung als „sozialverträglich" in Frage zu stellen ist. Das Kriterium der Sozialverträglichkeit erweist sich dabei schnell als schwierig zu operationalisieren, weil es nicht eine Klärung der Interesseninhalte auf seiten der Mitarbeiter verlangt, sondern auch Informationen über deren Verteilung und Gewichtung.

Sozialverträglichkeit kann nur als relative Kategorie aufgefaßt werden, die sich einer absoluten Erfassung entzieht. Auf die hierin liegende Problematik soll an dieser Stelle nicht eingegangen werden (vgl. hierzu auch Garhammer; Rinderspacher; Seifert; in diesem Band), sondern es sollen lediglich „allgemeine" arbeitszeitbezogene Interessen auf seiten der Mitarbeiter umrissen werden, um Basiskriterien für die Bewertung der sozialen Effizienz betrieblicher Arbeitszeitgestaltung „ableiten" zu können. Die „Ableitung" der Interessenstruktur erfolgt dabei heuristisch auf der Basis der insbesondere durch die „Zwei-Faktoren-Theorie der Motivation" von Herzberg (Herzberg, Mausner & Snyderman, 1959) formulierten Thesen.

Für die Einschätzung der Interessenlage des einzelnen Mitarbeiters erscheint es notwendig, sich zunächst die durch die Arbeitszeitregelung tangierten Bedürfnisse bewußt zu machen. Neben dem wohl im Vordergrund stehenden Interesse an der Erzielung eines als ausreichend betrachteten und hinlänglich sicheren Einkommens dürften insbesondere zu nennen sein:

- Wahrnehmung einer fähigkeits- und neigungsentsprechenden Tätigkeit;
- Vermeidung physischer, psychischer und intellektueller Über- und Unterforderung;
- Möglichkeit zur Kommunikation und Interaktion;
- soziale Unterstützung durch Kollegen und Vorgesetzte;
- Möglichkeit der individuellen fachlichen wie persönlichen Weiterentwicklung und damit des Erwerbs von Ansehen;
- Vereinbarkeit von berufsbezogenen und freizeit- bzw. familienbezogenen Interessen.

Diese individuellen Interessen werden je nach Art des Modells der Arbeitszeitvariation unterschiedlich betroffen - durch Variation auf der chronometrischen Dimension im allgemeinen intensiver als bei lediglich chronologischer Variation. Die Akzeptanz bzw. Erwünschtheit eines Arbeitszeitmodells aus Mitarbeitersicht hängt dementsprechend davon ab, ob

- die monetäre Anreizgestaltung mit dem einkommensbezogenen Anspruchsniveau der Mitarbeiter in Einklang zu bringen ist; dies gilt insbesondere auch für die mit dem Einkommen in ihrer Höhe verknüpften Transfereinkommen (Arbeitslosengeld und -hilfe, Krankengeld, Rentenleistungen);
- das Modell nicht in arbeitsorganisatorische Maßnahmen verstärkter Spezialisierung und Standardisierung eingebettet ist, denen eine Tendenz zur Dequalifizierung innewohnt;
- die subjektive Belastungsgrenze durch modellimmanente Belastungsänderungen nicht überschritten wird, zum Beispiel durch höhere durchschnittliche Leistungsintensität bei verkürzter Arbeitszeit, Einführung von Schichttätigkeiten, konflikthaltige Abstimmungsprozesse bei Modellen mit Zwang zur Selbstkoordination etc.;
- ausreichende Möglichkeiten für Kommunikation und Interaktion gegeben sind;
- keine Differenzierung der immateriellen betrieblichen Anreize erfolgt, die Mitarbeiter mit einer bestimmten Arbeitszeitstruktur relativ stärker begünstigt als andere, zum Beispiel wenn Qualifikationschancen und Aufstiegsmöglichkeiten eher Vollzeitkräften angeboten werden;
- keine Konkurrenzsituation hinsichtlich der Befriedigung zentraler außerberuflicher Interessen geschaffen wird. Zu denken ist hier insbesondere an familiäre Zeitansprüche, zum Beispiel im Sinne von gemeinsamer Nutzung innerhalb der Familie zur

Verfügung stehender Zeiträume, die Teilhabe am sozialen Leben, die ebenfalls in hohem Maße von der Möglichkeit zur Synchronisierung von Verfügungszeit und dem Zeitprofil sozialer Aktivitäten abhängt.

Arbeitszeitvariation greift in vielfältiger Weise in die individuellen Bedürfnisbefriedigungsstrategien bzw. -routinen ein. Es wird daher auch bei intensivem Bemühen, sozialverträgliche Lösungen zu schaffen, kaum gelingen, Widersprüchlichkeiten oder gar Interessenkonflikte zu vermeiden. Die Entwicklung eines nicht nur die unterschiedlichen Interessen der Mitarbeiter „harmonisierenden", sondern auch auf einen Ausgleich mit den betriebsbezogenen Interessen bedachten Konzeptes der Arbeitszeitvariation muß sich daher auf eine umfassende betriebsspezifische und konzeptbezogene Analyse der Interessenlagen stützen. Es sind die möglichen Kongruenz- oder Konkurrenzbeziehungen zwischen den unterschiedlichen Interessen aufzudecken und für den zu erwartenden Fall der Interessenkonkurrenz Alternativen für ein Ausgleichsangebot abzuwägen.

4 Ansätze für ein interessenausgleichsorientiertes Arbeitszeitmanagement

Wenige betriebliche Innovationen bedürfen bei der Konzeptentwicklung einer so vorausgreifenden Berücksichtigung der Implementierungs- und Durchführungsphase wie die Einführung eines neuen Arbeitszeitmodells. Je nach Größe des Veränderungsschrittes bzw. des angestrebten Flexibilitätsniveaus werden konkrete Verhaltensänderungen der Mitarbeiter notwendig, häufig nicht nur die individuelle Zeiteinteilung betreffend, sondern auch das Arbeitsverhalten, von denen wiederum die Effizienz des Modells abhängt. Modellkonformes Verhalten kann aber aufgrund der Vielfältigkeit der Interessenbetroffenheit nicht ohne weiteres vorausgesetzt werden. Wie jede Art organisatorischer Veränderungsprozesse (die nicht ausschließlich auf dem einhelligen Wunsch der Mitarbeiter beruht) wird auch Arbeitszeitvariation auf Widerstände stoßen, die zum einen aus der Notwendigkeit der Verhaltensänderung resultieren, zum anderen aus den Unsicherheiten, die sich aus der mangelnden Vorhersehbarkeit von Nebeneffekten eines bestimmten Arbeitszeitmodells ergeben. Eine der Grundvoraussetzungen erfolgreicher Arbeitszeitvariation ist daher die *frühzeitige und umfassende Beteiligung der Betroffenen* bzw. ihres Vertretungsorgans, des Betriebs- oder Personalrats. Dabei geht es nicht so sehr um die formale Respektierung des gesetzlichen Mitbestimmungsrechtes etwa nach §87 Abs. 1 BetrVG, als vielmehr darum, den Betriebs- bzw. Personalrat zu überzeugen, daß eine Arbeitszeitvariation auch nachhaltige Vorteile hinsichtlich der sozialen Effizienz mit sich bringt.

Am effektivsten kann sich eine Strategie *partizipativer Konzeptentwicklung* erweisen. Durch die Möglichkeit der Mitgestaltung können nicht nur Widerstände am ehesten vermieden, sondern auch das Erfahrungspotential der Mitarbeiter problemgerecht integriert werden. Allerdings stellt ein wirklich partizipativer Prozeß um so höhere Anforderungen an die Promotoren eines Arbeitszeitmodells, je intensiver die Mitarbeiter durch geforderte Verhaltensänderungen persönlich betroffen sind. Es ist daher wichtig, auf Seite der Promotoren von vorneherein nicht nur den Gestaltungsspielraum des ins Auge gefaßten Modells bzw. der hierzu zur Verfügung stehenden Alternativen zu durchdenken, sondern auch mögliche personalwirtschaftliche, insbesondere anreizpolitische

Handlungsparameter, mit deren Hilfe ein aus der Sicht der Mitarbeiter möglicherweise gestörtes arbeitsbezogenes Anreiz-Beitrags-Verhältnis wieder in ein Gleichgewicht gebracht werden kann. Zum einen ist dabei zu denken an flexibilitätsfördernde personalwirtschaftliche Maßnahmen, um eine ausreichende *Anpassungsfähigkeit* der Mitarbeiter sicherzustellen, zum anderen an anreizpolitische Maßnahmen, die auf die *Anpassungsbereitschaft* der Mitarbeiter abzielen.

Die Entwicklung eines Programms zur Erhöhung der individuellen *Anpassungsfähigkeit* kann sich insbesondere auf die folgenden Elemente beziehen:

- *schrittweise Erweiterung der Aufgabeninhalte* im Sinne einer Erhöhung der individuellen Handlungsautonomie, um dadurch Lernfähigkeit und Lernbereitschaft zu fördern;
- *systematische Personalentwicklung*, bei der aber weniger spezifische funktionale Qualifikationen im Vordergrund stehen sollten, als vielmehr die sogenannten „extrafunktionalen" Qualifikationen wie Selbständigkeit, Kooperationsfähigkeit, Konfliktfähigkeit.

Die *Anpassungsbereitschaft* der Mitarbeiter wird ohne flankierende anreizpolitische Maßnahmen dann in Frage gestellt sein, wenn als Konsequenz des einzuführenden Arbeitszeitmodells

- eine Verlagerung von Arbeitszeit in bisherige Freizeiträume erfolgt und dieser Zeittausch vor dem Hintergrund der individuellen Interessen negativ bewertet wird;
- eine Erhöhung der Belastungsintensität eintritt oder eine subjektiv größere Flexibilitätsleistung erbracht werden muß;
- sich Einkommensverluste oder sonstige Anspruchseinschränkungen hinsichtlich betrieblicher Leistungen ergeben;
- realisierbare Produktivitäts- und Flexibilitätsvorteile ausschließlich dem Betrieb zugute kommen.

Als Kompensationsangebote zur Wiederherstellung eines arbeitszeitbezogenen Anreiz-Beitrags-Gleichgewichts aus Mitarbeitersicht können in Erwägung gezogen werden:

- bei chronologischer Variation: *Umbewertung von Zeiteinheiten*, die in den Augen der Mitarbeiter wenig attraktiv sind, sei es durch ein Zuschlagssystem, ähnlich den Feiertags- oder Nachtzuschlägen, sei es durch eine relative Verkürzung des Arbeitszeitblockes bei vollem Lohnausgleich bzw. Gewährung von Freischichten;

- bei chronometrischer Variation kommt insbesondere dem *Lohnausgleich* sowie (bei an Nachfrageschwankungen angepaßten Flexibilisierungskonzepten) einer *Beschäftigungsgarantie* auf der Basis eines Mindestarbeitszeitkontingents besondere Bedeutung zu.

Ein zumindest partieller Lohnausgleich ist auch betriebswirtschaftlich dann berechtigt, wenn durch kürzere Arbeitszeiten die durchschnittliche Produktivität oder die Anpassungsfähigkeit des Unternehmens steigt. Ohne Lohnausgleich würden die Kosten für aus Arbeitszeitvariation resultierende Flexibilitätsvorteile im wesentlichen von den Mitarbeitern getragen werden, was zweifellos die Akzeptanz eines solchen Modells sehr beeinträchtigen würde. Soll ein sehr hohes Flexibilitätsniveau erreicht werden, erscheint es neben der Regelung des Lohnausgleichs sinnvoll, mit den betroffenen Mitarbeitern eine Beschäftigungsgarantie auf der Basis eines Mindestarbeitszeitkontingents zu vereinbaren, um keine Verunsicherungen bezüglich des zu erwartenden Mindesteinkommens eintreten zu lassen, bzw. eine auf einer Durchschnittsberechnung basierende konstante Einkommenshöhe trotz schwankender zeitlicher Inanspruchnahme des Mitarbeiters zu vereinbaren.

Für die konkrete Ausgestaltung derartiger Instrumente im Sinne eines interessenausgleichsorientierten Arbeitszeitmanagements bedarf es der frühzeitigen und kontinuierlichen Abstimmung mit den Mitarbeitern.

5 Individualisierung des Arbeitszeitmanagements als Perspektive?

Die Diskussion um die Nutzung der Ressource „Zeit“ steht, obwohl in den letzten Jahren intensiviert, noch am Anfang. Auch der Experimentiermut der Wirtschafts- und Verwaltungspraxis mit neuen Arbeitszeitmodellen ist noch zurückhaltend, was angesichts der Vielzahl bisher ungelöster Gestaltungserfordernisse bezüglich zum Beispiel Interessenausgleich, Arbeitsorganisation, personalwirtschaftlicher Steuerung etc. nur verständlich ist. Die Nutzung des Gestaltungsparameters „Arbeitszeit“ erfordert ein hohes Maß an Innovationsfähigkeit und -bereitschaft bei allen Beteiligten. Die langsam wachsenden Erfahrungen mit verschiedenen Arbeitszeitmodellen werden aber dafür Sorge tragen, daß dieses Problemfeld schrittweise erschlossen wird.

Bezüglich der Entwicklungsrichtung flexiblerer Arbeitszeitgestaltung stellt sich die Frage: Wird die durch die Industrialisierung eingeleitete Phase generalisierter und uniformer Arbeitszeitgestaltung abgelöst durch eine Tendenz zur *Individualisierung der Arbeitszeit* und des Arbeitszeitmanagements (vgl. auch Garhammer; Rinderspacher; alle in diesem Band)? Die Diskussion über die Möglichkeiten, welche die modernen Informations- und Kommunikationstechnologien bieten, scheint manchmal in diese Richtung zu deuten. Zu einer Individualisierung der Arbeitszeit wird es aber dennoch wohl nicht kommen, denn auch Souveränität hat ihren Preis - im Falle der Arbeitszeit in Form progressiv steigender individueller Koordinations“kosten“. Generalisierte und uniforme Arbeitszeitgestaltung entlastet die individuelle Alltags-Planung; je größere Freiräume hier angeboten werden, umso stärker steigt der Planungsbedarf - und dies umso mehr, je interaktionsintensiver sich Arbeits- und Freizeitabläufe vollziehen.

Einer „totalen Individualisierung“ wirkt daher die Belastung durch die entsprechend erforderlichen Koordinationsaktivitäten entgegen. Wahrscheinlicher ist die Entwicklung zu einer *gruppenorientierten Arbeitszeitgestaltung*, das heißt die Harmonisierung der Arbeitszeit auf Gruppenbasis. Als Konsequenz könnte sich eine auch durch die neuen Technologien in Fertigung und Verwaltung geförderte Tendenz zu intensiverer Teamarbeit ergeben, ein Aspekt, dem bei den Bemühungen um eine „Humanisierung der Arbeitswelt“ zentrale Bedeutung zukommt.

Insgesamt scheint möglich, daß durch die Eröffnung von Entscheidungspielräumen hinsichtlich Lage und Dauer der Arbeitszeit, zum Beispiel im Rahmen von Jahresarbeitszeitverträgen und unterstützt durch die Einführung von Zeitkonten, sich beim Mitarbeiter ein gewisses „Zeit-Unternehmertum“ entwickeln läßt, dessen Abstimmung mit dem Arbeitszeitbedarf des Unternehmens einfacher ist, als die Koordination starrer Arbeitszeitraster. Darüber hinaus bietet sich die Chance, die heute noch weitgehend dominierenden „Mißtrauensstrukturen“ durch Vertrauensstrukturen zu ersetzen - und damit zum Beispiel auch den typischen effizienzmindernden „Gleitzeit-Fallen“ (vgl. z.B. Hoff, 1994) zu entgehen.

Die Entwicklung und Implementierung von Arbeitszeitmodellen, die sowohl den betrieblichen Effizienzinteressen wie auch den Interessen der Mitarbeiter an mehr Zeitsouveränität Rechnung tragen, im Rahmen eines partizipativen konsensorientierten Prozesses bietet einen konkreten und vergleichsweise risikoarmen Ansatz für einen Prozeß der Organisationsentwicklung, der zu effizienteren Leistungsstrukturen und -prozessen führen kann. Die Konkurrenzfähigkeit unserer Wirtschaft im globalen Wettbewerb hängt hiervon in hohem Maße ab.

Literatur

Fauth, A. & Willenegger, A. (1993). Individuelle Arbeitszeit im Textilhaus Ludwig Beck. In R. Marr (Hrsg.), *Arbeitszeitmanagement* (S. 209-221). Berlin: Erich Schmidt.

Herzberg, F., Mausner, B. & Snyderman, B. (1959). *The Motivation to Work.* New York: Wiley.

Hoff, A. (1994). Flexible Standardarbeitszeit - Ein Weg aus den Gleitzeitfallen. *Personalführung, 11,* 788-794.

Landenberger, M. (1993). Soziale Sicherung bei Teilzeitbeschäftigung und flexiblen Arbeitsformen. In R. Marr (Hrsg.), *Arbeitszeitmanagement* (S. 177-197). Berlin: Erich Schmidt.

Marr, R. (1982). Konfliktaspekte des Job Sharing. In H.-H. Heymann & L. Seiwert (Hrsg.), *Job Sharing - Flexible Arbeitszeit durch Arbeitsplatzteilung* (S. 304-313). Grafenau: Expert.

Marr, R. (1984). Arbeitsplatzerhaltung durch Arbeitszeitflexibilisierung? - Möglichkeiten und Probleme eines noch ungenutzten Instruments der Personalpolitik in der Stagnation. In L. Pack & D. Börner (Hrsg.), *Betriebswirtschaftliche Entscheidungen in der Stagnation* (S. 101-126). Wiesbaden: Gabler.

McKinsey & Co. (1994). *Teilen und gewinnen - Das Potential der flexiblen Arbeitszeitverkürzung.* München: Eigenverlag.

Schuh, S., Schultes-Jaskolla, G. & Stitzel, M. (1993). Alternative Arbeitszeitstrukturen. In R. Marr (Hrsg.), *Arbeitszeitmanagement* (S. 133-159). Berlin: Erich Schmidt.

Stitzel, M. (1987). *Der gleitende Übergang in den Ruhestand.* Frankfurt a. M.: Campus.

Teriet, B. (1978). Zeitökonomie, Zeitsouveränität und Zeitmanagement. *Zeitschrift für Arbeitswissenschaft, 32,* 112-118.

Unilever (1980). *Studie über die Möglichkeiten der Schaffung von mehr Teilzeitarbeitsplätzen.* Hamburg.

Manfred Theunert

DAS REGENSBURGER MODELL VON BMW:
Ein neuer Weg für Schichtarbeit und Gleitzeit

1 Ziele des Arbeitszeitmanagements

Arbeitszeitmodelle und deren Auswirkungen treten immer stärker in den Blickwinkel von Unternehmen, Mitarbeitern und der interessierten Öffentlichkeit. Seit fast einem Jahrzehnt beschäftigt auch das Arbeitszeitmodell des BMW-Werkes Regensburg das Interesse verschiedenster Gruppierungen. Selbstverständlich liegen diesem Modell einige grundsätzliche Ziele zugrunde. Bevor deshalb die Ausgangssituation und die Grundgedanken beschrieben werden, sollen die Ziele des Arbeitszeitmanagements genannt werden. Für unser Modell bestehen diese Ziele in

- der Entkopplung von Betriebszeit und persönlicher Arbeitszeit
- der Reduzierung des Investitionsvolumens bei gleichzeitiger hoher Kapazitätsauslastung
- der Stärkung der Eigenverantwortung der Führungskräfte und Mitarbeiter sowie in der Möglichkeit, Spielräume für Zeitsouveränität einzuräumen.

2 Ausgangssituation und Grundgedanken des Regensburger Modells [1]

Anfang 1983 trafen zwei Ereignisse zusammen, die den gedanklichen Ausgangspunkt des Arbeitszeitmodells bei BMW im Werk Regensburg bildeten: Die ersten konkreten personalpolitischen Planungsüberlegungen für unser neues Werk Regensburg, wobei aufgrund einer Investitionssumme von rund 1.7 Milliarden DM natürlich den Fragen der Arbeitszeit und Betriebszeit von Anfang an eine besondere Bedeutung zukam, und die im Rahmen eines BMW-internen Arbeitszeit-Szenarios gewonnene Erkenntnis, daß trotz aller guten Argumente von Arbeitgeberseite die gewerkschaftliche Forderung nach tariflicher Arbeitszeitverkürzung in der Metallindustrie nicht mehr aufzuhalten sein würde (was sich mit der Arbeitszeitverkürzung auf 35 Stunden seit Oktober 1995 auch bestätigt hat).

[1] die Abschnitte 2 und 3 sind weitgehend nach Bihl, Berghahn und Theunert (1995) verfaßt.

3 Die drei Bausteine des Arbeitszeitmodells

Im folgenden ist dargestellt, wie die spezifische Problemlösung aussieht, die wir im BMW-Werk Regensburg erarbeitet und realisiert haben. Unser Arbeitszeitmodell besteht aus drei Grundbausteinen:

- dem 99-Stunden-Schichtmodell für die Produktion und die produktionsnahen Bereiche in Regensburg,
- dem 90-Stunden-Schichtmodell für unser Zweigwerk in Wackersdorf und
- dem Gleitzeitmodell für den Verwaltungsbereich in Regensburg und Wackersdorf.

Alle Bausteine sind inhaltlich aufeinander zugeschnitten und stellen eine konzeptionelle Einheit dar, obwohl ihr Einsatz auch unabhängig voneinander möglich wäre.

3.1 Das 99-Stunden-Schichtmodell

Nach einer Übergangsregelung für die Inbetriebnahme des Werkes und nach dem Einschichtbetrieb gilt seit Juni 1990 im Werk Regensburg das 99-Stunden-Schichtmodell im 2-Schicht-Betrieb. Dabei wird im Werk von Montag bis Samstag an insgesamt 11 Schichten gearbeitet. Nachdem die Schichtzeit neun Stunden beträgt, ergibt sich eine wöchentliche Betriebszeit von 99 Stunden. Der einzelne Mitarbeiter erbringt die persönliche Arbeitszeit in einem dreiwöchigen Schichtplan. In diesem 3-Wochen-Rhythmus arbeitet jeder Mitarbeiter an 11 Arbeitstagen und hat damit aufgrund der 9-Stunden-Schicht eine durchschnittliche wöchentliche Arbeitszeit von 33 Stunden (siehe Abbildung 1).

Abbildung1: Das 99-Stunden-Schichtmodell (ohne Ausgleichsschichten)

	M	*D*	*M*	*D*	*F*	*S*	*S*	*M*	*D*	*M*	*D*	*F*	*S*	*S*	*M*	*D*	*M*	*D*	*F*	*S*	*S*
Frühschicht	A	A	A	A	C	C		C	C	C	C	B	B		B	B	B	B	A	A	
Spätschicht	C	C	B	B	B			B	B	A	A	A			A	A	C	C	C		
	1. Woche							2. Woche							3. Woche						

Anmerkung: A, B, C = Arbeitnehmer A; B, C

Für die Differenz zur tariflichen Arbeitszeit von derzeit 35 Stunden sind zwei Aspekte von Bedeutung:

- Zum einen ist ein Kontingent an fünf zusätzlichen Schichten vereinbart (sogenannte Ausgleichsschichten).
- Zum anderen erhalten die Mitarbeiter eine Lohnausgleichszahlung, die auf der Basis der 35-Stunden-Woche insgesamt eine Stunde beträgt. Dies wird aus den Ergebnisvorteilen bezahlt, die durch die höhere Kapazitätsauslastung erreicht werden.

Die Ausgleichsschichten werden teilweise individuell und teilweise kollektiv erbracht. Es ergibt sich folgende Verteilung:

- Zwei Ausgleichsschichten werden für betrieblich notwendige Fortbildung (z.B. Schulung für Gruppenarbeit, Sekundärfunktionen, Qualitätstage, Lernstatt) reserviert.

Damit wird ein Teil der entfallenen Arbeitszeit in betriebliche Fortbildung umgewandelt, eine gerade wegen des steigenden Qualifizierungsbedarfs im Rahmen der neuen Arbeitsstrukturen zukunftsorientierte Regelung.

- Zwei Ausgleichsschichten pro Mitarbeiter können jährlich als Samstag-Spätschichten gearbeitet werden, soweit dies aus Kapazitätsgründen notwendig ist.

Die restlichen Ausgleichsschichten werden wie bisher als flexible Ausgleichsschichten vom Mitarbeiter erbracht.

Zwei weitere Grundelemente des Schichtmodells sind ebenfalls flexibel gestaltet: Die kollektive Produktionsunterbrechung (Betriebsurlaub) wird jährlich nach betrieblichen Notwendigkeiten vereinbart. Auch die Brotzeitpause kann nach betrieblichen Erfordernissen in Abstimmung mit dem Betriebsrat kollektiv oder individuell (Pausendurchlauf) gewährt werden, das heißt, die Produktionskapazitäten können über die feste bzw. flexible Brotzeitpause eingeschränkt oder ausgeweitet werden. Damit besteht das Regensburger 99-Stunden-Modell aus fixen und flexiblen Bestandteilen (siehe Abbildung 2).

Abbildung 2: Möglichkeiten der Arbeitszeitflexibilisierung

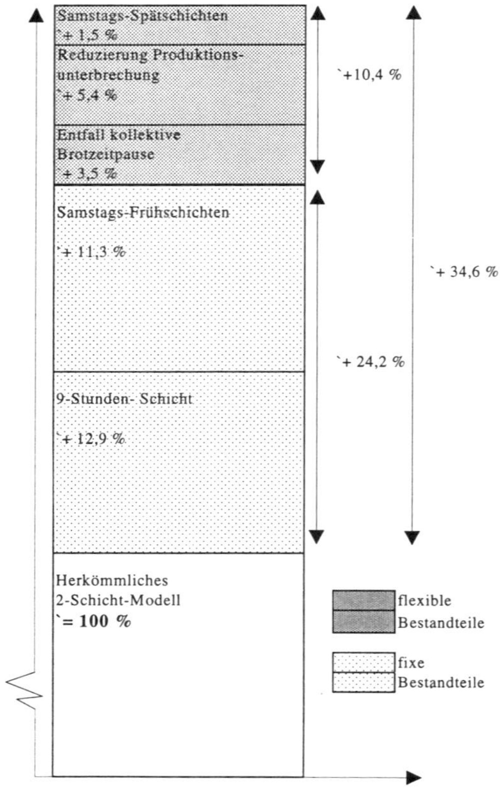

Die fixen Bestandteile (9-Stunden-Tag und Samstag-Frühschicht) ergeben eine Zusatzkapazität von 24.2% gegenüber einem herkömmlichen 2-Schicht-Betrieb. Die flexiblen Bestandteile (Brotzeitpause, Produktionsunterbrechung, Samstag-Spätschicht) ergeben eine mögliche Zusatzkapazität von weiteren 10.4%. Im Ergebnis kann also entsprechend den betrieblichen Erfordernissen insgesamt eine zusätzliche Kapazität zwischen 24.2% und 34.6% eingesetzt werden.

3.2 Das 90-Stunden-Schichtmodell

Bis 1993 war für die Produktionsbereiche in Wackersdorf (Kleinteilefertigung und Cabrio-Fertigung) die Einbeziehung des Samstages als Betriebszeit nicht erforderlich. Mit der seit April 1993 geltenden Betriebsvereinbarung ist dies möglich. Die Regelung der Kleinteilefertigung wurde mit dem Produktionsanlauf unseres neuen 3er-Cabrios auch auf die Cabrio-Fertigung übertragen. Dieses Arbeitszeitmodell umfaßt im 2-Schicht-Betrieb eine Betriebszeit von Montag bis Freitag von zweimal neun Stunden. Der einzelne Mitarbeiter arbeitet persönlich vier Tage á neun Stunden mit einem im Wochenrhythmus rollierenden freien Tag, woraus sich insgesamt ein zehnwöchiger Schichtrhythmus ergibt. Neu ist, daß die jahreszeitlich bedingten Produktionsschwankungen in der Cabrio-Fertigung ausgeglichen werden können. In Zeiten hoher Nachfrage werden dabei Samstagsschichten geleistet. Diese werden in Zeiten geringerer Nachfrage durch nicht zu leistende Schichten ausgeglichen. Im Durchschnitt wird damit für den Mitarbeiter wieder die 4-Tage-Woche erreicht. Die Betriebszeit kann demzufolge auf 99 Stunden ausgedehnt bzw. auf 81 Stunden reduziert werden, soweit die jahreszeitliche Nachfrage dies erfordert (Abbildung 3).

Abbildung 3: 90 Stunden Schichtmodell mit Saisonalisierungskomponente

Schichtgruppe A = A1 - A5 (Mitarbeitergruppen)
Schichtgruppe B = B1 - B5 (Mitarbeitergruppen)

Frühschichtwochen: 1 - 3

Mo	Di	Mi	Do	Fr	Sa
	A1	A1	A1	A1	A1
A2		A2	A2	A2	A2
A3	A3		A3	A3	A3
A4	A4	A4		A4	A4
A5	A5	A5	A5		

Mo	Di	Mi	Do	Fr	Sa
B1		B1	B1	B1	B1
B2	B2		B2	B2	B2
B3	B3	B3		B3	B3
B4	B4	B4	B4		
	B5	B5	B5	B5	B5

In Zeiten hoher Nachfrage
z.B. März

... bis 10. Woche

Spätschichtwochen: 1 - 3

Mo	Di	Mi	Do	Fr	Fr
	B1	B1	B1	B1	
B2		B2	B2	B2	
B3	B3		B3	B3	
B4	B4	B4		B4	
B5	B5	B5	B5		

Mo	Di	Mi	Do	Fr	Fr
A1		A1	A1	A1	
A2	A2		A2	A2	
A3	A3	A3		A3	
A4	A4	A4	A4		
	A5	A5	A5	A5	

In Zeiten niedriger Nachfrage
z.B. September

... bis 10. Woche

Die „Wackersdorfer" Arbeitszeit stellt einen wichtigen Lösungsansatz dar, einen im Jahresverlauf unterschiedlichen Produktionsanfall nicht über Personalmaßnahmen, sondern über die Saisonalisierung von Arbeits- und Betriebszeit zu kompensieren.

3.3 Die Gleitzeitregelung

Aus den beiden Schichtsystemen ergibt sich auch für den Verwaltungsbereich die Notwendigkeit, in begrenztem Umfang an Samstagen zu arbeiten. Die betrieblich notwendige Samstagsarbeit ist je nach Fachbereich mit ca. 5-20% anzusetzen. So lag es nahe, hierfür kein starres Schichtsystem, sondern ein flexibles Gleitzeitsystem einzuführen, das dem Mitarbeiter im Rahmen der betrieblichen Möglichkeiten persönliche Gestaltungsfreiräume bei der Einteilung seiner Arbeitszeit bietet. Im einzelnen standen für die Erarbeitung der Regensburger Gleitzeitregelung folgende Ziele im Vordergrund:

- Die Auflösung des traditionellen „Gleitzeitkonfliktes“ zwischen Mitarbeiter und Vorgesetztem durch eine stärkere und direktere Verpflichtung des Mitarbeiters, die betrieblichen Belange gleichrangig mit den persönlichen Interessen zu berücksichtigen.
- Die Einbeziehung des Samstags unter gleichzeitiger Beibehaltung der durchschnittlichen persönlichen 5-Tage-Woche.
- Eine klare Trennung von Gleitzeitstunden und Überstunden.

Mit dem Abschluß der Betriebsvereinbarung wurden diese Ziele verwirklicht. Grundprinzip ist dabei ein ausgewogenes Verhältnis von Rechten und Pflichten für alle Mitarbeiter, die an der Gleitzeit teilnehmen. Bereits im Grundsatz der Regelung wird ausgedrückt, daß der Mitarbeiter eigenverantwortlich seine persönlichen Bedürfnisse und die betrieblichen Belange bei der Einteilung seiner Arbeitszeit zu berücksichtigen hat.

Neben der bei Gleitzeitregelungen üblichen Flexibilität bezüglich Lage und Dauer der täglichen Arbeitszeit beinhaltet die Regensburger Regelung eine zusätzliche Gleitzeitdimension mit der Möglichkeit, die wöchentliche Sollarbeitszeit von fünf Tagen auf alle sechs Werktage (Montag bis Samstag) zu verteilen. Damit kann der Mitarbeiter für seine persönliche Arbeitszeit wöchentlich zwischen vier, fünf und sechs Werktagen wählen. Die regelmäßige 5-Tage-Woche bleibt dabei bestehen, weil der Mitarbeiter entweder in der laufenden oder in der nächsten Woche für den gearbeiteten Samstag einen freien Tag (den sogenannten Ausgleichstag) einbringt. Einzelne Mitarbeiter decken so die vom Vorgesetzten der jeweiligen Gruppe vorgegebene Mindestanwesenheit am Samstag ab. Die Mitarbeiter der Gruppe entscheiden im Rahmen der Gleitzeit selbständig, wer an welchem Samstag anwesend ist. Damit wird durch den notwendigen Abstimmungsprozeß für Arbeitseinteilung und Anwesenheit der Teamgedanke in den Arbeitsgruppen gefördert. Dabei ist Samstagsarbeit auch über das betrieblich notwendige Mindestmaß hinaus möglich (Beispiel: Der Ehepartner des Mitarbeiters arbeitet im Dienstleistungsbereich regelmäßig an Samstagen. Der Mitarbeiter bevorzugt freie Tage während der Woche und arbeitet dafür an Samstagen). Im Idealfall wird die im begrenzten Umfang notwendige Samstagsarbeit auf freiwilliger Basis abgedeckt.

Nachdem der Zeitraum des Zeitausgleiches zunächst auf einen Monat beschränkt war, gilt seit 1995 ein 12-monatiger Ausgleichszeitraum (Kalenderjahr). Mit diesem 12-Monatszeitraum ist es noch besser als vorher möglich, den Grundsatz der Eigenverantwortlichkeit des Mitarbeiters bei der Einteilung der Arbeitszeit zu verwirklichen. Außerdem bietet dieser Rahmen dem Mitarbeiter einen größeren zeitlichen Gestaltungsspielraum mit entsprechender Verantwortung für die betrieblichen Belange seiner Arbeit. Damit wird das Prinzip der Delegation (Übertragung von Rechten und Pflichten) für die Aufgabenerfüllung neben der sachlichen auch in zeitlicher Hinsicht wirksam.

Innerhalb des Ausgleichszeitraumes besteht für Guthaben und auch für Defizite keine Beschränkung. Nachdem der Gleitzeitrahmen bei ± 40 Stunden festgelegt wurde, entstehen nach Ablauf des Ausgleichszeitraumes und nach dem Überschreiten des Guthabens von 40 Stunden die Überstunden, die dem Mitarbeiter zu bezahlen sind, soweit sie im üblichen Verfahren genehmigt wurden. Einen Gestaltungsspielraum stellt auch die Tatsache dar, daß es eine Begrenzung der Gleittage nicht mehr gibt. In Verbindung mit dem Gleitzeitguthaben besteht damit verstärkt die Möglichkeit auch längere Freizeitblöcke zu nutzen.

Eine Variante der Gleitzeitregelung stellt die sogenannte gruppenbezogene Gleitzeit dar. Dabei wird der Prozeß der neuen Arbeitsstrukturen im Verwaltungsbereich in der Form unterstützt, daß die Gruppe eigenverantwortlich zum Beispiel die Arbeitseinteilung oder die Auftragsbearbeitung in einer entsprechenden Rahmenarbeitszeit vornimmt, wobei häufig die Kernzeit (bisher 8.30 - 14.00 Uhr) entfällt.

4 Sozialverträglichkeit der Bausteine des Regensburger Arbeitszeitmodells

Die Zielsetzungen unseres Arbeitszeitmanagements und die betriebliche Umsetzung in Form unserer Bausteine des Arbeitszeitmodelles beinhalten betriebliche und betriebswirtschaftliche Vorteile aber auch mitarbeiterbezogene Aspekte, die als sozialverträgliche Inhalte unserer Arbeitszeit bezeichnet werden können. Gerade bei unserem Modell, für das BMW oft als „Arbeitszeitpionier der Erweiterung von Betriebszeiten" bezeichnet wurde, ist es von besonderer Bedeutung auch diese sozialverträglichen Themen zu nennen und herauszuarbeiten.

4.1 99-Stunden-Schichtmodell

Im 99-Stunden-Schichtmodell steht die 4-Tage-Woche für den Mitarbeiter im Mittelpunkt. Wie bereits erwähnt, arbeitet der Einzelne in drei Wochen an 11 Arbeitstagen; der Schichtplan ermöglicht im 3-Wochen-Rhythmus einen Freizeitblock von 5 Tagen. Regelmäßige Samstagsarbeit fällt nur alle drei Wochen an, und dann nur in der Frühschicht. Damit hat der Mitarbeiter gegenüber der herkömmlichen 5-Tage-Woche insgesamt 44 zusätzliche freie Tage pro Jahr. Dies führt zu einer Verringerung der Wegezeiten und hilft die Umwelt zu entlasten. Der gesellschaftliche Wert Freizeit gewinnt für den Mitarbeiter, der in diesem Modell arbeitet, eine zusätzliche Bedeutung. Gleichzeitig ist kein Lohnverlust für den Mitarbeiter durch die Einführung der 4-Tage-Woche eingetreten. Im Schichtplan und in der Gesamtregelung wurde bereits die künftige tarifliche Entwicklung in Form der vereinbarten Arbeitszeitverkürzungen vorweggenommen. Dies vermeidet Anpassungsprobleme, zum Beispiel durch einen schwierig zu steuernden Umfang an Freischichten. Die in unserem Modell zu erbringenden Ausgleichsschichten wurden weitgehend kollektiviert. Dies bedeutet zum einen die Unterstützung des Prozesses der Gruppenbildung, zum anderen sind die kollektiven Ausgleichsschichten in Form der betrieblichen Fortbildungstage wichtige Bestandteile für die Einführung und die Umsetzung der neuen Arbeitsstrukturen. Der gesundheitliche Aspekt des Wechsels von Früh- und Spätschicht wird durch den Schichtplan entschärft, indem die Spätschichttage nach dem langen Freizeitblock beginnen. Schließlich bleibt als einer der wesentlichsten Punkte, daß das Modell zusätzlich 2.500 Arbeitsplätze schafft. Eine Tatsache, die im Rahmen der derzeitigen Diskussion um neue Arbeitsplätze für sich selbst spricht.

4.2 90-Stunden-Schichtmodell

Der Vorteil der 4-Tage Woche konnte auch bei der „Wackersdorfer Regelung" mit 90 Stunden Betriebszeit erhalten werden. Außerdem ergibt sich im 10-wöchigen Rhythmus insgesamt zweimal ein verlängertes Wochenende von vier Tagen (Freitag bis Montag) für den Mitarbeiter. Wird die Komponente der Saisonalisierung eingebaut, ergibt sich neben den teilweisen 5-Tage Wochen ein Ausgleich in der Form, daß die Mitarbeiter nur noch drei Tage pro Woche arbeiten. Außerdem muß noch einmal erwähnt werden, daß die Komponente der Saisonalisierung erstmals die Möglichkeit schafft, eine jahreszeitlich unterschiedliche Produktion nicht über Personalmaßnahmen (Personalerhöhung, Personalminderung oder Leihkräfte), sondern über die Gestaltung der Arbeitszeit auszugleichen. Ein Aspekt, der ohne Zweifel der Sicherheit der Arbeitsplätze dient.

4.3 Gleitzeitregelung

Die Grundsätze und die Regelungen zur Gleitzeit unterstützen den Prozeß der Gruppen- und Teamarbeit im besonderen Maße. Das Delegationsverhalten der Führungskräfte wird positiv beeinflußt, und gerade die derzeitige Diskussion hin zu selbststeuernden Gruppen zeigt, daß dieser Prozeß durch die Übertragung von Arbeitszeitverantwortung wesentlich beeinflußt wird. Gleichzeitig ist der Mitarbeiter in der Lage, individuelle Interessen, die aus seiner partnerschaftlichen und familiären Umgebung resultieren, stärker in die Gestaltung seiner persönlichen Arbeitszeit einzubringen. Es hat sich auch gezeigt, daß die Mehrarbeit bzw. die Überstunden deutlich abnehmen. Insgesamt gewinnt der Wert „Selbstbestimmung" an Bedeutung; ein gesellschaftlicher Wert, der anerkannterweise zu Motivation und Arbeitszufriedenheit beiträgt (vgl. Büssing, in diesem Band).

5 Zusammenfassung und Ausblick

Zu Arbeitszeitfragen wird in unserer Industrie oft die Meinung vertreten, es sei „fünf vor zwölf". Sicher ist, daß in Zukunft die Gestaltung unserer Arbeitszeit und die betrieblich „maßgeschneiderte" Form an Bedeutung gewinnen werden; das heißt es kann keine Patentrezepte geben. Unter Berücksichtigung regionaler, betrieblicher und tariflicher Randbedingungen muß jedes Unternehmen seine Lösungen entwickeln. Drei Aspekte sind jedoch in jedem Falle zu berücksichtigen:

- die Betriebszeit ist von der persönlichen Arbeitszeit zu trennen,
- neue Formen der Arbeitsgestaltung und der Zusammenarbeit (Gruppen- und Teamarbeit) sind unabdingbar und

- das Führungsverhalten und -verständnis werden sich wandeln. Die Führungskraft muß Vertrauen schaffen und die Coaching- bzw. Beraterrolle für die Mitarbeiter verstärkt annehmen.

Mit unseren Regensburger Modellen haben wir versucht, diesen Weg zu beschreiten. Das bedeutet bei uns mehr Arbeitsplätze, aber auch mehr Freizeit und damit weniger Streß. Mit der flexiblen Arbeitszeit erhöhen wir die Effizienz und die Selbstbestimmung. Damit bieten wir dem Unternehmen und dem Mitarbeiter Vorteile und schaffen die Voraussetzungen für weltweite Wettbewerbsfähigkeit und sichere Arbeitsplätze.

Literatur

Bihl, G., Berghahn, A. & Theunert, M. (1995). Das Arbeitszeitmodell BMW-Werk Regensburg. In D. Wagner (Hrsg.), *Arbeitszeitmodelle. Flexibilisierung und Individualisierung der Arbeitszeit.* Göttingen: Verlag für Angewandte Psychologie.

Matthias Schuberth

Erfahrungen mit der Umsetzung von Teilzeitmodellen in der Krankenpflege

1 Einleitung

Das Krankenhaus hat als Dienstleistungsbetrieb im Gesundheitswesen den Auftrag, die medizinisch-pflegerische Versorgung von Patienten zu gewährleisten. Die Erfüllung dieses Versorgungsauftrags kann im pflegerischen Bereich nur mit einer Betriebszeit von 168 Stunden pro Woche - in der Regel im Drei-Schichtbetrieb (Früh-, Spät- und Nachtdienst) unter Einbezug der Wochenendtage - sichergestellt werden. Diese Vorgaben scheinen für andere Sektoren von Dienstleistung und Industrie bislang undenkbar; eine Annäherung an diesen Rahmen, zum Beispiel durch die häufig thematisierte Nutzung des Sonntags für Erwerbsarbeit, wird kontrovers diskutiert. In der Krankenpflege stellt die maximale Betriebszeit eine unabdingbare Voraussetzung dar und bringt hohe Anforderungen an die Arbeitszeitgestaltung mit sich. In der Umsetzung traditioneller Arbeitszeitmodelle in der Krankenpflege fällt die Abstimmung zwischen betrieblichen Erfordernissen einerseits und sozialen bzw. individuellen Präferenzen andererseits meist zu ungunsten der Sozialverträglichkeit für die Krankenpflegekräfte aus. Zum einen ist eine hohe Flexibilisierung in der Dienstplangestaltung zu verzeichnen, der zum anderen eine geringe Arbeitszeitautonomie der Krankenpflegekräfte gegenübersteht (vgl. Büssing, in diesem Band).

Der vorliegende Beitrag berichtet über Erfahrungen mit der Umsetzung von Teilzeitmodellen im Pflegedienst des Caritas-Krankenhauses Lebach. Ausgehend von Rahmenbedingungen der Krankenpflege werden Modelle zur Verteilung von Arbeitszeiten bei unterschiedlichen Formen von Teilzeitarbeit dargestellt, die im Krankenhaus Lebach erprobt wurden. Erfahrungen bei der Einführung der Modelle und ihrer Akzeptanz bei den Krankenpflegekräften sowie Vorteile und Grenzen ihrer Umsetzung werden beschrieben.

2 Rahmenbedingungen und Ausgangssituation

Das Krankenhaus Lebach wird in der Stufe der Grundversorgung im Landeskrankenhausplan des Saarlandes geführt. Mit insgesamt 241 Betten sind die Disziplinen Anästhesie und Intensivmedizin, Chirurgie, Unfallchirurgie und plastische Chirurgie, Gynäkologie und Geburtshilfe, Innere Medizin, Radiologie sowie HNO (Belegabteilung) vertreten. Die *formale Organisationsstruktur* des Krankenhauses läßt sich mit der charakteristischen Aufteilung in eine ärztliche, eine pflegerische und eine Verwaltungslinie darstellen, denen jeweils ein/-e Direktor/-in vorsteht. Diesem dreiköpfigen Direktorium, das seinerseits dem Träger Caritas untersteht, obliegt die Betriebsführung im Krankenhaus. Die pflegerische Linie setzt sich aus den Ebenen Pflegedirektor, Abteilungsleitung, sowie in Pflegegruppen organisierten Krankenpflegekräften mit jeweiligen Gruppenleitungen zusammen.

Im Krankenhaus im allgemeinen sowie in der Krankenpflege im besonderen findet eine kontinuierliche, intensive *Kommunikation und Kooperation* innerhalb und zwischen den Bereichen statt. Besonders engmaschig ist die kommunikative Vernetzung in der stationären Pflege (Abbildung 1).

Abbildung 1: Die kommunikative Vernetzung der Krankenpflege

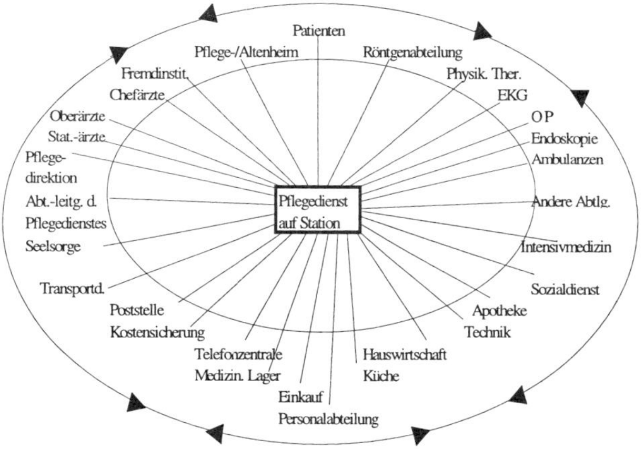

Wird der Informationsfluß in diesem Kommunikationsgefüge an einer Stelle unterbrochen, treten zum Teil erhebliche Reibungsverluste auf, die mit großem Organisationsaufwand und Zeitverlust verbunden sind.

Dieses Kommunikationsgefüge bildet den Rahmen für die Tätigkeiten der Krankenpflegekräfte. Dazu ein alltägliches Beispiel:

> Werden in der Frühschicht von einer Schwester Beobachtungen an einem Patienten gemacht, die bestimmte Handlungen erfordern wie Erweiterung der Diagnostik (Röntgenaufnahme), so muß diese Beobachtung an diejenige Pflegekraft weitergegeben werden, die den Arzt während der Visite begleitet. Von dieser erhält der Arzt die entsprechende Information, um seinerseits eine Röntgenaufnahme zu veranlassen. Nachdem der Röntgenauftrag von der Schwester vorbereitet und vom Arzt unterschrieben wurde, setzt sie sich mit der Röntgenabteilung in Verbindung, um einen Termin zu vereinbaren. Ist der Termin zum Beispiel für den frühen Nachmittag festgesetzt wird diese Information bei der Mittagsübergabe weitergegeben. Eine Pflegekraft der Spätschicht wird zum gegebenen Zeitpunkt beauftragt, den Patienten in die Röntgenabteilung zu bringen. Die Röntgenabteilung ist vorbereitet, und die Untersuchung kann sofort durchgeführt werden. Während der Patient wieder auf die Station zurückgebracht wird, erledigt die Röntgenassistentin notwendige Formalitäten, entwickelt die Aufnahme und legt diese dann dem Radiologen zum Befunden vor.

Ist der Befund von der Sekretärin getippt, wird er von einer Pflegekraft abgeholt und dem Arzt auf der Station vorgelegt. Der Arzt plant nun die weiteren Schritte der Therapie und teilt sie dem Pflegeteam mit. Die Nachtwachen und die folgende Frühschicht müssen ebenfalls darüber informiert werden.

Eine weitere Ausgangsbedingung für die Veränderung der Arbeitszeit stellen die *Arbeitsverträge* dar. Die Ausgestaltung der Verträge wurde im Pflegedienst des Krankenhauses Lebach mit folgenden drei Hauptformen vorgenommen:

- Vollzeitarbeitsvertrag (38.5 Stunden/Woche);
- Teilzeitarbeitsvertrag (30 Stunden/Woche);
- Teilzeitarbeitsvertrag (20 Stunden/Woche).

Eine vierte, seltenere Form von Arbeitsverträgen besteht in den 25%-Teilzeitarbeitsverträgen. In dieser Vertragsform wird keine festgelegte Wochenarbeitszeit vorgegeben; die Mitarbeiter/-innen stehen zum Ausgleich von Engpässen zur Verfügung. Treten zum Beispiel bei der Vorbereitung des Dienstplans Lücken durch Urlaub, Krankheit etc. auf, die kurzfristig zu überbrücken sind, so werden diese Mitarbeiter/-innen eingesetzt.

Die *Dienstplangestaltung* stellt in der Krankenpflege ein Konfliktpotential zwischen Leitungen und Pflegekräften dar. Im Krankenhaus Lebach wurden die Dienstpläne bis 1990 von den Abteilungsleitungen erstellt und den Mitarbeitern/-innen vorgegeben. Es kam zu erheblichen Konflikten, da private Interessen und Bedürfnisse nicht mit dem Dienstplan und den dienstlichen Belangen in Einklang gebracht wurden bzw. zu bringen waren, und weil sich stets Mitarbeiter/-innen benachteiligt fühlten. Daher wurden regelmäßig nach Fertigstellung des Planes Dienste zwischen den Pflegekräften getauscht. Auch die Ersatzkräfte (Mitarbeiter mit 25%-Verträgen) wurden nicht in die Planungsphase einbezogen. Deren gewohnter Dienst- und Freizeitrhythmus konnte häufig nicht eingehalten werden. Der Unmut gegenüber der Abteilungsleitung wuchs und wurde zunehmend zum Ausdruck gebracht. Für die Abteilungsleitung wurde die Dienstplangestaltung zum aversiven Reiz, die Erstellung der Pläne verzögerte sich zusehends. Die Dienstplangestaltung wirkte sich auf das Berufs- und Privatleben der Pflegekräfte und deren Vorgesetzten gleichermaßen nachteilig aus. So waren Arbeitsunzufriedenheit und mangelnde Motivation auf beiden Ebenen zu verzeichnen; es wurde über negative Konsequenzen für das Familienleben und die Partnerschaft berichtet. Der Dienst im Krankenhaus wurde als unsozial und familienfeindlich beschrieben.

3 Die Umsetzung von Teilzeitmodellen

Zwei Gedanken standen bei der Gestaltung der Arbeitszeit im Krankenhaus Lebach im Vordergrund. Es sollte zum einen der allgemeinen Forderung nach mehr Teilzeitmöglichkeiten nachgekommen und zum anderen dem Wunsch der Mitarbeiter/-innen nach mehr Autonomie in der Dienstplangestaltung entgegengekommen werden.

Im Zeitraum von 1990 bis 1992 wurde der Anteil der Teilzeitarbeitskräfte durch ein erweitertes Angebot unterschiedlicher Teilzeitmöglichkeiten auf nahezu 32% angehoben. Hintergrund dieser Maßnahme war ein starker Wunsch der Pflegekräfte nach mehr Teilzeitarbeit. Dieses Bedürfnis im Bereich der Pflege ist vor allem damit zu erklären, daß der Pflegeberuf ein traditioneller Frauenberuf ist, und Teilzeitarbeit für Frauen mehr

Möglichkeiten für eine berufliche Tätigkeit bietet. Ein weiterer Grund für die Umsetzung war das Bestreben, Pflegekräfte, die vorher Vollzeit gearbeitet hatten, durch diese Maßnahme weiter an das Krankenhaus zu binden.

Es wurden zwei Varianten praktiziert. In einer Variante wurde die Tagesarbeitszeit reduziert. In der anderen Variante wurde die Teilzeit über eine Reduktion der Monatsarbeitszeit erreicht; der Dienst wird in diesem Modell in Blöcken absolviert, das heißt nur jede zweite Woche wird gearbeitet. Diese beiden Formen der Teilzeitarbeit fanden in allen Abteilungen des Pflegedienstes Anwendung, jedoch unterschieden sich die Dienstpläne zwischen den Abteilungen im Hinblick auf die Anzahl der Tage, an denen pro Woche gearbeitet wird („Tage-Woche“).

Die Verteilung der „Tage-Woche“ ist den Bedürfnissen der einzelnen Abteilungen angepaßt. Es können drei Arten von „Tage-Wochen“ unterschieden werden, die jeweils mit spezifischen Leistungsanforderungen an die Krankenversorgung verbunden sind.

a) Die *5.5-Tage-Woche* findet Anwendung bei der sogenannten *Pflege am Bett* im Tagdienst, das heißt im stationären Pflegedienst. Die Arbeit wird in zwei Schichten abgeleistet, wobei Früh- und Spätdienst jeweils einen zeitlichen Rahmen von sieben Stunden einnehmen. Aufgrund der Notwendigkeit, den Betrieb auch an Sonn- und Feiertagen aufrecht zu erhalten, ist der Rahmendienstplan so ausgelegt, daß jedes zweite Wochenende gearbeitet wird. Daraus ergibt sich bei einem 14-tägigen Berechnungszeitraum ein Überhang von sieben Stunden, der spätestens innerhalb von acht Wochen ausgeglichen sein muß.
b) *Pflegerische Funktionsdienste* wie Stationshilfen, Endoskopie, Herz-Kreislauf-Diagnostik etc. arbeiten in einer *5-Tage-Woche* in Form der Normalarbeitszeit.
c) *Nachtdienst* in der Pflege wird in Form einer *4-Tage-Woche* geleistet.

Es besteht die Möglichkeit, den Dienst in einem oder in mehreren Blöcken abzuleisten. Die Vollzeitkräfte werden bei der Planung bevorzugt behandelt. Teilzeitmitarbeiter/-innen werden in nicht besetzten Zeiträumen eingesetzt. Die Dauer der täglichen Arbeitszeit in den verschiedenen „Tage-Wochen“, differenziert nach Voll- und Teilzeitarbeitsverträgen, sowie die jeweiligen Dienstzeiten sind Tabelle 1 zu entnehmen. In der *5.5-Tage-Woche* sind die Arbeitszeiten für Vollzeitkräfte im Rahmendienstplan vorgegeben. Teilzeitkräfte in beiden Vertragsformen (30 Stunden/Woche und 20 Stunden/Woche) haben jeweils die Möglichkeit, in reduzierter Monatsarbeitszeit bzw. in reduzierter Tagesarbeitszeit zu arbeiten. In der Form der reduzierten Tagesarbeitszeit können die Arbeitszeiten im Rahmen des Frühdienstes bzw. des Spätdienstes mit der Abteilungsleitung ausgehandelt werden. In dieser Teilzeitarbeitsform finden vorwiegend Arbeitszeiten im Frühdienst von 7.00 Uhr bis 11.00 Uhr, von 8.00 Uhr bis 12.00 Uhr oder im Spätdienst von 16.00 Uhr bis 20.00 Uhr Anwendung. In der *5-Tage-Woche* sind die Arbeitszeiten für Vollzeitkräfte sowie für Teilzeitkräfte mit reduzierter Monatsarbeitszeit im Rahmendienstplan vorgegeben, für Teilzeitkräfte besteht im Falle der reduzierten Tagesarbeitszeit die Wahl zwischen jeweils zwei unterschiedlichen Arbeitszeiträumen (einem frühen Tagdienst und einem späten Tagdienst). Die *4-Tage-Woche* findet nur im Nachtdienst Anwendung. Für Teilzeitkräfte im Nachtdienst besteht nur die Möglichkeit, in reduzierter Monatsarbeitszeit zu arbeiten.

Tabelle 1: Verteilung der Arbeitszeit in den „Tage-Wochen“

	38.5 Std./Woche	**30 Std./Woche**	**20 Std./Woche**
5.5-Tage-Woche	7 Std. täglich	5.5 Std. täglich	3.7 Std. täglich
Frühdienst	*6.10h - 13.40h*		
Spätdienst	*13.10h - 20.40h*		
5-Tage-Woche	7.7 Std. täglich	6 Std. täglich	5 Std. täglich
Tagdienst		*7.30h - 14.00h oder 10.30h - 16.00h*	*7.30h - 12.00h oder 11.30h - 16.00h*
Tagdienst von Mo - Do	*7.30h - 16.00h*		
Tagdienst am Fr	*7.30h - 14.30h*[1]		
4-Tage-Woche	9.6 Std. täglich	7.5 Std. täglich	5 Std. täglich
Nachtdienst	*20.30h - 6.20h*		

In den unterschiedlichen „Tage-Wochen“ werden die täglichen Sollstunden laut Arbeitsvertrag als Berechnungsgröße zur Ermittlung der Wochen-, Monats- und Jahresarbeitszeit zugrundegelegt, um bereits prospektiv eine Budgetierung des Stellenplanes und der Abteilungsbesetzung vorzunehmen. Die Sollstunden werden zu Beginn des Jahres anhand der monatlichen Arbeitstage ermittelt und den Abteilungsleitungen zur Verfügung gestellt. So lassen sich zum Beispiel für einen Monat mit insgesamt 17 Arbeitstagen für Vollzeitbeschäftigte 163.5 Sollstunden ermitteln. Eine Kontrolle der geleisteten Sollstunden sowie ein Abgleich ist durch entsprechende Dienstplanung jederzeit möglich, und für jede/n Mitarbeiter/-in nachvollziehbar.

Urlaub und sonstige Abwesenheiten werden in Abhängigkeit vom Arbeitsvertrag und der Art der Tage-Woche bestimmt. So werden zum Beispiel bei einer 20-Stunden Teilzeitbeschäftigung für zwei Fehltage acht Stunden angerechnet. Entsprechende Listen, differenziert nach Arbeitsvertrag und Tage-Woche, liegen ebenfalls jeder Abteilung vor.

Begleitend zur Förderung der Teilzeitangebote im Zeitraum von 1990 bis 1992 wurde die *Mitarbeiterbeteiligung bei der Dienstplangestaltung* eingeführt. Die Abteilungsleitung wurde angewiesen, mindestens vier Wochen vor der endgültigen Erstellung des Dienstplanes Blankoformulare auszulegen, in denen jede/r Mitarbeiter/-in seine Wünsche eintragen konnte. Bei der Erstellung der Pläne waren die Anliegen der Vollzeitkräfte vorrangig zu behandeln. Der endgültige Dienstplan mußte mindestens vier Wochen vor dessen Inkrafttreten vorliegen. Pflegekräfte, die ihren Dienst tauschen wollten, mußten einen Kollegen/eine Kollegin mit gleicher Qualifikation finden und mit diesem persönlich den Dienstwechsel abklären. Die Abteilungsleitung wurde lediglich über den Tausch informiert.

[1] An Wochenenden und Feiertagen wird Bereitschaftsdienst geleistet, der in Freizeit abgegolten wird.

4 Erfahrungen mit den Teilzeitmodellen

Zu Beginn der Ausweitung von Teilzeitangeboten im Krankenhaus Lebach konnten in Gruppen- und Einzelgesprächen Veränderungen in der Motivationslage des Pflegepersonals verzeichnet werden. Es schien, daß die Arbeitsmotivation bei denjenigen stieg, die die neuen Teilzeitangebote wahrgenommen hatten. Stärker noch als bei den Beschäftigten in der Vertragsform mit 30 Stunden pro Woche schien dieser Effekt bei Teilzeitbeschäftigten in der Vertragsform von 20 Stunden pro Woche durchzuschlagen. Daraus erwuchs die Erwartung, daß sich dieser „Effekt“ auch in der Arbeitsleistung im Pflegebereich niederschlagen würde.

Der Leistungseffekt trat jedoch nicht ein. Im Gegenteil, die Arbeitsleistungen ließen insgesamt nach, und die Ausfälle durch Krankheiten stiegen wieder an; die Fehlzeiten überstiegen sogar das Ausgangsniveau vor der Einführung der Teilzeitmodelle. Insbesondere konnte beobachtet werden, daß Informationen wie zum Beispiel Dienstanweisungen oder organisatorische Änderungen nicht weitergegeben wurden. Informationen blieben auf dem Weg zwischen Pflegedienstleitung und Pflegekräften in beiden Richtungen hängen. Innerhalb des stationären Bereichs wurde das gleiche Phänomen beobachtet. Zwischen den Abteilungen waren erhebliche Kommunikationslücken festzustellen. Es kam zu gegenseitigen Vorwürfen und Frustrationen und zu einem Rückzug in die eigenen Abteilungen. In weiteren Gruppen- und Einzelgesprächen wurde festgestellt, daß die Informationslücken, die sich, bedingt durch die kürzere Anwesenheit der Teilzeitbeschäftigten im Betrieb, allmählich aufgebaut hatten, dazu führten, daß erforderliche Leistungen nicht mehr erbracht werden konnten und die Pflegekräfte sich zunehmend überfordert fühlten. Zudem äußerten die Mitarbeiter/-innen „Isolationsgefühle“ infolge der Kontaktminderung zu Kollegen und Vorgesetzten: „die kümmern sich nicht um mich“, „denen sind wir egal, Hauptsache es wird gearbeitet“. Die Umsetzung der Änderungen hatte auf den Stationen zudem sehr viel Zeit in Anspruch genommen. Das Interesse an betrieblichen Belangen ging zurück. Private Interessen traten wieder in den Vordergrund. Wünsche nach Dienstplanänderungen wurden häufiger von Teilzeitkräften als von Vollzeitkräften geäußert. Bei differenzierter Betrachtung zeigte sich, daß diese Defizite bei den Teilzeitkräften, die täglich anwesend waren, weniger stark ausgeprägt waren, als bei Mitarbeitern/-innen, die ihre Teilzeitdienste in wöchentlichen Blöcken absolvierten.

Die Erfahrungen mit der Umsetzung neuer Teilzeitmodelle und der Ausweitung der Teilzeitarbeit im Krankenhaus zeigten, daß die Enge des Zusammenhangs zwischen der Arbeitszeitgestaltung und den Informations- und Kommunikationsstrukturen in der Krankenpflege unterschätzt wurde. Die Ausweitung von Möglichkeiten zur Teilzeitarbeit wirkte sich bei unveränderten Informations- und Kommunikationsstrukturen in einem Informationsdefizit der Teilzeitkräfte aus. Darüber hinaus wurde die Informationskette an vielen Stellen aufgebrochen und die Ablauforganisation wurde substantiell gestört. Dieser Effekt stellte sich bei den verschiedenen Teilzeitmodellen unterschiedlich dar. Im Falle der Teilzeitarbeit in Arbeitsblöcken (Reduktion der Monatsarbeitszeit) mußte der Informationsstand des Mitarbeiters/der Mitarbeiterin zu Beginn eines Arbeitsblocks neu aufgebaut werden, das heißt es kam zu Leistungseinbußen. Die Informationsdefizite konnten bei gleichbleibenden Leistungserfordernissen nicht kontinuierlich beseitigt werden, so daß im Lauf der Zeit eine zunehmende Verflachung des Informationsstands zu verzeichnen war. Im Falle der Teilzeitarbeit mit reduzierter Tagesarbeitszeit war zwar das Informationsdefizit der Pflegekräfte geringer, jedoch traten ebenfalls substantielle Brüche in den Informationsketten auf, die nicht vollständig ausgeglichen werden konnten. Hinzu kamen Leistungseinbußen, die aus einer Verlängerung der Informationsketten resultierten, da mehr Personen am Prozeß der medizinischen und pflegerischen Versorgung beteiligt waren.

Als Konsequenz aus diesen Erfahrungen wurde in den folgenden Jahren von 1992 bis 1994 der Anteil an Teilzeitkräften im Pflegedienst von etwa 32% auf knapp 18% reduziert. Diese Reduktion kam zum einen durch eine natürliche Fluktuation zustande; ausscheidende Teilzeitkräfte wurden durch Vollzeitkräfte ersetzt. Zum anderen wurde dem Wunsch nach einem Wechsel von Teilzeitarbeit in eine Vollzeitbeschäftigung stets nachgekommen. Dieser Wunsch wurde vorwiegend von Frauen geäußert, die anstelle des Erziehungsurlaubs in Teilzeitarbeit gewechselt waren und nun wieder eine Vollzeitbeschäftigung anstrebten.

Die verbleibenden Teilzeitkräfte werden seitdem überwiegend als zusätzliche Hilfen zur Bewältigung von Arbeitsspitzen eingesetzt. In Bereichen, in denen die Arbeitsgänge geschlossener und damit entkoppelter sind, das heißt ein geringere kommunikative Vernetzung besteht, wie im OP oder der Röntgenabteilung, ist der Einsatz von Teilzeitkräften unproblematischer. Dies gilt auch für die Nachtdienste, da der Tätigkeitsbereich hier ebenfalls relativ entkoppelt organisiert ist.

5 Resümee

Die Erfahrungen mit der Umsetzung von Teilzeitmodellen im Krankenhaus Lebach haben gezeigt, daß sich in Bereichen, in denen innerhalb eines Stationsteams und bereichsübergreifend eine intensive Interaktion und Kommunikation notwendig ist, sich ein hoher Anteil an Teilzeitkräften negativ auf das Leistungsniveau auswirkt, wobei Modelle, die Teilzeit über eine Reduzierung der Tagesarbeitszeit realisieren, sich effektiver umsetzen lassen als Teilzeitmodelle mit verkürzter Monatsarbeitszeit. Da ein enger Zusammenhang zwischen der Dauer der Arbeitszeit und deren Verteilung einerseits sowie dem Informationsstand und Informationsfluß in der Krankenpflege andererseits besteht, hat die Veränderung der einen Komponente auch Einfluß auf die Leistungsqualität und -quantität. Die Umsetzung von Teilzeitmodellen in der Krankenpflege ist hingegen in Bereichen mit relativ lose gekoppelten Arbeitsgängen unproblematischer, zum Beispiel in Funktionsdiensten, in der Röntgenabteilung oder in der Ambulanz.

Bei der Ausweitung von Teilzeitarbeit im stationären Bereich bedarf es begleitender Maßnahmen zur Umgestaltung von Informations- und Kommunikationsstrukturen. Eingangs wurde bereits die starke kommunikative Vernetzung der Krankenpflege mit den anderen Bereichen im Krankenhaus dargestellt. Es wurde ersichtlich, daß eine Umgestaltung der Informations- und Kommunikationsstrukturen alle Einheiten des komplexen Systems Krankenhaus einbeziehen muß. Arbeitszeitgestaltung kann damit nur im Rahmen einer umfassenden Organisationsentwicklung effektiv durchgeführt werden. Das Bestreben Arbeitszeiten sozialverträglich zu gestalten, kann nicht nur von den Wünschen der Betroffenen ausgehen, sondern muß prospektiv die Wirkungen auf das Gesamtsystem berücksichtigen. Mit anderen Worten, individuelle Sozialverträglichkeit muß der kollektiven Sozialverträglichkeit im betrieblichen Kontext gegenübergestellt werden und es muß berücksichtigt werden, daß kurzfristig erzielte positive Effekte einer individuell sozialverträglichen Arbeitszeitgestaltung längerfristig kollektive, aber auch individuelle Unverträglichkeiten nach sich ziehen können (vgl. hierzu auch Garhammer, in diesem Band).

Einen insgesamt positiven Effekt hatte die Mitarbeiterbeteiligung bei der Dienstplanerstellung im Rahmen der Arbeitszeitgestaltung im Krankenhaus Lebach. Durch diese Maßnahme konnte die Arbeitszeitautonomie des Pflegepersonals substantiell vergrößert werden. Nach einer Umstellungsphase von ca. acht Wochen lief die Dienstplangestaltung reibungslos. Die Schichtbesetzung wurde von den Mitarbeitern/-innen selbständig geregelt. Die negativen Konsequenzen der bisherigen Dienstplangestaltung waren ausgeräumt. So konnten private Termine besser geplant und auch eingehalten werden, da die Dienstzeiten frühzeitig veröffentlicht wurden. Neben einer höheren Arbeitszufriedenheit im Pflegedienst konnte im weiteren Verlauf auch ein Rückgang bei den Fehlzeiten verbucht werden.

Podiumsdiskussion

Jürgen Glaser, Sandra Aumann & André Büssing

Sozialverträgliche Arbeitszeitgestaltung in der Diskussion

1 Einleitung

Im Rahmen einer Podiumsdiskussion zum Abschluß der Tagung „Sozialverträgliche Arbeitszeitgestaltung" setzten sich Vertreter der Arbeitgeber (Herr RA Göbel, Bundesvereinigung der Deutschen Arbeitgeberverbände [BDA]), der Gewerkschaften (Herr Dr. Schauer, Industriegewerkschaft Metall [IGM]) aus Politik (Herr Dr. Schäffer, Ministerium für Arbeit, Gesundheit und Soziales [MAGS] Nordrhein-Westfalen) und Wissenschaft (Herr Prof. Dr. Knauth, Universität Karlsruhe; Herr Prof. Dr. Marr, Universität der Bundeswehr, München) unter der Moderation von Frau Christa Müller (Friedrich-Ebert-Stiftung) mit dem Tagungsthema auseinander.

Der vorliegende Beitrag gibt die verschiedenen Positionen dieser Repräsentanten sowie Äußerungen von Diskutanten aus dem Plenum zu zentralen Fragen themenspezifisch und in konzentrierter Form wieder. Zunächst beschäftigten sich die Podiumsvertreter mit der begrifflichen sowie funktionalen Bedeutung von „Normalarbeitszeit" und deren Implikationen im Spannungsfeld Vollzeitarbeit versus Teilzeitarbeit. Ein weiterer Schwerpunkt lag in Beiträgen zur „Arbeitszeitflexibilisierung", wobei die Teilnehmer gesellschaftliche, soziale und individuelle Auswirkungen sowie die Beschäftigungswirkung von Arbeitszeitflexibilisierung diskutierten. Zum dritten regte der Begriff der „Sozialverträglichkeit" kontroverse Stellungnahmen zur Frage „sozialverträglich für wen?" an. Auch die Frage der „Regulierung von Arbeitszeitgestaltung" kristallisierte sich als ein übergreifendes Thema im Rahmen dieser Podiumsdiskussion heraus.

2 Die Normalarbeitszeit

Herr RA Göbel:
Eine standardisierte Arbeitszeitverfassung gibt es nicht mehr. In bestimmten Dienstleistungsbranchen ist zum Beispiel Sonntagsarbeit ein immanenter Bestandteil der Arbeitszeitregelung. Normalarbeitszeit war ein „faktisch/rechtlicher" Begriff unter dem Vollzeitarbeit verstanden wurde. Alle Arbeitsschutzgesetze waren darauf ausgerichtet. Für die Teilzeitarbeit hingegen mußten in Tarifverträgen erst rechtliche Bestimmungen umgebrochen werden. Die Gleichstellung von Vollzeitarbeit und Normalarbeitszeit ist fragwürdig, weil Vollzeitarbeitsmodelle auseinanderdriften wie nie zuvor (zwischen 35 und 39 Stunden). In Tarifverträgen bestimmter Branchen werden Wochenarbeitszeiten bis zu 30 Stunden als Vollzeitarbeit definiert, während diese Arbeitszeitdauer in anderen Wirtschaftsbereichen Teilzeitarbeit darstellt. Damit hat der Begriff der Normalarbeits-

zeit bestenfalls noch eine Orientierungsfunktion, jedoch keine juristische Qualität mehr. Der Begriff der Vollzeitarbeit ist genauso ins Wanken geraten wie der Begriff der Normalarbeitszeit. Zwischen Vollzeitarbeit und anderen Arbeitszeitformen liegen die flexible Arbeitszeit und die Teilzeitarbeit. Teilzeitarbeit im Sinne einer freiwilligen Option für den Arbeitnehmer wird von den Arbeitgebern sehr positiv bewertet. Die Arbeitgeber wehren sich gegen den Vorwurf, eine Teilung von Vollzeitarbeitsplätzen in nicht sozialversicherungspflichtige Teilzeitarbeitsplätze anzustreben. Im Gegensatz zu den Gewerkschaften wollen die Arbeitgeber Teilzeitarbeit nicht als einforderbaren Anspruch, sondern als eine betriebliche Option verstanden wissen.

Herr Dr. Schauer:
Es geht nicht nur um die Normalarbeitszeit, sondern auch darum, gegen den Anspruch der Ökonomie eine Grundstruktur der gesellschaftlichen Zeitverfassung aufrecht zu erhalten. Dazu gehört die Sicherung des Wochenendes, insbesondere des Sonntags sowie die 5-Tage-Woche mit maximal 40 Stunden, das heißt der 8-Stunden-Tag. Es gibt Möglichkeiten über die tarifvertraglichen Rahmenbedingungen hinaus, die Zeitsouveränität des Arbeitnehmers im Detail zu verbessern zum Beispiel in Form von Zeitkonten. Die Gewerkschaften müssen in der Frage der Arbeitszeitpolitik konservativ bleiben und müssen versuchen, ein Stück der festgelegten Zeitkultur zu retten. Die Vollzeitarbeit ist diejenige Zeitdauer der Arbeit, die mit einem sozial zumutbaren Einkommen verbunden ist. Teilzeitarbeit hingegen ist ein Herrschaftsproblem, da sie für die höheren Einkommensgruppen durchaus attraktiv, für niedrigere Einkommengruppen hingegen nicht tragbar ist.

Herr Prof. Dr. Marr:
Denkstrukturen wie die der Normalarbeitszeit sind als Basis eines Lösungsweges weniger hilfreich. Wir müssen gemeinsam darüber nachdenken, mit welchen Arbeitszeitmodellen die Zukunft gestaltet werden kann, und sollten nicht vorab bestimmte Denkrichtungen mit dem Verweis auf notwendigen Konservativismus begrenzen.

Herr Dr. Lehndorff (Plenum):
Der Normalarbeitstag ist nicht nur aufgrund des internationalen Konkurrenzdrucks auf große Teile der deutschen Industrie ins Rutschen gekommen, sondern auch weil sich die Freizeitinteressen der Arbeitnehmer/-innen geändert haben. Der Normalarbeitstag basierte auf dem Bild des männlichen Alleinverdieners. In dem Maße, in dem sich dieses Bild und die Freizeitbedürfnisse der Arbeitnehmer/-innen verändern, kommt der Normalarbeitstag ins Rutschen.

Frau Müller:
An einem Normalarbeitsverhältnis und an allgemeinen Arbeitszeitverkürzungen innerhalb des Normalarbeitsverhältnisses muß festgehalten werden, um einer gefährlichen gesellschaftlichen Entwicklung vorzubeugen. Der Interessengegensatz zwischen Arbeitnehmern und Unternehmen besteht darin: gute qualifizierte Arbeitnehmer mit einem eher hohen Einkommen möchten gerne weniger arbeiten; weniger gut ausgebildete und damit weniger verdienende Arbeitnehmer können sich Teilzeitarbeit nicht leisten. Auf der anderen Seite haben die Unternehmen Interesse daran, daß gut ausgebildete Arbeitnehmer länger arbeiten und weniger gut ausgebildete, und damit eher austauschbare Arbeitnehmer in Teilzeit arbeiten. Die Interessen der Unternehmen führen damit zu einer Gruppe von lang arbeitenden, gut ausgebildeten Arbeitnehmern mit einem hohen

Verdienst und einer anderen Gruppe von Arbeitnehmern, die an der Armutsgrenze dahinvegetieren. Darin besteht die Gefahr einer Segmentierung der Gesellschaft.

3 Arbeitszeitflexibilisierung und mögliche Folgen

Frau Müller:
Flexibilisierungserfahrungen in anderen Ländern sind nicht unbedingt als positiv zu werten. Durch Flexibilisierung wurden zwar Jobs geschaffen, die jedoch meist weniger qualifiziert, schlecht bezahlt - teilweise bei verminderter Arbeitszeit nicht sozialversichert sind. Insbesondere sind diese Jobs auch im Hinblick auf die Altersversorgung und die Erwerbsunfähigkeit ungesichert. Teilzeitarbeit in derartiger Ausgestaltung wird in hohem Maße unfreiwillig ausgeübt und führte in diesen Ländern zu keiner Senkung der Arbeitslosigkeit. Eine Flexibilisierung der Arbeitszeit soll - nach Aussagen der Arbeitgeber - die Wettbewerbsfähigkeit der Wirtschaft auf internationaler Ebene stärken und damit Beschäftigung sichern. Da die Arbeit dadurch auch produktiver wird, kommt es zu Rationalisierungseffekten und es wird fraglich, inwieweit über eine Sicherung der Beschäftigung in exportorientierten Bereichen hinaus, neue Arbeitsplätze geschaffen werden können.

Herr Dr. Schäffer:
Durch eine flexible Gestaltung von Arbeitszeiten können die Beschäftigung und Wettbewerbsfähigkeit gesichert werden. Darüber hinaus können durch Arbeitszeitpolitik aber auch neue Arbeitsplätze geschaffen werden. Es gibt Beispiele für die beschäftigungssteigernde Wirkung betrieblicher Arbeitszeitmodelle. Produktivitätssteigerungen können zum Gewinn von Marktanteilen und damit zu einer Beschäftigungssteigerung führen. Deshalb sollte Arbeitszeitpolitik makroökonomisch nicht nur unter dem Aspekt der Beschäftigungssicherung sondern auch der Beschäftigungssteigerung diskutiert werden. Allerdings lag der Akzent in der Vergangenheit stark auf Beschäftigungssicherung wie zum Beispiel die stark beschäftigungssichernd angelegten Arbeitszeitvereinbarungen im Rahmen der Metalltarifverträge des vergangenen Jahres zeigen.

Herr Dr. Schauer:
Ungleiche Arbeitszeiten schaffen ein Stück Ungleichheit im Betrieb. Die Arbeitgeber versuchen, Zeitkorridore zu nutzen und auszuweiten, um die Mehrarbeit in ihrer Definition und Bezahlung abzuschaffen. Zudem setzt eine „Chaotisierung der Arbeitszeiten" bei wachsendem Einkommensdruck eine Konkurrenz um lange Arbeitszeit frei. Arbeitszeitflexibilisierung führt zudem dazu, daß keine generelle Arbeitszeitpolitik mehr gemacht werden kann, wie am Beispiel Holland zu sehen ist.

Herr Dr. Lehndorff (Plenum):
Bei der Diskussion um die Arbeitszeitflexibilisierung wird die soziale Seite (z.B. veränderte Freizeitbedürfnisse der Arbeitnehmer/-innen), die den Normalarbeitstag ebenso ins Rutschen gebracht hat, nicht berücksichtigt. Es stehen nur betriebswirtschaftliche Interessen im Blickfeld. Im Grunde genommen geht es den Unternehmen mit der Arbeitszeitflexibilisierung um die Ersetzung teurer Arbeitsstunden durch billigere Arbeitsstunden - zum Beispiel im Falle der Samstagsarbeit und der Nachtarbeit. Zweitens geht

es ihnen um die Verlängerung der durchschnittlichen Arbeitszeit, zum Beispiel auf 40 Stunden pro Woche.

4 Die Sozialverträglichkeit von Arbeitszeiten

Herr RA Göbel:
Neben der Sozialverträglichkeit stehen als ebenso wichtige Zielgröße die ökonomischen Notwendigkeiten, zum Beispiel der Wettbewerbsstandort. Sozialverträglichkeit wird von verschiedenen Ebenen unterschiedlich gesehen und erfahren. Die Arbeitgeber wollen betriebliche Belange und Fragen der Sozialverträglichkeit nebeneinander gestellt wissen. In intelligenten Verteilsystemen kann Samstagsarbeit aufgrund der damit verbundenen Blöcke von freien Tagen sozialverträglicher sein als ein rigides 5-Tage-Muster. Auch im Hinblick auf Teilzeitarbeit gibt es Beispiele für Rückkehroptionen in Vollzeitarbeit. Zudem gibt es Beispiele für Rückkehroptionen aus „Elternurlauben" auf gleichwertige Arbeitsplätze. Solchen Beispielen liegen sozialverträgliche Ansätze zugrunde. Weitere Beispiele für Sozialverträglichkeit in prozeduraler Hinsicht bestehen in den Mitbestimmungsmöglichkeiten des Betriebsrats. Gelebte Sozialverträglichkeit besteht aus Sicht der Unternehmen auch darin, den Arbeitgebern ein Kompensat für die Arbeitszeitverkürzung zu bieten, zum Beispiel in Form von Arbeitszeitflexibilisierung. Es gibt zwar keine Definition, aber einen Katalog gemeinsamer Kriterien für Sozialverträglichkeit. Eine Bewertung der Sozialverträglichkeit setzt eine Kosten-Nutzen-Analyse voraus, und zwar sowohl für den Arbeitnehmer als auch für das Unternehmen.

Herr Dr. Schauer:
Sozialverträglichkeit kann nicht darin bestehen, den „Imperialismus des betrieblichen Zeitanspruchs" im nachhinein halbwegs erträglich zu gestalten. Sozialverträglichkeit besteht aus Sicht der Gewerkschaft vielmehr darin, gegen die Ansprüche der Ökonomie eine Grundstruktur gesellschaftlicher Zeitverfassung aufrecht zu erhalten.

Herr Dr. Schäffer:
Im Zentrum der Definition von Sozialverträglichkeit steht unter anderem immer auch das Element der Beteiligungsorientierung, das heißt die Sicherstellung, daß die unterschiedlichen Beteiligten ihre Interessen gleichberechtigt einbringen können und gleiche Durchsetzungschancen haben. Unklar ist, wie ein solcher Prozeß mit Rahmenbedingungen zu versehen ist, damit nicht nur der Prozeß, sondern auch das Ergebnis sozialverträglich ist. Die Bemühungen der Politik beschränken sich bislang auf den Prozeßcharakter der Sozialverträglichkeit, indem eine Infrastruktur für die Einführung geschaffen wird. Demgegenüber werden die unterschiedlichen Ansätze zur Arbeitszeitgestaltung im Ergebnis je nach Interessenposition als eher mehr oder als eher weniger sozialverträglich bezeichnet.

Herr Prof. Dr. Knauth:
Es gibt keine Patentrezepte für sozialverträgliche Arbeitszeitgestaltung. Es gilt sicherzustellen, daß Betroffene beteiligt werden, viel Input in Form von Erfahrungen anderer Betriebe sowie in Form von Anregungen aus dem Ausland einfließen kann. Grundsätzlich sollte zunächst alles in Frage gestellt werden können. Darüberhinaus müssen alle Betroffenen regelmäßig informiert werden. Dann kommt man in der Regel zu einem System, das besser verträglich ist als das alte System.

Herr Prof. Dr. Marr:
Eine wichtige Frage stellt sich im Hinblick auf den gesellschaftspolitischen Aspekt der Sozialverträglichkeit. Daher muß eine Diskussion damit beginnen, daß man sich fragt, wie die Arbeit im Jahre 2010 aussehen soll. Es müssen Visionen im Hinblick auf die Zeitverteilung zwischen den Geschlechtern und im Sinne des Verhältnisses von Arbeit und Freizeit entstehen, die kreativere Spielräume eröffnen. Dabei muß auch der Realität ins Auge gesehen werden. Die Realität wird in den nächsten Jahren darin bestehen, daß der Sockel der strukturellen Arbeitslosigkeit steigen wird. Dies wird in manchen Unternehmen zu enormen Freisetzungswellen führen.

Herr Prof. Dr. Büssing (Plenum):
Bei der Diskussion um eine sozialverträgliche Gestaltung von Arbeitszeit muß die Diskussion der 70er und 80er Jahre um die Humanisierung des Arbeitslebens revitalisiert werden. Denn Arbeitszeitgestaltung hängt auch mit einer Gestaltung der Arbeitsinhalte zusammen. So konnten zum Beispiel in neueren Arbeitszeitmodellen die Taktzeiten angehoben und damit die Deprivation der Arbeitsinhalte gelindert werden. Darüberhinaus muß mit Blick auf die persönliche Entwicklung der Arbeitnehmer eher die jeweilige Qualität der beiden Bereiche Arbeit und Freizeit als die bloße zeitliche Quantität mit sozialverträglicher Arbeitsgestaltung berücksichtigt werden.

Herr Dr. Lehndorff (Plenum):
Ein gedanklich einfacheres, obwohl wirtschaftlich schwierigeres Kriterium für Sozialverträglichkeit ist in einer kurzen Arbeitszeit zu sehen. Je kürzer die Arbeitszeit, desto sozialverträglicher wird Nachtarbeit, desto sozialverträglicher wird Wochenendarbeit. Wenn es wirklich um sozialverträgliche Flexibilisierung ginge, müßte die durchschnittliche Arbeitszeit weiter verkürzt werden. Damit ließe sich vieles flexibler und sozialverträglicher gestalten und es ließen sich auch positive Beschäftigungseffekte erzielen - wenn auch „nur“ im Sinne vermiedener Entlassungen. Aus beschäftigungspolitischen Gründen besteht jedoch ein Denkverbot in Richtung weiterer Verkürzung der durchschnittlichen Arbeitszeit.

Frau Dr. Stolz-Willig (Plenum):
Die Frage der Sozialverträglichkeit ist letztendlich eine Machtfrage und eine Frage der Durchsetzbarkeit. Sie ist nicht mit Selbstverantwortung und Akzeptanz in den Betrieben ausreichend beantwortet: Denn die Beteiligung im betrieblichen Abstimmungsprozeß ist nicht ausreichend gesichert. Weiterhin muß in die Kriterien der Sozialverträglichkeit außer Einkommen, Gesundheit und Autonomie auch das Kriterium Gleichberechtigung der Geschlechter einbezogen werden - insbesondere im Hinblick auf die Familienpflichten.

5 Die Regelungsebenen der Arbeitszeitgestaltung

Herr RA Göbel:
Es gibt zwei Regelungsebenen für eine Arbeitszeitgestaltung: der Gesetzgeber beschränkt sich auf Gesundheitsschutzmaßnahmen und allgemein zwingende Rahmenbedingungen. Er regelt zum Beispiel im Arbeitszeitgesetz einiges im Hinblick auf die Maximalbelastung des Arbeitnehmers oder im Beschäftigungsförderungsgesetz die

Frage der Eingrenzung von Flexibilität. Die zweite Ebene besteht in einer dezentralen Regulation. Erst dadurch, daß die Betriebsparteien Fragen der Arbeitszeitgestaltung aufgriffen, wurden seit 1994 veränderte Arbeitszeitrahmenbedingungen möglich, obwohl die Mehrzahl der Manteltarifverträge nicht kündbar war. Eine Regulation der Arbeitszeitgestaltung sollte den Prozessen der betrieblichen Erfahrung vor Ort überlassen bleiben. Dezentralisierte Verfahren gehen von Pilotphasen in bestimmten Bereichen aus und machen die Gesamtimplementierung vom Erfolg abhängig. Die Durchsetzung eines Arbeitszeitkonzepts gegen das Bewußtsein und den Willen der Arbeitnehmer kann sich ein Unternehmen nicht leisten. Und eine freie Entscheidung des Arbeitnehmers liegt auch dann vor, wenn dabei die „schlechtere" Möglichkeit der Arbeitszeitgestaltung, zum Beispiel Nachtarbeit gewählt wird.

Herr Dr. Schauer:
Die derzeitige Arbeitszeitentwicklung stellt eher eine Form der Chaotisierung der Arbeitsmärkte dar, als einen Beitrag zur Bekämpfung der Arbeitslosigkeit. Man braucht flankierende, staatliche und sozialversicherungsrechtliche Maßnahmen um zu verhindern, daß mit der Förderung von Teilzeitarbeit eine Förderung der Altersarmut einhergeht.

Herr Dr. Schäffer:
Der Staat hat, auch im Hinblick auf Sozialverträglichkeit die Verantwortung, Rahmenbedingungen zu schaffen. Diese Verantwortung nimmt er zum Beispiel mit dem Arbeitszeitgesetz wahr. Das neue Arbeitszeitgesetz umfaßt neben Gesundheitsaspekten auch Aspekte der internationalen Wettbewerbsfähigkeit. Damit wurden im Arbeitszeitgesetz gegen den Willen von Bundesländern wie zum Beispiel Nordrhein-Westfalen, wirtschaftliche Interessen stärker berücksichtigt. Die Umsetzung hingegen bleibt den Ländern überlassen und bereitet erhebliche Probleme. Denn bei der Umsetzung gilt es erneut Rahmenbedingungen abzustecken, um nicht nur individuelle Einzelfallösungen zu betreiben. Eine Aufgabe der Politik ist auch die Prävention. Insofern ist auch eine zentrale Regulation erforderlich. Arbeitszeitfragen sind jedoch in erster Linie tarifvertragliche Fragen, in die sich die Politik nicht einmischt. Stattdessen gibt die Politik Anregungen zur sozialverträglichen Arbeitszeitgestaltung, indem versucht wird, Erkenntnisse aus experimentellen Arbeitszeitmodellen in Branchenlösungen zu übersetzen.

Herr Prof. Dr. Knauth:
Empfehlungen, die von der Wissenschaft nach langjährigen Erfahrungen und Untersuchungen abgegeben werden, bewirken nichts. Dies hat sich mit dem Versuch der Einflußnahme auf das neue Arbeitszeitgesetz gezeigt. Es ist besser, vor Ort innovative Modelle zu installieren. Das ist zwar aufwendig, hat aber eine gewisse Sogwirkung. Schutznormen muß es zwar geben, aber jedes Arbeitszeitsystem hat Vor- und Nachteile und die Beteiligten haben Angst vor Veränderungen. Deshalb muß man anhand sachlicher Kriterien betriebsspezifische Lösungen überlegen.

Herr Dr. Garhammer (Plenum):
In der Diskussion um eine sozialverträgliche Arbeitszeitgestaltung kann man vor dem Leitbild einer Regulierung durch den mündigen Bürger nur warnen. Denn in der Regel liegen die Bedingungen für eine rationale Wahl der sozialverträglichsten Möglichkeit für den Arbeitnehmer nicht vor. In Befragungen konnte festgestellt werden, daß bei Mitarbeitern in bestimmten Branchen das System der Dauernachtarbeit am beliebtesten ist.

Gründe dafür liegen zum Beispiel in finanziellen Zuschlägen oder in ungesicherter Kinderbetreuung während des Tages. Deswegen müssen Rahmenrichtlinien und Normen gesetzt, das heißt es muß zentral reguliert werden. Eine sozialverträgliche Arbeitszeitpolitik läßt sich generell auch nicht loslösen von einer flankierenden Sozialpolitik, die Beschäftigte unabhängig von schädlichen Zeitleistungen macht.

6 Kommentar zur Podiumsdiskussion

In zentralen Fragen ließ sich ein Gegensatz von betriebswirtschaftlichen Interessen der Unternehmen einerseits und individuellen bzw. sozialen Interessen der Arbeitnehmer andererseits erkennen. Diese Positionen kennzeichneten auch den Verlauf der Podiumsdiskussion. Insofern überrascht es nicht, daß es in der Diskussion nicht gelang, einen Konsens hinsichtlich des Begriffes „Normalarbeitszeit" zu finden. Während die gewerkschaftlichen Vertreter mit dem Verweis auf die soziale Absicherung der Arbeitnehmer an einem „Normalarbeitsverhältnis" im Sinne der Vollzeitarbeit als „Normalarbeitszeit" weiterhin festhielten und anstelle von Arbeitszeitflexibilisierung eine generelle Arbeitszeitverkürzung vorschlugen, waren sich die Podiumsvertreter der Arbeitgeber und der Wissenschaft einig, daß „die Normalarbeitszeit" aufgrund der Entwicklung arbeitszeitlicher Diversifizierung nicht mehr existent sei.

„Arbeitszeitflexibilisierung" wurde von den Vertretern der Arbeitgeber und der Politik insgesamt als ein arbeitspolitisches Instrument zur Beschäftigungssicherung mit potentiell beschäftigungssteigernden Wirkungen verstanden. Demgegenüber vertraten Repräsentanten der Gewerkschaft und der Wissenschaft die Position, daß Arbeitszeitflexibilisierung mit gesellschaftlichen, sozialen und individuellen Gefahren verbunden sei.

„Sozialverträglichkeit" von Arbeitszeitgestaltung, darin war man sich einig, kann anhand bestimmter Kriterien definiert werden, jedoch ließen sich die Definitionen aus den unterschiedlichen Perspektiven nicht auf einen gemeinsamen Nenner bringen. Neben den bereits mehrfach im Rahmen der Tagung vorgeschlagenen Bewertungskriterien Einkommen, Gesundheit, Beschäftigungssicherheit und Autonomiegrad wurden weitere Kriterien wie zum Beispiel Ökonomie, Gleichberechtigung, Arbeitsinhalt und Dauer der Arbeitszeit angeführt.

Insbesondere der Beitrag aus der Politik warf die Frage nach Regulierungsmaßnahmen zur sozialverträglichen Arbeitszeitgestaltung auf. Dieser Frage kommt vor dem Hintergrund der Interessengegensätze und im Hinblick auf die Sozialverträglichkeit von Arbeitszeitgestaltung eine wichtige Funktion zu. Es wurde deutlich: Um einen Schutz der Arbeitnehmer zu sichern, bedarf es einer Regulierung in Form von Gesetzen, Richtlinien und Normen. Demgegenüber können Arbeitszeitmodelle nicht allgemein etabliert und auf alle Situationen übertragen werden, sondern erfordern eine „lokale" Optimierung im Hinblick auf die spezifischen Erfordernisse von Branchen, Betrieben und Interessengruppen. Damit setzt eine sozialverträgliche Arbeitszeitgestaltung immer auch ein gewisses Maß an Spielräumen für eine dezentrale Flexibilität voraus.

Insgesamt verdeutlichte die Podiumsdiskussion die Vielschichtigkeit, die Dynamik und Vernetztheit der Aspekte, die in der Debatte um eine sozialverträgliche Arbeitszeitgestaltung zu berücksichtigen sind. Jedoch blieb auch zum Abschluß der Diskussion die Frage in mancher Hinsicht offen, in welchen Kriterien für eine sozialverträgliche Arbeitszeitgestaltung Konsens zwischen den Vertreter der unterschiedlichen Positionen bestand.

Die Wissenschaft ist nun aufgefordert, das Konzept „Sozialverträglichkeit" von Arbeitszeitgestaltung über relevante Kriterien zu charakterisieren, die veränderten Wert- und Sozialstrukturen gerecht werden, und ein solches Konzept in Beziehung zu anderen gesellschaftlichen, sozialen, politischen als auch wirtschaftlichen Konzepten zu setzen. Es bedarf einer differenzierten Analyse der Sozialverträglichkeitskriterien nach beruflichen sowie privaten Anforderungs- und Anspruchsstrukturen.

Arbeitszeitflexibilität als ökonomische und politische Größe muß um die Dimension Sozialverträglichkeit erweitert werden. Es ist eine Herausforderung für die Wissenschaft, systemische Modelle zu erarbeiten, die betriebliche Arbeitszeitflexibilität in einem Bedingungsgefüge mit Deregulation und individueller Autonomie zur Arbeitszeitgestaltung in ihren Auswirkungen beschreiben und Implikationen für eine sozialverträgliche Arbeitszeitgestaltung ableiten lassen.

Schließlich ist zu klären, unter welchen Bedingungen verschiedene Formen der Arbeitszeitgestaltung realisierbar, ökonomisch und sozialverträglich sind. Dazu bedarf es einer gesamtgesellschaftlichen Perspektive, die sowohl strukturelle Rahmenbedingungen wie institutionelle Angebote oder Karrieremöglichkeiten als auch Normen und Wertsysteme berührt. Auf der anderen Seite muß die Position der Betroffenen, auch in ihrem Charakter als Produkt individueller Wünsche *und* lebensphasen-, lebensstilbezogener Notwendigkeiten mitberücksichtigt werden.

AUTORENVERZEICHNIS

Aumann, Sandra (geb. 1969), Dipl.-Psychologin (1994, Katholische Universität Eichstätt). Wissenschaftliche Assistentin am Lehrstuhl für Psychologie der Technischen Universität München. Arbeits- und Forschungsschwerpunkte: Arbeit und Telekommunikation, Telematik und Telearbeit. *Lehrstuhl für Psychologie, Technische Universität München, Lothstr. 17, D-80335 München.*

Büssing, André (geb. 1950), Dipl.-Mathematiker (1974, RWTH Aachen), Dipl.-Psychologe (1978, RWTH Aachen), Dr.phil. (1982, Universität Kassel), Dr.rer.nat.habil. und Privat-Dozent (1987, Universität Osnabrück), Univ.-Professor für Arbeits- und Rehabilitationspsychologie (1988-1993, Universität Konstanz). Univ.-Professor und Leiter des Lehrstuhls für Psychologie der Technischen Universität München. Arbeits- und Forschungsschwerpunkte: Arbeits-, Tätigkeits- und Organisationsanalyse; Organizational Behavior (insbesondere Arbeitsmotivation, Arbeitszufriedenheit, Psychischer Streß und Burnout, Arbeitsplatzunsicherheit); Arbeitszeitgestaltung; Arbeit, Familie und Freizeit; Telematik und Telearbeit. *Lehrstuhl für Psychologie, Technische Universität München, Lothstr. 17, D-80335 München.*

Garhammer, Manfred (geb. 1953), Dipl.-Sozialwirt (1980, Universität Erlangen-Nürnberg). Dr.rer.pol. (1985, Universität Erlangen-Nürnberg), Wissenschaftlicher Assistent am Lehrstuhl für Soziologie I an der Otto-Friedrich-Universität Bamberg. Arbeits- und Forschungsschwerpunkte: Arbeitszeit, Freizeit, soziale Zeit, Zeitbudgetforschung; Vergleichende europäische Zeitforschung; Industrie-, Betriebs- und Arbeitssoziologie, Soziologie des Haushalts und der Familie, Verkehr und Mobilität. *Lehrstuhl für Soziologie I, Universität Bamberg, Feldkirchenstr. 21, D-96045 Bamberg.*

Glaser, Jürgen (geb. 1965), Dipl.-Psychologe (1990, Universität Konstanz). Wissenschaftlicher Assistent am Lehrstuhl für Psychologie der Technischen Universität München. Arbeits- und Forschungsschwerpunkte: Arbeits-, Tätigkeits- und Organisationsanalyse; Psychischer Streß und Burnout. *Lehrstuhl für Psychologie, Technische Universität München, Lothstr. 17, D-80335 München.*

Groß, Hermann (geb. 1949), Dipl.-Pädagoge (1981, Universität Kiel). Geschäftsführer des Instituts zur Erforschung sozialer Chancen [ISO] in Köln. Arbeits- und Forschungsschwerpunkte: Theorien der sozialen Zeit, Betriebs- und Gewerkschaftssoziologie, Theorie der Individualisierung und des kollektiven Handelns, Methodologie der Sozialforschung. *Institut zur Erforschung sozialer Chancen [ISO], Kuenstraße 1b, D-50733 Köln.*

Knauth, Peter (geb. 1942), Dipl.-Wirtschaftsingenieur (1970, TH Darmstadt), Dr.-Ing. (1975, TH Darmstadt), Dr.Ing.habil. (1983, Gesamthochschule Wuppertal). Univ.-Prof. für Arbeitswissenschaft und Leiter der Abteilung Arbeitswissenschaft des Instituts für

Industriebetriebslehre und Industrielle Produktion (Universität Karlsruhe). Arbeits- und Forschungsschwerpunkte: Arbeitszeit, Arbeitswissenschaftliche Probleme bei der Einführung neuer Technologien, Arbeitsstrukturierung, familienfreundliche Personalpolitik, ältere Mitarbeiter im Betrieb. *Institut für Industriebetriebslehre und Industrielle Produktion, Abteilung Arbeitswissenschaft, Universität Karlsruhe [TH], Hertzstr. 16, D-76187 Karlsruhe.*

Kurz-Scherf, Ingrid (geb. 1949), Dipl.-Kauffrau (1972, Universität Köln), Dr.rer.pol. (1984, RWTH Aachen), Dr.rer.pol.habil. (1994, FU Berlin). Vertretungsprofessorin an der Universität Marburg und Leiterin des sozialwissenschaftlichen Forschungszentrums Berlin Brandenburg.

Marr, Rainer (geb. 1942), Dipl.-Kaufmann (1967, LMU München), Dr.rer.pol. (1970, LMU München), Dr.rer.pol.habil. (1974, LMU München). Univ.-Prof. für Allgemeine Betriebswirtschaftslehre der Universität der Bundeswehr München. Arbeits- und Forschungsschwerpunkte: Differentielle Personalwirtschaft; Personalcontrolling; Arbeitszeitmanagement; Strategien und Konzepte der betrieblichen Personalentwicklung. *Institut für Personal- und Organisationsforschung, Universität der Bundeswehr München, D-85577 Neubiberg.*

Müller, Christa (geb. 1956), Dipl.-Volkswirtin (1981, Universität Frankfurt), Dipl.-Kauffrau (1981, Universität Frankfurt). Forschungsinstitut der Friedrich-Ebert-Stiftung, Abteilung Wirtschafts- und Arbeitsmarktpolitik. Arbeits- und Forschungsschwerpunkte: Arbeitsmarkttheorie und -politik, Arbeitszeitgestaltung; Arbeitsmarkt, (in)formelle Arbeit. *Am Hügel 26, D-66123 Saarbrücken.*

Natour, Nadya (geb. 1969), Dipl.-Psychologin (1994, Universität Regensburg). Wissenschaftliche Projektmitarbeiterin am Lehrstuhl für Psychologie der Technischen Universität München. Arbeits- und Forschungsschwerpunkte: Psychischer Streß und Burnout. *Lehrstuhl für Psychologie, Technische Universität München, Lothstr. 17, D-80335 München.*

Rinderspacher, Jürgen P. (geb. 1948), Dipl.-Politologe (1976, FU Berlin); Mitarbeiter am Wissenschaftszentrum Berlin (1978-1982) und an der Universität Münster (1984-1991). Wissenschaftlicher Referent im Sozialwissenschaftlichen Institut der Evangelischen Kirche in Deutschland [SWI], Bochum. Arbeits- und Forschungsschwerpunkte: Zeitforschung. *Sozialwissenschaftliches Institut der Evangelischen Kirche, Postfach 250570, D-44743 Bochum.*

Schuberth, Matthias (geb. 1955). Pflegedirektor im Caritas-Krankenhaus Lebach. Arbeitsschwerpunkte: Pflege; Pflegemanagement. *Caritas-Krankenhaus, Heeresstr. 1, D-66822 Lebach.*

Seifert, Hartmut (geb. 1944), Dipl.-Volkswirt (1971, FU Berlin), Dr.rer.pol. (1983, Universität Paderborn). Leiter des Wirtschafts- und Sozialwissenschaftlichen Institut [WSI] in der Hans-Böckler-Stiftung. Arbeits- und Forschungsschwerpunkte: Arbeitsmarktpolitik; Arbeitszeitpolitik. *Wirtschafts- und Sozialwissenschaftliches Institut in der Hans-Böckler-Stiftung, Bertha-von-Suttner-Platz 3, D-40227 Düsseldorf.*

Stolz-Willig, Brigitte (geb. 1950), Dipl.-Soziologin (1974, FU Berlin), Dr. phil. (1994, FU Berlin). Wissenschaftliche Referentin im Wirtschafts- und Sozialwissenschaftlichen Institut [WSI] in der Hans-Böckler-Stiftung und Mutter von zwei Kindern (8 und 12 Jahre alt). Arbeits- und Forschungsschwerpunkte: Familien- und Frauenpolitik. *Wirtschafts- und Sozialwissenschaftliches Institut in der Hans-Böckler-Stiftung, Bertha-von-Suttner-Platz 3, D-40227 Düsseldorf.*

Theunert, Manfred (geb. 1953), Dipl.-Betriebswirt FH (Universität Regensburg). Leiter für personalpolitische Grundsatzfragen, Sozialpolitik, Personalinformation und Berichtswesen der BMW AG München. *BMW AG, Dostlerstraße, D-80788 München.*

Wenninger, Gerd (geb. 1946), Dipl.-Psychologe (1973, Universität Regensburg), Dr.phil. (1978, TU München), Dr.phil.habil. (1990, TU München). Vertretungsprofessor an der Universität Kiel und Akademischer Rat am Lehrstuhl für Psychologie der Technischen Universität München. Arbeits- und Forschungsschwerpunkte: Arbeitssicherheit, betrieblicher Gesundheits- und Umweltschutz. *Lehrstuhl für Psychologie, Technische Universität München, Lothstr. 17, D-80335 München.*

Sachregister

—A—

—B—

—C—

—D—

—E—

—F—

—G—

—T—

—U—

—V—

—W—

—Z—

Personenregister

—A—

—B—

—C—

—D—

—E—

—F—

—G—

—H—

—J—

—O—

—P—

—Q—

—R—

—S—

—T—

—U—

—V—

—W—

—Z—